PENTATEUCO

Dados Internacionais de Catalogação na Publicação (CIP)
(Câmara Brasileira do Livro, SP, Brasil)

Galvagno, Germano
Pentateuco / Germano Galvagno, Federico Giuntoli;
tradução de Frei Ary E. Pintarelli. – Petrópolis, RJ :
Vozes, 2020. – (Introdução aos Estudos Bíblicos)

Título original: Dai frammenti alla storia : Introduzione al Pentateuco.
ISBN 978-85-326-6307-8

1. Antigo Testamento – Pentateuco 2. Bíblia. A.T. Pentateuco – Crítica
e interpretação 3. Teologia católica I. Giuntoli, Federico. II. Título.
III. Série.

19-29776 CDD-222.106

Índices para catálogo sistemático:
1. Pentateuco : Interpretação e crítica 222.106

Iolanda Rodrigues Biode – Bibliotecária – CRB-8/10014

PENTATEUCO

GERMANO GALVAGNO
FEDERICO GIUNTOLI

INTRODUÇÃO AOS ESTUDOS BÍBLICOS

Tradução de Frei Ary E. Pintarelli

Petrópolis

Título do original em italiano: *Dai frammenti alla storia – Introduzione al Pentateuco*

Direitos de publicação em língua portuguesa – Brasil:
2020, Editora Vozes Ltda.
Rua Frei Luís, 100
25689-900 Petrópolis, RJ
www.vozes.com.br
Brasil

Editoração: Ana Lucia Q.M. Carvalho
Diagramação: Sheilandre Desenv. Gráfico
Revisão gráfica: Nilton Braz da Rocha / Nivaldo S. Menezes
Capa: Editora Vozes

ISBN 978-85-326-6307-8 (Brasil)
ISBN 978-88-01-04715-8 (Itália)

Editado conforme o novo acordo ortográfico.

Este livro foi composto e impresso pela Editora Vozes Ltda.

Ao Padre Karl Plötz, SJ,
mestre humilde e generoso.

In memoriam

Sumário

Apresentação da coleção original italiana – Manuais de introdução à Escritura, 9

Prefácio, 13

I – Introdução geral, 15
(F. Giuntoli)

Denominação e delimitação, 17

II – Guia à leitura de cada livro, 25
(G. Galvagno)

Gênesis, 27

Êxodo, 56

Levítico, 81

Números, 91

Deuteronômio, 109

III – A composição do Pentateuco, 127
(F. Giuntoli)

Acenos de história da pesquisa sobre o Pentateuco, 129

Algumas recentes explicações sobre a origem do Pentateuco, 153

IV – Aprofundamentos, 187
(F. Giuntoli)

Os principais gêneros literários do Pentateuco, 189

Relações literárias com as civilizações do Oriente Próximo antigo, 208

Hipóteses sobre os efetivos contornos históricos das épocas representadas, 234

O sistema do puro e do impuro e sua relação com a praxe litúrgica, 254

A organização das festividades, 266

Instituições familiares, 281

V – As teologias, a teologia, 287
(G. Galvagno)

As instâncias das principais tradições teológicas do Pentateuco, 289

Temas teológicos importantes no Pentateuco, 307

Pentateuco e cânones bíblicos: diferentes compreensões nas tradições crentes, 319

Bibliografia comentada, 327

Índice, 351

Apresentação da coleção original italiana

Manuais de introdução à Escritura

Em continuação ideal com *Il Messaggio della Salvezza* [A mensagem da salvação] e *Logos* [Logos], coleções que marcaram a divulgação e a formação bíblica nos estudos teológicos italianos depois do Concílio Vaticano II, em 2010 um grupo de biblistas decidiu, de comum acordo com a Editora Elledici, proceder à elaboração de um novo projeto. Nasce assim esta série de volumes, intitulada *Graphé – Manuais de Introdução à Escritura*. O vocábulo grego "*graphé*" indica, como termo técnico, aquilo que chamamos a "Escritura": com efeito, no Novo Testamento é comumente empregado, junto com o plural "*graphái*" [Escrituras], para indicar a coleção dos livros sagrados da tradição hebraica, aceitos também pela comunidade cristã e integrados com as novas obras dos apóstolos, centradas em Jesus Cristo. Além do título, evocativo do ambiente das origens cristãs, o subtítulo esclarece de que se trata.

O objetivo visado pelo projeto é o de propor um curso completo de estudos bíblicos básicos, fornecendo manuais úteis para os cursos bíblicos nas faculdades de teologia, nos seminários e demais institutos. Não se trata, portanto, de pesquisas novas sobre assuntos particulares, mas do enquadramento global da matéria, proposto de maneira séria e acadêmica aos estudantes que iniciam o estudo da Sagrada Escritura. Faltam também ensaios de exegese específica, porque estes são deixados à iniciativa particular dos docentes, que, assim, dentro da lição frontal, podem inserir os aprofundamentos sobre a base introdutória oferecida por estes volumes.

Os autores dos vários volumes são biblistas italianos, comprometidos há anos no ensino da específica disciplina que apresentam; por isso, podem mais facilmente dirigir-se de modo realista aos efetivos destinatários da obra e propor assim, de maneira orgânica, cursos já realizados e, portanto, efetivamente realizáveis nos atuais planos de estudo.

O plano da obra prevê dez volumes com a divisão da matéria segundo os habituais módulos acadêmicos. Determinam a moldura do conjunto o primeiro volume, dedicado à introdução geral, e o décimo, que oferecerá algumas linhas de teologia bíblica. Dos outros volumes, quatro tratam dos livros do Antigo Testamento (Pentateuco, Livros Históricos, Livros Sapienciais e Poéticos, Livros Proféticos) e quatro introduzem o Novo Testamento (Evangelhos sinóticos e Atos dos Apóstolos, cartas de Paulo, literatura paulina e cartas católicas, literatura joanina).

Cada volume procura apresentar de maneira clara o quadro global de referência para as várias seções bíblicas, propondo o estado atual da pesquisa. De maneira geral, as componentes constantes de cada tomo são: a introdução geral aos problemas da seção, depois a introdução a cada livro segundo a sucessão considerada escolasticamente mais útil e, por fim, o tratado dos temas teológicos importantes, mais ou menos transversais às várias obras do setor.

A articulação das introduções aos diversos livros varia necessariamente segundo o tipo de volume; mas um elemento é constante e constitui a parte mais original desta coleção: trata-se de um *guia à leitura*, no qual o autor acompanha o leitor através de todo o texto, mostrando suas articulações, seus problemas e seus desenvolvimentos. Longe de ser um simples resumo, constitui uma concreta introdução ao conteúdo e aos problemas de todo o livro, com a possibilidade de apresentar o conjunto do texto literário para fazer que o estudante capte a maneira em que o texto se desenvolve.

O estilo dos textos é intencionalmente simples e claro na exposição, sem períodos demasiadamente longos e complexos, com um uso moderado de termos técnicos e raros, explicados e motivados caso por caso. As palavras em língua original, hebraica e grega, são propostas sempre em transliteração e o recurso a elas é limitado ao estritamente indispensável: a transliteração e a acentuação dos termos gregos e hebraicos respondem unicamente à exigência de legibilidade para aqueles que não conhecem adequadamente tais línguas, sem contudo comprometer o reconhecimento dos termos para os competentes. Onde, por necessidade, se usarem termos estrangeiros, sobretudo alemães, oferece-se a tradução; da mesma forma, as notas de rodapé são muitíssimo limitadas e usadas só para oferecer o indispensável documento daquilo que é afirmado no texto. Para facilitar a leitura, o conteúdo é organizado em parágrafos não excessivamente longos e é marcado por numerosos pequenos títulos que ajudam a seguir a argumentação.

Em cada volume estão presentes algumas seções de bibliografia comentada, onde se apresenta – sem as indevidas exigências de exaustividade – o que é disponível no mercado atual sobre o tema tratado. Durante o tratado, porém, as referências bibliográficas são o mais possível limitadas a algum envio significativo ou circunscrito, não presente na bibliografia posterior.

Há milênios, a Escritura é testemunha do encontro entre a Palavra de Deus viva e gerações de crentes que nesses livros encontraram motivos e alimento para sua caminhada. Esta coleção quer pôr-se hoje a serviço desse encontro sempre renovado e renovável. Aos que hoje, no século XXI, pretendem pôr-se à escuta daquele que, através desses testemunhos escritos, continua a se manifestar, estes volumes querem oferecer os conhecimentos (históricos, literários, teológicos) adequados para fazê-lo. E, ao mesmo tempo, são dirigidos também a quem não considera a inspiração mais alta, para que possam experimentar o valor dos testemunhos fiéis que a Bíblia contém e confrontá-los com as perguntas e as opções de seu pessoal itinerário de vida.

Claudio Doglio
Germano Galvagno
Michelangelo Priotto

Prefácio

Pentateuco fotografa o percurso histórico e literário que, na hipótese privilegiada no presente volume, ao lado da hipótese dos complementos, está por trás da composição dos primeiros cinco livros do cânon bíblico. A partir de tradições fragmentárias presentes no Israel antigo chega-se à elaboração da história do povo, tematizando fundamentos e referências de sua identidade: uma significativa variedade de personagens, vicissitudes, normas e costumes é plasmada numa forma tendencialmente unitária para exprimir os pontos finais da identidade e da fé de Israel, os traços essenciais de sua unicidade.

Esta obra é o percurso oferecido a docentes, estudantes e cultores da literatura bíblica como ocasião para percorrer e repercorrer os conteúdos de cada livro, as instituições do Israel bíblico neles refletidas, os termos da pesquisa moderna e contemporânea sobre o Pentateuco, as perguntas que a guiaram (o sentido dos gêneros literários, a comparação com as literaturas do Oriente Próximo antigo, o controle da efetiva historicidade daquilo que é narrado), as teologias e a teologia que fizeram deles uma das seções do cânon bíblico mais consideradas por gerações de crentes. Porque neste percorrer e repercorrer é dada a cada geração a possibilidade de entrar naquele mundo vivo e precioso e apropriar-se dele de modo renovado e jamais esgotado.

Diante da *Toráh*, o Israel de ontem e de hoje põe-se à escuta da palavra divina a ele dirigida e tira as coordenadas da própria identidade na história. Diante do Pentateuco, o novo Israel, de suas origens aos nossos dias, reencontra o princípio e o fundamento da relação entre Deus e o homem que vê em Cristo sua expressão mais alta e autêntica.

O campo dos estudos sobre o Pentateuco continua a estar aberto e – ao menos a um olhar apressado – incerto em seus êxitos. Os conteúdos destes cinco livros continuam a ser motivo de sabedoria, de fé e de busca para muitos. Aos leitores desejamos que se interessem pelos primeiros e possam degustar os segundos. Se as páginas que seguem forem úteis para isso, ficaremos contentes.

Germano Galvagno
Federico Giuntoli

I

INTRODUÇÃO GERAL

F. Giuntoli

Toráh, Pentateuco: por que estas denominações? De onde provêm? E qual o significado dos títulos de cada um dos livros da seção? E mais: por que, enquanto se tende a falar do Pentateuco como de um conjunto unitário, a tradição nos entrega cinco livros distintos? Em base a que critérios chegou-se à sua recíproca delimitação? Esta primeira série de interrogações oferece a ocasião de introduzir-nos na temática.

Denominação e delimitação

O nome "Pentateuco" deriva da expressão grega *pentáteuchos*, formada do numeral *pénte*, "cinco", e do substantivo *téuchos* que, entre os vários significados, assume também o de "estojo". Nesse sentido, a formulação remete e alude aos "cinco estojos" nos quais eram guardados os primeiros cinco rolos das Escrituras hebraicas: Gênesis, Êxodo, Levítico, Números, Deuteronômio. O conjunto desses textos constitui, para Israel, a *Toráh*, que, em hebraico, significa "ensinamento", "instrução", ou, mais habitualmente, "lei"[1]. Em língua hebraica, tal conjunto é também indicado com a expressão *chamishá chumshé hattoráh*, "os cinco quintos da *Toráh*", ou a totalidade da Lei[2].

A *Toráh* constitui a primeira das três partes em que se dividem as Escrituras de Israel, a seção considerada pelo hebraísmo de valor absolutamente fundante e normativo, também em referência às outras duas: os *N^ebi'ím* (grosso modo os nossos livros históricos e proféticos) e os *K^etubím* (mais ou menos os nossos livros sapienciais)[3]. De fato, tanto os *N^ebi'ím* quanto os

1. No presente volume, em linha indicativa e mesmo com as inevitáveis margens de incerteza, escrever-se-á *"lei"/"toráh"* para indicar o material legislativo e *"Lei"/"Toráh"* – também só *in nuce* – o conjunto do Pentateuco.

2. A Bíblia hebraica recorre várias vezes tanto à expressão "livro da lei de Moisés" (cf. Js 8,31; 23,6; 2Rs 14,6; 2Cr 25,4; Ne 8,1) como à locução "lei de Moisés" (cf. Js 8,32; 1Rs 2,3; 2Rs 23,25; Ml 3,22; Dn 9,11.13; Esd 3,2; 7,6; 2Cr 23,18; 30,16). Todavia, não é certo que todos esses lugares se refiram ao Pentateuco enquanto tal. Talvez seja mais provável que muitas dessas expressões queiram dirigir-se só ao Livro do Deuteronômio (cf., p. ex., Js 23,6; 2Rs 14,6; 23,25). Também o NT conhece a expressão "lei de Moisés" (cf. Lc 2,22; 24,44; Jo 7,23; At 13,38; 15,5; 28,23; 1Cor 9,9; Hb 10,28; todavia, cf. tb. Jo 1,17.45; 7,19; 8,5; Hb 9,19).

3. A propósito, para reforçar a importância que assume a Toráh dentro do cânon das Escrituras hebraicas, assim se expressa o Talmud Babilônico, no tratado N^edarím 22^bl, da ordem Nashím: "Rabbi Adda, filho de Rabbi Chanina, disse: 'Se Israel não tivesse pecado, só o Pentateuco e o Livro de Josué lhe teria sido dado, [este último] porque narra a distribuição da Palestina [entre as tribos]'".

K^e^tubím poderiam também ser interpretados como contrapontos e digressões sobre a assim-chamada "Lei de Moisés". Em particular, os *N^e^bi'ím*, apesar das repetidas chamadas à conversão, em boa parte estariam denunciando a falta de observância da Lei por parte de Israel e, portanto, o lento e progressivo abandono do homem da aliança com Deus (cf., p. ex., o primeiro livro dos *N^e^bi'ím*, o Livro de Josué, em 1,7-8, no qual Deus dá a Josué as condições para ter o sucesso em suas empresas). Os *K^e^tubím*, por outro lado, poderiam também ser considerados uma reflexão e uma interpretação, frequentemente em chave antropológica, da própria "Lei de Moisés" (cf., p. ex., o Sl 1,1-2, que lembra de perto Js 1,8)[4].

A divisão da *Toráh* em cinco livros é habitualmente justificada recorrendo ao excessivo comprimento que um rolo deveria ter para contê-la integralmente, ainda que um rolo de pergaminho pudesse ter um comprimento de per si bastante longo. De fato, tem-se notícia da existência de um rolo de cerca de quarenta e cinco metros que conseguia conter toda a *Ilíada* e a *Odisseia*. Calculou-se também que, assumindo uma disposição do texto hebraico semelhante àquela encontrada no rolo 1QIs[a] – o grande rolo do Livro de Isaías encontrado numa gruta em Qumran, a célebre localidade na margem norte-ocidental do Mar Morto –, o Pentateuco teria podido estar contido num rolo de aproximadamente trinta e três metros de comprimento. Aliás, é prática agora em uso nas sinagogas dispor de todo o Pentateuco num só rolo, mesmo que não seja fácil manejá-lo.

Porém, seja qual for a motivação para a divisão em cinco livros, provavelmente as considerações limitadas ao comprimento dos textos não seriam suficientes. Com efeito, se Êxodo e Números, ou seja, o segundo e o quarto livro dos cinco, têm um comprimento quase igual quanto às palavras utilizadas (16.890 um e 16.583 o outro), o Levítico, o terceiro, é muito mais breve (12.059 palavras). Gênesis é visivelmente o livro mais volumoso (20.722), enquanto que o Deuteronômio tem um comprimento entre o do Levítico e o de Êxodo e Números (14.488 palavras). Portanto, como se vê, o critério do comprimento, se tomado isoladamente, parece não ter sido aplicado sempre com coerência. Aliás, os livros do Levítico e de Números (até 10,28), sepa-

4. Cf. SKA. *Il libro sigillato*, 99-113, esp. p. 103-110 [as citações bibliográficas estão em forma abreviada quando as obras aparecem na bibliografia conclusiva do volume ou quando se trata de obras já citadas anteriormente]. Cf. tb. CARDELLINI, I. "Per una criteriologia di lettura dell'Antico Testamento". In: *Lateranum*, 72, 2006, p. 21-32, esp. p. 21-24.

rados como aparecem, são igualmente ligados por uma mesma unidade de lugar – o Monte Sinai –, lugar que, em boa parte, está também no Livro do Êxodo (a partir de 19,1). Além disso, é o mesmo ritual da ordenação dos sacerdotes de Lv 8 que remete, com poucos equívocos, para as prescrições sobre esse ritual dadas em Ex 29.

Só como simples conjectura, portanto, poder-se-ia pensar que a quíntupla divisão da *Toráh*, além do critério formal do comprimento, deveria corresponder também a uma motivação de natureza mais teológica. A disposição em cinco partes, pondo em evidência o Livro do Levítico, o livro central dos cinco painéis textuais, pareceria colocar em particular ênfase os materiais nele contidos: as prescrições e as normas que constituem Israel como uma comunidade santa, em tudo e por tudo distinta das outras nações e, exatamente por isso, exclusiva propriedade de YHWH[5].

Os nomes dos cinco livros da Lei de Moisés

O nome dos livros da *Toráh*, assim como habitualmente aparece em nossas Bíblias, assume seu significado da tradição grega (LXX), que depois confluiu na tradição latina (Vulgata). Nesse sentido, *Ghénesis* (em latim (*Genesis*), "geração", deriva o próprio nome da expressão que pela primeira vez ocorre em 2,4 (*bíblos ghenéseos*, "livro das gerações"), que assim insistiu sobre as ações geradoras e criativas narradas no livro. O nome *Éxodos* (em latim *Exodus*), "saída", evidencia o tema principal em torno ao qual gira a primeira parte do livro: a saída, ou a partida de Israel do Egito depois do ato de libertação da parte de Deus mediante a ação de Moisés. O nome do terceiro livro da Lei, *Leuitikón* (em latim *Leviticus*), "*levítico*", em vez, não faz referência, como poder-se-ia julgar pela primeira impressão, à instituição dos levitas, um grupo pertencente à tribo de Levi, que remonta ao terceiro filho de Jacó (Gn 29,34), como ajuda e sustento da classe sacerdotal, que igualmente pertencia à mesma tribo. Com efeito, no livro faz-se referência aos levitas – mas só de passagem – exclusivamente no fim de todos os outros tratados (25,32-34). Sendo o termo "levita" ("levítico") usado particularmente em época helenista (cerca de 333 a.C.-30 a.C.), sobretudo como sinônimo de "sacerdote" (ou "sacerdotal"), com esse título quis-se na realidade recordar a inteireza da legislação cultual contida nesse livro (compreendendo

5. Para ulteriores aprofundamentos, cf. BLENKINSOPP. *Pentateuco*, p. 56-68.

rubricas e *praenotanda* litúrgicas), que disciplina e, ao mesmo tempo, regulamenta não só todos os aspectos do culto, mas também da própria vida que, em Israel, girava em torno dele. Com *Arithmói* (em latim *Numeri*), "números", pretende-se com boa probabilidade recordar a notável presença de listas, de elencos, de cômputos, de registros e de recenseamentos contidos no livro (cf., entre os vários outros textos, os c. 1–2 e 26). O termo *Deuteronómion* (em latim *Deuteronomium*), "segunda lei", aparece como a tradução grega da expressão hebraica *mishné hattoráh* que aparece em 17,18. Se em hebraico tal expressão significa propriamente "cópia da Lei" – em referência à cópia que o rei deveria ter para o próprio uso pessoal – a tradição grega (como a latina) pareceria, antes, aludir à presença de um *outro* código ("*segunda* lei" provavelmente aquele proclamado por Moisés na terra de Moab (cf. Dt 1,1-5) – em relação ao outro, muito mais amplo, doado pelo Deus de Israel, através da mediação de Moisés, no Monte Sinai/Horeb.

Ao contrário, a tradição hebraica costuma nomear os livros da Lei com as palavras iniciais e, entre estas, de qualquer modo, com as palavras mais representativas de seu conteúdo. Nesse sentido, essa tradição chama o Livro do Gênesis de *Bᵉre'shít*, "no princípio (1,1), em referência ao evento absoluto e fundador (a criação) nele narrada; o Êxodo de *Shᵉmót*, "nomes" (cf. 1,1), em alusão à lista das pessoas que com Jacó emigraram para o Egito (1,1-5); o Levítico de *Wayyiqrá'*, "ele [o Senhor] chamou" (1,1), recordando o ato de convocação de Moisés, por parte de YHWH, diante da tenda da reunião, na qual se manifestava com sua presença; os Números de *Bᵉmidbár*, "no deserto" (1,1), relembrando a prevalente contextualização geográfica na qual é ambientado todo o livro[6]; o Deuteronômio de *Dᵉbarím*, "palavras" (cf. 1,1), em relação aos quatro longos discursos nele apresentados, que Moisés proferiu diante de todo o povo de Israel no último dia de sua vida (cf. 1,1; 4,44; 28,69; 33,1).

A sequência e a concatenação canônica dos cinco livros[7]

Geralmente, poder-se-ia afirmar que o Pentateuco esteja sobretudo preocupado em mostrar como aconteceu a constituição do povo de Israel. Pelo

6. Algumas vezes a tradição hebraica chama o Livro dos Números também de *Waydabbér*, "ele [o Senhor] falou" (1,1), referindo-se então ao discurso que Deus dirigiu a Moisés no Deserto do Sinai da tenda da reunião trazido exatamente no início do livro.

7. Para este assunto cf. SKA, J.-L. "La structure du Pentateuque dans sa forme canonique". In: *Zeitschrift für die alttestamentliche Wissenschaft*, 113, 2001, p. 331-352.

panorama geral de todas as nações e os povos nascidos de Adão, o pai comum (Gn 4,25-26; 5,1-32) e conhecidos nos primórdios da história bíblica, como também, em particular, dos três filhos de Noé (10,1-32), através de um procedimento dedutivo, a narração do primeiro livro da Lei de Moisés chega a focalizar a atenção sobre a descendência de um só dos três filhos, Sem (11,10-26), para particularizar-se ainda sobre um só de seus descendentes, Abraão, o fundador de Israel (12,1-4). Dele (11,27–25,18), através da corrente dinástica constituída pelo filho Isaac (cf. especialmente 26,1-33) e pelo filho deste, Jacó (25,19–50,26), o Livro do Gênesis mostra como eles se tornaram patriarcas de Israel. Na atual organização dos relatos de Gênesis, pois, de Adão, através de Noé, Sem, Abraão, Isaac e Jacó, pode-se muito bem traçar uma comum e contínua linha generativa. O restante dos livros, porém, do Êxodo ao Deuteronômio, dedica-se a apresentar a formação de Israel enquanto povo em sucessão de continuidade com os personagens fundadores. Esse povo, portanto, não nasce do nada, tendo atrás de si uma longa história que, para trás, remontando ao progenitor Adão, chega ao tempo do próprio ato criador de Deus.

O início do Livro do Êxodo, em relação a Gênesis, marca o princípio de uma nova fase da narração: de fato, "Israel" não é mais empregado no sentido do nome novo dado por Deus a Jacó (cf. Gn 32,29; 35,10), mas como o nome do povo que saiu dos seus doze filhos (cf. Ex 1,1-7)[8]. Do mesmo modo, com a expressão "filhos de Israel" não nos referimos mais aos filhos tidos por Jacó das suas mulheres e das suas servas (cf. 29,31–30,24; 35,16-18), mas, uma vez mais, aos israelitas enquanto povo. No início do Êxodo, pois, as promessas de uma numerosa descendência que, segundo o plano divino, deveria sair de Abraão (cf. Gn 17,2.6), com razão pode-se dizer que se cumpriram (cf. Ex 1,7).

Além de mostrar a constituição do povo de Israel, em particular graças ao evento de sua libertação da escravidão do Egito através da intervenção de YHWH, o Livro do Êxodo ocupa-se também em definir que deus ele teria de servir. São três, em ordem sequencial, os verdadeiros candidatos: YHWH, o faraó (c. 1–15) e o bezerro de ouro (c. 32–34). Depois das provas de força entre YHWH e o faraó, constituídas pelos relatos das assim-chamadas "pra-

8. Note-se a correspondência temática que se cria entre o início do Livro do Êxodo (1,1-6) e o fim do precedente Livro do Gênesis (50,26).

gas", e depois da resolução da crise constituída pela construção, por parte de Israel, de um bezerro de ouro como substituto visível e tangível do verdadeiro Deus, YHWH manifesta-se como o único e real soberano do povo saído de Abraão. É ele o único capaz não só de libertá-lo do Egito, mas também de garantir-lhe assistência e proteção durante a longa caminhada que o teria esperado no deserto, sustentando-o também com água e alimento. No fim do livro, através da projetação (c. 25–31) e da construção (c. 35–40) da tenda da reunião, YHWH, após ter conquistado para si o próprio povo, pode estavelmente reinar no meio dele e segui-lo em todas as suas peregrinações.

O final do Êxodo (40,34-35) exige tematicamente de perto, através da presença da "tenda da reunião", o início do livro que o segue: o Levítico (1,1). Doravante YHWH, mesmo continuando a falar do alto do Monte Sinai por todo o tempo da longa parada que Israel fez nas suas encostas (Ex 19,1–Nm 10,10), o lugar real da manifestação de sua presença é reconhecido precisamente no interior desse "santuário móvel", que se desloca no deserto junto com Israel.

Com o terceiro livro da Lei de Moisés, o Levítico, os problemas a serem enfrentados estão sobretudo ligados à convivência que Israel deveria manter com o próprio Deus, que a partir de Ex 40,34-38 havia iniciado a habitar entre ele. Afinal, desde que a presença de YHWH ligou-se fortemente, também em nível espacial, ao próprio povo, este último deveria consequentemente regular a própria existência a partir da alteridade e da santidade típica de Deus. Com efeito, é por isso que esse livro, sucedendo o Êxodo e adquirindo assim um lugar central no seio dos cinco livros da *Toráh* de Moisés, constitui como que uma ampla coleção de normas e de estatutos aptos a regulamentar e a disciplinar toda a vida do povo sob o signo de uma ética e de uma deontologia inspiradas e adequadas à santidade e à transcendência de YHWH. Assim como o Deus de Israel, mediante a instituição e a inauguração do culto (c. 1–10), exige ser aproximado segundo particulares procedimentos e determinadas atenções, da mesma forma o povo necessita atingir e manter um estado de santidade e de pureza, a fim de adequar a própria vida à sagrada alteridade do próprio Deus (c. 11–27).

Depois de ter recebido, através do Livro do Levítico, as normas e os códigos éticos, comportamentais e litúrgicos para poder permanecer na presença de YHWH, mediante o Livro dos Números, Israel deixa por si alguns episódios concretos de sua caminhada na presença do seu Deus. Este livro, por um lado, descreve algumas etapas importantes de Israel no deserto em direção à terra prometida (Sinai, Farã, Edom, Negueb, os territórios dos amorreus, Moab e suas estepes) e, por outro, os inícios da conquista daquela terra, junto com vários e heterogêneos materiais legislativos, rubricistas e analistas. Com efeito, o livro apresenta-se como uma *campanha militar* em meio ao deserto em direção à terra prometida com vistas à sua conquista. Se a primeira parte do livro (1,1–10,10) apresenta-se como a preparação da mencionada campanha, a segunda (10,11–36,13) pode ser interpretada como a realização da própria campanha, da qual não estão excluídos nem os motins e as rebeliões (cf., p. ex., c. 13–14). Assim como é descrita, a tipologia dessa campanha revela características tanto militares quanto cultuais: o acampamento de Israel, tendo ao centro a tenda de reunião, apresenta uma ordem e uma disposição que se assemelham muito a uma ação militar, enquanto que a própria presença do santuário confere a essa marcha pelo deserto um caráter tipicamente sacral, processional e, portanto, litúrgico. O Livro dos Números, como também o Levítico, inicia fazendo referência à "tenda de reunião" (1,1), da qual YHWH falava a Moisés, recordando assim, mais uma vez, a conclusão do Êxodo (40,34-35). No mais, o próprio Ex 40,36-38, recordando o comportamento da "nuvem", sinal da presença de YHWH, no seu elevar-se acima da tenda de reunião e no seu parar ali (cf. tb. Nm 9,15-23), anuncia o que acontecerá realmente só em Nm 10,11: o início, como se viu, da segunda parte do livro e, também, o começo da campanha militar de Israel. A conclusão de números, porém, recorda muito de perto a do Levítico (cf. Nm 36,13 com Lv 27,34; cf. tb. 26,46)[9].

O último livro da Lei de Moisés, o Deuteronômio, coloca-se numa posição especial em relação aos outros. De fato, não se trata mais de discursos endereçados por YHWH a Moisés, como até agora, mas de discursos do próprio Moisés dirigidos a Israel sobre palavras por sua vez ouvidas de YHWH. Além disso, neste livro a Lei não é mais proclamada, como nos outros livros, mas comentada pelo maior e mais autorizado de seus intérpretes – por Moisés – ou seja por aquele graças ao qual foi também transmitida. O livro, contextualizado inteiramente no último dia da vida daquele personagem, coloca-se, pois, como uma pausa de suspensão e de reflexão entre o início da

9. Nesse jogo de correspondências e recordações, cf. tb. o início de Números (1,1) e a conclusão do livro que o precede (Lv 27,34).

ocupação da terra (cf. Nm 21 e 31) e sua própria e real conquista (cf. o Livro de Josué)[10].

De qualquer forma, como se viu, as próprias fórmulas introdutórias e conclusivas dos livros do Levítico (1,1 e 27,34) e dos Números (1,1; 36,13), como também a conclusiva do Livro do Gênesis (50,26) e as fórmulas iniciais dos livros do Êxodo (1,1-6) e do Deuteronômio (1,1), parecem servir muito bem de sinais editoriais, por um lado para sublinhar a tipologia e o conteúdo de cada livro e, por outro, para conectar e ligar tematicamente entre si cada um dos livros[11].

---

10. Note-se também a correspondência que se cria entre o início do Deuteronômio (1,1) e a conclusão do precedente Livro dos Números (36,13).

11. Esses particulares tipos de "ligações" entre a conclusão de um livro e o início do seguinte parecem lembrar uma particular técnica usada também na escrita de determinadas composições do Oriente Próximo antigo, na qual a linha conclusiva de uma tabuinha de argila (o típico material para a escrita) era repetida e retomada literalmente no início da tabuinha seguinte.

II

GUIA À LEITURA DE CADA LIVRO

G. Galvagno

Os primeiros livros do cânon bíblico – e não só estes – fogem às expectativas de coerência lógica e de brilho literário do leitor moderno: sua leitura introduz realmente num mundo distante do nosso e exige uma atenção particular para reconhecer conexões em relação às quais poder-se-ia não estar imediatamente advertidos. Ao tomar em consideração, nas páginas seguintes, os conteúdos de cada um dos cinco livros do Pentateuco, privilegiar-se-á a perspectiva *sincrônica*, indicando as articulações globais e os envios internos à seção, para acompanhar o leitor na descoberta desses textos e na percepção do conjunto, por mais articulado e não homogêneo. Esta perspectiva, porém, não pretende avaliar formas de ingenuidade em relação à composição desses textos antigos, desprezando tensões e anomalias que poderiam levar à maneira pela qual essas obras vieram à luz. Se a consideração mais aprofundada da origem do Pentateuco é remetida para o capítulo seguinte do volume, ao passar os conteúdos de cada um dos livros não faltará já neste guia à leitura alguma mínima indicação, a título de exemplo, das estratificações e das incongruências presentes no seio dos cinco livros.

Gênesis

O primeiro livro do cânon bíblico encara a questão das origens, como revela a própria denominação: Gênesis. Com seus cinquenta capítulos, o livro representa uma grande introdução ao acontecimento constitutivo do povo de Israel, apresentado nos livros seguintes do Pentateuco.

No interior dessa grande introdução, duas partes são claramente reconhecíveis. A história das origens (c. 1–11) narra precisamente as origens do cosmos e da humanidade, o desenvolvimento desta, desde os primeiros seres humanos às primeiras formas de civilização até sua articulação numa multiplicidade de povos. A história patriarcal (c. 12–50) põe à luz um horizonte mais circunscrito e narra os acontecimentos de um clã familiar ao longo de quatro gerações, precisamente o clã familiar do qual tem origem o povo de Israel.

A estruturação

Gênesis não se limita a aproximar as duas partes como compartimentos estanques, mas os articula mediante uma série de fórmulas literárias: com efeito, as figuras do primeiro homem, Adão, e do primeiro patriarca, Abraão, são colocadas no mesmo plano histórico e ligadas por via genealógica através da série dos patriarcas pré- e pós-diluvianos. Com esta finalidade, foi reconhecida a função conectiva e estruturante de uma precisa fórmula literária que aparece onze vezes no livro: trata-se da assim chamada "fórmula de *toledót*", que concorre para fornecer um quadro unitário a materiais diferentes pela origem, gênero literário e conteúdo[12].

12. Eis as dez ocorrências da fórmula: 2,4; 5,1; 6,9; 10,1; 11,10; 11,27; 25,12; 25,19; 36,1.9; 37,2. Sobre a função estruturante da fórmula no Livro do Gênesis, remetemos, entre outros, para: JOHNSON, M.D. *The Purpose of the Biblical Genealogies with Special Reference to the Setting of the Genealogies of Jesus*. Cambridge: Cambridge University Press, 1969 [2. ed. 1988, p. 3-36] [Society for New Testament Studies – Monograph Series 8]. • HIEKE, T. *Die Genealogien der Genesis*. Friburgo im Breisgau: Herder, 2003 [Herders Biblische Studien, 39].

O termo *toledót* significa, literalmente, "gerações", e a fórmula, por extenso, soa "estas são as gerações de...", "este é o que foi gerado por..." Que significado assume tal fórmula no desenvolvimento de Gênesis? Quando é seguida de um elenco de nomes, *toledót* significa "genealogias", mas quando é seguida pela narração de acontecimentos o termo assume o significado de "história". Assim, na primeira acepção, a fórmula introduz as descendências de Adão, de Noé, de Sem, de Ismael e de Esaú. Na segunda acepção, a fórmula introduz o que segue ao relato da criação e também às vicissitudes de Noé, de Abraão, de Jacó e de José.

Mediante este "fio condutor" é indicado o desenvolvimento histórico que leva das origens da humanidade aos doze filhos de Jacó, fundadores das doze tribos de Israel. Em base a isso, eis a estrutura literária do Livro do Gênesis:

1.1–11,26: história das origens
11,27–50,26: histórias patriarcais
11,27–25,18: ciclo de Abraão
25,19–37,1: ciclo de Jacó
37,2–50,26: história de José

A história das origens (Gn 1,1-11,26)

O que é narrado nos primeiros onze capítulos do Gênesis não deve ser assumido como tentativa de reconstrução dos primeiros acontecimentos da história da humanidade. Antes, através de uma linguagem mitológica procura-se lançar luz sobre uma série de fenômenos fundamentais, por vezes problemáticos, do cosmos, da história e da vida humana: por que o cosmos aparece configurado desse modo? em que consiste a dignidade do homem? qual é a origem do mal? quais são as consequências da violência na história? o que se deve esperar de Deus? ... Não é por acaso que Gn 1–11 é uma das partes do cânon bíblica mais consideradas pela reflexão teológica, em particular por seus aspectos antropológicos[13].

13. A. Wénin define Gênesis como "uma vasta antropologia narrativa". Cf. WÉNIN, A. "Introduction". In: WÉNIN, A. (ed.). *Studies in the Book of Genesis* – Literature, Redaction and History. Leuven: Leuven University Press, 2001, p. XIII-XIV [Bibliotheca Ephemeridum Theologicarum Lovaniensium 155]. Contudo, a definição parece pertinente sobretudo para os primeiros onze capítulos do livro bíblico.

Exatamente por isso, os protagonistas humanos desta vicissitude são apresentados de forma estilizada e personificam de modo paradigmático traços humanos fundamentais que necessitam ser indagados: o homem, a mulher, os irmãos hostis, o justo, o homicida... Além disso, o horizonte desses relatos concorre para qualificar YHWH como Deus do universo e de toda a humanidade: aquele que, a um certo ponto da história salvífica, se manifestar como Deus de Israel é o Deus que criou o mundo e que é Senhor de todas as nações.

O primeiro relato da criação (1,1–2,3)

O solene *incipit* da Bíblia é representado pelo primeiro relato da criação (1,1–2,3), que delineia a criação em sua forma ideal, como êxito perfeito da intencionalidade e da ação divinas.

Uma série de elementos literários concorrem para a escansão ordenada do trecho: o quadro temporal oferecido pelos sete dias da semana; o módulo que se repete de maneira variada em cada etapa da criação ("Deus disse... e assim aconteceu... Deus fez/separou/criou...") e que marca a plena correspondência entre a intencionalidade divina e o êxito efetivo de sua ação criadora; a avaliação positiva da parte de Deus de cada etapa da criação.

Após a síntese inicial do relato (oferecida, como título, pelo v. 1), o v. 2 esboça as condições do universo antes da intervenção criadora de Deus: incapaz de exprimir a categoria de "nada", o narrador delineia um quadro em que a vida é impossível por causa das condições da terra e da presença única de trevas, abismo e vento impetuoso[14].

Sobre esse quadro pregresso, Deus intervém primeiramente (v. 3-19) criando as condições da vida: a luz, o tempo, o espaço e o alimento. A seguir (v. 20-31), é criada a própria vida nas suas múltiplas formas: primeiro os animais (aves, peixes, gado, animais selvagens e domésticos) e, enfim, o casal humano. Enquanto a fecundidade de todos os seres vivos é resultado da bênção a eles reservada por Deus, a dignidade dos seres humanos é posta sobre a unicidade do dom (terem sido criados à imagem e semelhança do Criador) e da tarefa (dominar sobre os seres vivos) a eles reservada.

---

14. Sobre os motivos que induzem a entender como "vento impetuoso" a expressão habitualmente traduzida por "espírito de Deus", cf. as considerações sintéticas de GIUNTOLI, F. *Gênesi 1-11*, p. 76-77.

O sétimo e último dia da criação (2,1-3) vê a suspensão da atividade criadora de Deus, que repousa. O sétimo dia é objeto de uma particular bênção e consagração divina, que o tornam qualitativamente diferente dos outros dias da semana. Só depois do êxodo, Israel tomará consciência do "sábado", cuja observância será objeto primeiramente de intimação divina (Ex 16; o termo *shabbát* aparece pela primeira vez em Ex 16,23) e, na definição da aliança no Sinai, de solene proclamação (Ex 20,8). Nessa primeira página bíblica afirma-se que a santidade do sábado (evocado pelo verbo *shabát*, que exprime a suspensão do agir divino e seu repouso) é embutida na própria realidade da criação.

No fim do primeiro relato da criação, nenhuma forma de violência ou sofrimento está presente no mundo (emblematicamente, o único regime alimentar previsto para os seres vivos é o vegetariano): não há espaço para o mal no mundo ideado por Deus.

O segundo relato da criação (2,4-25)

Uma série de elementos diferencia o segundo relato da criação (2,4-25) da narração precedente e impede que seja lido como continuação dela.

Com efeito, em relação ao primeiro relato, muda a maneira de indicar a ação criadora de Deus, aqui menos transcendente e mais antropomórfica, como muda o modo no qual é apresentada a situação que precede à criação divina. O interesse global é centrado mais sobre as características do homem do que sobre o conjunto do cosmos: significativamente, aqui a criação do homem não atinge o cume da narração, mas acontece logo, pondo assim o ser humano como centro ao redor do qual é estruturado o restante da criação. O proeminente interesse antropológico aparece evidente tanto na atenção às diversas componentes da natureza humana (v. 7) quanto no espaço reservado à criação da mulher (v. 18-24), que evidencia a natureza relacional do ser humano e a positiva complementariedade entre os sexos.

Além disso, diferentemente do primeiro relato, o segundo não pretende apresentar um quadro tendencialmente exaustivo da criação, mas limita-se a expor alguns aspectos considerados essenciais. Sobretudo, o segundo relato da criação não aparece concluído em si, mas estreitamente relacionado com a narração seguinte do c. 3. Os dois capítulos não só condividem os mesmos protagonistas (Deus, o homem e a mulher), mas uma série de informações parece indispensável para a compreensão do relato seguinte: a existência das duas árvores (a árvore da vida e a árvore do conhecimento do bem e do mal) no jardim, a proibição de comer o fruto da segunda, a colocação do homem no jardim como cultivador e guarda, a relação harmônica entre Deus e o homem e entre o homem e a mulher.

A harmonia quebrada (3)

Se renunciarmos a leituras de ordem teológica acontecidas na seguinte tradição crente[15] e prestarmos atenção à narração efetiva, percebemos que nem todos os elementos são congruentes na construção literária de Gn 3. Prescindindo de motivos literários mais antigos, aqui reutilizados nem sempre de modo coerente[16], o episódio pretende enfrentar a questão da origem do mal no seio da criação de Deus, a partir de algumas dimensões da existência humana consideradas particularmente problemáticas: a convicção de fundo é que a parte negativa presente no mundo não dependa de Deus criador, mas deve ser atribuída às consequências da liberdade humana.

Se a proibição divina havia vetado ao homem reduzir a árvore do conhecimento do bem e do mal no nível de todas as outras árvores do jardim e, portanto, de não comer dos seus frutos (2,16-17), a serpente levou a mulher (e, graças a ela, o homem) a suspender a indicação divina e a comer daquela árvore, mostrando um salto de qualidade para o primeiro casal humano. Em vez de chegar a uma espécie de emancipação de Deus e a um melhoramento da própria condição, o consumo do fruto compromete a feliz condição pre-

15. Quem compôs essa página não tinha em mente, p. ex., a teologia do pecado original, elaborada séculos depois pela teologia cristã. Sobre isso, cf. as considerações de MAZZINGHI, L. "Quale fondamento biblico per il 'peccato originale'? Un bilancio ermeneutico: l'Antico Testamento". In: SANNA, I. (ed.). *Questioni sul peccato originale*. Pádova: Messaggero, 1996, p. 61-140 [Studi religiosi].

16. Assim, p. ex., não está particularmente integrada na trama a presença da árvore da vida (mencionada em 2,9, não retorna à narração até 3,22.24); a reação divina em 3,22 corresponde ao que é afirmado pela serpente em 3,4 e delineia a figura de um Deus ciumento das próprias prerrogativas e interessado em manter o homem numa condição de inferioridade, mais do que fomentar uma efetiva maturação. Para ulteriores exemplificações e análises, cf., entre outros, SPIECKERMANN, H. "Ambivalenzen – Ermöglichte und verwirklichte Schöpfung in Genesis 2s." In: GRAUPNER, A.; DELKURT, H. & ERNST, A.B. (eds.). *Verbindungslinien*. Neukirchen-Vluyn: Neukirchener Verlag, 2000, p. 363-376. • GERTZ, J.C. "Von Adam zu Enosch. Überlegungen zur Entstehungsgeschichte von Genesis 2-4". In: WITTE, M. (ed.). *Gott und Mensch im Dialog*. Berlim/Nova York: Walter de Gruyter, 2004, p. 215-236 [Beihefte zur Zeitschrift für die alttestamentliche Wissenschaft, 345/1].

cedente: decai a harmonia dos homens com Deus (de cuja presença fogem), como também aquela entre o homem e a mulher (a nudez torna-se recíproco motivo de vergonha, diante do interrogatório de Deus inicia um emblemático jogo de empurra-empurra).

As posteriores condenações divinas (v. 14-19) têm valor etiológico: pretendem dar as razões de algumas dimensões problemáticas da vida humana (as dores do parto, o domínio do homem sobre a mulher, a fadiga do trabalho, particularmente no cultivo da terra, a morte vista como aniquilamento), atribuindo-as à responsabilidade humana. Aquilo que a humanidade percebe como problemático não é expressão da malevolência divina, mas resulta do fato de ter dado ouvidos à proposta da serpente[17].

O crescimento da humanidade, a difusão do mal (4,1–6,4)

Os c. 4 –5 narram o crescimento da raça humana. Segundo o c. 4, de Adão e Eva nascem Abel e Caim e, num segundo momento, Set: os últimos dois são ponto de partida de ulteriores descendências (a diversos dos personagens mencionados estão unidas expressões de civilizações, das quais se tornam iniciadores). Mais ordenado na escansão literária é o elenco dos patriarcas pré-diluvianos oferecido pelo c. 5, que vai de Adão a Noé: dignos de nota, entre outros, são Henoc, do qual no v. 24 indica-se o desaparecimento porque levado por Deus, e Matusalém, o mais longevo (969 anos) entre os longevos patriarcas pré-diluvianos.

O c. 4 narra o primeiro homicídio da história, que acontece entre os primeiros irmãos da raça humana: Caim mata Abel, pela irritação despertada nele ao ver preferidas por Deus as ofertas do irmão em relação às suas. A justificação (não expressa) é de ordem cultual: Abel observa, bem antes de sua promulgação, as prescrições contidas em Ex 34,19 e Lv 3,16, enquanto Caim não apresenta a Deus as primícias de sua colheita. Ao crime segue a futura errância do homicida, irremediavelmente comprometido em sua relação de trabalho com o solo, e a tentativa divina de frear a lógica da vingança: o que não parece freado, segundo as palavras de Lamec no v. 23, é a difusão

17. Para uma apresentação da valência simbólica da serpente no contexto cultural do Oriente Próximo antigo, cf. CONKLIN, E. *Getting back into the Garden of Eden*. Lanham, MD: University Press of America, 1998, p. 62-73. • CARLO, G. "Il demonio artefice della caduta e il peccato dell'uomo – Il tentatore da Gen 3 a Sap 2,24". In: BORTONE, G. (ed.). *Angeli e demoni nella Bibbia*. L'Aquila: ISSRA, 1998, p. 2-21.

do instinto homicida. No v. 26, uma indicação isolada faz remontar à época pré-diluviana a invocação do nome de YHWH.

O misterioso episódio referido em 6,1-4, a união dos filhos de Deus com as filhas dos homens e o nascimento dos gigantes e dos heróis antigos, leva à limitação, por parte de Deus, da vida humana a cento e anos. O episódio representa um ulterior tampão que concorre para evidenciar a distância já assumida pela criação a respeito do plano inicial do Criador e para colocar as premissas para o dilúvio iminente[18].

O dilúvio (6,5–9,17)

A narração do dilúvio vê desfalecer a harmônica construção da criação apresentada no c. 1. O dilúvio é apresentado como evento cósmico que subverte a divisão entre os níveis das águas e convulsiona a terra enxuta, destruindo todos os seres vivos[19].

A causa da destruição da unidade por parte de Deus é atribuída pelo relato (6,11-13) à violência que reina entre os homens e que alterou a criação realizada por Deus: já que essa violência é universal, universal é também a destruição que lhe segue. O dilúvio representa o retorno das águas à situação que precedeu à criação (1,2).

Exatamente tal extermínio torna possível "repartir do início", reavivando um processo de criação. A continuidade entre os dois momentos de criação é dada por Noé que, por sua integridade e sua fé, decidiu passar o núcleo essencial da humanidade e dos seres vivos para o outro lado do cataclismo. A partir dele e dos outros hóspedes da arca o novo início pode acontecer: descendendo de um homem justo, espera-se que a nova humanidade seja melhor do que a precedente. Aos seres vivos que desceram da arca é dirigida (9,1.7) uma bênção análoga àquela de 1,28.

No entanto, a nova condição do universo é inferior àquela ideal precedente. Se no fim de Gn 1 não havia nenhuma forma de conflito na criação,

---

18. Nesses versículos, um tanto obscuros, devem-se notar significativas semelhanças com algumas páginas da tradição de Henoc. Para uma análise e uma comparação desses materiais remetemos para KVANVIG, H.S. *Primeval History: Babylonian, Biblical and Enochical – An Intertextual Reading*. Leiden/Boston: Brill, 2011, p. 274-310, 373-395 [Supplements to the Journal for the Study of Judaism 149]. Cf. tb. p. 323-325, 498-516.

19. Para um comentário a Gn 6,5–9,17 e, em particular, para uma análise da diacronia do relato, remetemos para SKA, J.-L. "El relato del dilúvio – Un relato sacerdotal con alcunos fragmentos redaccionales posteriores". In: *Estudios Biblicos*, 52, 1994, p. 37-62.

aqui se reconhece que uma certa violência faz parte do mundo imperfeito depois do dilúvio. Com efeito, em 9,2-6 estabelece-se o abandono do exclusivo regime alimentar vegetariano precedente: Deus aceita a presença da violência no mundo, que é canalizada na possibilidade de alimentar-se de carne, embora se insista em excluí-la das relações entre os homens.

No fim do relato (9,8-17) Deus estabelece uma aliança com Noé, com sua descendência e com todos os seres vivos, na qual se compromete a não mais destruir o universo. Na proposta dirigida a Noé, pela primeira vez na Bíblia fala-se de aliança (*b^e^rít*). Mesmo com diferenças de conteúdos e de horizontes, a aliança com Noé apresenta características análogas àquela que Deus selará com Abraão no c. 17: uma aliança em que só Deus se compromete, sem impor condições aos seus interlocutores; uma aliança acompanhada de um sinal (no caso específico, o sinal é representado pelo arco-íris).

Dos filhos de Noé para a família dos povos (9,20–10,32)

Com os filhos de Noé (Sem, Cam e Jafé) inicia-se a repovoação da terra depois do dilúvio. Num primeiro episódio (9,20-27), o que acontece por ocasião da primeira embriaguez da história serve para desqualificar Cam, iniciador dos Cananeus, as populações antagonistas de Israel na área: o filho é amaldiçoado e destinado a ser servo de seus irmãos.

A chamada "tabela dos povos" (c. 10) apresenta toda a humanidade surgida após o dilúvio como uma única grande família de povos, descendente dos três filhos de Noé, e organiza o mundo em três círculos concêntricos em torno à terra de Israel. O conjunto do capítulo manifesta a posição proeminente dos descendentes de Sem (de quem é evidenciada a primogenitura em relação aos outros filhos de Noé) na assembleia das nações: entre os filhos de Sem sobressai a figura de Héber (v. 21; no seio de sua descendência surgirá Israel). Além disso, uma certa ênfase é reservada à apresentação dos inimigos históricos de Israel, colocados sobretudo na estirpe de Cam.

A cidade e a torre de Babel (11,1-9)

Enquanto o c. 10 oferece um quadro irênico da pluralidade das nações, cuja dispersão fala do repovoamento da terra após o dilúvio (10,32), o episódio seguinte põe na base do fenômeno uma passagem mais angustiante. A dispersão da humanidade sobre a terra e sua diversificação linguística representa as providências adotadas por Deus para impedir que a humanidade acabe sujeita a formas de imperialismo e de homologação cultural[20].

A empresa delineada em termos negativos é de ordem política: a edificação de cidades com torres anexas, mais precisamente cidadelas defensivas, era uma das possíveis manifestações de imperialismo na área mesopotâmica. O irônico relato põe na berlinda a presunção de tais construções políticas, inevitavelmente destinadas à falência.

Retomando o fio interrompido no c. 5 e a nota de 9,28, Gn 11,10-26 organiza, entre os dados do c. 10 concernentes a Sem, a genealogia dos patriarcas pós-diluvianos, que do primogênito de Noé conduz até Taré e a geração de Abrão e de seus irmãos.

A história das origens: balanço

No conteúdo de Gn 1–11 pode-se reconhecer o entrelaçamento de duas perspectivas: a tendência da humanidade para destruir aquilo que Deus criou; a habilidade divina em vencer as tendências destrutivas da humanidade. O desenvolvimento desses onze capítulos pode, portanto, ser sintetizado com as categorias de "criação", "de-criação", re-criação". O relato do dilúvio é configurado como o clímax de um processo de "de-criação" já reconhecível em Gn 3–6: desobediência, homicídio, episódio dos gigantes. Depois do dilúvio, o processo de "de-criação" retorna, como indicam os episódios do desencontro no seio da família de Noé e da torre e da cidade de Babel. Não obstante essa atividade humana marcada pelo pecado, Deus continua a agir na história, apostando numa criação renovada[21].

---

20. Para um detalhado levantamento da valência política desse episódio, que oferece melhores argumentos da tradicional leitura de ordem religiosa, cf. as considerações apresentadas em: TESTA, E. *Genesi, introduzione* – Storia primitiva, p. 198-221. • UEHLINGER, C. *Weltreich und "eine Rede"* – Eine neue Deutung der sogenannten Turmbauerzählung (Gn 11,1-9). Friburgo/Göttingen: Universitätsverlag/Vendenhoeck & Ruprechet, 1990 [Orbis Biblicus et Orientalis, 101].

21. Para essa leitura sintética de Gn 1–11, cf. CLINES, D.J.A. *The Theme of the Pentateuch*. Sheffield, 1978, p. 61-77 [Journal for the Study of the Old Testament – Supplement Series, 10].

As histórias patriarcais (Gn 11,27–50,26)

Antes que o povo de Israel como tal apareça como protagonista no cenário da história, os relatos patriarcais narram as vicissitudes de quatro gerações do clã familiar do qual o povo de Deus se origina.

Nesses capítulos, tornam-se decisivas as ações que apresentam os patriarcas como protagonistas, enquanto somente em poucas passagens o significado mais profundo dos eventos é evidenciado por meio de declarações divinas ou, mais raramente, mediante sonhos reveladores: no seio de cada um dos ciclos narrativos, o número de intervenções divinas é diretamente proporcional à importância reconhecida ao fato narrado.

Abraão (11,27–25,18), Jacó (25,19–37,1) e José (37,2–50,26) são os três personagens que recebem maior atenção da narração. Todavia, diante dessa distribuição do material narrativo, a tradição bíblica se refere à época patriarcal citando a tríade "Abraão-Isaac-Jacó"[22] e não "Abraão-Jacó-José"[23]: por quê? A tradicional "tríade patriarcal" explica-se pelo fato que entre os primeiros três patriarcas a bênção divina e as promessas anexas passam individualmente: de Abraão a Isaac (e não a Lot ou a Ismael), de Isaac a Jacó (e não a Esaú). Com a seguinte passagem geracional, porém, a transmissão da bênção não acontece mais entre indivíduos, mas começa a envolver todo o clã de Jacó: todos os doze filhos do patriarca, fundadores das doze tribos de Israel, são beneficiários da bênção e das promessas divinas.

Segundo Gn 12–50, a origem de Israel é colocada na terra de Canaã e delineada, mediante uma precisa articulação parental, em relação às outras populações da região. Com efeito, as histórias patriarcais oferecem uma primeira "história da definição de Israel"[24]: é Israel a descendência de Abraão, Isaac e Jacó, não são Israel os descendentes de Lot (amonitas e moabitas), de Ismael (ismaelitas) de Esaú (edomitas), embora, de algum modo, sejam reconhecidos aparentados. Nessa linha, a identidade da descendência de

---

22. Entre os numerosos exemplos, limitamo-nos a mencionar, a título de exemplo, Gn 50,24; Ex 6,8; Dt 9,5; 29,12; 1Rs 18,36; 1Cr 16,15-17; Tb 4,12; Dn 3,35; Mt 8,11; 22,32; At 7,32.

23. Realmente, de per si a vicissitude de José recebe certamente maior atenção do que a vida de Isaac.

24. A definição é tirada de BLUM, E. *Die Komposition der Vätergeschichte*. Neukirchen-Vluyn: Neukirchener Verlag, 1984, p. 479-491 [Wissenschaftliche Monographien zum Alten und Neuen Testament, 57].

Abraão, Isaac e Jacó é estritamente ligada à terra de Canaã, enquanto as mencionadas populações encontram colocação em territórios vizinhos.

Outro tema que recebe significativas atenções no seio das histórias patriarcais é o da terra: ela é prometida por Deus, é habitada pelos patriarcas como estrangeiros, à espera de uma plena tomada de posse reservada à sua descendência futura. Às histórias patriarcais interessa evidenciar que a terra prometida a Israel é precisamente a terra de Canaã.

Por outro lado, os itinerários dos vários patriarcas configuram de maneira diversa a relação de cada um com tal terra. Abraão é o fundador que, nascido fora da terra, transfere-se para ela sob indicação divina (12,1-4), percorre-a totalmente e nela morre. Isaac é o único patriarca que, sempre sob intimação divina (26,2-5), nunca se afasta da terra. Jacó é o patriarca que, nascido na terra, vive vinte anos de exílio fora dela, retorna depois provisoriamente, para terminar seus dias na terra do Egito, com importante autorização divina (46,1-5). Todavia, tal permanência é delineada como provisória, à espera do retorno do povo de Israel para a terra de Canaã.

O ciclo de Abraão (Gn 11,27–25,18)

A trama do ciclo de Abraão não parece particularmente evidente: de fato, o ciclo é constituído de uma série de breves relatos, na maioria das vezes fechados em si mesmos, tendo o patriarca como protagonista principal. Trata-se de episódios antes heterogêneos pelo estilo narrativo e pelo destaque teológico: o laço entre os diversos episódios não é particularmente evidente, sua sucessão não parece sempre totalmente lógica[25].

As ações de Abraão não são, em geral, empresas que brotam de sua iniciativa. No conjunto do ciclo, o patriarca aparece antes como uma figura passiva: incapaz de iniciativa autônoma, é obediente às disposições divinas e ao fluir dos acontecimentos. Tal conotação global corresponde à sua idade: Abraão é o ancião, objeto de honra e veneração, cuja autoridade não se discute. Além disso, a obediência de Abraão é exemplar em relação a Deus e às suas indicações. Tais características fazem de Abraão um importante fundador do futuro Israel.

---

25. Para essas considerações sintéticas sobre o ciclo de Abraão, cf. SKA, J.-L. "Essai sur la nature et la signification du cycle d'Abraham (Gn 11,27–25,11)". In: WÉNIN, A. (ed.). *Studies in the Boof of Genesis*, p. 153-177.

Particularmente significativos são três passagens que põem em evidência a estatura do patriarca em relação ao povo que dele se origina. Em 18,17-19, Deus mostra Abraão como exemplo a ser seguido e pedagogo para as gerações futuras: sua observância da justiça divina será ensinamento também para o povo que dele terá origem. Em 22,15-18, no fim do episódio do sacrifício de Isaac, as palavras do anjo ligam à obediência apenas vivida pelo patriarca as promessas concernentes ao futuro do povo: a obediência de Abraão torna-se, pois, o sólido fundamento, já adquirido, do futuro Israel. Enfim, em 26,2-5 (apenas fora do ciclo de Abraão), um oráculo divino dirigido a Isaac reafirma a conexão entre a obediência vivida pelo fundador e as promessas reservadas à sua descendência: os méritos de Abraão tornam-se garantia para as gerações futuras, o futuro de Israel apoiar-se-á sobre a obediência do primeiro dos patriarcas.

A história de Abraão é a de um nômade que, com frequência, se vê obrigado a deslocar as tendas do próprio clã. Se a Mesopotâmia é o lugar de origem de sua família e também o lugar de seu nascimento, os acontecimentos posteriores ao chamado divino veem o patriarca a vagar por diversas localidades da terra de Canaã, o Egito e o país dos filisteus; mais precisamente, a terra de Canaã é o quadro principal das peregrinações de Abraão, enquanto a localidade de Hebron representa o cenário de seis dos quatorze capítulos do ciclo.

Abraão, cujo nascimento de Taré é apenas acenado em 11,26, vive cento e setenta e cinco anos (25,7). Dos quatorze capítulos do ciclo, seguramente, dez ocupam-se do arco temporal que intercorre entre seus setenta e cinco anos (quando inicia a viagem que lhe foi ordenada por Deus: 12,4) e os cem (quando nasce Isaac: 21,5) e dão particular atenção à espera da descendência do patriarca. Ora, precisamente essa espera representa o maior centro de interesse da trama, embora fragmentada, do ciclo de Abraão.

Os inícios da história, entre promessas e obstáculos (11,27–12,9)

A saída de Abrão de Ur dos Caldeus em direção à terra de Canaã não depende nem de uma iniciativa sua nem de uma exigência divina. De fato, ele se vê implicado na migração da caravana de Taré, seu pai, uma caravana que compreende sua mulher Sarai e o sobrinho Ló, filho do falecido irmão Arã. A migração se estabelece provisoriamente em Harã, onde Taré morre (11,31-32).

Nesse ponto, com o itinerário já iniciado, entra o chamado divino (12,1-3): Deus pede a Abrão que deixe o clã paterno e se dirija para a terra que Ele lhe indicaria. O chamado intervém, pois, para reler os termos da migração em curso e fazer dele um itinerário ditado pelo horizonte da fé. Assim, a primeira ação de Abrão representa um ato de obediência à intimação divina (v. 4) e o vê chegar de Harã para a terra de Canaã: dessa forma, o patriarca chega por ordem divina à terra para a qual já seu pai se havia encaminhado (cf. 11,31). O fato de esta terra ser habitada pelos Cananeus explica por que o dom dela seja prometido à descendência de Abrão (v. 7).

Mas essa ulterior promessa, unida aos conteúdos do v. 2, concorre para pôr ao centro da atenção a questão decisiva para o ciclo de Abraão: o tema da descendência. Realmente, como é possível crer nas promessas divinas que implicam uma descendência, vista a esterilidade de Sarai? (11,30). Se a mulher do patriarca é estéril, donde virá tal estirpe?

A menção de Siquém (v. 6), das montanhas a leste de Betel (v. 8) e do Negueb (v. 9) começam a marcar o caráter precário, nomádico, da instalação de Abrão em terra de Canaã.

A mulher-irmã e as ambivalências dos patriarcas (12,10-20; 20; 26,1.6-11)

Os três episódios considerados, problemáticos para a nossa sensibilidade, revelam-se colaterais em relação ao filão principal das histórias patriarcais e desenvolvem o tema da proteção divina da honra das matriarcas, diante da atitude desinibida do patriarca da vez, que não teme comprometê-la para salvar a vida. Protagonistas dos dois primeiros episódios são Abraão e Sara, respectivamente com o faraó do Egito e com Abimelec, rei filisteu de Gerara; o último episódio tem a mesma ambientação do terceiro, mas que tem como protagonistas Isaac e Rebeca.

Sobretudo no segundo dos três relatos, aflora o interesse para reconhecer também junto às populações estrangeiras um considerável senso de justiça, melhor do que imaginado pelo próprio patriarca em ação.

A primeira separação (13), as primeiras vitórias (14)

A abundância de bens, animais e tendas que Abrão e Ló passam a possuir torna impossível a convivência entre suas caravanas: as rixas entre seus pastores são sintomas de um potencial conflito. A separação consensual leva

Ló a instalar-se com seus bens no florido vale do Jordão, perto de Sodoma, enquanto Abrão se instala na terra de Canaã, perto do carvalho de Mambré, em Hebron.

Ló voltará à cena no c. 14 e no c. 19, mas a separação de Abrão significa para ele a perda de um possível papel na descendência do patriarca. De fato, diante da esterilidade de Sarai, a busca de uma descendência para Abrão teria podido ter em Ló um primeiro, legítimo candidato. Sua separação do tio nesta passagem da narração indica que não é ele o herdeiro esperado. Não é por acaso que, logo depois da separação de Ló (13,14-17), Deus se manifesta novamente a Abrão para renovar-lhe suas promessas: a promessa da terra e a promessa de uma descendência incomensurável.

O c. 14 oferece o rosto original de um Abrão guerreiro, em condições de derrotar Codorlaomor e seus aliados, que, na sua campanha militar, haviam aprisionado Ló. No caminho de retorno, registra-se o encontro do patriarca com Melquisedec, rei de Salém e sacerdote do Deus altíssimo. Se esta figura prender a atenção de um filão da reflexão neotestamentária (cf. Hb 5–7), o episódio vê o significativo pagamento da décima parte de Abrão ao precursor do sacerdócio de Jerusalém[26].

Abraão, o homem da aliança (15–17)

Nos capítulos seguintes do ciclo de Abraão, a busca do descendente do patriarca chega a entrelaçar-se com o dom da aliança da parte de Deus.

No início do c. 15, outro possível herdeiro é excluído do horizonte das promessas: o próprio Deus confirma que não será um servo, Eliezer de Damasco, que irá constituir a descendência de Abrão, mas alguém efetivamente nascido dele. O c. 16 narra a iniciativa de Sarai, que, para superar a situação determinada por sua esterilidade, oferece ao marido a possibilidade de conceber um filho de sua escrava egípcia, Agar. Os conflitos entre as duas mulheres após a concepção levam Sarai, com a permissão do marido, a irritar a serva até induzi-la à fuga para o deserto. A intervenção do anjo garante proteção a Agar e promete um futuro significativo para o nascituro. O nascimento de Ismael, porém, não representa ainda a solução adequada sobre a esperada descendência. Não obstante a falta de pressupostos verossímeis (Abraão tem cem anos, Sara noventa), em 17,15-21 Deus reafirma a

26. Para tal identificação induz, entre outras, a indicação do Sl 76,3.

promessa de um filho efetivamente seu, enquanto também à figura de Ismael reserva uma condição significativa, embora inferior ao filho da promessa.

O c. 15 apresenta um quadro único no seio do ciclo de Abraão[27]. O v. 6 delineia o patriarca como o primeiro crente da história de Israel: a afirmação "ele teve fé no Senhor" contém a primeira ocorrência do verbo "crer" (l'*hiph'îl* di *'amán*) na Bíblia hebraica, a única no Gênesis referida a Deus[28], e será retomada na reflexão neotestamentária[29].

Gn 15, sobretudo, é o primeiro texto do ciclo que apresenta em termos de aliança o relacionamento do Senhor com Abrão e as promessas já afirmadas anteriormente. Particularmente original, também no panorama de todo o Pentateuco, é o ritual utilizado para o estabelecimento da aliança (v. 9-12.17-20: pode-se ver uma alusão a ele também em Jr 34,18). O fato de o papel do patriarca se limitar à preparação da cena e que só o Senhor passa entre os animais esquartejados dá a conotação da aliança divina com Abrão: a aliança estabelecida não está ligada a uma particular fidelidade do patriarca e de sua descendência, mas depende unicamente da benevolência divina.

Por fim, os v. 13-16 são a única passagem do ciclo de Abraão que aludem expressamente às futuras vicissitudes da descendência do patriarca em terra do Egito.

Também o c. 17, embora em termos não rituais, lê o relacionamento de Deus com Abraão em termos de aliança e representa um dos textos fundamentais do ciclo. No quadro da aliança é reafirmada, com insistência, a promessa de uma descendência numerosa, como também a promessa de possuir aquela terra em que no momento se move como estrangeiro. Deve-se destacar sua posição de fundador, o nome do patriarca é mudado de Abrão para Abraão, para aludir à sua paternidade de uma multidão de nações: também a mulher muda o nome de Sarai para Sara. Nesse quadro, como se acenou, é reafirmado o dom de um filho próprio e garantida a posição significativa também a Ismael.

---

27. Para um comentário sintético do capítulo, cf. GALVAGNO, G. "Abramo, una chiamata e un'alleanza (Gn 15,1-21)". In: *Parola Spirito e Vita*, 63, 2011, p. 13-26.

28. No restante do Pentateuco, o verbo é utilizado para exprimir a fé em Deus só em Ex 14,31; Nm 14,11; 20,12; Dt 1,32; 9,23 (nas últimas quatro ocorrências, mais precisamente, denuncia-se a ausência de fé no Senhor).

29. Cf. Rm 4,3; Gl 3,6; Tg 2,23.

Analogamente ao que é destacado em Gn 15 e, sobretudo, no fim do dilúvio (9,8-17), também na aliança afirmada nesta circunstância só Deus se compromete, sem impor condições a seu interlocutor. Como adesão à aliança, a Abraão e à sua casa é pedido somente o sinal ritual da circuncisão de cada ser masculino.

Entre familiaridade e ira de Deus (18–19)

Junto ao carvalho de Mambré, Abraão mostra-se modelo de hospitalidade em relação a três viajantes: desse modo, percebe que acolhe a visita de Deus, que lhe garante o nascimento, dentro de um ano, do filho desejado. Se em 17,17 fora Abraão a rir de tal promessa, agora é Sara que ri de uma perspectiva humanamente inverossímil.

A cena seguinte (a partir de 18,16) apresenta a intercessão de Abraão diante da decisão divina de destruir Sodoma e Gomorra por causa de seu pecado. A longa negociação mostra a familiaridade que existe entre o patriarca e Deus e o esforço de Abraão em convencer a Deus a salvaguardar Sodoma se nela se encontrassem ao menos dez justos: inutilmente.

O episódio com o qual se abre o c. 19 deixa entrever a degradação a que chegou a cidade de Sodoma (o episódio apresenta traços só levemente mais amenizados do que o delito de Gabaá narrado em Jz 19): estamos exatamente na antítese da hospitalidade vivida por Abraão em Mambré. O Vale de Sodoma e Gomorra sofre a destruição divina (trata-se da etiologia da área do Mar Morto), da qual é salvaguardado unicamente Ló com a mulher e as filhas.

O quadro final do c. 19 apresenta a origem de moabitas e amonitas através das filhas de Ló.

Isaac, dom e prova (21–22)

Finalmente, o c. 21 vê a solução daquilo que anulava a plausibilidade das promessas divinas. O nascimento de Isaac dá a Abraão a descendência esperada. O nome do filho (*yitscháq*) liga definitivamente sua identidade ao riso (raiz *tsacháq*) que a perspectiva do seu nascimento havia provocado.

O crescimento de Isaac ao lado de Ismael provoca ulterior ciúme da parte de Sara em relação a este último: Abraão vê-se obrigado a expulsar o menino e a mãe Agar, abandonando-os no deserto. Todavia, não cessa para o menino e para a mãe a prometida proteção divina e, assim, inicia seu destino de fundador dos residentes no deserto.

O episódio final do capítulo (v. 22-34) leva a um pacto entre Abimelec e Abraão a etiologia da localidade de Bersabeia, enquanto marca a permanência do patriarca no território dos filisteus.

O relato da prova do patriarca (22,1-19) repõe em discussão o sentido do que foi vivido até este ponto por Abraão, o sentido de sua vida, de sua confiança nas promessas de Deus. Se a exigência divina (sacrificar-lhe o único filho amado) tivesse chegado à realização, tudo teria sido posto em discussão: as promessas divinas teriam voltado a ser aleatórias, na ausência de um filho efetivo.

Abraão vive o caráter paradoxal da prova renovando sua obediência radical a Deus, até chegar ao momento do sacrifício, quando o anjo do Senhor intervém para pará-lo e reconhece o caráter paradigmático de sua obediência. Se também o futuro Israel chega ser posto à prova por Deus no curso de sua história[30], e com frequência fracassará, Abraão antecipa as provas de sua descendência e, com sua obediência, fornece-lhes um fundamento confiável.

As informações genealógicas referentes a Nacor, único irmão sobrevivente de Abraão, que concluem o c. 22, são premissa do episódio seguinte do c. 24.

Os episódios conclusivos (23,1–25,18)

O c. 23 relata a morte e a sepultura de Sara em Hebron. A circunstância obriga Abraão a adquirir um lote da terra prometida. A aquisição da gruta sepulcral em Macpela, perto de Hebron, de Efron o Hitita, representa a primeira tomada de posse simbólica de um lote da terra de Canaã, um lote destinado a hospedar as tumbas dos patriarcas.

O c. 24 (o mais longo de todo o Gênesis) encara a questão do matrimônio de Isaac: antes de morrer, Abraão preocupa-se com um matrimônio adequado para o filho, agindo de maneira que a esposa não seja uma cananeia, mas provenha de seu próprio clã de origem: dessa forma, a atenção do patriarca torna-se paradigmática de uma atitude que, também nos séculos seguintes, Israel deveria adotar com os povos vizinhos[31]. Pela mediação de um servo de confiança, Rebeca, filha de Batuel, sobrinho de Abraão, é conduzida da Mesopotâmia para a terra de Canaã, para tornar-se mulher do filho da promessa.

---

30. Cf., p. ex., Ex 15,25; Dt 8,2; Jz 3,1.4.

31. Cf. Dt 7,3-4; Esd 9–10.

As informações contidas em 25,1-18 reafirmam a estirpe privilegiada garantida a Isaac. A respeito das disposições testamentárias, enquanto a todos os filhos do patriarca são reservados dons, Isaac aparece o herdeiro único. Seu papel único não é prejudicado pela presença de Ismael por ocasião da morte e sepultura de Abraão. O patriarca é sepultado na caverna de Macpela, em Hebron, ao lado de Sara. As informações sobre Ismael e sua descendência (v. 12-18) são as últimas referentes a este significativo filho de Abraão.

O ciclo de Jacó (Gn 25,19–37,1)

A trama do ciclo de Jacó (25,19–37,1) apresenta-se menos fragmentada do que a do ciclo precedente. Embora não faltem episódios isolados (a teofania em Betel no c. 28, a luta de Jacó em Fanuel no c. 32, a violência perpetrada a Dina em Siquém no c. 34), a vicissitude de Jacó é construída ao redor de dois filões narrativos: o relacionamento conflitivo com o irmão Esaú, que obriga o patriarca a se afastar da terra de Canaã, para depois, de algum modo, chegar a uma aparente reconciliação final; o relacionamento controverso com Labão, seu sogro, e com seu clã. Na articulação da trama, os episódios referentes ao relacionamento com Esaú são colocados na parte inicial e na parte final do ciclo, enquanto que os relacionados com o confronto com Labão ocupam a parte central.

No conjunto, o ciclo de Jacó é baseado num itinerário de ida e volta da terra de Canaã para o "território dos orientais" (29,1), precisamente para a localidade de Padã-Aram. Os episódios que justificam o afastamento do patriarca da terra parecem menos desarticulados do que os seguintes na hora do retorno[32].

A caracterização da figura de Jacó apresenta traços de ambivalência. Enquanto, salvas dissonâncias mínimas, a figura de Abraão era totalmente positiva, paradigmática para as gerações seguintes, a conotação deste patriarca não é igualmente unívoca.

Com efeito, por um lado, o personagem pode ser delineado como *enganador enganado*: é aquele que obtém com o engano aquilo que competia a Esaú e, em seguida, aquele que é enganado por Labão no momento do matrimônio. Nessa linha, Jacó apresenta traços do herói popular que, com

32. Para um olhar sintético do ciclo de Jacó, cf. COHN, R.L. "Narrative Structure and Canonical Perspective in Genesis". In: *Journal for the Study of the Old Testament*, 25, 1983, p. 3-16.

esperteza, consegue tirar vantagem de diversas circunstâncias, embora não falte algum momento de humilhação.

Por outro lado, porém, uma série de oráculos divinos dirigidos ao protagonista (limitados no número, mas significativos na importância) intervém para reconhecer a Jacó a estatura de beneficiário da bênção e das promessas celestes, em pé de igualdade com os outros patriarcas, e consentem compreender seus deslocamentos não como fugas rocambolescas, mas como itinerário querido expressamente por Deus.

Os preâmbulos da vicissitude (25,19-34)

A esterilidade de Rebeca mencionada no v. 19 não condiciona a vicissitude, já que é rapidamente superada: trata-se quase de um ato devido, de uma maneira para evidenciar que a gravidez que segue (até de gêmeos) não representa um fato incontestável, mas é sinal de uma particular benevolência divina.

Segundo um motivo literário comum, o que se manifesta por ocasião da gravidez e do parto é prenúncio do que acontecerá. O oráculo divino (v. 23) afirma que as duas crianças serão fundadoras de dois povos, aludindo depois a suas futuras relações. Os v. 25-26 oferecem uma etimologia popular do nome de Esaú ("ruivo") e de Jacó ("calcanhar"), enquanto as informações dos v. 27-28 sobre as atitudes dos dois e os afetos dos pais constituem o preâmbulo do relato do c. 27.

Também o que se relata nos v. 29-34 pretende fornecer uma chave de leitura para aquilo que se narra no capítulo seguinte: se Jacó parece bem mais esperto e empreendedor do que acontecerá no c. 27 (onde Rebeca será a organizadora do engano), Esaú mostra toda a sua leviandade ao renunciar à primogenitura por um prato de lentilhas (fato que redimensiona o caráter de vítima do engano seguinte).

Só Isaac (26)

Apertada entre Abraão e Jacó, a figura de Isaac parece o clássico "vaso de barro entre vasos de ferro": realmente, o patriarca intermediário não parece protagonista de uma vicissitude própria.

O c. 26 é o único a tê-lo como protagonista exclusivo: mas a história parece tudo, menos original. O oráculo divino nos v. 2-5 e aquele do v. 24, confirmam-lhe as promessas já feitas a Abrão. No mais, o episódio dos v. 1.6-11 é afim do que já foi vivido por Abraão nos c. 12 e 20; o episódio dos poços na terra dos filisteus, entre Gerara e Bersabeia, narrado nos v. 12-25, e a aliança entre Isaac e Abimelec nos v. 26-33 parece a edição melhorada do que se narra de Abraão em 21,22-34. No momento em que a narração se propõe dar consistência a Isaac, não vai além de uma reproposição dos acontecimentos vividos pelo pai.

As informações matrimoniais concernentes a Esaú nos v. 34-35 são a premissa daquilo que acontecerá em 28,1-9.

O engano de Jacó e o afastamento de casa (27-28)

Informada da iminência da bênção ao primogênito Esaú por parte do ancião Isaac, Rebeca trama um engano para desviar a bênção sobre o predileto Jacó. Este, fazendo-se passar pelo irmão mais velho e enganando o pai quase cego, arranca a bênção reservada ao irmão: as palavras paternas nos v. 27-29 reservam a Jacó um futuro de abundância e de supremacia. A chegada de Esaú desmascara o engano perpetrado, mas já sem possibilidade alguma de remediar a situação.

A compreensível ira de Esaú leva a deixar transparecer intenções homicidas contra o irmão enganador. Percebendo isso, Rebeca induz Jacó a fugir para Harã, junto ao tio Labão, pelo tempo necessário para esfriar a ira de Esaú. Consciente do perigo em questão e da exigência de pôr Jacó em lugar seguro, em 27,46, Rebeca adverte o marido sobre o problema dos matrimônios mistos de Esaú, e a exigência de evitá-los para o filho menor: parece mais uma escamoteação tramada pela mulher para chegar aos próprios objetivos.

Assim, em 28,1-5 é Isaac que envia Jacó para seu cunhado Labão, a fim de casar-se com uma mulher daquele clã e não entre os Cananeus (a mesma exigência apresentada em Gn 24): na ocasião Isaac deseja ao filho a bênção e as promessas reservadas por Deus a Abraão. Os v. 6-8 mostram Esaú percebendo que suas mulheres cananeias não eram do agrado de seus pais e tentando remedir, dentro do possível, com um ulterior matrimônio, pelo clã ismaelita.

No momento da partida para as terras orientais, a narração apresenta a primeira manifestação divina a Jacó em Betel (28,10-22). O episódio representa a etiologia de um célebre santuário israelita. Tendo chegado casualmente à localidade ao anoitecer (v. 11), em sonho o patriarca toma consciência da sacralidade do lugar (v. 12-19): a denominação Betel ("casa de Deus") determina a particularidade do lugar.

O oráculo divino que, em sonho, é dirigido a Jacó faz referir a ele as mesmas promessas já dirigidas a Abraão (v. 13-14). Nesse ponto da narração, assume particular destaque o conteúdo do v. 15: Deus se compromete a acompanhar o patriarca em seu itinerário apenas iniciado e lhe promete fazê-lo retornar para a terra. O tema da proteção e do acompanhamento divinos e do retorno para a terra são ulteriormente retomados no voto que o patriarca formula nos versículos finais do trecho (v. 20-22).

Jacó junto a Labão: os dois matrimônios (29,1–30,24)

Tendo chegado à terra oriental, graças ao encontro, junto a um poço, com a prima Raquel, o patriarca pode rapidamente experimentar a pronta e calorosa hospitalidade que Labão lhe oferece: o relato de 29,1-14 é análogo ao de Gn 24.

No momento de passar da hospitalidade para uma colocação estável, o enganador Jacó acaba enganado. Depois de sete anos de trabalho, contrariando as promessas, Labão impõe como esposa, com o engano, a filha mais velha Lia, em lugar da mais jovem Raquel, sobre a qual anteriormente já se haviam combinado. Raquel só é concedida como esposa a Jacó em troca de mais sete anos de trabalho junto ao sogro.

Trata-se dos anos que apresentam a constituição da família de Jacó, incialmente não de Raquel – por causa da esterilidade –, mas de Lia e das duas respectivas escravas, Bala e Zelfa. De Lia nascem Rúben, Simeão, Levi, Judá e, mais tarde, Issacar e Zabulon e, única filha, Dina; de Bala, como que substituindo a patroa Raquel, nascem Dan e Neftali; de Zelfa, Gad e Aser. Enfim, traço comum para as mulheres dos patriarcas, também Raquel é tornada fecunda por Deus: dela nascem José e, mais tarde, Benjamim. Ao referir a longa teoria de nascimentos, Gn 29,31–30,24 fornece a etimologia popular dos doze fundadores das futuras tribos de Israel.

O enriquecimento de Jacó e sua fuga (30,25–32,1)

Ao término do tempo combinado para o trabalho, Labão convence o genro a continuar a prestação de serviço em sua casa. Os termos do acordo (30,31-36) são funcionais para evidenciar a astúcia do patriarca, que consegue voltá-los a seu favor (v. 37-42). O conteúdo desse relato só pode parecer-nos ingênuo, mas é clara a vontade da narração de exaltar a genialidade de Jacó e seu mirabolante enriquecimento.

O c. 31 inicia ressaltando o clima de hostilidade crescente contra Jacó por causa de seu enriquecimento. Obtido o consenso das mulheres (v. 4-16), o patriarca aproveita um temporário afastamento de Labão para fugir, com a caravana dos familiares e bens, de Padã-Aram para a terra de Canaã. Também nesta passagem significativa, que mostra a narração orientar novamente o itinerário do patriarca para a terra dos pais, deparamo-nos com uma intervenção divina (v. 3), que ordena a volta à pátria e renova a promessa do acompanhamento.

A proteção divina permite que Jacó evite pesadas consequências da perseguição do sogro. O episódio conclui-se com um pacto de "não beligerância" entre os dois clãs (ocasião para mais uma etiologia de uma localidade) e põe fim à narração das relações entre Jacó e Labão.

O encontro com Esaú (32,2–33,17)

Referida em Gn 32,2-3 a etiologia de outro lugar sagrado (Maanaim), inicia a narração do encontro com Esaú, que, à distância de vinte anos, pronuncia-se rico de incógnitas.

Informado sobre a chegada do irmão com quatrocentos homens e ignorando suas disposições, Jacó prepara as coisas da melhor maneira a fim de predispor positivamente Esaú para o encontro: divide sua caravana em dois grupos para salvar ao menos um deles em caso de êxito negativo (32,8-9), preestabelece uma série de dons para o endereço do irmão (32,14-22), coloca seus familiares atrás de si (33,1-2).

O encontro com Esaú (33,3-11) acontece sob a insígnia da plena reconciliação entre os irmãos: Jacó pode apresentar todos os dons recebidos de Deus e doar uma parte deles ao irmão. Mais enigmática aparece a cena seguinte (v. 12-17): logo após ter ocorrido a reconciliação, os caminhos dos dois irmãos imediatamente se separam, sem que nada intervenha para dar a razão da tomada de distância por parte de Jacó.

Como *intermezzo* entre os preparativos e o encontro com Esaú, Gn 32,23-33 narra um misterioso episódio noturno, etiologia da localidade de Fanuel. Junto ao vau do Jaboc, Jacó vê-se a lutar até a aurora com uma figura misteriosa que, enfim, Jacó reconhece como divina. Antes de se despedir, o patriarca não só recebe a bênção pedida, mas vê também mudar seu nome para Israel (a etimologia de *yisra'el* é calcada sobre o verbo "lutar", *saráh*).

Desse modo, Jacó é configurado como antecessor epônimo do povo de Israel, que terá origem de seu clã.

Violências em Siquém (Gn 33,18–34,31)

O fragmentado itinerário de Jacó para a terra de Canaã no momento do retorno conhece um episódio autônomo e lateral ambientado em Siquém, que tem como protagonistas os filhos do patriarca. Nessa localidade, o clã de Jacó experimenta a afronta da violência contra Dina por parte do filho do príncipe local.

Diante do sucessivo pedido de matrimônio proposto pelo príncipe em nome do filho, os filhos de Jacó põem como condição a circuncisão de todos os homens de Siquém. Aproveitando a indecisão geral, com engano Simeão e Levi, dois dos irmãos de Dina, passam a fio de espada a cidade e iniciam a saqueá-la.

No episódio, a caracterização de Jacó não corresponde ao restante do ciclo: aqui o patriarca não parece protagonista, mas assiste à vingança tramada pelos filhos sem dar seu parecer.

Episódios conclusivos (35,1–37,1)

Betel fora a localidade de uma manifestação divina no momento da despedida da terra de Canaã (c. 28); Betel volta a ser implicada em dois episódios seguintes (incompatíveis quanto à lógica narrativa: 35,1-7 e 35,9-15) por ocasião do retorno de Jacó à terra. O primeiro episódio (v. 1-7) apresenta Jacó e seu clã fazendo uma peregrinação à localidade sob indicação celeste, como sinal de gratidão a Deus que o acompanhou no itinerário. O segundo episódio (v. 9-15) fala de uma nova manifestação divina ao patriarca em Betel e está interessado a pôr globalmente em evidência os aspectos importantes da história de Jacó: Jacó é significativo porque Israel (esse o nome recebido de Deus), porque beneficiário da bênção e das promessas divinas já reservadas a Abraão e Isaac, porque ligado à história da localidade de Betel, localidade na qual Deus se manifestou a ele.

A segunda parte do c. 35 acrescenta uma série de rápidas informações: a morte de Raquel no nascimento de Benjamim e sua sepultura em Belém (v. 16-20), o incesto que desqualifica o primogênito Rúben (v. 21-22), o elenco dos doze filhos de Jacó (v. 22-26), a morte de Isaac e sua sepultura em Hebron, no túmulo de Abraão, por obra dos filhos (v. 27-29).

O c. 36 é dedicado a Esaú, suas mulheres e seus filhos, tanto os nascidos na terra de Canaã como os nascidos nas montanhas de Seir, depois da migração de seu clã (v. 1-14). Através desses materiais, Esaú é identificado com Edom e apresentado como pai dos edomitas: os v. 15-43 trazem dados genealógicos ou políticos ligados a este povo.

Gn 37,1 põe momentaneamente fim ao vaguear de Jacó, indicando sua residência, embora como estrangeiro, na terra de seus pais, a terra de Canaã. O confronto com 36,8 permite delimitar o território de Israel em relação ao dos edomitas.

A história de José (Gn 37,2–50,26)

Excetuando-se o fragmentado epílogo representado por 45,16–50,26, a passagem do ciclo de Jacó para a história de José significa, para o leitor de Gênesis, o ingresso a um mundo narrativo decididamente mais unificado, quanto à trama, em relação às seções cruzadas até aqui.

No relato, Deus já não intervém diretamente na ação: são os personagens, *a posteriori*, que reconhecem seu plano sobre os acontecimentos[33]. Além disso, as promessas patriarcais não aparecem no relato, como também José já não parece desejoso de voltar para a terra de seus pais: inclusive a história dos irmãos parece um típico conflito familiar sem particulares implicações com a história do futuro Israel.

Em relação às precedentes histórias patriarcais, um tanto avessas a misturas com estrangeiros[34], a história apresenta a plena integração de José com o mundo e os costumes egípcios, até o matrimônio com a filha de um sacerdote local (41,45). Nem José nem seus irmãos temem comprometer sua identidade e sua fé na terra dos faraós.

Se a essas observações se acrescentar um maior destaque dado aos sentimentos e à psicologia dos personagens e uma maior atenção à dimensão política e sapiencial, torna-se inevitável falar da originalidade dessa narração dentro do Gênesis.

---

33. Só para indicar alguns exemplos, cf. as afirmações contidas em 40,8; 41,32.39.51.52; 43,23; 44,16; 45,5-9.

34. Cf. 24; 26,34-35; 27,46–28,9.

A história de José (37,2–45,15): articulação da trama

Excluído o c. 38, a narração de Gn 37,2–45,15 vê o conflito entre José e seus irmãos passar do drama da recusa para a reconciliação final[35]. Os extremos do relato (c. 37; 42–45) inserem diretamente as relações entre os irmãos, enquanto a parte central (c. 39–41) relata a subida de José ao poder na terra do Egito.

O c. 37 delineia as origens do conflito familiar até a eliminação do irmão detestado, vendido a uma caravana que se dirigia ao Egito.

Segundo o c. 39, em terra estrangeira José experimenta os primeiros êxitos administrativos na gestão dos bens de uma família que o adquirira como escravo: a tentada sedução por parte da mulher compromete o prestígio adquirido, a condição de protagonista é reduzida à do prisioneiro sem dignidade alguma. Os c. 40–41 apresentam a inesperada subida ao poder do jovem. Graças à sua qualidade de intérprete de sonhos, que se expressou com sucesso primeiro com dois companheiros de prisão caídos em desgraça da corte do faraó e depois diretamente diante do soberano, é reconhecida a estatura de sua sabedoria e sua atitude de líder político: o faraó o nomeia vice-rei do Egito, plenipotenciário para a gestão das provisões em relação aos tempos de abundância e de carestia por ele decifrados na interpretação dos sonhos.

A mesma carestia obriga os irmãos a uma dupla descida da terra de Canaã para o Egito, em busca de víveres para o clã: em ambos os casos entram em contato com o vice-rei, sem reconhecer sua efetiva identidade e beneficiando-se, por sua vez, de anônimas regalias.

Na primeira circunstância (c. 42), os irmãos são acusados de serem espiões e só podem voltar para a pátria deixando como refém a Simeão, à espera de trazer a José também o irmão menor, Benjamim, que ficara em casa com Jacó: condição que, num primeiro momento, o patriarca recusa.

A segunda viagem (c. 43–45) apresenta a descida de Benjamim ao Egito. Na hora de voltar para a pátria, José arma uma ulterior cilada, um furto, à primeira vista, imputável precisamente à responsabilidade do irmão menor. Postos diante da eventualidade de voltar para Canaã sem Benjamim, median-

35. Para um exame minucioso da trama da história de José, remetemos para REDFORD, D.T. *A Study of the Biblical Story of Joseph (Genesis 37–50)*. Leiden: Brill, 1970, p. 138-164 [Supplements to Vetus Testamentum, 20].

te a intervenção de Judá (44,16.18-34), os irmãos revelam as genuínas qualidades dos sentimentos que os ligam a seu pai e ao irmão menor. Diante de tal testemunho, também a atitude de José muda: o vice-rei dá-se a reconhecer na sua identidade e chega o momento da reconciliação com os irmãos.

Os termos do conflito (37,2-36)

Em relação aos conflitos entre irmãos dos precedentes ciclos patriarcais, que tinham como objeto o benefício das promessas e da bênção divinas, outras questões aparecem na base do dissídio entre José e os outros filhos de Jacó.

Se já o papel de "filho predileto" (porque filho desejado da amada Raquel, porque isentado de trabalhos servis)[36] não contribui para despertar a simpatia nos irmãos, os sonhos do jovem José (v. 5-10) só podem exasperar a situação. Trata-se de sonhos que deixam entrever seu futuro poder em relação ao restante da família: sonhos que um dia, certamente, tornar-se-ão realidade[37], mas que, no momento, comprometem radicalmente as relações com os irmãos.

Na primeira ocasião útil, na ausência do pai, o ressentimento transforma-se em projeto homicida. O plano é desfeito primeiramente por Rúben, que convence os irmãos a não matar José, mas abandoná-lo numa cisterna vazia no deserto (v. 21-24), e depois por Judá que, aproveitando uma caravana de mercadores ismaelitas que se dirigia ao Egito, propõe e consegue vender o irmão (v. 25-28).

Uma interrupção (38) e um *intermezzo* (39): episódios particulares

A história referente a Judá e seu clã narrada em Gn 38 é totalmente estranha à história de José. Sua colocação neste ponto do Gênesis explica-se, provavelmente, pela possibilidade de pô-la como painel plausível no momento em que se narram as travessias dos filhos de Jacó, antes que o desenvolvimento global da trama torne impossível a um único irmão tomar iniciativas autônomas na terra de Canaã[38].

O c. 39 narra as primeiras vicissitudes de José no Egito, sem contribuir muito para o desenvolvimento da trama (a observação vale particularmente

---

36. Como se pode deduzir, no v. 3, da túnica especial que lhe fora feita.

37. Cf. 42,6; 43,15.26.28; 44,14; 50,18.

38. Para compreender o episódio é preciso ter presente a lei do levirato (Dt 25,5-6; cf. tb. Rt 4).

para os v. 1-20a). O episódio contribui para caracterizar José como administrador capaz, abençoado por Deus, e como justo, enquanto capaz de resistir à sedução da mulher de seu patrão, ao preço de sofrer as consequências do aprisionamento.

O itinerário de José e dos irmãos até a reconciliação

Como se passa dos projetos fratricidas do c. 37 para a reconciliação narrada no c. 45? Por que os irmãos mudam de atitude em relação a José? Qual é o sentido das angústias e das atenções que o misterioso vice-rei inflige e reserva a seus inscientes familiares? O relato das duas viagens dos filhos de Jacó para a terra do Egito e daquilo que se refere ao seu duplo encontro com o vice-rei permite evidenciar a transformação ocorrida tanto no coração dos irmãos como no de José.

O que se pode deduzir do relato sobre a transformação dos irmãos? Por ocasião do primeiro encontro com o vice-rei, a injunção de retornar com o irmão menor, que ficara em casa com o pai, deixando um deles como prisioneiro, faz aflorar o sentido de culpa dos irmãos pelo que aconteceu tempos atrás: em particular, o arrependimento por não ter dado ouvidos aos rogos do irmão e às recriminações de Rúben em relação ao que aconteceu a José (42,18-22). O retorno a casa é motivo para reviver a dor paterna, jamais aplacada após a perda do filho predileto (42,36-38). No decurso da segunda viagem, quando se manifesta a possibilidade de perder Benjamim, as palavras de Judá delineiam ao vice-rei o drama em curso. Diferentemente do que aconteceu anos antes, a predileção de Jacó pelo filho menor já não é motivo de ressentimento nem de abandono do próprio irmão: antes, aflora claramente a preocupação de evitar mais um sofrimento ao pai com a perda de Benjamim. O que aparece testemunha adequadamente que para os filhos de Jacó os anos não passaram em vão e que a percepção das consequências do crime cometido tornou-os conscientes do valor de serem filhos e irmãos.

Por outro lado, o que dizer das exigências e das tramas de José em relação aos ignaros irmãos? Deve-se só falar de uma compreensível verificação de mudança de suas atitudes em relação a ele ou é necessário reconhecer uma transformação também de sua parte? Não se trata de explicar as abundantes provisões de víveres que o protagonista não economiza a seu clã, mas de perceber o sentido das outras disposições odiosas. Por ocasião do primeiro encontro, a dureza reservada aos irmãos (com tamanha acusação de espionagem) visa a impor-lhes a recuperação do amado irmão menor: nessa circunstância, José tem a oportunidade de conhecer o remorso que jaz no coração de seus irmãos pelo episódio que anos antes viram-no sucumbir. Por ocasião da segunda viagem, o protagonista leva ao paroxismo o drama dos irmãos. Mediante o subterfúgio da taça escondida, ele recria as condições de outrora: Benjamim, o novo filho predileto, é isolado em relação aos irmãos, que têm a possibilidade de desembaraçar-se sem responsabilidade alguma. Mas as palavras de Judá testemunham a mudança acontecida: a predileção paterna por Benjamim é compreendida e salvaguardada, ele expõe a própria vida para salvaguardar a vida do irmão menor.

De per si, o que se percebe em 42,21-22 não justifica a dureza com a qual, a seguir, José põe mais uma vez à prova a atitude dos irmãos. As palavras de Judá, além de manifestar novamente a transformação acontecida, obrigam o vice-rei a medir-se com os sofrimentos que suas tramas estão provocando nos irmãos e estão se prolongando para o idoso pai. A construção do relato permite levantar a hipótese que também José tenha vivido sua transformação, passando da desconfiança, do ressentimento e, talvez, de um compreensível desejo de vingança em relação aos irmãos, para a percepção do sofrimento vivido por seus familiares. Também para ele trata-se de não se negar a possibilidade de voltar a ser filho e irmão.

Sobre as bases do percurso vivido por ambas as partes, a reconciliação pode acontecer: José manifesta a sua identidade, relê em termos de fé o sentido da história, manifesta a intenção de rever o pai e, em pranto, reabraça os irmãos (45,1-15)[39].

A conclusão da história de Jacó e de José (45,16–50,26)

Os últimos capítulos de Gênesis levam à conclusão a história tanto de Jacó como de José e manifestam, para a segunda, a função de transição das histórias patriarcais para as vicissitudes seguintes do Êxodo. Ocorrida a reconciliação com os irmãos, diminui a tensão narrativa e os últimos capítulos de Gênesis concorrem simplesmente para levar a uma adequada conclusão as biografias dos personagens no quadro da terra dos faraós.

39. A delimitação posta entre 45,15 e 45,16 presta contas da solução da tensão narrativa típica do entrelaçamento realmente unitário da história de José e do início de uma seção algo fragmentada de transição, que leva à conclusão tanto a história de Jacó como a de José.

Os quadros que se seguem em 45,16–47,27 delineiam a transferência do clã israelita para a terra do Egito. Graças à munificência do faraó e de José, superado o espanto inicial, o idoso Jacó aceita descer para o Egito a fim de rever o filho perdido. Em Bersabeia, no momento de atravessar o limite da terra prometida, um oráculo divino intervém para legitimar a descida do patriarca e de seu clã para a terra egípcia (46,1-5a): naquela terra a morte espera Jacó, mas Deus garante acompanhamento e futura volta para a terra dos pais. Após detalhada apresentação da caravana israelita (46,5b-27), o encontro entre José e o idoso pai (46,28-30) não recebe particular ênfase na narração, que parece mais atenta a uma adequada colocação do clã em território egípcio (diversas perspectivas se somam em 46,31–47,12). Após uma digressão sobre a política agrária de José (47,13-26), o v. 27 inicia a marcar o crescimento do clã israelita no Egito.

Os últimos episódios (47,28–50,26) são dedicados à morte de Jacó, os antecedentes e os posteriores ritos fúnebres, e à morte de José. Antes de morrer, Jacó adota como seus os filhos de José e os abençoa privilegiando Efraim em relação a Manassés (48,1-20). As bênçãos finais do patriarca aos doze filhos (49,1-28) são a ocasião para delinear suas características e futuro, junto com o de sua descendência. Após a morte e os solenes funerais segundo o uso egípcio (49,33–50,3), uma imponente caravana leva os despojos para a sepultura junto ao túmulo dos patriarcas em Macpela (50,4-14).

A reconciliação oferecida a seu tempo por José aos irmãos era completa ou ditada apenas pelo desejo de rever seu idoso pai? A dúvida surge na morte de Jacó e induz os irmãos a submeter a ulterior verificação a atitude de José: o vice-rei confirma o caráter pleno e definitivo da reconciliação vivida e de sua benevolência a seu respeito (v. 15-21). A morte de José é precedida pela memória da promessa divina sobre o retorno do povo para a terra dos pais e pelo pedido do protagonista, quando isso acontecer, de ser sepultado nela (v. 22-26; cf. Ex 13,19; Js 24,32).

Êxodo

Com o segundo livro do cânon bíblico, o povo de Israel como tal entra na cena da história. O livro relata a vicissitude de Israel do tempo de sua escravidão em terra do Egito até o momento em que, durante a longa parada no Monte Sinai, o Senhor toma posse do santuário há pouco preparado, vindo a morar em meio ao seu povo.

A entrada em cena de Israel está unida à missão de seu ímpar líder, Moisés, destinado a guiá-lo até as portas da terra prometida. Do personagem mais importante na história de Israel, o Livro do Êxodo narra o nascimento, a investidura por parte de Deus, sua indispensável função de mediador entre Deus e o povo por ocasião da libertação da opressão egípcia até a aprovação da aliança do Sinai.

O título do livro evidencia o acontecimento central não só da obra, mas também da história bíblica: o êxodo de Israel do Egito representa o momento do nascimento do povo para a liberdade, o fundamento sobre o qual repousa a sua identidade. O destaque de tal evento tende inevitavelmente a obscurecer, ao menos em parte, outros conteúdos presentes no livro: entre estes, indicam-se os sinais prodigiosos que ao êxodo são preliminares, as primeiras peregrinações de Israel no deserto, o que aconteceu no Sinai.

Precisamente a parada no Sinai expressa a dimensão inacabada do Êxodo. O livro refere a chegada do povo à montanha e, junto a ela, a estipulação da aliança, a transgressão representada pelo episódio do bezerro de ouro, a renovação da aliança, a preparação do santuário segundo a prescrição divina e a tomada de posse dele por parte de Deus. Tais conteúdos, porém, não exaurem a longa “seção no Sinai”, destinada a se concluir somente com a definitiva partida de Israel em busca da terra prometida (Nm 10,11), abraçando todo o Livro do Levítico e os primeiros capítulos de Números.

A estruturação

Diante de tal heterogeneidade de conteúdos e de gêneros literários e diante do final necessariamente aberto a ulteriores desenvolvimentos, é possível reconhecer em Êxodo a presença de algum elemento estruturante e de um desenvolvimento sensato? Na ausência de inequívocos sinais linguísticos sobre isso (comparáveis à "fórmula de *teledót*" de Gênesis), os critérios de estruturação são eminentemente de ordem temática.

Uma primeira observação permite recuperar de modo global o percurso realizado por Israel no Êxodo. Nesses quarenta capítulos, o povo passa de um certo tipo de *'abodáh* (= serviço) a outro tipo de *'abodáh*: do serviço ao faraó, a inicial escravidão em terra do Egito, ao serviço a Deus, o culto, tornado possível pela presença divina no santuário móvel, com o qual se conclui o livro.

Todavia, ao lado desse ponto global, pode-se reconhecer o "fio condutor" que atravessa e, de algum modo, unifica a variada trama do Êxodo: esse traço unificante pode ser reconhecido na questão da soberania de YHWH sobre Israel, que marca de maneira variada as seis partes do livro[40].

Na primeira parte do Êxodo (1,1–15,21), trata-se de esclarecer quem é o real soberano ao qual Israel deve servir, se o faraó ou YHWH: o longo confronto representado pelo relato das "pragas" (c. 7–11) desemboca, enfim, na passagem do mar (c. 14), quando YHWH mostra inequivocamente sua soberania sobre Israel e seu duro juízo sobre os egípcios.

A parte seguinte de transição (15,22–18,27) leva Israel das margens do mar ao Sinai. Nessa parte, Deus mostra a qualidade de sua soberania respondendo às necessidades concretas de seu povo na caminhada pelo deserto: a sede, a fome, o ataque por parte de inimigos.

A chegada ao Sinai apresenta sobretudo – e é a terceira parte do Êxodo – a estipulação da aliança entre Deus e seu povo (19,1–24,11). O pacto põe o fundamento estável e apresenta os termos da soberania de YHWH sobre Israel e da sujeição deste a Deus.

Para o pleno exercício da soberania sobre o povo é necessária, segundo a mentalidade antiga, a residência do soberano numa casa posta em meio ao seu domínio. À edificação do santuário móvel de YHWH são dedicadas a quarta e a sexta parte do Êxodo: a primeira (24,12–31,18) é ocupada pela

40. Cf. as considerações de SKA. *Il cantiere del Pentateuco*, I, p. 130-135.

minuciosa apresentação do projeto a Moisés por parte de Deus, a segunda (35–40) apresenta sua execução por parte de Israel, até a tomada de posse final do santuário por parte de YHWH.

Entre essas duas partes, os c. 32–34 apresentam o episódio do "bezerro de ouro", que mostra a transgressão, por parte de Israel, da aliança apenas estabelecida. Nessa circunstância, o soberano de Israel mostra sua face de misericórdia concedendo a renovação da aliança.

Em síntese, eis, pois, uma possível estrutura literária do Livro do Êxodo:

1,1–15,21: a saída do Egito
15,22–18,27: a marcha do Egito ao Sinai
19,1–24,11: a aliança do Sinai
24,12–31,18: as instruções para a edificação do santuário
32–34: a ruptura e o restabelecimento da aliança
35–40: a edificação do santuário

A saída do Egito (Ex 1,1–15,21)

Israel no Egito: a condição da partida (Ex 1)

Os temas iniciais do Êxodo fazem a costura entre o relato da descida dos filhos de Jacó para a terra dos faraós e a apresentação da condição de escravidão de Israel como ponto de partida do seguinte relato do Êxodo.

Primeiramente, Ex 1,1-7 dá o elenco dos filhos de Jacó que desceram para o Egito com o idoso pai (cf. Gn 46,8-27), como também a morte daquela geração e o impressionante crescimento do clã israelita na terra do Egito (já mencionado no seu início em Gn 47,27).

A partir do v. 8, o aparecimento da hostilidade da parte do poder egípcio em relação a Israel é justificado com a memória perdida dos benefícios recebidos no passado pela política de José. A crescente hostilidade está ligada, sobretudo, ao medo do faraó pelo preocupante crescimento numérico dos israelitas. As tentativas de frear o fenômeno tornam-se inúteis: a exasperação das condições de trabalho (v. 11-14), a ordem às parteiras de eliminar os recém-nascidos masculinos dos israelitas (v. 15-21). A odiosa extensão dessa ordem não só às parteiras, mas a todos os egípcios põe os antecedentes que narram o nascimento de Moisés.

Ex 1 predispõe, pois, os elementos do posterior conflito entre o faraó e YHWH. Enquanto delineia as condições de opressão em que é feito cair o povo de Israel, o faraó é sinal como emblema do poder absoluto, de suas pretensões e de seus medos.

A origem de Moisés (2)

A personagens extraordinários corresponde um nascimento extraordinário[41]: o relato do nascimento de Moisés (2,1-10) não foge desse *clichê*. A sobrevivência apesar da morte decretada, a colocação do recém-nascido numa cesta deixada entre os juncos do Nilo, a salvação por parte da filha do faraó e sua adoção como filho após o desmame por parte da mãe natural: tudo concorre para indicar que ao personagem aparecido criança em cena é reservado um destino extraordinário. Ex 2,11-22, porém, apresenta passagens menos gloriosas da vida do futuro *líder*: um homicídio, a fuga para a terra de Madian, seu matrimônio com Séfora[42] e o nascimento de seu primogênito.

Exauridos os antecedentes, os v. 23-25 constituem o efetivo início da vicissitude do Êxodo. De fato, até agora ausente, Deus entra em cena: tendo ouvido o grito dos israelitas e a memória da aliança com os patriarcas levam-no a assumir a condição do seu povo.

A vocação de Moisés (3,1-15)

No seio dos heterogêneos materiais seguintes, a primeira providência assumida por Deus a fim de reerguer a condição de seu povo é o envolvimento de Moisés no seu plano salvífico.

O Senhor manifesta-se ao personagem no Monte Horeb (denominação deuteronômica[43] do Sinai), aparecendo-lhe numa sarça ardente e envolvendo-o em seu plano salvífico: libertar o povo da opressão do faraó, para conduzi-lo depois para a terra prometida.

---

41. Também em outras lendas antigas encontra-se o tema do personagem salvo miraculosamente na hora do nascimento; pensemos nos casos de Sargon, Édipo, Ciro, Perseu, Rômulo.

42. Analogamente ao que aconteceu aos patriarcas (Gn 24,11-25; 29,1-12), também Moisés encontra a mulher a partir de uma parada junto a um poço.

43. No presente volume e, em geral, na pesquisa exegética, o adjetivo "deuteronômico" indica aquilo que se refere a Deuteronômio, "deuteronomístico" aquilo que se refere à história deuteronomística, enquanto "deuteronomista" indica o autor. Desde já advertimos que o laço diacrônico entre as duas grandezas (Deuteronômio e história deuteronomística) impede que sejam entendidas como divisões estanques.

A respeito dessa perspectiva, são duas as objeções apresentadas por Moisés. Primeiramente ele declara sua insuficiência em relação à entidade da empresa: a resposta divina promete-lhe acompanhamento. Logo depois, Moisés pede esclarecimentos sobre a identidade – o nome – do interlocutor divino em vista do crédito junto aos israelitas. Deus revela seu nome, definindo-se tanto em termos absolutos ("Eu Sou Aquele que Sou")[44] quanto em relação à história precedente.

A missão de Moisés (3,16–4,17)

Depois, o Senhor passa a expor a Moisés os termos da missão para a qual o chama (v. 16-22), oferecendo assim o programa narrativo daquilo que está por acontecer (4,29–13,16). À objeção de Moisés sobre a eventual incredulidade dos israelitas a respeito de sua missão (4,1), o Senhor responde fazendo o interlocutor experimentar ou prenunciando-lhe prodígios futuros (v. 2-9): o bastão transformado em serpente (cf. 7,8-12), a mão atingida e curada da lepra (cf. Nm 12,9-12), a água do Nilo transformada em sangue (cf. 7,14-25).

A última objeção de Moisés para livrar-se da missão divina (v. 10-17) põe em jogo suas dificuldades na fala. A resposta divina alterna os tons da garantia e da ira, designando, enfim, Aarão, irmão de Moisés, como seu porta-voz e entregando-lhe o bastão com o qual fazer os futuros prodígios.

O retorno de Moisés ao Egito e os primeiros passos de sua missão (4,18–6,30)

Com 4,18 o relato retoma o fio narrativo, que ficara suspenso em 2,22: de volta ao Egito com a família[45], uma ulterior predição divina (v. 21-23) anuncia a Moisés a obstinação do faraó até a morte de seu filho primogênito (cf. 12,29-30). Depois do enigmático episódio da circuncisão do filho (v. 24-26), Moisés pode reabraçar o irmão Aarão (v. 27-28). O seguinte encontro dos dois irmãos com os anciãos israelitas (v. 29-31) mostra o pleno acolhimento da parte desses últimos.

---

44. Sobre as possíveis compreensões e traduções dessa autorrevelação divina, remetemos para a síntese oferecida em VANHOOMISSEN. *Cominciando da Mosè*, p. 117-123.

45. Em 4,18 o nome do sogro, Jetro, não corresponde ao nome referido em 2,18, mas ao relato do c. 18.

Em Ex 5, o primeiro encontro de Moisés e Aarão com o faraó encabeça o longo confronto entre este e YHWH, destinado a prolongar-se até o momento do êxodo. Diante do pedido de conceder a Israel que se dirija por três dias ao deserto para celebrar uma festa a seu Deus, o faraó, em 5,2, afirma não conhecer a identidade desse YHWH e, portanto, não ter motivos para deixar Israel partir. Essa afirmação peremptória – "Quem é YHWH...? Não conheço YHWH..." – será definitivamente redimensionada somente em 14,25, quando os egípcios reconhecerão a presença de YHWH ao lado dos israelitas.

A recusa da parte do faraó ao pedido de Moisés inicia uma infeliz reação em cadeia: sua irritação leva a uma pesada exacerbação das condições de trabalho dos israelitas (v. 6-18), os maus-tratos levam os escribas israelitas a advertir Moisés e Aarão a respeito das consequências de sua ação (v. 19-21), o conjunto da situação provoca o mal-estar de Moisés diante do Senhor (v. 22-23).

Um ulterior oráculo divino a Moisés em Ex 6,2-8 oferece uma síntese da história salvífica, fazendo memória da época patriarcal (v. 3-4), marcando a presente assunção de responsabilidades (v. 5) e prometendo libertação, aliança e ingresso na terra prometida (v. 6-8).

Dentro de materiais de ligação, depois, em 6,14-25, está contido material genealógico variado: os dados dos v. 14-16 correspondem ao que é narrado em Gn 46,9-11, os versículos seguintes detêm-se sobre as descendências de Levi e de Aarão (cf. Nm 3,2.17-20; 25,57-60).

As "pragas" do Egito (7–11)

A narração que conduz ao evento da páscoa vê acumular-se uma série de episódios semelhantes (também de diferente matriz literária e ideológica), que perpetuam o confronto a distância entre o faraó e YHWH. Através de uma série de dez sinais prodigiosos, YHWH demove, ao menos em parte, a obstinação do faraó e, ao mesmo tempo, mostra a legitimidade de sua soberania sobre Israel[46].

Salvo a morte dos primogênitos, qualificada também no relato como "praga" (11,1), as precedentes nove intervenções divinas na terra do Egito são apresentadas como "sinais" (4,17; 7,3; 8,19; 10,1-2), "prodígios" (4,21;

---

46. Para um enquadramento sintético dessa narração, cf. NEPI. *Esodo (Capitoli 1-15)*, p. 175-186.

7,3; 11,9-10), "castigos" (6,6; 7,4), "flagelos" (9,14): são sinais excepcionais que exigem ser reconhecidos e interpretados de maneira adequada pelos egípcios para reconhecer ali os termos da manifestação de YHWH e que são, porém, recusados ou acolhidos só parcialmente. Não é por acaso que o reconhecimento pleno da presença de YHWH acontecerá, da parte dos egípcios, só no momento do definitivo juízo divino em relação a eles, durante seu aniquilamento no mar (14,23-28).

O relato inicia, em 7,1-7, apresentando o programa narrativo. Como incontestável organizador dos acontecimentos, Deus entrega a Moisés e a Aarão as respectivas partes de seu lugar-tenente diante do faraó e de porta-voz e prenuncia tanto a obstinação do faraó diante do pedido de deixar Israel partir quanto os portentos com os quais fará sair o povo do país de sua escravidão. Ao lado de dados de idade, os v. 6-7 indicam aquele que será um *leitmotiv* dos capítulos seguintes: a plena correspondência das ações dos dois irmãos com as ordens divinas.

No extremo oposto, o relato das "pragas" não encontra no balanço de 11,9-10 uma conclusão definitiva, mas somente provisória: o décimo sinal – a morte dos primogênitos – prenunciado em 11,4-8 verá sua realização só em 12,29-30, no contexto da páscoa.

O sinal preliminar (7,8-13) e os elementos de progressão da narração

O sinal do bastão transformado em serpente precede os dez prodígios e, embora circunscrito em seu alcance, vê em cena todos os protagonistas dos episódios seguintes (YHWH, Moisés, Aarão, o faraó e seus ministros, os sábios e os magos do Egito). Nessa cena preliminar encontram-se, em forma estilizada, passagens constitutivas dos episódios seguintes: a ordem divina, a execução do sinal ordenado da parte de Moisés e Aarão, a reduplicação do sinal por parte dos sábios egípcios, a superioridade do sinal proveniente da vontade de YHWH, o não atendimento obstinado da parte do faraó.

A sucessão dos sinais não se limita, porém, a uma simples reduplicação de um mesmo módulo literário, mas apresenta a significativa progressão de alguns elementos narrativos, em gradual intensificação dramática. Amplia-se a entidade e a extensão dos sinais: unicamente do Nilo (cujas águas tornam-se sangue) a todas as áreas do Egito (8,2.13,20; 9,6.11), até sinais de alcance excepcional, no caso do granizo (9,18-19.24-25), dos gafanhotos (10,5-6.14-15) e dos primogênitos (12,29-30). Muda a atitude dos ministros do faraó: se por ocasião da chuva de pedra alguns recusam a possibilidade de evitar o flagelo (9,21), ao sobrevirem os gafanhotos bandeiam-se para o lado de Moisés na exigência de deixar Israel partir (10,7). Também os sucessos dos magos egípcios mostram um declínio: conseguem imitar, além daquele preliminar, os dois primeiros sinais (7,22; 8,3), falham no caso dos mosquitos (8,14), até serem eles próprios atingidos pelos tumores e obrigados a sair de cena (9,11). Seu insucesso é devido à impossibilidade de reproduzir a plena correspondência presente entre as injunções divinas e sua execução por parte de Moisés e Aarão.

Também do lado do faraó assistimos a mudanças significativas. Em relação a YHWH, passa-se do pedido dirigido a Moisés de interceder a seu favor (8,4.24) até o reconhecimento da própria culpabilidade (9,27; 10,16-17) e ao pedido de bênção (12,32). Mudam, além disso, as concessões do faraó a respeito de Israel: da recusa total (5,2), à indicação de sacrificar no Egito (8,21), à perspectiva de afastar-se pouco (8,24), à permissão reservada só aos homens (10,11), depois a todos sem os animais (10,24) até a libertação final (12,31-32).

A série dos sinais

Abandonando, por um momento, a última, a terrível praga dos primogênitos, as precedentes nove calamidades parecem ser apresentadas numa espécie de escansão ternária.

A primeira tríade – o sangue (7,14-25), as rãs (7,26–8,11), os mosquitos (8,12-15) – concorre, diretamente ou por contraste, para melhor focalizar a identidade de YHWH: é superior ao deus Nilo (âmbito dos primeiros dois sinais) e é reconhecido o seu poder em ação pelos magos egípcios no contexto do terceiro sinal (8,15).

A segunda tríade – as moscas-varejeiras (8,16-28), a peste (9,1-7), os tumores (9,8-12) – evidencia o domínio incontestado de YHWH sobre todas as formas vivas também na terra do Egito.

Enfim, a terceira tríade – o granizo (9,13-35), os gafanhotos (10,1-20), as trevas (10,21-29) – é fortemente marcada por um clima de morte, destinado a culminar na noite da páscoa.

Há uma oposição no c. 11 entre o anúncio inicial, da parte de Deus, de uma partida rica e solene dos israelitas, acompanhada pelo favor dos egípcios

(v. 1-3) e a costumeira obstinação do coração do faraó que mais uma vez se opõe a ela (v. 9-10).

Compete a Moisés (v. 4-8) anunciar a trágica morte de todos os primogênitos da terra do Egito, como cume do combate entre o faraó e YHWH e causa imediata da partida dos israelitas. O anúncio indica que, por parte de Deus, o tempo da espera acabou e chega o momento do juízo divino sobre o Egito. Esse juízo toma a forma do contrapasso: o Egito, que ousou contra a sorte de Israel, primogênito de YHWH (cf. 4,22-23), é arrasado nos seus primogênitos, primícias e símbolo de seu futuro.

No v. 8, a ira de Moisés marca a ruptura das negociações entre ele e o faraó, já iniciada em 10,28-29: o drama final é iminente.

A páscoa (12,1–15,21)

A última parte da longa seção dedicada pelo Êxodo ao embate entre YHWH e o faraó relata a preparação, o evento e a celebração do momento memorável do nascimento de Israel como povo livre. No acúmulo textual representado por 12,1–15,21, a memória dos eventos da primeira páscoa soma-se às prescrições destinadas a normatizar a futura celebração da festa e ao canto de exultação do povo redimido.

Desse modo, a primeira páscoa de Israel torna-se paradigma de toda páscoa seguinte: as normas dadas por YHWH a seu povo naquela noite valem também para as gerações futuras, a ação poderosa de Deus em favor de Israel torna-se fundamento da identidade do povo, no episódio do milagre do mar acumulam-se elementos destinados a acompanhar a seguinte caminhada dos israelitas. Essas páginas apresentam um dos núcleos incandescentes, se não o núcleo, da fé de Israel.

O material normativo

No seio dos c. 12 e 13, as prescrições rituais transmitidas por YHWH a Moisés e por Moisés a Israel aparecem contextualizadas tanto com o quadro narrativo daquela noite específica quanto com as páscoas futuras, a serem celebradas após o ingresso na terra prometida (cf. 12,42).

Com efeito, por um lado, é clara a atenção de marcar o significado de determinados ritos também para as futuras celebrações, que seguiriam ao ingresso na terra (cf. 12,24-27; 13,1-16), como é evidente que algumas normas pressupõem tal colocação (cf. 12,43-49).

Por outro, as indicações são estritamente correlatas à vicissitude em curso e destinadas a guardar sua memória. Assim, as modalidades de consumação do cordeiro pascal e dos ázimos (12,1-20) refletem a iminência da partida e a exigência de fazer fugir os primogênitos da espada do anjo exterminador, enquanto as exigências concernentes aos primogênitos são consequência da décima praga (cf. 13,1-2.11-16).

Portanto, é clara a instância subentendida a tal acúmulo normativo: tudo aquilo que em Israel é inerente à celebração anual da páscoa foi vivido ou sancionado naquela noite decisiva[47].

Da morte dos primogênitos à partida do Egito (12,21–13,22)

Nos mesmos capítulos, entremeada pelas mencionadas prescrições, sobe de nível a tensão entre YHWH e o faraó. No coração da noite realiza-se a décima, a terrível praga, já anunciada em 11,4-8: encontram a morte todos os primogênitos do Egito, da casa real ao último cabeça dos animais (12,29-30).

Chega assim ao cume a exasperação dos egípcios e do faraó, que se decide a fazer partir Israel (v. 31-34). Conforme o que havia sido anunciado por YHWH (11,2), a partida dos israelitas é acompanhada da espoliação dos egípcios: portanto, uma partida vitoriosa e triunfal, não uma fuga. YHWH venceu a obstinação do faraó.

Apesar da pressa imposta pelas circunstâncias, os v. 37-39 delineiam uma partida imponente. Dos setenta componentes da caravana de Jacó que antigamente descera para o Egito (1,1-5), Israel é agora um povo de seiscentos mil adultos: depois de quatrocentos e trinta anos, boa parte dos quais passados na escravidão, chega para Israel o momento da libertação.

Ex 13,17-22 acumula uma série de indicações concernentes ao momento da partida, indicações que abrem para o relato seguinte da passagem pelo mar. Os v. 17-18 reconduzem a Deus o anômalo itinerário dos israelitas, que não procedem ao longo da costa, mas desviam-se para o Mar Vermelho: a justificação adotada está na vontade de evitar a Israel motivos de desânimo à vista dos filisteus. O v. 19 assinala o transporte, por parte do povo, dos ossos de José, em base a um pedido expresso a seu tempo pelo antepassado

---

47. Por outro lado, tal instância não impede que normas afins àquelas consideradas apareçam também em outras passagens do Pentateuco; cf. Lv 23,5-8; Nm 18,15; 28,16-25; Dt 16,1-8.

(Gn 50,25) e que terá seu cumprimento em Js 24,32[48]. Enfim, os v. 21-22 introduzem o tema da "coluna de nuvem" e da "coluna de fogo" com a qual YHWH guia a marcha de Israel: trata-se de um elemento narrativo que reaparece no relato do milagre do mar (14,19-20.24) e que será destinado a acompanhar a estipulação da aliança no Sinai e a peregrinação do povo pelo deserto.

O milagre do mar (14)

Se a partida dos israelitas do Egito em direção ao deserto parece ter resolvido definitivamente o drama de sua escravidão, uma complicação inesperada chega com o c. 14.

As iniciais palavras divinas a Moisés (v. 1-4) indicam que a história não está fugindo da mão de YHWH e informam o *líder* de Israel que aquilo que irá acontecer representa a plena manifestação da identidade de YHWH aos olhos dos egípcios.

Nos v. 5-9, a complicação vem de uma nova mudança de posição egípcia: o faraó se arrepende de ter deixado Israel partir e lança o poderoso exército egípcio em sua perseguição, que alcança o acampamento israelita junto ao mar. O terror dos israelitas diante dos egípcios só é freado pela determinação de Moisés, que, conhecendo as intenções divinas, confirma a perspectiva da salvação (v. 10-14). A continuação da vicissitude apresenta a realização de tal salvação graças à plena correspondência das ações de Moisés às indicações divinas.

O atual relato da passagem pelo mar traz os sinais de sua origem heterogênea, como também de integrações posteriores: um fato que está simplesmente sublinhando o interesse e as releituras que a memória do evento foi encontrando com o passar do tempo. Se não faltam passagens que entendem o milagre daquela noite em termos de um "enxugamento do mar", o relato que prevalece apresenta o evento em termos de uma "divisão das águas": Israel salvou-se passando no enxuto, em meio a duas muralhas de água, os perseguidores egípcios pereceram submersos pelo fechamento das águas (v. 15-29)[49].

48. Sobre o destaque diacrônico deste elemento, cf. p. **174-177**.

49. Prescindindo da questão do modelo diacrônico mais adequado sobre a origem do Pentateuco, para uma apresentação das duas versões do milagre do mar presentes em Ex 14 cf., a título de exemplo, CHILDS, B.S. *Il libro dell'Esodo*, p. 229, 234. Para ulteriores análises de Ex 14, cf. SKA, J.L. *Le passage de la mer* – Étude de la construction, du style e de la symbolique d'Ex 14,1-31. Roma: Pontificio Istituto Biblico, 1987 [2. ed., 1997] [Analecta Bíblica, 109].

Exatamente neste evento decisivo, acontece, da parte dos egípcios (v. 19), o reconhecimento da presença de YHWH ao lado dos israelitas. Na circunstância, os próprios israelitas chegam ao temor de Deus e à fé nele e no seu servo Moisés (v. 30-31)[50]. Com a passagem do mar, Israel livra-se definitivamente do domínio do faraó e chega à liberdade.

O aparecimento de significativos elementos narrativos

Além da já mencionada coluna de nuvem e de fogo, no relato do milagre do mar fazem seu aparecimento alguns elementos narrativos destinados a ter algum destaque no curso das seguintes peregrinações de Israel pelo deserto.

No momento da libertação de Israel, a ação divina em relação aos egípcios é configurada como "demonstração da minha glória" (a raiz verbal implicada é *kabéd*: v. 4.17.18). Trata-se da primeira vez que aparece no Pentateuco o tema da "glória (*kabód*) de YHWH", um tema que está estreitamente associado à identidade de Israel como povo livre. Nas seguintes peregrinações pelo deserto, a "glória de YHWH" acompanhará e guiará o itinerário do povo para a terra prometida.

Os v. 11-12 apresentam a primeira contestação dos israelitas à *liderança* de Moisés: aterrorizado pela chegada do exército egípcio, Israel protesta diante da morte iminente e chora as condições da escravidão apenas deixada. O tema das murmurações de Israel contra YHWH e contra Moisés será típico dos relatos das peregrinações pelo deserto[51].

Enfim, no v. 19 o movimento da coluna de nuvem vê a paralela colocação do anjo de Deus: aquele que acompanhará a seguinte caminhada de Israel (23,20-23; 33,2; cf. tb. Nm 20,16) aparece pela primeira vez no momento da saída do Egito.

O canto de vitória (15,1-21)

Do outro lado do mar explode a alegria do povo salvo, que se expressa na celebração de YHWH, protagonista do evento[52]. Nos v. 1-18 o canto de vitó-

---

50. Pela primeira vez no Pentateuco o *hiphil* do verbo *'amán* ("crer"), tendo como termo YHWH, tem como sujeito o povo de Israel: trata-se do único caso positivo no seio dos cinco primeiros livros do cânon bíblico.

51. A referência é a Ex 15,24; 16,3; 17,2-3; Nm 11,4-6; 14,1-4; 16,12-14; 20,3-5; 21,5.

52. Para um comentário mais extenso do canto, pode-se referir, entre outros, a: BRENNER, M.C. *The Song of the Sea*: Ex 15,1-21. Berlim/Nova York: Walter de Gruyter, 1991 [Beihefte

ria é colocado nos lábios de Moisés, enquanto os v. 20-21 põem como protagonistas as mulheres, capitaneadas por Maria, irmã de Moisés e de Aarão.

A imagem de fundo do "cântico de Moisés" é o triunfo de YHWH guerreiro que combate ao lado do seu povo. Se o c. 14 destacava a desproporção entre o imponente exército egípcio e o desarmado povo de Deus, o cântico evidencia a desproporção entre o irresistível poder cósmico de YHWH e as veleidades bélicas dos egípcios.

A marcha do Egito ao Sinai (Ex 15,22–18,27)

O itinerário de Israel da margem do mar ao Monte Sinai representa a primeira peregrinação do povo pelo deserto. YHWH vê-se imediatamente empenhado em responder a questões vitais para a sobrevivência dele: é urgente a solução para a sede, a fome e a ameaça dos inimigos que o povo começa a experimentar ao iniciar o caminho. Nessas situações, da parte de Israel, sucedem-se episódios e atitudes análogas àquelas narradas no contexto do itinerário seguinte do Sinai para a terra prometida (Nm 10,11–21,20).

O primeiro episódio (Ex 15,22-27), contextualizado em Mara, vê YHWH resolver a questão da sede: as águas amargas da localidade são sanadas por Moisés, graças à indicação divina. No episódio (que tem correspondências em 17,1-7; Nm 20,1-11), aparecem alguns traços significativos: entre outros, a murmuração contra Moisés por parte dos israelitas (aqui só acenada no v. 24) e o tema da prova reservada a Israel (v. 25)[53].

O episódio do maná e das codornas (c. 16) é ambientado no Deserto de Sin e encontra seu correspondente em Nm 11. Diante das murmurações contra Moisés e contra Aarão por parte dos israelitas famintos (16,2-3), o Senhor intervém não só para saciá-los, mas também para pô-los à prova sobre a obediência às suas indicações. Nos v. 10-12 chega, com a primeira manifestação da glória divina no deserto, o anúncio da solução do problema: a carne à tarde e o pão de manhã constituirão as provisões para os israelitas.

Na realidade, após o aceno às codornas no v. 13a, o restante do capítulo está centrado inteiramente sobre o dom do maná: sua descoberta (v. 13b-15),

---

zur Zeitschrift für die alttestamentliche Wissenschaft, 195]. • TORUNAY, R.J. "Le chant de victoire d'Exode 15". In: *Revue Biblique*, 102, 1995, p. 522-531.

53. Pela primeira vez na Bíblia hebraica o verbo *nissáh* ("pôr à prova") – que já apareceu em Gn 22,1 por ocasião da prova de Abraão – implica o povo como objeto de uma ação divina.

as indicações para a sua fruição diária (v. 16-21) e para a sua fruição em dia de sábado (v. 22-30), a sua definição (v. 31) e a indicação da permanência do dom durante todo o seguinte itinerário de Israel pelo deserto (v. 35; cf. Js 5,12).

A construção do relato revela o principal interesse do trecho: trata-se da primeira ocasião em que a Israel é exigida a observância do sábado. Embora a sacralidade do sétimo dia ainda não tenha sido proclamada (sê-lo-á só no Sinai, segundo 20,8) Israel, através das indicações sobre o maná (oferecido em dose diária abundante e em dose dupla no sexto dia) e os respectivos comportamentos, é formado para uma adequada observância.

Chegados a Rafidim, a sede oferece aos israelitas um ulterior motivo para murmurar contra Moisés (c. 17). Recorrendo novamente ao bastão com o qual o *líder* bateu o Egito, o Senhor fez brotar a água da rocha. A denominação final da localidade – Massa e Meriba[54] – fixa a memória da primeira circunstância em que os israelitas põem YHWH à prova (e não o contrário). Em Nm 20,1-13 tem-se um episódio análogo ao longo do itinerário para a terra prometida.

Na mesma localidade é ambientado o episódio seguinte (v. 8-16), que vê o choque de Israel com os primeiros inimigos que lhe fizeram frente, os amalecitas. A vitória é alcançada pelos israelitas graças à combinação da luta militar conduzida por Josué no vale e do uso do já conhecido bastão de Deus por parte de Moisés sobre a colina em frente. Desde seu primeiro aparecimento em cena, Josué, destinado na hora certa a suceder a Moisés na *liderança* do povo (Nm 27,15-23; Dt 34,9), é caracterizado como guia militar. Exatamente os amalecitas, os primeiros inimigos de Israel ao longo de seu itinerário, aparecem no conjunto do dado bíblico entre os inimigos por antonomásia do povo eleito[55] (cf. v. 14,16).

No contexto do deserto em que Israel está acampado, a narração informa o encontro de Moisés com o sogro, Jetro, com a mulher Séfora e com os filhos Gérson e Eliezer (v. 1-11)[56]. A segunda parte do c. 18 (v. 13-27) apre-

54. Em hebraico os dois termos significam respectivamente "prova" (*massáh*) e "litígio" (*meribáh*).

55. O dado aparece particularmente evidente em algumas passagens da assim-chamada "história deuteronomística"; cf. Dt 25,17-19; Jz 3,13; 6-7; 1Sm 14,48; 15; 27,8; 30.

56. Antes (2,22; 4,20) não se teve menção da existência de um filho de nome Eliezer, nem do repúdio da mulher Séfora.

senta uma primeira organização da administração da justiça no seio do povo de Israel. Diante da sobrecarga de trabalho sobre seus ombros apenas e graças à sugestão do sogro, Moisés reserva para si a explicação das leis divinas e a solução dos casos mais intrincados, entregando o restante à designação de homens competentes na qualidade de juízes, cabeças de porções organizadas da população. O episódio encontra uma retomada em Dt 1,9-18.

A aliança no Sinai (Ex 19,1–24,11)

A exatos três meses da saída do Egito, os israelitas chegam ao Deserto do Sinai, diante do monte (19,1). Dessa localidade tornarão a partir depois de quase um ano, a caminho da terra prometida (Nm 10,11).

No decurso dessa longa "seção do Sinai", não só não existem deslocamentos do povo em direção à meta final, mas também as narrações são um tanto exíguas. Ao contrário, predominam os materiais legislativos e cultuais, grande parte daqueles contidos no Pentateuco. Com efeito, no momento fundante e fundamental da estipulação da aliança, a tradição bíblica preocupa-se em restabelecer instituições, códigos legislativos e normas cultuais significativos para a vida do Israel presente e futuro. Tal colocação garante a esses conteúdos não só um quadro narrativo de destaque (a etapa fundamental entre o Egito e a terra de Canaã), mas também a máxima autoridade possível, sendo atribuídos diretamente ao locutor divino.

A primeira parte da seção sinaítica (Ex 19,1–24,11) apresenta a solene estipulação da aliança entre YHWH, que libertou Israel da escravidão do Egito, e Israel, que, nos prodígios experimentados, teve ocasião de perceber o cuidado (e a soberania) divino em relação a ele.

A identidade de YHWH aparece solidamente ligada ao evento do êxodo: "Eu sou o Senhor teu Deus, que te libertou do Egito, lugar de escravidão" (20,2). A aliança passa a configurar-se, por parte do povo, como reconhecimento do dom recebido e como resposta aos benefícios divinos.

A estipulação da aliança afirma que a identidade de YHWH já é indissociável de seu comprometimento com a história de Israel e que a identidade de Israel é incompreensível se separada de sua relação com YHWH: YHWH é o Deus de Israel, Israel é o povo de YHWH.

Ex 19,1–24,11 expressa tais convicções através de diferentes formas de epifanias de Deus, através de precisas caracterizações do povo, através de significativas formas celebrativas da própria aliança e através dos conteúdos propostos à obediência de Israel.

As modalidades da manifestação divina

No seio de Ex 19,1–24,11, toda uma série de elementos concorre para frisar o caráter transcendente da manifestação de YHWH. Assim, desde a primeira cena (19,3-8), propedêutica para a estipulação de aliança, Moisés se vê numa roda-viva entre a colocação inacessível de YHWH, que se manifesta no monte, e os israelitas, aos quais é ordenado que nem sequer toquem as bases do Sinai.

O c. 19 narra a teofania divina no Sinai em termos de temporal, erupção vulcânica e terremoto: o desencadear-se dos elementos naturais concorre para delinear o caráter inaudito da manifestação divina a Israel. A nuvem e o fogo são os elementos que veiculam sua presença. A percepção dessa impressionante teofania por parte de Israel é bem expressa pelo terror e pelo medo de morrer descritos em 20,18-21.

Na passagem final do trecho conclusivo da estipulação da aliança, em 24,10, Deus se torna visível a um grupo significativo de israelitas que, na circunstância, sobem com Moisés para o cume do Sinai. Nesse episódio, para descrever a visão divina, a narração já não recorre a cataclismos naturais, limitando-se a afirmar que "debaixo dos pés dele havia uma espécie de pavimento de safira, límpido como o próprio céu".

A configuração do povo, aos pés do monte

No interior de 19,1–24,11, o povo conhece articulações e definições diferentes da sua identidade. De maneira incomum, as palavras divinas em 19,22.24 mencionam os sacerdotes como componente do povo: na realidade, do sacerdócio e de sua instituição falar-se-á só a partir de Ex 28–29; 39 e Lv 8–10. Sempre entre o povo, nessa seção assumem o papel de seus representantes também as figuras de Aarão (19,24; 24,1.9-11), de Nadab e Abiú (24,1.9-11; em 6,23 haviam sido apresentados como filhos de Aarão) e dos anciãos (19,7; em particular dos setenta anciãos, 24,1.9-11).

Segundo 19,5-6, em virtude do relacionamento particular que o liga a Deus, entre as nações da terra, Israel torna-se "propriedade particular" (*s^{e}gulláh*), apanágio pessoal do soberano divino. A definição de Israel como "reino de sacerdotes" (*mamléket kohaním*) reconhece que os israelitas, em relação às nações, têm um papel análogo àquele típico da classe sacerdotal: representar as nações diante de YHWH e YHWH diante das nações. Enfim, a definição "nação santa" (*goy qadósh*) põe a nota distintiva de Israel em relação às outras nações, não no poder ou nas riquezas, mas no seu caráter sagrado, no seu ser testemunha da santidade e da unicidade de YHWH.

O próprio fato que mais vezes (19,7-8; 24,3.7) se peça ao povo o consenso às exigências divinas como condição para a estipulação do pacto testemunha que a Israel é reconhecida a situação de interlocutor de YHWH: o povo não é um escravo que deve submeter-se às arbitrárias ordens superiores, mas o parceiro de uma relação que implica a totalidade de sua vida, em particular a liberdade.

Como exprimir a reciprocidade, como sancionar o pacto

A estipulação da aliança entre YHWH e Israel coloca tanto a questão da correta proximidade entre Deus e seu povo (que proximidade é possível? que distância é necessária?), quanto a questão da individuação de sinais rituais idôneos para expressar o que é sancionado.

Para que a aliança exposta em 19,3-8 possa se realizar, exige-se do povo a observância de uma série de disposições de tipo cultual (v. 10-15). Em 20,18-21 deduz-se que o terror suscitado ao longe nos israelitas pela teofania é motivo suficiente para manter as devidas distâncias: de fato, julga-se que o encontro direto com Deus seria motivo de morte. De maneira simbólica, no momento da estipulação da aliança são articuladas a proximidade inaudita concedida por Deus a Israel e a exigência de uma distância necessária para salvaguardar a alteridade e a transcendência de Deus: Israel deve aprender a "permanecer em seu lugar" diante de Deus e a recorrer às indispensáveis mediações (em primeiro lugar aquela de Moisés).

De maneira diferente, também a cena final da estipulação da aliança (24,1-11) testemunha análogas preocupações, através da realização de uma série de gestos cultuais e do convite a prestar ouvido às palavras divinas transcritas num livro (v. 4) e proclamadas por Moisés (v. 7). Os sinais e os gestos aqui implicados são significativos. O altar e as placas de pedra representam respectivamente Deus e Israel, enquanto o livro no seu conteúdo manifesta a vontade de YHWH. A refeição final representa ainda um momento de comunhão, que sanciona a autoridade de sacerdotes (futuros) e anciãos no seio do povo de Deus.

O decálogo: a formulação de 20,2-17

No quadro da estipulação da aliança, três tipos de conteúdo são implicados da parte de Deus e propostos à observância de Israel: o decálogo (20,2-17), as leis do código da aliança (20,22–23,19) e promessas e indicações em vista da caminhada seguinte e ingresso na terra de Canaã (23,20-33).

O decálogo, que aparece quase idêntico também em Dt 5,6-22, deve sua denominação à passagem seguinte de Ex 34,28b ("[Moisés] escreveu nas placas as palavras da aliança, os dez mandamentos"; cf. tb. Dt 4,13; 10,4). A página deve sua celebridade ao caráter sintético de suas afirmações, apto para exprimir o núcleo de todos os preceitos divinos e para evidenciar a absolutez de suas exigências morais[57].

A respeito da formulação de Dt 5, o traço mais original da versão do decálogo de Ex 20 consiste na motivação adotada para a observância do sábado (v. 11): a abstenção de toda atividade vivida por Deus no sétimo dia da criação (Gn 2,2-3).

Aspectos significativos do código da aliança 20,22–23,19)

O código da aliança representa a primeira das três grandes coleções legislativas inseridas no Pentateuco: nos livros seguintes estão contidos a lei da santidade (Lv 17–26) e o código deuteronômico (Dt 12–26).

No interior das variadas normas incluídas no código da aliança, algumas disposições merecem destaque. Entre as normas sobre os escravos (21,2-11) emerge a proibição de um israelita reduzir definitivamente à escravidão outro israelita, exceção feita pela vontade deste último. Dignos de nota são a rejeição da magia (22,17), a salvaguarda do órfão e da viúva (22,21-23) e do estrangeiro (23,9), a proibição da usura entre israelitas (22,24), a extensão da observância sabática aos ritmos agrícolas com o ano sabático (23,10-11) um primeiro elenco de festas israelitas (23,14-19). No conjunto o código está atento em articular a igualdade de todos os israelitas diante da lei e em conter as aberturas sociais no seio do povo de Deus. No conjunto, aparece uma legislação atenta ao mesmo tempo às exigências de humanidade e de justa compensação dos crimes ou dos danos cometidos.

---

57. O que explica também seu sucesso na seguinte tradição hebraica e cristã como referência para a reflexão e a formação moral. Para um tratado mais exaustivo do decálogo, remetemos, entre outros, para: SCHÜNGEL-STRAUMANN. *Decalogo e comandamenti di Dio*. • SCHMIDT, W.H. *I dieci comandamenti e l'etica veterotestamentaria*. Bréscia: Paideia, 1996 [orig. alem., 1993] [Studi Biblici, 114].

Todo o conjunto das normas concernentes à vida social está enquadrado numa disposição de ordem cultual (a lei do altar em 20,22-26 e o calendário das festas religiosas em 23,14-19), como que para evidenciar o laço entre culto e vida ordinária.

As perspectivas futuras do povo de aliança (23,20-33)

Os acenos finais das palavras dirigidas por Deus a Moisés são dedicados às perspectivas que a aliança abre ao futuro de Israel. Como reconhecimento da proteção que Deus lhe garantirá na caminhada para a terra e para o momento do ingresso nela, Israel é convidado a evitar futuras quedas idolátricas. Deus promete ao povo o sucesso da conquista e o terror dos inimigos com os quais se encontrará.

Nos v. 28-30, o futuro ingresso do povo na terra prometida é apresentado como gradual, a fim de fomentar a ocupação do território assim que for possível: uma perspectiva que contraria aquela do Livro de Josué, que parece concordar com o que está delineado em Dt 7,17-24 (e, com uma diferente interpretação teológica, em Jz 2,20–3,6).

O v. 31 delimita a terra prometida na sua máxima extensão[58].

Misericórdia e proximidade: ulteriores implicações da aliança para o soberano de Israel

A estipulação da aliança referida em 19,1–24,11 não exaure a fundação da relação entre YHWH e Israel. Por um lado, essa estipulação é sustentada pelas ulteriores normas que estão enunciadas nas partes seguintes da seção sinaítica. Por outro, antes de tais normas, a última, ampla parte do Êxodo é destinada a aprofundar a natureza dos dois aliados (pecadora a de Israel, misericordiosa a de YHWH: c. 32–34) e a delinear o destaque do santuário para o prosseguimento da relação (c. 15–31; 35–40).

Ex 24,12-18 apresenta uma nova convocação de Moisés sobre o monte por parte de YHWH, a fim de entregar-lhe as tábuas da lei, nas quais estavam escritos os mandamentos dirigidos ao povo. Por ocasião dessa nova teofania, voltam à cena elementos já aparecidos no c. 19 para exprimir a presença divina: a nuvem e o fogo. Além disso, pela primeira vez, manifesta-se no contexto da seção sinaítica a "glória de YHWH".

---

58. Analogamente ao que é afirmado em Gn 15,18; Dt 11,24; 1Rs 5,1-5.

A ruptura e o restabelecimento da aliança (Ex 32–34)

Embutido entre as instruções para a edificação do santuário e a instituição da classe sacerdotal (c. 25–31) e a efetiva construção e tomada de posse dele (c. 35–40), o episódio do "bezerro de ouro"[59] representa a primeira traição da aliança apenas estabelecida e leva à sua renovação (c. 32–34)[60]. A natureza pecadora de Israel não tarda, pois, a manifestar-se: desde sempre Israel é "um povo de dura cerviz", seu pecado não pertence só a sucessivos momentos de decadência.

Segundo o relato de Ex 32,1-6, o povo não suporta a prolongada ausência de Moisés (40 dias e 40 noites, segundo 24,18) e a invisibilidade de YHWH e obtém de Aarão a fabricação de uma imagem sacra a ser venerada. O bezerro não representa, na verdade, uma divindade alternativa a YHWH, mas uma representação sua, de acordo com costumes presentes na área cananeia[61]: o anúncio de Aarão no v. 5, que fala de uma festa em honra de YHWH, é, no caso, eloquente. Desse modo é transgredido o que Deus havia exigido em 20,4-6.

Diante do pecado do povo, a reação de Deus e a de Moisés foi de alternância de tons irados e disposições de misericórdia. Se a pluralidade de tradições implicadas em Ex 32,7–33,18 (de per si indício de destaque reconhecido ao episódio no decurso da tradição) impede uma perspectiva narrativa coerente, o quadro global delineia a atitude de Deus em relação a seu povo infiel: na circunstância, YHWH revela-se um Deus de misericórdia, traço incerto nas representações antigas das divindades.

A primeira reação por parte de YHWH (32,7-11) é de tipo vingativo: destruir completamente Israel, criar um povo novo a partir de Moisés somente. Na ocasião, a intercessão de Moisés é decisiva para fazer Deus aceitar conselhos mais mansos. A seguir (32,33.35), Deus castiga o povo, em par-

59. De per si, o termo "bezerro de ouro" nunca aparece no relato, onde se fala de "bezerro de metal fundido" (v. 4 e 8): o termo tradicional é tirado de 1Rs 12,28 e deduzido das palavras de Aarão no v. 2.

60. Para um comentário mais aprofundado desses capítulos remetemos a RENAUD, B. *L'alliance, un mystère de miséricorde – Une lecture de Ex 32–34*. Paris: Cerf, 1998 [Lectio Divina, 169].

61. A descrição do assim chamado "pecado de Jeroboão" em 1Rs 12 deixa entrever um possível antecedente histórico desse episódio e a avaliação negativa que tal praxe religiosa receberá na história seguinte de Israel.

ticular quem pecou contra Ele. Depois (33,3.5) YHWH põe em discussão o projeto de vir estabelecer-se no meio do seu povo, para evitar que a teimosia deste provoque seu inevitável extermínio por parte de Deus. Nesse caso, o arrependimento do povo (v. 4 e 6) e a ulterior oração de Moisés (v. 12-17) induzem Deus a modificar suas determinações.

Enfim, a renovação da aliança no c. 34 marca definitivamente o rosto de YHWH em termos de misericórdia.

Às oscilantes determinações divinas correspondem, no episódio, atitudes ainda mais contrastantes por parte de Moisés, que alterna intercessão (32,11-14.30-35) e ira (v. 15,29), chegando a fazer passar ao fio de espada dos levitas bem três mil homens.

O c. 33, mais que aos desenvolvimentos do episódio do bezerro, está interessado em evidenciar a unicidade do relacionamento de Moisés com Deus: o acesso exclusivo para ele e para seu servo Josué à tenda de reunião (aqui mencionada impropriamente, já que será edificada somente no c. 40), reservada aos encontros face a face do *líder* com YHWH; a particular eleição que lhe foi reservada por YHWH; uma manifestação particular da glória divina, que consente ao líder contemplar YHWH pelas costas (a contemplação do rosto divino seria letal para o homem). O conjunto dos quadros do c. 33 dá a entender que, do lado humano, aquilo que torna possível o restabelecimento de aliança e a prévia presença divina em meio ao povo é precisamente a estatura reconhecida por Deus a Moisés e a qualidade de sua relação.

Esgotados os preliminares com a predisposição de novas tábuas de pedra e com a subida de Moisés ao Sinai (v. 1-4), chega o momento da solene renovação da aliança (c. 34).

A proclamação do próprio nome, da própria identidade, da parte de YHWH (v. 5-7) explicita o que apareceu no episódio: YHWH é “Deus misericordioso e piedoso”, da parte dele o amor se estende por mil gerações, enquanto o castigo da culpa implica somente a terceira e a quarta geração. As palavras de Moisés (v. 9) reconhecem que Israel é “um povo de dura cerviz”, mas pedem que o Senhor o perdoe e o faça sua herança.

A descida de Moisés do monte com as tábuas do testemunho (v. 29-35) são ulterior ocasião de evidenciar a estatura única do personagem. Seu relacionamento face a face com YHWH torna seu rosto tão radiante, a ponto de tornar insuportável a sua vista.

Instruções sobre a realização do santuário (Ex 24,12-31,18) e sua edificação (Ex 35-40)

A literatura veterotestamentária testemunha mais vezes o destaque que o templo representou para a fé de Israel. Em particular, em quatro livros bíblicos, amplas seções são dedicadas à apresentação de sua configuração ou de sua edificação: Êxodo, 1Reis, Crônicas e Ezequiel. Enquanto em Ez 40–44 o profeta descreve sua visão ideal, em 1Rs 5–9 e em 1Cr 22–2Cr 7 relatam-se os preparativos de sua edificação, sua construção e sua consagração nos tempos de Salomão (e de Davi, segundo 1-2Cr, que atribui a este soberano não só os principais preparativos, mas também a organização do culto)[62].

Em Ex 25–40, o que se narra das exigências divinas sobre a edificação do santuário e de sua imediata realização por parte dos israelitas exorbita o quadro da verossimilitude narrativa: um povo nômade, em pleno deserto, não teria tido condições de cumprir exigências tão pontuais em termos de materiais e de qualidade artística e artesanal. Evidentemente, a tradição responsável desta seção não está interessada em delinear um quadro histórico pontual, mas em fazer remontar para a época fundante da identidade do povo as instituições do templo, do culto e do sacerdócio.

Portanto, o templo não é uma realidade acessória para a vida do povo, acrescentada só num segundo momento, mas remonta à época do estabelecimento da própria aliança. Foi o próprio YHWH que, no Sinai, delineou seu projeto e pediu sua realização: com efeito, o santuário, representa a residência do soberano divino em meio a seu povo, condição para o pleno exercício de sua soberania.

Como concessão ao contexto narrativo da peregrinação de Israel pelo deserto, não se fala aqui de "templo" (*báyit, hekál*), mas de "morada" (*mishkán*), de "santuário" (*qodésh*) ou de "tenda de reunião" (*'ohél mo'éd*): indica-se uma estrutura móvel, desmontável e remontável em cada etapa do seguinte itinerário de Israel para a terra prometida.

Primeiramente, nos c. 25–31, dirigindo-se a Moisés, após ter pedido a generosidade dos israelitas para concorrer com contribuições de diversos materiais para aquilo que se vai delineando (25,1-9), o Senhor apresenta

62. Precisamente o templo e o culto anexo representam um dos centros de gravidade ideológicos da reconstrução histórica operada por 1–2Cr. Sobre isso, cf.: JAPHET, S. *The Ideology of the Book of Chronicles and Its Place in Bibical Thought*. Frankfurt am Main: Peter Lang, 1989, p. 199-265 [Beiträge zur Erforschung des Alten Testaments und des Antiken Judentums, 9].

uma longa série de exigências sobre a preparação da morada e dos móveis do culto e a consagração dos sacerdotes e das próprias alfaias. Essas exigências são apresentadas com ampla riqueza de particulares: dimensões de cada componente, materiais necessários para as várias partes, transportabilidade dos vários elementos. A morada deve ser adequada Àquele que ali habitará.

Uma série de indicações diz respeito a componentes estruturais da morada: as cortinas e a cobertura (26,1-14), as tábuas (26,15-30), o véu (26,31-33), a cortina e colunas anexas (26,36-37), o recinto (27,9-19). Outra série refere-se aos móveis destinados ao culto, sua colocação e sua utilização: a arca do testemunho e o propiciatório sobre ela (25,10-22), a mesa para os pães da oferta (25,23-30) e o candelabro (25,31-39), dos quais depois é precisada a colocação no interior da morada (26,34-35); o altar dos holocaustos (27,1-8), o altar para o incenso (30,1-10), a bacia (30,17-21). Outras indicações referem-se ainda a materiais diversos implicados nas ações cultuais: o azeite para a lâmpada (27,20-21), as vestes para os sacerdotes (*'éphod*, peitoral, manto, sinal da consagração, túnica, mitra, calções: 28,2-43), o azeite da unção (30,22-33) e o perfume (30,34-38).

Aliás, nesses capítulos, as exigências divinas oferecem também indicações sobre aqueles que deverão oficiar o culto e sobre alguns ritos de consagração. Assim, em 28,1 e 29,44 YHWH designa Aarão e seus filhos (Nadab, Abiú, Eleazar e Itamar) como sacerdotes, enquanto em 29,1-35 estabelece-se o articulado ritual para sua consagração e investidura, com a duração de bem sete dias. Em 29,36-37, segue a indicação do rito de consagração do altar e em 29,38-42 a escansão do rito quotidiano dos holocaustos, no ingresso da tenda de reunião.

Enfim, também uma série de questões correlatas encontram consideração entre as exigências divinas concernentes à edificação do santuário móvel. Assim, em 30,11-16 é previsto, para o sustento do serviço da tenda, um tributo por ocasião de recenseamentos, os primeiros dos quais estão marcados no Livro dos Números: a motivação adotada para justificar tal medida está na exigência de precaver-se em relação ao flagelo potencialmente anexo a tais providências (tal convicção encontra seu testemunho narrativo em 2Sm 24 e 1Cr 21, no episódio do recenseamento disposto por Davi). Em 31,1-11, o Senhor indica a Moisés os artistas que Ele encheu de sua sabedoria para que realizem de maneira adequada as obras exigidas. Enfim, em vista dos trabalhos de edificação do santuário móvel, em 31,12-17 Deus pede a rígida observância do repouso sabático, com pena de morte aos transgressores: a motivação adotada (a conformidade com o agir criador de Deus) está de acordo com aquilo que é expresso em 20,11.

Depois do *intermezzo* do relato da ruptura e do restabelecimento da aliança, seguindo o episódio do bezerro de ouro, em 35,1–40,33 são realizadas as exigências divinas sobre a predisposição do santuário e do culto, transmitidas aos israelitas por Moisés.

O povo é envolvido numa generosa coleta dos materiais necessários ao empreendimento (35,4-29; 36,3b-7): a livre generosidade dos israelitas opõe-se aos serviços prestados antes no Egito, impostos pelo duro regime de escravidão e mostra a estatura de um povo livre, cuja dignidade se deixa envolver no empreendimento cultual.

Os materiais são confiados aos artistas designados pelo Senhor (35,30–36,3a), entre os quais destacam-se Beseleel e Ooliab. Ex 35,8–38,20 contém o balanço da preparação de todos os componentes da morada e dos utensílios do culto: o relatório final da quantidade de materiais utilizados (38,21-31) concorre para delinear o caráter épico do empreendimento em curso. A seguir, em 39,1-32 é referida a confecção das vestes sacerdotais.

Todos os componentes da morada, os utensílios e as vestes sacerdotais preparadas são, depois, entregues a Moisés (39,33-43). Tudo está pronto para a definitiva preparação do santuário e para sua consagração: em base a ulteriores, pontuais indicações divinas (40,1-15), é o próprio Moisés que realiza tais operações (v. 16-33). A edificação da morada acontece exatamente um ano após a saída de Israel do Egito (v. 2.17).

Tudo está pronto para a tomada de posse divina (40,34-38): A nuvem envolve a tenda, a glória enche a morada com sua presença (v. 34)[63]. A presença divina, que antes se manifestara de forma episódica (16,10; 19,18-20; 24,16-18; 33,22; 34,5-8) ou que fora posta em discussão na sua própria concreta possibilidade (33,1-5), torna-se agora parte integrante da identidade e da história de Israel. O soberano divino mora estavelmente em meio a seu povo para acompanhá-lo na iminente viagem para a terra prometida (40,36-38).

63. Emblematicamente, também no momento da consagração do templo de Jerusalém a nuvem e a glória exprimirão a tomada de posse do edifício por parte de Deus; cf. 1Rs 8,10-11; 2Cr 5,13-14. Imagens análogas são observáveis também em Ez 43,1-4.

De todas as precedentes prescrições divinas a Moisés sobre a morada e o culto, no momento ficam sem resposta as indicações referentes à consagração dos sacerdotes e o início verdadeiro e próprio do culto. Serão executadas em breve, sempre no contexto da permanência no Sinai: e isso é referido no Livro do Levítico.

Levítico

O terceiro livro do Pentateuco está centrado prevalentemente em questões cultuais e se compõe quase que inteiramente de material de tipo legislativo. Mesmo as poucas partes narrativas (Lv 8–9; 10,1-5 e 24,10-14.23) apresentam temas cultuais e expõem, respectivamente, a consagração dos sacerdotes e a inauguração do culto, o caso de uma grave incorreção no serviço sacerdotal e o caso de um blasfemador. Depois que Deus tomou posse da morada em Ex 40 e teve sua presença estável em meio a Israel, as seguintes normas transmitidas por Deus a Moisés preocupam-se em organizar a vida do povo (não só em sua dimensão cultual) em função desta inaudita proximidade. A presença divina entre os israelitas é destinada a condicionar todos os seus âmbitos da existência.

Portanto, dentro da seção sinaítica (Ex 19,1–Nm 10,10), o Levítico leva à realização as indicações divinas dadas em Ex 29,1-35; 40,12-15 e que ainda não haviam tido resposta e delineia os termos de uma identidade e de uma vida marcadas pela sacralidade imposta pela presença divina. Enquanto é reconhecível o critério da delimitação em relação a Êxodo (reorganizar a vida do povo em função da presença divina apenas adquirida), menos evidentes aparecem as razões da delimitação a respeito do seguinte Livro dos Números, que contém a última parte da seção sinaítica e em cujo interior não faltam ulteriores indicações normativas. Por um lado, os dados do recenseamento com o qual Números inicia representam uma significativa separação daquilo que precede. Por outro lado, a delimitação do Livro do Levítico inclui – quase como um prontuário facilmente consultável – as normas às quais os sacerdotes do templo eram mais ou menos frequentemente chamados a ater-se[64]. Aliás,

64. Trata-se de uma das hipóteses avançadas para tentar explicar a atual delimitação do Levítico em relação a Êxodo e Números. Para um exame desta e de outros hipóteses, cf. KOORE-

a própria denominação do livro indica os destinatários principais das normas ali contidas: os sacerdotes e os levitas, expressão da tribo de Levi.

Por aproximadamente 37 vezes o livro é marcado pela fórmula "O Senhor falou a Moisés e disse: Fala aos israelitas dizendo..." (com variantes), que delineia seu horizonte global: a revelação divina confiada a Moisés daquilo que Israel é obrigado a observar em âmbito cultual e na declinação religiosa de sua existência. Particularmente, os c. 1–24 (em conformidade com o que é afirmado em Ex 33,7-11) apresentam a revelação divina a Moisés junto à "tenda da reunião" (*'ohél mo'éd*), enquanto os c. 25–27 ambientam no Sinai a comunicação de ulteriores indicações divinas.

A estruturação e o significado do livro

A estrutura do Levítico é facilmente reconhecível nas suas diversas partes, desconsiderando o diferente grau de unidade de cada uma.

1–7: os sacrifícios
8–10: consagração dos sacerdotes e inauguração do culto
11–16: regras sobre o puro e sobre o impuro
17–26: a lei da santidade
27: apêndice: tarifas e avaliação de objetos ou pessoas consagradas a YHWH

Embora à primeira vista o Levítico delineie formas religiosas distantes da sensibilidade moderna e embora o Novo Testamento tenha tomado as distâncias da teologia ali contida, é preciso reconhecer que algumas convicções de fé incluídas no livro têm forjado profundamente a identidade de Israel e consentiram ao povo hebraico sobreviver através da história, mesmo longe de sua terra.

Nessa fase do itinerário do povo, a liberdade de Israel ainda não está fundamentada sobre a posse de uma terra, para a qual está a caminho: fundamento de sua identidade é o evento do êxodo, que tornou Israel um povo livre, embora não tenha uma posse territorial. A lei que é delineada no Sinai, portanto, não está ligada à soberania sobre um determinado território (como na experiência ordinária das nações), mas ao povo de Israel enquanto tal e

---

VAAR, H.J. "The Books of Exodus, Leviticus and Numbers, and the Macro-Structural Problem of the Pentateuch". In: RÖMER (ed.). *The Books of Leviticus and Numbers*, esp. p. 444-450.

às conotações que lhe conferiram o evento – o êxodo – que o gerou. Um evento que o Levítico relê como "separação" (em hebraico a raiz implicada é *qódesh*, que traz consigo também a ideia de "santificação") de Israel das nações – em particular do Egito – operada por YHWH.

O reconhecimento do êxodo como fundamento da existência de Israel traz consigo consequências significativas para a identidade e para a legislação do povo. Dado que o êxodo teve em YHWH o protagonista absoluto e que o povo deve somente a Ele a sua existência, os israelitas pertencem somente a YHWH e são seus servos (cf. Lv 25,55). Dado que Israel deve a Deus a sua liberdade, a liberdade de cada israelita deve ser salvaguardada: entre os israelitas não é possível a redução permanente à escravidão (cf. 25,42). Dado que Israel é um povo "santo", todos os aspectos de sua existência devem caracterizar-se pela "santidade": daí a insistência sobre a observância das normas cultuais e das leis sobre o puro e sobre o impuro (cf. Lv 11–15; 19,2; 22,31-33)[65]. Também a terra para a qual Israel está a caminho é interpretada como propriedade exclusiva de YHWH: o povo não poderá alegar direitos de propriedade absolutos, poderá simplesmente beneficiar-se do dom recebido (cf. 20,24; 25,23). Enfim, dado que o êxodo representou para Israel a "separação/santificação" em relação às nações, o povo não pode reduzir-se a viver segundo costumes delas: o estranhamento das nações é parte da identidade de Israel (cf. 18,3-5; 20,22-26; 22,32-33)[66].

Os sacrifícios (Lv 1–7)

Tomada a posse da tenda de reunião no fim do Livro do Êxodo, as primeiras exigências apresentadas por YHWH aos israelitas são expostas a Moisés deste santuário e se referem às diversas tipologias de sacrifícios anunciadas para o culto israelita[67].

---

65. Sobre o significado das categorias de "santo", "puro" e "impuro", remetemos às p. **254-256**.

66. Para uma maior articulação desses destaques, cf. ZIMMERLI, W. "'Heiligkeit' nach dem sogenannten Heiligkeitsgesetz". In: *Vetus Testamentum*, 30, 1980, p. 493-512. • CRÜSEMANN, F. "Der Exodus als Heiligung. Zur rechtsgeschichtlichen Bedeutung des Heiligkeitsgesetzes". In: BLUM, E.; MACHOLZ, C. & STEGEMANN, E.W. (eds.). *Die hebräische Bibel und ihre zweifache Nachgeschichte*. Neukirchen-Vluyn: Neukirchener Verlag, 1990, p. 117-129. • SKA. *Introduzione*, p. 45-47.

67. Para uma apresentação global do desenvolvimento dos diversos ritos sacrificiais, cf. as p. **258-263**.

O c. 1 é dedicado à apresentação do ritual dos holocaustos (*'oláh* no singular; da raiz *'aláh*, "subir"): trata-se dos sacrifícios nos quais a vítima é completamente consumida pelo fogo[68]. Depois, Lv 2 passa a delinear o ritual das oblações (*mincháh*, no singular), ofertas de tipo vegetal. No Pentateuco, entre os possíveis exemplos, um episódio como o de Gn 32 (o encontro de Jacó com Esaú no caminho de retorno para a terra) testemunha o significado profano do termo, "dom", e deixa entrever os antecedentes das relações humanas dos quais tomou especificamente o dado cultual[69].

O ritual do sacrifício de comunhão (*zebách sh^e^lamím*, por vezes indicado também com um só dos dois termos) é detalhado em Lv 3. Nesse tipo de sacrifício, uma parte do animal apresentado é destinada a ser oferecida em holocausto a YHWH, uma parte compete aos sacerdotes, enquanto uma terceira parte é destinada a ser consumida pelo ofertante com seus familiares e amigos no decurso de um banquete sagrado[70].

O c. 4 apresenta diversas tipologias de sacrifícios pelo pecado ou sacrifícios expiatórios (*chaththá't*, no singular: em hebraico, o vocábulo pode significar tanto este específico tipo de sacrifício, como o pecado que é sua causa, quanto o efeito do sacrifício em termos de expiação e purificação). O sacrifício pelo pecado torna-se necessário diante da transgressão – não intencional – de uma proibição divina (v. 1-2) por parte de específicas categorias de israelitas. Assim, primeiramente toma-se em consideração o pecado do sumo sacerdote (v. 13-21), de um chefe (v. 22-26) e de alguém do povo (v. 27-35); as indicações a respeito dessa categoria prosseguem em 5,7-13)[71].

---

68. No Pentateuco, já antes do Sinai mencionam-se os holocaustos oferecidos por Noé (Gn 8,20), por Abraão (Gn 22) e por Jetro (Ex 18,12). No Sinai, holocaustos são oferecidos por ocasião da estipulação da aliança (Ex 24,5), diante do bezerro de ouro (Ex 32,6) e no momento da edificação do santuário (Ex 40,29); como também por ocasião da consagração e da entrada em serviço dos sacerdotes (Lv 8–9) e das ofertas dos chefes (Nm 7).

69. Antes do Sinai, a oferta de *minchót* a Deus é atribuída só aos dois primeiros irmãos da história humana (Gn 4,1-5), mas, no episódio, o termo não tem o valor específico cultual da nossa página. Após a parada no Sinai (durante a qual aparecem ofertas em Ex 40,29, em Lv 9 e em Nm 7, nas mesmas circunstâncias dos holocaustos), em páginas narrativas as oblações são mencionadas só em Nm 16,15, por ocasião da revolta de Datã e Abiram.

70. Durante a permanência no Sinai, encontram-se significativos exemplos de sacrifícios de comunhão, em circunstâncias já destacadas para as precedentes tipologias (Ex 24,5.11; 32,6; Lv 9; Nm 7).

71. No Pentateuco, a efetuação do sacrifício pelo pecado é relatada só em Lv 8–9 e em Nm 7.

Lv 5,14-26 delineia o ritual do sacrifício pela culpa ou sacrifício de reparação (em hebraico *'ashám*, termo que de per si pode indicar tanto a culpa como este tipo de sacrifício). O sacrifício de reparação é exigido diante da profanação de um bem sagrado (i. é, do sacrilégio), mesmo involuntária (v. 14-19), como também pela transgressão intencional de ordens divinas (v. 20-26). O conteúdo de 5,1-6 deixa entrever os limites vagos entre esta tipologia de sacrifício e a precedente: de per si as culpas consideradas pertencem em geral à categoria dos sacrilégios involuntários (analogamente aos v. 14-19), mas o vocabulário implicado é o do sacrifício pelo pecado[72].

Nos c. 6–7, os precedentes rituais dos sacrifícios são singularmente retomados para detalhar ulteriores indicações sobre as tarefas dos sacerdotes e os direitos anexos ao seu serviço cultual. Nessa perspectiva, são novamente considerados os holocaustos (6,1-6), as oblações (6,7-16), os sacrifícios pelo pecado (6,17-23), os sacrifícios de reparação (7,1-6); após uma primeira série de direitos sacerdotais (7,7-10), passa-se então a regulamentar os sacrifícios de comunhão (v. 11-34), primeiramente distinguindo entre sacrifício de ação de graças (*todáh*), votivo (*néder*) ou voluntário (*n^edabáh*) (v. 11-17), para depois precisar as adequadas condições de participação e assunção do banquete sacrificial (v. 18-27) e as partes reservadas aos sacerdotes (v. 28-34).

Os v. 35-38 concluem toda a seção reservada aos sacrifícios.

A consagração dos sacerdotes e a inauguração do culto (Lv 8–10)

Nesse ponto, chegam à realização as últimas indicações divinas precedentemente dadas a Moisés (Ex 29,1-37) e até agora desatendidas. A consagração dos sacerdotes e o início de seu serviço cultual representam outra passagem significativa para a vida do povo de Israel: realmente, configuram-se instituições fundamentais para a sua história.

Na presença de todo o povo, assim se lê em Lv 8, Moisés convoca Aarão e seus filhos (segundo Ex 28,1 trata-se de Nadab, Abiú, Eleazar e Itamar). Iniciando com o sumo sacerdote (Aarão, v. 7-12) e depois com os outros sacerdotes (seus filhos, v. 13), Moisés os reveste com as vestes sacerdotais precedentemente dispostas e os consagra com a unção (na ocasião, consagra também todas as alfaias do culto). Depois (v. 13-36), em seu favor, realiza

72. Em nenhuma narração do Pentateuco se menciona a celebração de sacrifícios de reparação.

o longo ritual da investidura, que se estende por sete dias, durante os quais Moisés multiplica a oferta de diversos tipos de sacrifícios (começando pelo sacrifício pelo pecado), enquanto os interessados são obrigados a permanecer no ingresso da tenda de reunião.

No oitavo dia, narrado no c. 9, em base às indicações de Moisés, Aarão apresenta pessoalmente e com a colaboração dos filhos a oferta de vários tipos de sacrifícios: primeiramente os oferece por si e por seus filhos (v. 8-14), logo depois por todo o povo (v. 15-21). Desse modo, a classe sacerdotal presta serviço e acontece verdadeira e realmente a inauguração do culto. O fogo, que ao término do episódio (v. 24) sai da presença do Senhor e consome o que foi ofertado, testemunha o pleno agrado divino e provoca a exultação do povo.

Logo depois (10,1-7), o fogo proveniente de Deus, que pune com a morte a transgressão cultual de Nadab e Abiú, é ocasião de reafirmar o caráter misterioso e tremendo do culto ao qual os sacerdotes são deputados e de precisar, para os próprios sacerdotes, regras particulares por ocasião de lutos. Seguem a proibição dada por Deus aos sacerdotes de se absterem de vinho antes das ações cultuais (10,8-11), ulteriores indicações por parte de Moisés sobre as partes dos sacrifícios que competiam aos sacerdotes (v. 12-15) e sobre a pontual observância do ritual do sacrifício pelo pecado (v. 16-20), em referência à atitude inadequada assumida na ocasião por Eleazar e Itamar.

Regras sobre o puro e o impuro (Lv 11–16)

Com Lv 11 inicia a seção dedicada a regulamentar adequado comportamento a respeito do puro e do impuro (respectivamente *thahér* e *thamé'*). Em base a estes capítulos e a outras páginas seguintes, são quatro as possíveis fontes de impureza: animais impuros, secreções corporais de vários tipos, cadáveres e manchas da pele e doenças deformantes.

Inicia-se (11,1-43) precisando quais os animais impuros e que, portanto, devem ser excluídos do regime alimentar dos israelitas: os israelitas devem absolutamente evitar o contato com os cadáveres dos mesmos. Com efeito, considerado o caráter contaminante dos cadáveres desses animais, tornam-se impuros também os objetos e as pessoas que entram em contato com eles. As conclusões da seção (v. 44-47) lembram a motivação teológica das advertências referentes aos animais impuros: Israel é chamado a partilhar a santidade de YHWH, que o libertou da escravidão do Egito e a quem Israel pertence.

Lv 12 ocupa-se da impureza da mulher que deu à luz. Trata-se de uma impureza que perdura durante um certo tempo depois do parto, período duplo se a recém-nascida for menina (para o recém-nascido menino prescreve-se a circuncisão ao oitavo dia) (v. 1-5). Além disso, prescreve-se o sacrifício expiatório, a ser oferecido na conclusão dos dias da purificação (v. 6-8).

Os c. 13–14 tomam em consideração a impureza ligada à lepra e a outras afecções cutâneas ou superficiais. Aos sacerdotes é confiado o exame dos casos, para reconhecer os efetivos casos de lepra e outros gêneros de afecções cutâneas (13,1-44): para a revista dos diferentes tipos possíveis é unido uma espécie de procedimento para as correspondentes verificações. Os v. 45-46 delineiam as consequências da condição impura do leproso reconhecido, em termos de roupas e de exclusão da comunidade. Os v. 47-59 estendem a manchas encontradas em tecidos ou objetos de outro tipo a verificação de sua impureza: se forem reconhecidos impuros, os objetos em questão devem ser queimados. O c. 14 apresenta, primeiramente (v. 1-32), o articulado ritual destinado a ratificar a purificação do leproso curado; na segunda parte (v. 33-53), apresenta-se o articulado exame de muros e habitações, a verificação de sua eventual impureza em caso de manchas suspeitas e as consequentes medidas de purificação (ou, nos casos extremos, de demolição).

Lv 15 ocupa-se das impurezas sexuais do homem e da mulher. Primeiramente (v. 2-15), encara-se a impureza do homem ligada à gonorreia e se prescrevem ritos de purificação após a cura. Sempre em relação ao homem, apresenta-se a impureza mais limitada ligada a emissões seminais (v. 16-17). Igualmente limitada é a impureza provocada por relações sexuais entre homem e mulher (v. 18). Mais articulada é a consideração sobre a impureza menstrual (v. 19-30). O v. 31 sublinha a razão teológica pela qual os israelitas devem ser informados sobre o possível êxito letal de sua impureza: não se deve absolutamente comprometer a santidade da morada divina em meio a seu povo.

O c. 16 traça o complexo ritual do dia das expiações, confiado a Aarão e, a seguir, ao sumo sacerdote: trata-se de uma das passagens rituais anuais mais importantes da fé de Israel. Sobretudo os v. 16-17 delineiam o significado do imponente ato cultual: o que Aarão é obrigado a sacrificar não é oferecido somente para a purificação dos próprios pecados e de sua casa, mas por toda a comunidade de Israel. Em particular, o rito visa a purificar o santuário e seus pertences das impurezas e dos pecados dos israelitas, em meio aos quais está colocado. Sacerdócio, santuário e todo Israel estão implicados nesta solene ação de expiação anual.

A lei de santidade (Lv 17–26)

A heterogênea coleção de leis que cai sob a denominação de "lei (ou código) de santidade" é, de algum modo, unida à exigência de salvaguardar a santidade de Israel, tanto em termos cultuais como em termos morais. Desse modo, pretende-se responder à exigência divina expressa em 19,2: "Sede santos, porque eu, o Senhor vosso Deus, sou santo".

As indicações do c. 17 pretendem, por um lado, salvaguardar a unicidade do lugar de culto (só nele devem acontecer imolações e sacrifícios ao Senhor), por outro lado, evitar abusos em relação ao sangue dos animais sacrificados. Por trás das diversas indicações, entre essas linhas aparece a preocupação de evitar derramamentos impróprios ou assunções por parte dos israelitas: com efeito – nessa eloquente indicação do v. 11 – a vida está no sangue, por isso ele tem valor expiatório se oferecido a YHWH a favor da vida humana.

Lv 18 marca a distância que Israel é chamado a assumir em relação às populações do Egito e de Canaã (narrativamente, em relação ao contexto do qual estão provindo e daquele para o qual estão sendo encaminhados) a respeito dos próprios hábitos sexuais (v.1-5). Somente evitando as impurezas sexuais, Israel poderá evitar que se torne impura a terra para a qual se encaminha, para evitar ser expulso dela como as nações que o precederam (v. 24-30). Os v. 6-18 proíbem uma série de relações sexuais (incestuosas ou afins) em condições de minar os laços familiares e parentais, o v. 19 proíbe relações durante o período menstrual da mulher, o v. 20 acentua a impureza ligada ao adultério, os v. 22-23 proíbem relações homossexuais e com animais. A proibição do v. 21– única do capítulo a não se prender ao âmbito sexual – tem em mira a prática idolátrica de sacrificar os filhos a Moloc[73].

Lv 19 apresenta o inicial convite a corresponder à santidade divina numa série de prescrições cultuais e, sobretudo, morais. Estas últimas deixam entrever os ideais de justiça social e de humanidade que animavam os redatores

73. Trata-se de uma prática idolátrica que consistia em queimar ao fogo os próprios filhos em honra de alguma divindade; uma prática assinalada em outros livros bíblicos – cf., p. ex., 2Rs 16,3; 21,6; 23,10; Jr 7,31; 32,35; Ez 16,21– e proibida também em Lv 20,2-5; Dt 12,32; 18,10.

dessas passagens: no v. 18 está o convite a amar o próximo como a si mesmo. Os v. 33-34 – dado relativamente significativo – impostam o relacionamento com os estrangeiros presentes em meio ao povo de Deus não só em termos de proteção, mas também de solidariedade, como consequência daquilo que experimentaram outrora na terra do Egito.

O c. 20 prescreve as sanções correspondentes a boa parte das proibições enumeradas nos c. 18–19, quando estas forem transgredidas. Os v. 22-24 reafirmam a convicção teológica já afirmada em 18,24-30: em particular, o v. 24 e o seguinte v. 26 insistem sobre a separação dos israelitas em relação às nações, realizada por YHWH.

Os c. 21–22 contêm novamente uma série de prescrições cultuais. Lv 21 examina as condições de salvaguarda da própria pureza e santidade por parte dos sacerdotes (v. 1-9) e por parte do sumo sacerdote (v. 10-15), para depois indicar os impedimentos físicos ao próprio sacerdócio (v. 16-23). O c. 22 insiste sobre as condições de pureza necessárias para participar das refeições sagradas: tanto para os sacerdotes (v. 2-9), como para os que não pertencem à classe sacerdotal (v. 10-16). Os seguintes v. 17-30 insistem sobre a integridade e sobre a qualidade das vítimas animais destinadas ao culto, ao lado de ulteriores prescrições rituais menores. A exortação conclusiva (v. 31-32) liga essas indicações à exigência de santificação divina.

Os c. 23 e 25 têm a ver com a escansão sagrada do tempo. O c. 23 enumera as festas nas quais devem ser convocadas as reuniões sacras. Após a menção do repouso sabático (v. 3), segue o projeto das festividades anuais dos israelitas: a páscoa e os ázimos (v. 5-8); a oferta do primeiro feixe (v. 9-14); a festa das semanas ou da colheita (v. 15-22); o dia das expiações (v. 26-32); a festa das tendas ou da colheita (v. 33-36; 39-43). Dessas festividades, os v. 37-38, em função conclusiva, destacam o caráter solene de sua celebração.

O c. 25, depois, detém-se sobre escansões do tempo – aquelas dos anos santos – que transcendem o ritmo anual: o ano sabático, a escansão setenal (v. 1-7.18-22), e o ano do jubileu, a escansão quinquagesimal (v. 8-17.23-55)[74].

74. Para um aprofundamento sintético das questões concernentes ao jubileu, remetemos para DEIANA, G. *Levitico*, p. 269-279.

Nas disposições sobre o resgate das propriedades (v. 23-34) e das pessoas (v. 35-55) aparece a concepção de propriedade de bens e de liberdade das pessoas que já se evidenciou como típica da teologia do Levítico. Entre as outras normas, note-se a proibição do empréstimo a juros em relação a israelitas que acabaram na indigência (v. 35-38): uma proibição emblemática da solidariedade desejada no seio do povo de Deus.

Entre esses dois capítulos, Lv 24 inicia com algumas ulteriores prescrições rituais referentes à lâmpada perene disposta na tenda de reunião (v. 1-4) e os pães a se oferecerem a YHWH no dia de sábado (v. 5-9). A seguir (v. 10-23), um episódio de blasfêmia leva à regulamentação do pecado e da execução do culpado. Dentro desse quadro, os v. 17-21 regulamentam por parte de Deus outros casos concretos, em base ao critério da lei do talião. O v. 22 destaca que a lei divina vale igualmente tanto para os israelitas como para os forasteiros que habitam com eles.

Lv 26 é colocado como capítulo conclusivo da lei de santidade e de todo o livro. Após sintéticas chamadas anti-idolátricas e ao respeito ao santuário e aos sábados (v. 1-2), seguem-se as bênçãos (v. 3-13) e as maldições (v. 14-45) implicadas na observância ou não das leis divinas. As bênçãos expressam em termos de prosperidade da terra, de paz e força militar, de fecundidade do povo e de plena realização da aliança os resultados da observância daquilo que foi estabelecido por Deus. As maldições (que têm uma extensão quase três vezes maior do que as bênçãos) colocam em forte evidência os desastres contra os quais Israel iria em caso de falta de submissão à lei divina e deixam entrever o futuro exílio como resultado inevitável de tal atitude: não obstante, os v. 44-45 afirmam que o desastre não será a última palavra, representada antes pela fidelidade divina à aliança com seu povo.

O apêndice final (Lv 27)

O c. 27, evidentemente um acréscimo ao corpo do livro, contém, como apêndice, uma série de prescrições para a satisfação dos votos. YHWH oferece a possibilidade de comutar votos e consagrações em ofertas pecuniárias, facilitando assim aos israelitas sua observância e a fidelidade aos compromissos assumidos. Primeiramente aparecem tarifas e avaliações referentes a pessoas (v. 1-8), a seguir indicações concernentes a animais (v. 9-13), casas (14-15) e campos (16-25). Os versículos conclusivos ocupam-se de realidades já de per si consagradas ao Senhor: primogênitos (v. 26-27), o que é votado ao extermínio (v. 28-29), dízimos (v. 30-33).

Números

O quarto livro do Pentateuco parece constituir um excelente exemplo de coleta indiferenciada de materiais heterogêneos: em torno a um tênue fio narrativo são solidificados episódios de articulação variada, normas de ordem não só cultual e conspícuas enumerações. Essa aparente mistura representou e representa uma objetiva dificuldade para a exegese moderna, que não prestou a Números uma atenção comparável àquela reservada aos outros textos do Pentateuco: sobre isso, a inversão de tendência está somente iniciando.

O desenvolvimento global de Números apresenta um tempo de significativa transição na história do povo de Israel. No início do livro e até 10,10, o povo está ainda acampado próximo ao Sinai: trata-se da última parte da já conhecida seção sinaítica. No fim de Números, mais precisamente, a partir de 21,20 e 22,1, Israel toma posição perto das estepes de Moab, ao longo do Jordão, na iminência de realizar o salto decisivo para a conquista da terra prometida. No meio, a longa peregrinação pelo deserto, que vê repartir e ampliar, até extenuá-lo, o itinerário iniciado após a saída do Egito.

A duração do itinerário do Sinai até as estepes de Moab (confrontando Nm 10,11 com Dt 1,3 ou considerando as indicações presentes em Nm 33 trata-se de pouco menos de quarenta anos) é justificada pela exigência de uma completa transição de gerações entre os que haviam saído do Egito (todos destinados a morrer no deserto) e sua descendência (destinada a tomar posse da terra prometida). Também desse ponto de vista Números é um livro de transição. O notável espaço dedicado aos recenseamentos do povo no início (c. 1–4) e na segunda parte do livro (c. 26) serve para registrar a acontecida transição de gerações, condição indispensável – esta é a vontade de Deus – para que Israel possa voltar-se para a conquista da terra.

Quanto à resolução do Pentateuco, Números foi reconhecido como uma espécie de "Jano de duas faces"[75], por um lado dirigido aos dados dos dois livros que o precedem e por outro ao confronto com o seguinte Deuteronômio e a posterior "história deuteronomística". Com efeito, por um lado uma série de episódios (as murmurações do povo, os temas da proximidade e da assistência por parte de Deus) e uma série de normas de ordem sobretudo cultual representam significativos desenvolvimentos ou paralelos do que está presente nas precedentes partes da seção sinaítica ou no itinerário do Egito ao Sinai. Por outro lado, sobretudo a partir do c. 21, a progressiva tomada de posse dos territórios no além Jordão, o recenseamento do c. 26 e uma série de esclarecimentos normativos que pressupõem a iminente instalação na terra exprimem uma tensão análoga àquela que se encontra nos livros do Deuteronômio e de Josué.

A estruturação

Depois de acolher a presença de Deus no santuário em Ex 40 e ter regulamentado todos os aspectos de sua vida em função desta inaudita presença, chega para Israel o momento da partida do Sinai em busca da terra prometida: para o povo trata-se de aprender a caminhar com YHWH. Este pode ser reconhecido como o centro temático de Números: os heterogêneos materiais do livro concorrem para predispor a caminhada, para apresentar suas etapas e contratempos, para acentuar as primeiras metas alcançadas.

Mais precisamente, uma série de elementos concorre para delinear a caminhada de Israel como uma campanha ao mesmo tempo cultual e militar. Primeiramente (1,1–10,10) estão os preparativos, exatamente militares e cultuais, do empreendimento. A seguir (10,11–36,13) a campanha militar predisposta encontra realização. Nesta segunda parte, aliás, é possível distinguir a marcha como tal e o início da conquista dos territórios.

Portanto, mesmo com as incertezas do caso, eis uma plausível estrutura literária do Livro dos Números[76]:

75. Tomamos a imagem de ZENGER, E. & FREVEL, C. "Die Bücher Levitikus und Numeri als Teile der Pentateuchkomposition". In: RÖMER (ed.). *The Books of Leviticus and Numbers*, esp. p. 45-72.

76. Para esta hipótese de estruturação, cf. KNIERIM, R.P. "The Book of Numbers". In: BLUM, E.; MACHOLZ, C. & STGEGEMANN, E.W. (eds.). *Die hebräische Bibel*, p. 155-163. • SKA. *Introduzione*, p. 48-50.

1,1–10,10:	preparação da campanha militar
10,11–36,13:	execução da campanha:
	10,11–21,20: a marcha pelo deserto
	21,21–36,13: o início da conquista

A preparação da campanha militar (Nm 1,1-10,10)

A marcha que é preparada na primeira parte do livro é desde já imponente pelas dimensões e pelos números implicados.

Nm 1,1-46 é dedicado ao recenseamento do povo. Cerca de onze meses após a chegada ao Sinai (cf. Ex 19,1) e três semanas antes da partida (cf. Nm 10,11), a ordem divina em 1,1-15 inicia o cômputo do povo, primeira providência para a organização da marcha já próxima. A Moisés e a Aarão, ajudados por doze homens (um por tribo) indicados por Deus é ordenado o registro de toda a comunidade israelita, particularmente dos homens de vinte anos para cima aptos para a guerra. O recenseamento das tribos (v. 16-46) mostra em Israel a presença de 606.550 homens[77].

Do recenseamento é excluída a tribo de Levi (1,47-54). Com efeito, aos levitas é confiado o cuidado da "morada da aliança": em particular, por ocasião da marcha iminente, é confiado a eles o transporte da morada e a tarefa de pôr-se no acampamento como interposição entre a morada e as outras tribos, para evitar contatos indevidos.

A seguir (c. 2), o Senhor transmite a Moisés e a Aarão as indicações sobre a disposição de cada tribo no acampamento israelita, ao redor da tenda de reunião, e sua ordem de partida (na circunstância são retomados alguns dados do recenseamento precedente).

Em Nm 3, após ter mencionado nos v. 1-4 a descendência sacerdotal de Aarão (de cujos filhos só estavam vivos Eleazar e Itamar, depois da saída de cena de Nadab e Abiú em Lv 10,1-3), a atenção concentra-se sobre a categoria dos levitas. Enquanto o sacerdócio é confiado aos aaronitas, o cuidado da morada é confiado por YHWH aos levitas sob a supervisão dos primeiros (v. 5-10).

---

77. Evidentemente, trata-se de uma cifra hiperbólica, que, para o conjunto do povo de Israel, teria significado uma inverossímil entidade de cerca de dois ou três milhões de pessoas. O dado corresponde substancialmente à entidade do povo saído outrora do Egito. Cf. Ex 12,37.

Explica-se, depois, o sentido da eleição dos levitas (v. 11-13): substituir simbolicamente os primogênitos israelitas, de per si pertencentes a YHWH desde o tempo da libertação da escravidão do Egito (cf. Ex 13,11-12). Segue (v. 14-39) o recenseamento dos descendentes masculinos da tribo de Levi, segundo as três famílias de Gérson, Caat e Merari (os três filhos de Levi, já conhecidos de Ex 6,16): das três famílias são indicadas as diversas estirpes, o número da componente masculina, o nome do chefe, a colocação no seio do acampamento israelita e a incumbência em relação à morada. O número global dos levitas (22.000) é pouco inferior ao dos primogênitos israelitas (22.273) recenseados imediatamente depois (v. 40-43): a diferença é coberta, em termos de substituição simbólica, com o pagamento a Aarão de uma soma em dinheiro por parte de Moisés (v. 44-51).

O c. 4 apresenta ainda o recenseamento dos homens compreendidos entre os trinta e os cinquenta anos das três famílias levíticas e a atribuição pontual das tarefas de cada uma em relação ao deslocamento da tenda de reunião. Nas palavras divinas (v. 1,33) aparece sobretudo a exigência de articular adequadamente o papel dos sacerdotes com o dos levitas nas fases de desmontagem, transporte e remontagem da morada, para evitar expor os segundos ao risco de morte por contatos impróprios. A cada um dos 8.580 levitas em serviço recenseados é indicada uma incumbência específica. Assim, um aspecto importante – o transporte do santuário – é preparado em vista da partida iminente.

A partir do c. 5 e até o momento da partida dos israelitas, o conteúdo de Números é concentrado principalmente sobre uma série de heterogêneas normas e ações cultuais. Único, fraco traço unificante dessa seção por ser divisado, tudo considerado, numa ulterior série de direitos e responsabilidades próprias do sacerdócio aaronita.

Nm 5 contém uma série de normas voltadas para salvaguardar a pureza do acampamento israelita e de todos os seus membros. Nos v. 1-4 reafirma-se a exigência de afastar resolutamente do campo quem estiver em estado de impureza: em particular, citam-se os casos de leprosos, dos infectados de gonorreia e de pessoas que entraram em contato com cadáveres. Os v. 5-10 destacam a exigência da plena restituição e adequada compensação daquilo que foi subtraído indevidamente ao próximo, de maneira a superar a condição de culpa. De maneira difusa (v. 11-31), depois, é delineado o ritual do ordálio no caso de uma mulher suspeita de traição do marido, mas desprovido de provas, a fim de desmascarar a eventual culpa.

Nm 6,1-21 delineia os termos do voto de nazireato, pelo qual o nazireu compromete-se por um tempo determinado a não cortar os cabelos, abster-se de bebidas alcoólicas e evitar qualquer contato com cadáveres, como sinal de particular consagração ao Senhor. Entre outras coisas, definem-se as modalidades de restabelecimento do voto se uma das condições tiver sido comprometida e a forma ritual que confirma a conclusão da especial consagração. Enfim, os v. 22-27 apresentam a bênção sacerdotal confiada por Deus a Aarão e a seus filhos e destinada a beneficiar os israelitas: trata-se de uma das fórmulas de bênção mais significativas da literatura bíblica.

Nm 7,1-9 faz remontar ao momento da dedicação da morada e de todos os seus utensílios cultuais por parte de Moisés a oferta de seis carros cobertos e de doze bois por parte dos chefes do povo. Esses dons, que tinham a finalidade de transportar os utensílios do santuário são confiados por Moisés aos levitas.

O restante do c. 7 relata a imponente oferta apresentada pelos doze chefes do povo por ocasião da dedicação do altar, cada um num dia. Através de um enfático acúmulo de dados e a repetição por doze vezes das mesmas invocações – excetuada a mudança dos nomes de cada um dos chefes e de cada tribo, aliás já conhecidos desde o c. 2 – os v. 10-83 apresentam esta oblação que durou doze dias, enquanto os v. 84-88 registram a imponente soma daquilo que foi doado. O v. 89 informa a comunicação entre YHWH e Moisés na morada através do propiciatório, como prometido outrora em Ex 25,22.

Depois da colocação das lâmpadas do candelabro, por parte de Aarão, segundo pontuais indicações divinas (v. 1-4; cf. Ex 25,31-40 e Lv 24,2-4), o restante de Nm 8 é ainda dedicado aos levitas. O Senhor prescreve sua purificação, a oferta por parte dos israelitas e dos sacerdotes e sua entrada em serviço (v. 5-15) e reafirma sua função substitutiva dos primogênitos israelitas a serviço da morada e pelo bem do povo (v. 16-19). Seguem-se a pontual realização dessas indicações, a entrada em serviço dos próprios levitas e a determinação do tempo de vida que durava o seu serviço (v. 20-26).

Nm 9,1-14 relata a celebração da primeira páscoa após o êxodo, no dia catorze do primeiro mês do segundo ano (v. 1-5; o dado não é coerente com a data expressa em 1,1). Trata-se de uma ocasião propícia para regulamentar a data da páscoa anual (v. 2-3) e alguns casos particulares: a impureza por contato com cadáveres em concomitância com a páscoa (v. 6-12), o descumprimento culpável (v. 13) e a celebração por parte de estrangeiros residentes (v. 14).

Em vista da partida iminente, a narração preocupa-se depois em focalizar uma série de elementos destinados a marcar ou regulamentar as seguintes etapas do itinerário de Israel pelo deserto.

Primeiramente (9,15-23), esclarece-se que seria o movimento da nuvem (*'anán*)[78] da presença divina sobre a morada a marcar a parada ou a partida do acampamento israelita nas diversas etapas e, portanto, sua duração: é YHWH que guia o itinerário do povo, não um *líder* humano.

Depois (10,1-10), Deus prescreve duas trombetas de prata que deverão ser tocadas pelos descendentes de Aarão: no tempo da viagem pelo deserto para convocar a comunidade e para movimentar o acampamento; uma vez chegados à terra, em caso de ataques inimigos e nas principais festividades.

A marcha pelo deserto (Nm 10,11–21,20)

A partida do Sinai (10,11-36)

Nm 10,11-13 estabelece o solene momento da partida do Deserto do Sinai: assim que a nuvem divina se levantou de cima da morada, o acampamento israelita se põe em movimento em direção ao Deserto de Farã. A ordem de partida narrada nos v. 14-28 (destinada a se repetir em cada etapa) corresponde ao que é predisposto em Nm 2,1-34.

Como um *intermezzo*, os v. 29-32 apresentam a tentativa de Moisés de envolver um cunhado madianita, Hobab, filho de Ragüel (sogro de Moisés, conforme se sabe de Ex 2,15-22), como guia para o itinerário no deserto, vista a ignorância israelita sobre as localidades do deserto que o povo teria de encontrar.

Os v. 33-36 traçam os primeiros três dias da marcha israelita, indicando as invocações dirigidas por Moisés a YHWH em concomitância com os movimentos da arca.

Do menu insatisfatório à corresponsabilidade (11)

Nm 11 vê o acúmulo de materiais e temas diferentes[79].

---

78. Trata-se do elemento aparecido pela primeira vez em Ex 13 e descido solenemente sobre o santuário em Ex 40.

79. Para uma pontual análise diacrônica de Nm 11, remetemos para COCCO. *Sulla cattedra di Mosè*, p. 149-203.

Logo após a partida do Sinai recomeçam os episódios de murmuração do povo em relação à sorte que Deus lhe reservou, segundo formas análogas ao que se viu em Ex 14 e na transferência do mar ao Sinai. Mas enquanto todos os episódios de murmuração narrados em Êxodo conhecem um fim feliz, diferente é a atmosfera em Números, onde episódios análogos conhecem em geral um resultado trágico.

Em Tabera (v. 1-3) o lamento dos israelitas provoca a ira divina, cujo consequente fogo devora uma extremidade do acampamento: a intercessão de Moisés providencia.

Mais articulado aparece o episódio de Cibrot-ataava (v. 4,35), afim daquele ambientado no Deserto de Sin (Ex 16) para os elementos do maná e das codornas. Nauseado do maná como único alimento, o povo implora carne, com saudades das lautas refeições na idealizada terra do Egito (v. 4-9). Depois das indicações divinas e do confronto com Moisés nos v. 18-23, o êxito do lamento chega à trágica conclusão nos v. 31-34. A aparente resposta representada pela chegada de um copioso bando de codornas do mar revela-se uma ilusão mortal: quantos israelitas, cegos pelo desejo da carne cedem à gula e morrem miseravelmente[80].

A tensão que se criou entre Israel e YHWH é ocasião para Moisés pôr a Deus a questão da insustentabilidade do encargo a ele confiado (algo análogo é narrado em Ex 18,13-17): melhor a morte do que semelhante peso! Os v. 10-17.24-25 relatam a origem da instituição do ancianato: sob indicação divina, setenta anciãos são escolhidos para participar do espírito de Moisés, isto é, para serem corresponsáveis com ele no governo do povo. Os v. 26-29 (com o caso específico de Eldad e Medad) colocam essa novidade num clima de abertura à ação divina, onde quer que se exprima.

---

80. Sobre o motivo pelo qual em Nm 11,31-34 as codornas são mortíferas, diferentemente de Ex 16,13, indicamos a hipótese presente em JACQUES, X. "Les cailles étaient-elles empoisonnées? – A propôs d'une contribution récente à un problème déjà ancien". In: *Science et Esprit*, 20, 1968, p. 247-268. A carne das codornas seria comestível ou não conforme o período (e a direção) de sua migração, mais precisamente de acordo com a comida que as alimentou nos meses precedentes ao seu voo. Quando a migração acontece no outono, da Europa para a África, a carne das codornas é comestível. Quando acontece na primavera, em direção oposta, sua carne, se ingerida em doses elevadas, torna-se nociva, porque por meses nutriram-se de bagas não comestíveis – ou até venenosas – para o homem.

A estatura de Moisés (12)

Tomando como ocasião o matrimônio de seu irmão com uma mulher etíope, Aarão e Maria contestam a superioridade da mediação de Moisés entre Deus e o povo (12,1). É a ocasião para evidenciar a estatura única do grande *líder*: não só o teor de sua humanidade (v. 3), mas – é o próprio Deus a proclamá-lo – também a qualidade única de sua relação com YHWH e da revelação a ele reservada (v. 6-8; cf. Ex 33,11; Dt 34,10).

Sobre os dois invejosos (na realidade só sobre a irmã) desencadeou-se a ira divina. Enquanto Aarão é preservado em virtude de seu *status* sacerdotal, Maria é atingida pela lepra e somente a intercessão dos dois irmãos obteve a cura, depois do isolamento devido (v. 9-15).

Não se trata de simples dinâmicas familiares, está em jogo o confronto entre realidades diversas no seio do povo de Deus, do qual os três irmãos são precursores.

A crise decisiva (13–14)

Acampados no Deserto de Farã (12,16), chega para Israel o momento de explorar a terra de Canaã. Dozes chefes, um por tribo (seus nomes nos v. 4-16), são enviados por Moisés com a tarefa de um minucioso reconhecimento das características do território e de seus habitantes (v. 17-20). A terra, no tempo da próxima vindima, mostra seu lado melhor: do vale de Escol, não longe de Hebron (até onde haviam chegado), depois de quarenta dias de reconhecimento, os exploradores podem retornar com frutos excelentes, em particular com um grande cacho de uvas (v. 21-24).

Mas a boa qualidade da terra não basta para confirmar a qualidade da empresa encetada. O relato dos exploradores aos israelitas evidencia dificuldades intransponíveis: a terra é fértil, mas habitada por povos numerosos, fortes e (em particular os míticos descendentes de Enac) de estatura imponente (v. 25-33). A avaliação otimista de Caleb (v. 30) e, em seguida, de Caleb e Josué (14,6-9) sobre o possível sucesso do empreendimento não muda o clima de pessimismo crescente.

O desespero do povo chega a projetar o retorno ao Egito e o apedrejamento de Moisés, de Aarão e dos dois exploradores contracorrente: não parece haver espaço para a confiança em YHWH.

Diante dos tons determinados da rebelião, o Senhor volta ao propósito já expresso por ocasião do episódio do bezerro de ouro: pôr fim à existência do povo e criar uma nação maior a partir de Moisés (v. 11-12). O *líder* põe sua intercessão em termos de credibilidade de YHWH aos olhos das nações (não pode correr o risco de aparecer inadequado à empresa) e o convida a perdoar novamente o povo rebelde (v. 13-19) (muitos traços do episódio são paralelos aos conteúdos de Ex 32,7-14).

Em Nm 14,20-35, porém, o perdão divino é acompanhado pela condenação a Israel de vaguear quarenta anos pelo deserto antes de chegar à terra prometida (um ano por cada dia da exploração acontecida). Os que se rebelaram na perspectiva de morrer no deserto experimentarão tal fim, até que toda a geração saída do Egito (os acima de vinte anos recenseados no c. 1) tiver desaparecido. Os únicos salvaguardados da hecatombe serão Caleb e Josué, por causa de sua fé: os dois, aliás, são salvaguardados já do flagelo divino pelo qual os outros exploradores são imediatamente eliminados (v. 36-38).

Chegados a seu destino, os israelitas realizam uma vã tentativa de derrotar sobre um monte os primeiros inimigos amalecitas e cananeus: sua trágica derrota revela a impossibilidade de uma empresa abandonada a si mesma por Deus e baseada somente nas próprias forças (v. 39-45).

Ulteriores prescrições cultuais (15)

Os c. 15–19, na soma de elementos prescritivos e narrativos, reafirmam mais uma vez a importância única da função sacerdotal e os limites postos aos israelitas na relação com o *tremendum* divino.

Nm 15 regulamenta uma série de aspectos rituais, em parte já claramente contextualizados na terra prometida (portanto, não se dirige tanto à geração presente, destinada a perecer, mas àquela que a suceder): oblações relacionadas aos sacrifícios prescritos (v. 1-12); reafirmação das mesmas normas cultuais para os israelitas e para os estrangeiros residentes entre eles (v. 13-16)[81]; oferta do pão e da massa (v. 17-21); expiação das culpas realizadas por inadvertência (v. 22-29; à questão já nos referimos em Lv 4–5) e pena capital para as cometidas deliberadamente (v. 30-31). A propósito disso, é exemplar o caso do transgressor do sábado, nos v. 32-36 (com alguma incoerência entre o v. 34 e Ex 31,12-17 e 35,1-3). Enfim, a prescrição de franjas nas bordas

81. Trata-se de uma indicação antes comum no Pentateuco; cf. p. ex. Lv 17,13; 24,22; Nm 9,14; 15,29-30.

das vestes é funcional para reforçar a memória dos mandamentos divinos e o compromisso de sua observância (v. 37-41).

A revolta de Coré, Datã e Abiram (16)

Pela primeira vez desde a passagem do mar, a revolta de uma parte dos israelitas não se deve à saudade do Egito ou às dificuldades do empreendimento em curso, mas versa sobre a questão da autoridade no seio do povo de Deus. O estratificado c. 16 soma a narração de diversas questões[82].

Duzentos e cinquenta israelitas contestam a autoridade de Moisés e Aarão em nome da comum santidade de todo o povo de Deus (v. 3; de per si, a convicção parece concordar com o que se afirma em Ex 19,6). Em particular (v. 4-12), depois, a revolta de Coré e de outros levitas visa a apropriar-se das prerrogativas sacerdotais, rejeitando um papel subalterno em relação aos aaronitas. Pela revolta de Datã e Abiram, porém (v. 12-15), a autoridade mosaica é contestada como ulterior prevaricação que se acrescenta à errante condição à qual Moisés conduziu o povo. Dado emblemático: no v. 13, a expressão “uma terra onde corre leite e mel” não se refere à terra prometida, mas à terra do Egito.

Para ambos os grupos se predispõe em espécie de ordálio (v. 16-30), convocando-os à presença do Senhor com uns grandes incensórios (de per si, prerrogativa sacerdotal). Salvaguardando a sorte do povo inocente, Moisés põe os termos da tensão: conforme o tipo de morte (ordinária ou trágica) que os rebeldes encontrarão, YHWH exprimirá o caráter particular ou não da autoridade mosaica. Todos os rebeldes e seus familiares são tragados pela terra que se abriu e um fogo divino devora os que estão oferecendo incenso (v. 31-35): assim é destinado a acabar em Israel quem contesta a autoridade mosaica.

A superioridade do sacerdócio aaronita (17,1-26)

Três episódios seguidos concorrem para reafirmar da parte divina as prerrogativas da descendência sacerdotal de Aarão.

Nos v. 1-5, o filho de Aarão Eleazar (já conhecido desde Ex 6,23) é encarregado de tomar os incensórios sagrados que acabaram no fogo que

---

82. Sobre as estratificações diacrônicas do texto, cf. tb. COCCO. *Sulla cattedra di Mosè*, p. 205-260.

devorou os rebeldes e transformá-los em lâminas entrelaçadas com as quais revestiu o altar: lâminas que servirão de advertência aos israelitas para que nenhum profano se aproximasse impropriamente do altar de YHWH.

Nos v. 6-15 é o rito expiatório realizado por Aarão em meio à comunidade que aplaca o flagelo divino que está fazendo vítimas (14.700) entre o povo, diante de mais uma murmuração do povo. Também nesse caso a poderosa ação do sacerdote é decisiva.

Enfim (v. 16-26), o florescimento só da vara de Aarão na tenda de reunião, diferentemente das varas das demais tribos israelitas, fala da eleição divina por sua família e a sanção da superioridade da classe sacerdotal. A vara permanecerá diante do "Testemunho" como sinal para futuras, letais tentações de rebelião ao sacerdócio estabelecido.

Sacerdotes, levitas e rituais particulares (17,27–19,22)

O resultado da rebelião de Coré e seguidores lança os israelitas no terror: quem se aproxima da morada expõe-se à morte (17,27-28).

É a ocasião para YHWH reafirmar a Aarão as prerrogativas de sua descendência e dos levitas, como também a responsabilidade das culpas cometidas no santuário (18,1-7). O acesso ao santuário, reservado a sacerdotes e levitas, evitará que o restante de Israel se encarregue de culpas ferais. Em troca, as duas categorias não terão parte da terra prometida, já que os sacerdotes terão como herança o próprio YHWH (v. 20) e como compensação as partes prescritas dos sacrifícios (v. 8-19; cf. Lv 6–7) e aos levitas competem os dízimos (v. 21-32).

O c. 19 apresenta rituais particulares, com a finalidade, em última análise, de purificar os casos de impureza. Primeiramente (v. 1-10) apresenta-se o articulado ritual de imolação da novilha vermelha e da preparação de suas cinzas para a água de purificação. A seguir, pela primeira vez se evidencia o destaque da impureza do contato com cadáveres (v. 11-16)[83]. Na parte final (v. 17-22) descrevem-se os ritos a se desenvolverem a fim de obter a purificação de casos de impureza. Nesses ritos, tem um papel significativo a aspersão com água corrente misturada às cinzas da mencionada novilha.

83. Precedentemente, o fato só fora mencionado em 5,2 e feito um aceno em relação aos nazireus (c. 6) e na celebração da páscoa (9,6-12).

De Cades às estepes de Moab (20,1–21,20)

Chegados a Cades, depois da morte e sepultamento de Maria, uma nova ocasião de murmuração se oferece aos israelitas (v. 1-13)[84]. O problema da falta de água é resolvido por indicação divina a Moisés e Aarão de fazer brotar a água da rocha: evidente o paralelo com o que aconteceu em Rafidim segundo a narração de Ex 17,1-7 (não por acaso, também nesta circunstância no v. 13 entra em jogo a denominação Meriba, "litígio").

No v. 12, também para Moisés e Aarão, como à geração saída do Egito, fecha-se a perspectiva da terra prometida, por causa de uma não muito esclarecida falta de fé[85]. A seguinte etapa junto ao Monte Hor (v. 22-29) apresenta logo a despedida da primeira figura sacerdotal da história de Israel: depois de passar as vestes ao filho Eleazar, chega para Aarão o momento da morte.

Nesse momento, o itinerário de Israel conheceu um outro obstáculo (v. 14-21): o rei de Edom impede a passagem dos israelitas por seu território, obrigando-os a um ulterior aumento de caminhada. Israel conhece melhor sorte com o rei cananeu de Arad (21,1-3): após ter sofrido as consequências do ataque cananeu, o povo eleito venceu, votando ao extermínio os derrotados[86].

Durante o contorno ao território de Edom, uma nova murmuração dos israelitas (a última, narrada de forma concisa e estilizada) provoca a irrupção da ira divina, com o consequente envio de serpentes venenosas (v. 4-9). Após a súplica de Moisés em favor do povo, arrependido do pecado cometido, YHWH indica no sinal da serpente de bronze elevada o caminho da cura e da salvação.

Após uma série de etapas no deserto (v. 10-20), Israel chega perto das estepes de Moab.

---

84. Se tivermos presente que não só esse episódio do c. 20 é ambientado em Cades, mas também a revolta do c. 14 é ambientada nos arredores da localidade (cf. 13,26), compreenderemos por que Cades seja considerada como lugar de morte, exata antítese da terra prometida; nesse sentido, particularmente significativo é o que se lê em 20,4-5. A esse respeito, cf. BUIS, P. "Qadesh, un lieu maudit?" In: *Vetus Testamentum*, 24, 1974, p. 268-285.

85. Na interpretação desta passagem, foram muitas as hipóteses avançadas sobre a identidade do pecado de Moisés (e de Aarão); para uma síntese, cf. DAVIES. *Numbers*, p. 204-206. Se pusermos em confronto os conteúdos de Gn 15,6 com o que se diz em Nm 20,12, aparece evidente por que o modelo da fé de Israel é Abraão, e não Moisés.

86. Motivo pelo qual a denominação da localidade é mudada para Horma (em hebraico *Chormáh*), da raiz verbal *charám* (= voltar ao extermínio, destruir).

O início da conquista (Nm 21,21-36,13)

A irresistível marcha de Israel (21,21–24,25)

Chega para Israel o momento esperado: espalhando-se pelo território dos amorreus, o povo de YHWH inicia a conquista dos territórios transjordânicos (v. 21,35)[87]. Após a recusa do rei amorreu Seon ao pedido israelita de atravessar seu território ao longo da *via Regia* e seu ataque militar ao povo de Deus, Israel passa a fio de espada os amorreus e invade seu território. Sorte análoga toca a Og, rei de Basã, e a seu povo.

O caminho do povo vai se tornando irresistível e chega a acampar nas planícies de Moab (21,20; 22,1): este território será o pano de fundo das vicissitudes e das palavras narradas até o fim do Pentateuco.

O admirável destino reservado ao futuro de Israel e a irresistibilidade de seu avanço são bem representados pela narração que tem Balac e Balaão como protagonistas (c. 22–24).

Diante das derrotas infligidas aos amorreus, Balac, rei de Moab, decide não opor ao avanço dos israelitas a força militar, mas a religiosa: contratar o célebre adivinho Balaão de Beor[88] para amaldiçoar Israel (22,2-6). Em duas diferentes passagens narrativas (as negociações com os anciãos de Moab e de Madiã nos v. 7-21 e o irônico episódio da mula nos v. 22-35), Deus aprova a missão do adivinho na condição de que se atenha às palavras que Ele lhe inspirar em relação a Israel.

Em três sucessivas circunstâncias e sob três diferentes alturas (23,1-12.13-25; 23,25–24,11) Balaão só pode abençoar (com oráculos diferentes) o povo abençoado por Deus, frustrando as exigências de maldição de Balac. Antes, nos v. 12-24 finais, Balaão prediz a sorte trágica de toda uma série de nações estrangeiras, a partir da de Moab.

---

87. Emblematicamente, no v. 24 aparece a raiz verbal *yarásh* (= "tomar posse, conquistar"), que no vocabulário bíblico com frequência indica a conquista da terra.

88. A propósito dos antecedentes históricos dessa figura, considere HACKEIT, J.A. *The Balaan Text from Deir 'Alla*. Chico, CA: Scholars Press, 1980 [Harvard Semitic Museum 31]. Aliás, enquanto nesse relato bíblico a figura de Balaão é vista respondendo às indicações divinas sob uma luz positiva, em outras páginas bíblicas o personagem é visto negativamente; considere-se o que se diz em Dt 23,5-6; Js 24,9-10; Ne 13,2, e sobretudo em Nm 31,8.16, onde é acusado da idolatria dos israelitas em Fegor (diferentemente do que é referido no c. 25). Sob análoga luz negativa é lida a figura também em alguns textos neotestamentários: 2Pd 2,15; Jd 11; Ap 2,14.

Também a estratégia mágico-religiosa de Balac revela-se ineficaz diante do avanço de Israel.

O pecado em Setim (25)

Tendo se estabelecido em Setim, o povo cede às lisonjas, primeiro sexuais e depois religiosas, das moabitas: a veneração de Baal-Fegor acende a ira de YHWH, que pede a eliminação dos que pecaram (v. 1-5).

Em particular (v. 6-18), para refrear o flagelo divino aparece decisiva a eliminação de um israelita que, de maneira atrevida, introduz no acampamento uma mulher madianita. O neto de Aarão, Fineias, filho de Eleazar, movido de zelo pelo Senhor, transpassa o casal durante sua fornicação, limitando assim a 24.000 as vítimas do flagelo divino e garantindo à estirpe aaronita o dom perene do sacerdócio.

Os v. 17-18 exprimem as consequências do que aconteceu em termos de radical hostilidade da parte de Israel em relação aos madianitas: a hostilidade deverá completar-se no c. 31.

Revezamento realizado (26)

Tendo terminado o flagelo, chega o momento de um novo recenseamento, confiado por Deus a Moisés e Eleazar e com a finalidade de computar os israelitas com mais de vinte anos aptos para a guerra (26,1-4). Os v. 5-56 apresentam o recenseamento das doze tribos segundo suas famílias (a soma dos recenseados é de 601.730 homens), com o objetivo de repartição próxima da terra (v. 52-56).

Cômputo à parte é reservado aos levitas (v. 57-62: trata-se de 23.000 recenseados do sexo masculino com mais de um mês de vida), porque destinados a não ter a propriedade de nenhuma porção da terra prometida.

Como conclusão, os v. 63-65 indicam o sentido deste novo recenseamento, já à distância de anos daquele efetuado no Sinai (Nm 1–4): sancionar o acontecido revezamento entre a geração precedente, impossibilitada por seu pecado de receber como doação a terra prometida, e a nova geração. Únicas exceções, as previstas de Caleb e Josué (cf. 4,1-38) e aquela, momentânea (cf. o que segue quase imediatamente), de Moisés.

Herança a ser organizada (27)

Dois quadros um tanto diferentes são colocados em Nm 27, associados pela regulamentação de questões diversamente importantes em vista da iminente tomada de posse da terra.

Os v. 1-11, partindo da situação concreta de algumas mulheres da tribo de Manassés sujeita a Moisés, regulamentam o caso da herança de quem morre sem filhos masculinos: sob indicação divina, adota-se o critério que ela seja transmitida ao parente mais próximo, a partir das eventuais filhas.

Os v. 12-23 tomam medidas para a designação de Josué como sucessor de Moisés como guia de Israel: trata-se de uma passagem decisiva, a fim de que o itinerário de Israel pelo deserto possa ter um fim feliz. Inicialmente, YHWH reafirma a Moisés (v. 12-14) a mesma sorte de Aarão, isto é, a morte fora da terra, por causa do indefinido pecado cometido nas águas de Meriba, em Cades (cf. 20,12). Josué, filho de Nun, é designado como novo guia do povo (v. 15-21): a passagem do cargo acontece diante do sacerdote Eleazar e de toda a comunidade israelita (v. 22-23).

Festas, ritos, votos (28–30)

Nm 28–29 detalha os ritos ligados aos ritmos das diferentes festas religiosas, prescindindo das formas de culto espontâneo e pessoal e recolhendo (ou definindo) indicações em parte já recebidas em ordem dispersa em outros pontos do Pentateuco. Em sucessão, são passados em revista os ritos quotidianos (28,3-8; cf. Ex 29,38-42), semanais (ligados ao sábado, v. 9-10), mensais (ligados ao novilúnio, v. 11-15) e anuais, ligados às diversas festividades. Entre estas são mencionados os ázimos (v. 16-25; cf. Lv 23,5-8), a festa das semanas (v. 26-31; cf. Lv 23,15-21, a festa do primeiro dia do sétimo mês (29,1-6; cf. Lv 23,24-25), o dia das expiações (v. 7-11; cf. Lv 16; 23,26-32), a festa das cabanas (v. 12-38; cf. Lv 23,33-36.39-43).

O c. 30 detalha a casuística sobre a obrigatoriedade dos votos aos quais se está comprometido e as eventuais possibilidades de eximir-se dela: em particular, a condição da mulher sobre isso depende das opções do homem que sobre ela tem autoridade.

A eliminação dos madianitas e a divisão dos despojos (31)

Chega para Israel o momento de desbaratar a ameaça representada pelos madianitas, vingando-se do mal por eles provocado (cf. c. 25). O poderoso exército israelita (seguramente 12.000 homens), apoiado pela presença sagrada de Fineias, elimina todos os homens madianitas, levando cativas mulheres, crianças, animais e bens (31,1-11).

À vista dos despojos – em particular depois de ter visto todas as mulheres madianitas que sobreviveram – Moisés fica irado (v. 12-16). Suas palavras testemunham sua compreensão do episódio de Setim (25,1-2), aqui denominado Fegor: as mulheres madianitas (não moabitas; cf. 25,1), instigadas por Balaão, haviam ensinado aos israelitas a infidelidade a YHWH, provocando assim o flagelo divino. Eis por que ele decreta a morte também de todos os meninos e, sobretudo, de todas as mulheres que antes haviam fornicado com israelitas e os haviam induzido à idolatria (v. 17-18).

Seguem, depois (v. 19-24), tanto da parte de Moisés como de Eleazar, prescrições para a purificação seja dos combatentes, seja dos prisioneiros, seja dos despojos feitos, purificação necessária para a readmissão ou a introdução no acampamento israelita. A seguir (v. 25-47), tem lugar a repartição dos despojos entre os que haviam combatido e o restante da comunidade, reservando um tributo significativo para o Senhor e para os levitas. Enfim (v. 48-54), em sinal de gratidão pelo fato de nenhum israelita ter caído na batalha, os comandantes do exército oferecem ao Senhor todo o ouro subtraído aos madianitas[89].

Instalações na Transjordânia (32)

Diante de uma terra particularmente adaptada para a criação de seu numeroso rebanho, as tribos de Rúben e de Gad (às quais será associada a partir do v. 33 metade da tribo de Manassés) pedem a Moisés e aos chefes de Israel para poderem instalar-se na Transjordânia (v. 1-5).

Para Moisés torna-se necessário esclarecer dois aspectos, estreitamente entrelaçados, que poderiam parecer particularmente problemáticos (v. 6-32). Em primeiro lugar, trata-se de evitar que tal pedido resulte numa reedição do que aconteceu em Cades (c. 14–15) em termos de recusa de chegar à terra prometida, suscitando novamente o castigo divino. Em segundo lugar, é preciso evitar que as duas tribos se subtraiam ao peso da conquista, sem contribuir com as próprias forças para a empresa militar. O esclarecimento aconteceu graças ao compromisso das duas tribos de enviar seus contingentes para além do Jordão, até conseguir a conquista, mas sem por isso exigir ulteriores heranças além daquelas pedidas na Transjordânia.

89. Para uma resenha e uma avaliação das diferentes perspectivas presentes nos textos bíblicos sobre os madianitas, remetemos a DOZEMAN, T.B. "The Midianites in the Formation of the Book of Numbers". In: RÖMER (ed.). *The Books of Leviticus and Numbers*, p. 261-284.

Consequentemente (v. 33-41), Moisés reparte entre as duas tribos e meia os territórios tomados a Seon, rei dos amorreus, e a Og, rei de Basã (cf. 21,21-35).

O itinerário realizado (33,1-49)

Nm 33,1-49 apresenta um detalhado relatório do itinerário israelita, etapa por etapa, escrito pelo próprio Moisés: trata-se do exemplo mais amplo e articulado deste gênero literário presente na literatura veterotestamentária. Os v. 3-15 enumeram as etapas de Ramsés, no Egito, até o Deserto do Sinai. Seguem, nos v. 16-36, as etapas do Sinai a Cades. Os v. 37-49 traçam o itinerário de Cades às estepes de Moab. Ao lado de referências mínimas a alguns episódios, os v. 38-39 são a única efetiva interrupção da série, dedicada a indicações precisas sobre a morte de Aarão (cf. 20,22-29). O relatório não corresponde totalmente ao que foi narrado precedentemente e apresenta integrações e variações[90].

A repartição da terra prometida: o que, quem, em que condições (33,50–34,29)

As palavras divinas a Moisés apresentadas em 33,50-56 condicionam a futura posse da terra por parte dos israelitas na expulsão de todos os habitantes da terra de Canaã e na extirpação de todas as formas idolátricas ali presentes. Eventuais incertezas ou parcialidades na aplicação de tais condições comportariam para Israel experimentar as providências divinas, de per si reservadas aos próprios Cananeus. Desejo de YHWH, porém, é a posse plena da terra por parte de seu povo, segundo uma repartição baseada sobre a consistência das diversas famílias.

Nm 34,1-12 apresenta a especificação do que será objeto de repartição, através da delimitação da terra de Canaã nos seus limites (permanecendo – v. 13-15 – o apêndice representado pelos territórios transjordânicos). Enfim, os v. 16-29 apresentam a designação daqueles que deverão supervisionar a repartição da terra: além de Eleazar e Josué, um chefe para cada tribo (para a tribo de Judá, o encarregado é Caleb).

90. Para uma análise mais detalhada deste e de outros relatórios do itinerário de Israel no deserto, cf. DAVIES, G.I. *The Way of the Wilderness* – A Geographical Study of the Wilderness Itineraries in the Old Testament. Cambridge: Cambridge University Press, 1979 [Society for Old Testament Study – Monograph Series 5].

A repartição da terra: casos particulares (35–36)

Nm 35 enfrenta primeiramente (v. 1-8) o tema da colocação dos levitas na terra e a seguir (v. 9-34), ligado a isso, o tema das cidades de asilo.

Não recebendo em herança uma porção específica da terra por causa de sua missão (cf. 18,20-24), aos levitas deverão ser reservadas globalmente quarenta e oito cidades dentro dos territórios das outras doze tribos. Entre estas, seis serão cidades de asilo.

Objetivo das cidades de asilo é oferecer refúgio aos que se tornaram réus de homicídio involuntário (assim se responde ao que se previu em Ex 21,13). Tanto depois da verificação do caráter involuntário, como na espera do juízo, em tais cidades eles encontrarão proteção quanto a formas de vingança privada por parte do "vingador de sangue" (*go'él*)[91]: este poderá intervir legitimamente só em caso de homicídio reconhecido como voluntário. O capítulo oferece, aliás, os critérios de distinção entre homicídio voluntário e involuntário.

Nm 36, repartindo do caso específico das filhas de Salfaad, da tribo de Manassés, já enfrentado em 27,1-11, detalha ulteriormente as normas sobre a herança das filhas em caso de ausência de filhos homens. Para evitar que, com o passar das gerações, porções de terra indicadas a uma tribo acabem numa outra (comprometendo desse modo a herança uma vez recebida em sorte), estabelece-se que nenhuma herança possa passar de uma tribo para outra: portanto, as filhas destinadas a receber a herança paterna são obrigadas a casar-se no seio da própria tribo. A disposição tem imediata realização.

91. Para uma primeira apresentação da função do *go'él* (com frequência traduzido com "redentor") na literatura bíblica, remetemos, entre outros, para BEAUCAMP, E. "Alle origini della parola 'redenzione' – Il 'riscatto' nell'Antigo Testamento". In: *Bibblia e Oriente*, 21, 1979, p. 3-11.

Deuteronômio

"As últimas palavras famosas" ou "o último dia da vida de Moisés": pode-se escolher entre estes dois títulos a síntese adequada dos conteúdos do último Livro do Pentateuco, para evidenciar seu particular destaque.

O primeiro dia do undécimo mês do ano 40 da saída do Egito (Dt 1,3) representa a moldura temporal que enquadra tudo o que é referido no livro e é testemunha, enfim, da morte do grande *líder*. Somando esse dia ao sucessivo mês de luto pela morte de Moisés (34,8), completam-se os quarenta anos da permanência de Israel no deserto (como decretado por Deus em Nm 14,33-34). Portanto, todo um livro bíblico é dedicado a guardar a memória de um único dia: o último, memorável dia da vida do grande personagem.

A importância desse dia não está, aliás, em particulares acontecimentos: o único fato significativo consiste, exatamente, naquela morte (Dt 34,5), seguida da sepultura, luto e sucessão por parte de Josué. Do ponto de vista geográfico, não existem deslocamentos da colocação do povo: durante todo o Livro do Deuteronômio, Israel está acampado nas estepes de Moab, do outro lado do Jordão.

O destaque do último dia de vida do grande *líder* depende, antes, das palavras dirigidas por Moisés aos israelitas na iminência do ingresso na terra prometida, meta da longa peregrinação. Os discursos de Moisés, que ocupam quase a totalidade do livro, pretendem fixar de modo adequado a memória do que se experimentou depois da libertação do Egito e exortar a uma firme observância dos termos da aliança, para não comprometer futuramente o dom da terra que Israel está para receber.

O entrelaçamento de memória e exortação representa, aliás, o traço estilístico predominante das páginas do Deuteronômio.

A estruturação

O Livro do Deuteronômio não apresenta uma organização particularmente evidente de seus conteúdos, o tom exortativo global parece privilegiar o acúmulo e a repetição das afirmações a uma articulação ponderada delas. Isso explica por que, conforme se privilegiem critérios formais ou temáticos, variam as hipóteses de estruturação do livro, com resultados mais ou menos homogêneos.

Se se privilegiam os indicadores linguísticos (em particular as fórmulas introdutórias presentes em 1,1; 4,44; 28,69; 33,1), reconhecem-se em Deuteronômio quatro partes principais, um tanto sem homogeneidade entre si[92]:

1,1–4,43: primeiro discurso de Moisés
4,44–28,68: segundo discurso de Moisés
28,69–32,52: terceiro discurso de Moisés
33–34: bênçãos finais e morte de Moisés

Porém, se se privilegiarem os conteúdos, as hipóteses multiplicam-se inevitavelmente[93].

O primeiro discurso de Moisés (Dt 1,1–4,43)

O primeiro discurso de Moisés (1,6–4,40) não conhece ainda a posterior articulação normativa e representa a introdução geral a todo o Deuteronômio[94]. O discurso compõe-se de duas partes claramente distintas: uma apresentação sintética dos quarenta anos de Israel pelo deserto e uma primeira exortação a Israel sobre as atitudes a serem assumidas em vista de uma adequada fidelidade à aliança.

---

92. Entre os que puseram em destaque essa escansão, cf. SEITZ, G. *Redaktionsgeschichtliche Studiem zum Deuteronomium*. Stuttgart: W. Kohlhammer, 1971, p. 23-35 [Beiträge zur Wissenschaft vom Alten und Neuen Testament 93].

93. Para uma diferente proposta de subdivisão das diversas partes do Deuteronômio, remetemos, entre outros, para PAGANINI. *Deuteronomio*, p. 24-32.

94. Segundo aqueles que consideram o Deuteronômio originariamente ligado à assim chamada "história deuteronomística" e só num segundo momento articulado aos precedentes livros do Pentateuco (cf. p. **146s.**), este discurso representaria a introdução também a toda "história deuteronomística".

As palavras de Moisés são precedidas (1,1-5) pelas coordenadas espaçotemporais de todo o livro, apresentadas de modo minucioso. No fim do discurso (4,41-43), a narração apresenta a designação por parte de Moisés das primeiras cidades de asilo, em favor das tribos transjordânicas: inicia-se a cumprir o que foi exigido por YHWH em Nm 35,14.

A parte mais consistente deste primeiro discurso de Moisés (1,6–3,29) é dedicada a uma síntese das principais etapas do itinerário percorrido por Israel da partida do Horeb (denominação deuteronômica do Sinai) até as estepes de Moab, mais precisamente até Bet-Fegor, onde o povo se encontra[95]. A retrospectiva histórica realizada por Moisés é fundamentalmente marcada pelo esquema "ordem divina/execução por parte do povo", que se repete por ao menos seis vezes. Segundo a típica teologia deuteronomística, a obediência por parte do povo é premiada com a bênção divina, enquanto as desobediências são punidas com o castigo.

A retrospectiva histórica apresenta a sucessão de três momentos. Primeiramente (1,6-46) resume-se o percurso do Horeb até Cades Barne: em evidência está a rebelião do povo, que provoca a ira divina e a radical punição da geração saída do Egito (não poderá entrar na terra prometida).

A seguir (2,1–3,11), é traçado o itinerário de Cades a Bet-Fegor, passando pelas regiões de Edom e de Moab, beirando os limites dos amonitas e conquistando os dois reinos transjordânicos de Seon e de Og. Nesta parte da retrospectiva histórica, torna-se evidente que a obediência às ordens de YHWH leva Israel ao sucesso de sua marcha.

Enfim, a terceira parte (3,8-29) apresenta a subdivisão dos territórios apenas conquistados entre as tribos de Rúben e Gad e metade da tribo de Manassés e descreve os preparativos visando ao iminente início da conquista. Nas partes finais (3,23-28), a súplica de Moisés pretendendo obter o próprio ingresso na terra recebe a confirmação da recusa divina[96] e as indicações para a cena final do livro (c. 34).

---

95. Embora com significativas omissões e acréscimos, a maior parte dos episódios da retrospectiva de Dt 1–3 tem paralelos com o que é narrado em Êxodo e Números. Eis os principais paralelos: Dt 1,9-18/Ex 18,13-26 e Nm 11,16-25; Dt 1,19-46/Nm 13–14; Dt 2,1-8/Nm 20,14-21; Dt 2,24-37/Nm 21,21-31; Dt 3,1-12a/Nm 21,33-35; Dt 3,12b-20/Nm 32.

96. É reafirmado nessa passagem o que já fora afirmado em Nm 20,12; 27,12-14; cf. tb. Dt 32,48-52.

Dt 4,1-40 liga a precedente retrospectiva histórica com o início da promulgação da lei no c. 5. Como consequência do percurso trazido à memória, Moisés passa a indicar aos israelitas os pressupostos fundamentais para poder gozar em plenitude da vida na terra que estão prestes a tomar posse. A obediência à palavra de YHWH, pressuposto para o bom êxito do precedente itinerário, é o pressuposto também de uma feliz permanência na terra de Canaã.

Nesta parte do primeiro discurso de Moisés são apresentados, pela primeira vez, os temas teológicos fundamentais do Deuteronômio: a fé num só Deus, a proibição de qualquer forma de idolatria e as consequências decorrentes da aceitação ou não desses preceitos.

Os v. 1-8 contêm a proibição de acrescentar ou tirar algo dos mandamentos divinos e exortam à sua observância, para não repetir castigos já vistos e, positivamente, despertar a admiração dos povos circunvizinhos para o teor da sabedoria e da justiça recebidas. Os v. 9-31, depois, detêm-se a descrever a relação privilegiada entre Israel e YHWH, uma relação que implica a proibição de qualquer forma de idolatria. Os v. 32-40 fecham em crescendo a parênese: a partir das experiências do êxodo e da teofania no Horeb, Moisés afirma que não há outro Deus além de YHWH, sua lei deve ser objeto de obediência absoluta.

O segundo discurso de Moisés (Dt 4,44–28,68)

O segundo discurso do *líder* representa o coração do Deuteronômio e é articulado em torno do código deuteronômico. Compõe-se de uma introdução geral (4,44-49) e de três seções (5–11; 12,1–26,15; 26,16–28,68)[97]. Tudo somado, a estrutura do discurso espelha o modelo dos antigos "tratados de vassalagem", com partes histórico-programáticas, detalhadas injunções normativas e consequentes bênçãos ou maldições[98].

---

97. Para esta escansão do segundo discurso de Moisés, remetemos para GARCÍA LÓPEZ. *Il Pentateuco*, 242-260.

98. Sobre o destaque, tanto literário como teológico, de tais modelos de aliança no Deuteronômio (em particular nos c. 13 e 18), cf. KOCH, C. *Vertrag, Treueid und Bund* – Studien zur Rezeption des altorientalischen Vertragsrechts im Deuteronomium und zur Ausbildung der Bundestheologie im Alten Testament. Nova York: Walter de Gruyter, 2008 [Beihefte zur Zeitschrift für die alttestamentliche Wissenschaft, 383]. A propósito destas particulares formas literárias, remetemos às p. 267-272.

Deste articulado discurso, Dt 4,44-49 tem a função de título e, ao mesmo tempo, de transição em relação ao discurso precedente. Além de reafirmar substancialmente as coordenadas geográficas já fornecidas em 1,1-5, todos os conteúdos dos seguintes capítulos são aqui definidos "lei" (*toráh*; v. 44) e "instruções, leis e normas" (*'edót*, *chuqqím* e *mishpathím*; v. 45).

Observar os mandamentos numa lógica de aliança (5–11): o decálogo e a mediação mosaica (5)

As páginas desta seção veem alternar-se e entrelaçar-se, segundo o típico estilo deuteronômico, o gênero narrativo e o parenético, a narração histórica (na maioria dos casos referida aos eventos do Horeb) e a exortação que objetiva inculcar a fidelidade a YHWH como estilo de vida.

Dt 5 apresenta dois conteúdos principais, ambos jogados sobre a memória do que aconteceu no Horeb. Nos v. 6-22, tem-se a enunciação do decálogo, quase idêntico à formulação presente em Ex 20,2-17. O traço mais original da versão deuteronômica em relação àquela do Êxodo consiste na motivação adotada para a observância do sábado (v. 15): a abstenção do trabalho no sétimo dia tem a finalidade de guardar em Israel a liberdade recebida como dom no êxodo. O decálogo representa a lei fundamental, proclamada por Deus diante de toda a assembleia de Israel e escrita sobre tábuas de pedra entregues a Moisés (v. 22).

A seguir (v. 23-33) apresenta a dupla legitimação, por parte do povo e por parte divina, da mediação mosaica, objetivando uma adequada recepção e transmissão das seguintes e múltiplas normas implicadas na aliança entre YHWH e Israel.

Observar os mandamentos numa lógica de aliança: a relação inaudita (6,1–9,6)

Dt 6,1–9,6 mostra a prevalência do gênero exortativo e o entrelaçamento de três temas, estreitamente relacionados entre si: a unicidade de YHWH, a consagração de Israel e o dom da terra. Com efeito, o forte laço de Israel com YHWH, seu único Deus, implica para o primeiro a separação em relação às outras nações e por parte do segundo o dom da terra. Dt 6,4-9 contém o célebre *Sh^{e}má 'Yisra'él* ("Ouve, Israel"), parte essencial da fé e da identidade hebraica[99]: a solene proclamação da unicidade de YHWH anda passo a passo

99. Conteúdos afins, embora menos densos, são encontráveis em Nm 15,38-44 e em Dt 11,13-21.

com a exigência a Israel de um amor total e sem reservas em relação a Ele. O restante do c. 6 contribui para justificar o motivo dessa relação inaudita e para exortar o povo à fidelidade.

Na literatura veterotestamentária, Dt 7 é uma das páginas que, com mais eficácia, delineou o tema da eleição de Israel por parte de Deus (cf. particularmente os v. 6-8), eleição que fundamenta uma relação exclusiva entre as partes. Entrelaçada ao tema da eleição e consequência dela é a acentuação da distância que deve haver entre Israel e as nações. A radical separação de Israel das nações (expressão de sua consagração, de sua pertença a YHWH) objetiva impedir ao povo qualquer compromisso idolátrico: para isso, no momento da iminente conquista, Israel deverá votar ao extermínio (*chérem*) as populações cananeias contra as quais lutará, tornando-se instrumento do juízo divino sobre ela.

Após uma leitura sapiencial dos quarenta anos no deserto em termos de pedagogia divina (v. 1-5), o c. 8 contém uma primeira, significativa reflexão sobre a terra na qual Israel está para entrar. Os v. 6-10 esboçam as esplêndidas características desse dom divino, do qual o povo vai beneficiar-se, enquanto os seguintes v. 11-20 advertem Israel sobre a eventualidade de esquecer o doador e os prodígios por ele operados em favor do povo eleito ou, pior ainda, de atribuir a si o mérito da conquista da terra: atitudes desse gênero seriam letais para os israelitas.

Dt 9,1-6 aprofunda tal perspectiva: a conquista da terra não resultará de uma presumível justiça de Israel, mas da maldade das nações ali residentes, cuja aniquilação deve ser lida como inevitável punição divina.

Observar os mandamentos numa lógica de aliança: a índole pecadora de Israel (9,7–10,11)

Em 9,7–10,11 volta a prevalecer nas palavras de Moisés o registro da memória dos acontecimentos passados. A passagem articula-se muito bem com o que acaba de ser afirmado: a eventualidade de transgressões futuras apenas indicada não é aleatória, já que nos decênios precedentes teve outras ocasiões de manifestar sua natureza pecadora: "Desde que vos conheço, sempre fostes rebeldes ao Senhor" (9,24) é o eficaz balanço da experiência passada.

No centro da atenção é colocado do pecado no Horeb, o episódio do "bezerro de ouro" (9,7-21; cf. Ex 32), mas também não falta a menção de outras rebeliões do povo na posterior caminhada pelo deserto (v. 22-23; cf. Nm 11; 13–14; Ex 17 e Nm 20). Nessas circunstâncias, só a intercessão de Moisés foi capaz de afastar do povo a ira divina (9,25-29; 10,10-11). A predisposição de duas novas tábuas da lei, escritas por Deus, e da arca para guardá-las, a sucessão de Eleazar ao pai Aarão depois de sua morte e a escolha dos levitas para o transporte da arca e para o serviço no culto (10,1-9) foram sinais tangíveis do sucesso da intercessão mosaica e da vontade divina de continuar a relação com Israel.

Observar os mandamentos numa lógica de aliança: o amor exigido a Israel (10,12–11,32)

A primeira seção do segundo discurso de Moisés fecha-se, em 10,12–11,32, com um insistente convite à observância dos mandamentos: obediência ou desobediência a eles são motivo de bênção ou maldição por parte de Deus. Em parte, são retomados traços precedentes da seção, em parte, predispõe-se a atenção às leis da seção imediatamente posterior.

Primeiramente, Moisés exorta o povo a amar e servir a YHWH, por causa do amor reservado por Deus a Israel, especialmente às categorias mais indefesas dele (10,12-22). Dt 11,1-7 motiva a exortação ao amor a Deus com a memória de seus prodígios por ocasião do êxodo, como também com a memória de seu inexorável castigo (a referência é ao episódio de Nm 16).

Os v. 8-17 e 22-25 colocam o referido amor, correlacionado à observância dos mandamentos, como condição para beneficiar-se da terra prometida, tanto em termos de fertilidade como de sucesso sobre as nações no momento residentes.

Os v. 18-21 indicam que o destaque às palavras divinas deverá ser mantido vivo e transmitido às gerações seguintes, enquanto os finais v. 26-32 reafirmam o laço entre a observância ou não das ordens divinas e as contrapostas perspectivas de bênção e maldição.

O código deuteronômico (12,1–26,15): unidade, fidelidade e pureza de culto (12,2–14,21)

Dentro do segundo discurso de Moisés, Dt 12–26 contém a terceira grande coleção normativa do Pentateuco: depois do código da aliança (Ex 2–23) e da lei de santidade (Lv 17–26), eis o código deuteronômico. Seguindo os códigos do Oriente Próximo antigo, também nesta coleção as leis estão dispostas por associação de ideias ou por áreas temáticas mais do que por uma ordem clara, imediatamente inteligível. Em base a critérios eminentemente temáticos, no código podem ser distinguidas seis partes principais: 12,2–14,21; 14,22–15,23; 16,1-17; 16,18–18,22; 19–25; 26,1-15.

Tema predominante do c. 12 é a unicidade do lugar de culto, particularmente caro à teologia deuteronômica. Nos v. 2-12 Moisés exige, no momento do ingresso na terra, a completa destruição de todos os lugares de culto idolátrico e a referência ao único lugar, aquele escolhido por Deus para ali estabelecer seu nome, como exclusivo centro de culto. O Deuteronômio não explicita Jerusalém como localidade em questão, para evitar incongruências narrativas ou comprometer a possibilidade de outras localidades (Silo, Gabaon) serem referência provisória antes da construção e consagração do templo (narrada só em 1Rs 6–9). Depois, nos v. 13-28 distingue-se entre o que é ato cultual, a ser realizado rigorosamente no único santuário, e o que pertence ao âmbito da vida profana: a respeito de comer carne, insiste-se em evitar comer sangue, sede da vida.

Dt 12,29–14,2 deixa entrever a preocupação subordinada à lei sobre a unidade do lugar de culto: a luta contra a idolatria, realidade típica da terra de Canaã, da qual os israelitas estão para tomar posse. A idolatria é posta como alvo tanto na sua essência de infidelidade a YHWH como nas múltiplas práticas nas quais se verifica entre as populações da terra. A respeito das eventuais formas de apostasia que poderiam surgir no seio do povo, será preciso agir com radical determinação, inclusive com a eliminação dos culpados.

Ainda na lógica de uma vida de acordo com as exigências de pureza aparecem as indicações de Dt 14,3-21, referentes à distinção entre animais comestíveis e não comestíveis, porque impuros (a questão já fora considerada difusamente em Lv 11).

O código deuteronômico: obrigações sociais e religiosas (14,22–15,23)

Enquanto na parte anterior se põe em destaque a relação entre a fé de Israel e suas formas cultuais, em Dt 14,22–15,23 é posto em evidência o laço entre o culto e a vida do povo. As normas que regulam a relação entre Deus e o povo não são estranhas às indicações sobre as relações internas ao povo de Israel. Realmente, é convicção típica do código deuteronômico que culto e vida devem andar juntos.

Algumas indicações são tipicamente religiosas e voltadas ao reconhecimento de Deus como origem dos dons recebidos e nos dons a possibilidade da comunhão com Ele: trata-se das disposições referentes ao dízimo anual e trienal (14,22-29) e os primogênitos dos animais (15,19-23).

Ao lado destas (e, em parte, entrelaçadas com elas; cf. 14,27.29) outras indicações testemunham a sensibilidade social da tradição deuteronômica e objetivam criar e guardar laços de forte solidariedade no seio do povo de Deus. Nesta direção vão as prescrições sobre a remissão dos créditos entre israelitas no ano sabático (15,1-11) e a proibição de reduzir permanentemente à escravidão os membros do povo (v. 12-18). A atenção ao pobre, ao órfão e à viúva e a preocupação de evitar (quanto possível) as formas de indigência no seio do povo eleito mostram o ideal de fraternidade que o Deuteronômio propõe à identidade de Israel[100]. Igualmente emblemático aparece, paralelamente, o critério pelo qual marcar as relações com as nações sobre débitos e créditos (15,6).

O código deuteronômico: as festas (16,1-17) e as autoridades (16,18–18,22)

Ao único lugar de culto é referida também a celebração das tradicionais festas israelitas (16,1-17): a menção é aqui limitada à páscoa e aos ázimos (v. 1-8), à festa das semanas (v. 9-12) e à festa das tendas (v. 13,17)[101]. A celebração dessas festas, ditadas pelo reconhecimento dos benefícios passados e presentes de Deus, é convidada a ser ocasião de fraternidade também com aqueles que, entre os próximos, estão em condições desfavoráveis: levitas, forasteiros, órfãos, viúvas, servos e servas.

A quarta parte do código deuteronômico (16,18–18,22) tematiza as figuras institucionais no seio do povo de Israel e as normas a elas ligadas: portanto, são considerados os poderes, os critérios de seleção e as leis reguladoras da atividade dos juízes, reis, sacerdotes e profetas[102]. Trata-se das figuras

---

100. Em muitos textos do Deuteronômio (em particular, 13,7; 15,3.7.9.11.12; 17,15.20; 18,2.15; 22,1.2.3.4; 23,20.21; 25,30) aparece a expressão "teus irmãos" (ou afins), para indicar o ideal de solidariedade e fraternidade proposto pela tradição deuteronômica à fé de Israel.

101. Já em precedentes seções do Pentateuco estão presentes – como se destacou – outras apresentações das principais festas de Israel; cf. esp. Lc 23 e Nm 28–29.

102. Para um comentário a Dt 16,18–18,22 remetemos a SKA. *Una goccia d'inchiostro*, p. 175-190.

entre as quais será subdividida a autoridade mosaica, assim que tiver acontecido a sedentarização de Israel na terra prometida. Todas as instituições de Israel estão sujeitas à lei: os juízes devem aplicá-la sem fazer-se corromper, os reis devem estudá-la, os sacerdotes devem guardá-la e os profetas devem proclamá-la segundo as modalidades a eles indicadas por YHWH.

A atenção maior é reserva à instituição dos juízes e a algumas indicações sobre a administração da justiça (16,18–17,13). Figuras de juízes devem estar presentes em cada cidade e devem garantir a incorruptibilidade no exercício de sua função (16,18-20): particularmente determinada deve ser sua ação em relação a responsáveis de ações idolátricas, para os quais se deve prever a sentença capital (16,21–17,7). Para os casos mais complexos é prevista uma espécie de corte suprema no lugar do santuário único, instituição na qual a delimitação entre âmbito jurídico e âmbito sacerdotal parece desaparecer (v. 8-13).

Uma vez estabelecido na terra, Israel poderá dotar-se de um regime monárquico (17,14-20): o rei será designado por Deus. O rei é considerado simplesmente um dos israelitas revestido de uma particular função de autoridade, sua figura é marcada pelo ideal da sobriedade. Com particular insistência afirma-se a submissão do rei à lei.

Dt 18,1-8 interessa-se pelos sacerdotes levitas (no Deuteronômio, a distinção entre sacerdotes e levitas, típica dos livros precedentes, tende a se redimensionar). Particular atenção é reservada ao seu sustento: a eles devem-se reservar partes estabelecidas dos animais sacrificados, o dízimo das primícias e se devem atribuir adequadas compensações se decidirem abandonar sua casa paterna para servir ao Senhor em tempo pleno.

Enfim, os v. 9-22 esboçam a perspectiva deuteronômica sobre as figuras dos profetas. A inicial exposição de comportamentos idolátricos característicos das populações da terra com a qual Israel está para entrar em contato objetiva pôr uma clara delimitação entre a profecia típica do povo de Deus e as várias formas de adivinhação e magia. O profeta é delineado como necessário mediador da vontade divina em relação ao povo, não tem poder de coerção, mas sua palavra exige obediência. Um falso profeta é réu de morte, o critério para desmascará-lo é a falta de cumprimento de suas palavras. O v. 15 esboça também Moisés como profeta, dado único no Pentateuco (exceção feita a Dt 34,10, onde tal conotação apresenta um significativo alcance teológico).

O código deuteronômico: observações gerais sobre várias leis (19–25)

A partir do c. 19 as normas passam a tutelar o povo de Israel das transgressões contra os direitos fundamentais da pessoa (matrimônio, propriedade, verdade nos juízos, vida). Trata-se de conteúdos análogos aos de uma parte da pregação profética[103]; encontra-se aqui em forma articulada e também presente em forma sintética nas indicações do decálogo.

Pode ser interessante destacar, no Deuteronômio em geral e em particular nestes capítulos, a presença de leis com fórmulas conclusivas típicas. Uma primeira série – as assim chamadas "leis *bi'árta*" – termina com a fórmula "assim extirparás o mal do meio de ti" (ou afins; *bi'árta* traduz-se exatamente por "extirparás")[104]: trata-se de leis através das quais se visa a eliminar transgressões que minam a convivência ou até a existência da sociedade israelita. Outra série de leis – as assim chamadas "leis *to'ebáh*" – termina com a fórmula "porque é uma abominação para YHWH, teu Deus" (ou afins; *to'ebáh* traduz-se precisamente por "abominação")[105]: pela observância destas leis, Israel é chamado a guardar sua dignidade de povo eleito, evitando o que diferencia o comportamento das outras nações e é abominável aos olhos de YHWH.

O código deuteronômico: leis variadas no específico (19–25)

Dt 19,1–21,14 regula principalmente crimes que implicam a pena capital e atitudes em caso de guerra. Dt 19,1-10 reafirma as indicações sobre a determinação de três cidades de asilo na terra, onde possam encontrar refúgio os réus de homicídio preterintencional (cf. Nm 35,9-34): o culpado de homicídio voluntário, porém, não pode pensar em subtrair-se à pena capital (v. 11-13). A lei do Talião (v. 21) é o critério ao qual ater-se nas condenações. Além da defesa de propriedade da terra (v. 14), particular atenção é posta em evitar que os falsos testemunhos possam levar a condenações indevidas: estabelece-se, portanto (em analogia a 17,6-7), que todas as causas devem ser avaliadas diante de duas ou três testemunhas (v. 15-20). Em 21,1-9 as palavras de Moisés ocupam-se dos casos de homicídio sem culpado co-

---

103. Meramente a título de exemplo, pense-se nas transgressões visadas pelos oráculos de Os 4,2 e de Jr 7,8-10.

104. Trata-se de Dt 13,6; 17,7; 19,13; 21,9.21; 22,21.22.24; 24,7.

105. Cf. Dt 17,1; 18,12; 22,5; 23,19; 25,16.

nhecido: o rito indicado serve para eximir da responsabilidade do sangue derramado a população das localidades circunstantes ao lugar do delito. A seguir, 21,22-23 preocupa-se também que o cadáver de um condenado à morte tenha um tratamento adequado, para evitar contaminações da terra.

As indicações concernentes ao âmbito da guerra não encaram a questão de sua legitimidade (considerada certa), mas limitam-se a regular o comportamento a ser assumido antes, durante e depois do conflito: no conjunto aparece a atenção de evitar atitudes desumanas. Assim, em 20,1-9 os preliminares são postos sob o signo da confiança em YHWH e da magnanimidade em relação não só a quem tem algum bom motivo de voltar para casa, mas também dos medrosos. Nos v. 10-20 as modalidades da guerra exigem a busca da paz enquanto for possível e a salvaguarda, como presa, de mulheres, crianças, animais e propriedades. Tais atitudes de humanidade não serão praticadas, porém, em relação às populações cananeias residentes na terra, pois sua salvaguarda exporia Israel ao risco da idolatria: segundo o que se afirmou em outras passagens do livro[106], estas populações devem ser votadas ao extermínio (v. 16-18). Melhor sorte é reservada às árvores frutíferas (v. 19,20). Em 21,10-14, entre os prisioneiros considera-se o caso de uma mulher da qual um israelita se enamore: as normas em vista de um eventual matrimônio são marcadas por uma significativa tutela da pessoa.

Em 21,15–23,1 aparecem prevalentemente leis concernentes a questões de caráter matrimonial. Primeiramente, são regulados dois casos de relacionamento com os filhos: a distribuição justa da herança entre os filhos prescindindo das diferenças no amor do pai pelas respectivas mães (v. 15-17) e a gestão de um filho rebelde em relação aos pais (v. 18-21). Depois de uma série de normas variadas visando ao incentivo de comportamentos adequados em relação ao próximo e à criação e para evitar confusões indevidas (22,1-12), detém-se sobre temas de moral matrimonial e sexual (22,13–23,1): a tutela da reputação de uma jovem mulher virgem ou seu apedrejamento se não merecer tal tutela (v. 13-21), casos de adultério e de violência sexual com sanções correlatas (conforme os casos, apedrejamento ou compensações pecuniárias) (22,22–23,1).

Dt 23–25 organiza uma série de leis, antes desiguais quanto ao objeto, referentes a temas de justiça social e de pureza ritual. No início (23,2-9),

106. Cf. Dt 7,1-5.16-26; 9,1-3.

a consideração das condições necessárias para participar da assembleia de YHWH (da qual não podem fazer parte os bastardos e os que tiverem problemas nos genitais) é ocasião para sancionar a exclusão radical de amonitas e moabitas por causa de problemas passados[107], embora uma avaliação mais benigna é reservada a edomitas e egípcios. No fim do c. 25 (v. 17-19), uma hostilidade radical é decretada em relação aos amalecitas, motivada pela crueldade passada (a referência poderia ser aos acontecimentos narrados em Ex 17,8-16 ou em Nm 14,45). Depois, uma série de indicações referem-se ao âmbito das relações com YHWH ou a questões de pureza: assim, há indicações sobre a pureza antes da batalha (23,10-12) e sobre mínimas cautelas higiênicas (v. 13,15), sobre a recusa à prostituição sagrada (v. 18-19), o convite à rápida satisfação dos votos e a observância escrupulosa do que é prescrito em caso de lepra (24,8-9).

Numerosas prescrições ligam-se à vida social e se preocupam com a justiça e a solidariedade entre o povo: a tutela do escravo fugitivo (23,16-17), a proibição do empréstimo a juros entre israelitas, mas não em relação aos estrangeiros (v. 20-21), a possibilidade de nutrir-se do fruto das posses do outro (v. 25-26), normas sobre o divórcio e comportamentos consequentes (24,1-4), medidas de equidade e justiça com particular atenção à salvaguarda das categorias mais pobres (24,5–25,4), a lei do levirato (25,5-10, limites aos excessos nas rixas (v. 11-12) e prescrições de justiça no âmbito do comércio (v. 13-16).

O código deuteronômico: a oferta das primícias e do dízimo (26,1-15)

A última parte do código deuteronômico traça dois rituais de apresentação ao templo das primícias dos frutos da terra (v. 1-11) e do dízimo trienal (v. 12-15). A atenção à solidariedade fraterna presente nesta página espelha o que já foi destacado em 14,28-29. Significativo nesta página é o enquadramento litúrgico dessas ofertas e o significado teológico a ele conexo.

A apresentação das primícias ao templo por parte dos israelitas é ocasião de agradecimento pelos dons da terra e de renovação da própria confissão de fé. A fórmula prevista (v. 3-10) reafirma a memória da história da salvação,

107. Na realidade, enquanto é clara a referência a Nm 22–24 em relação aos moabitas, menos evidente se torna que acontecimentos estão implicados os amonitas. Com referência a eles, a indicação deve ser levada à tradicional hostilidade entre Israel e essa população; cf., p. ex., Gn 19,30-38; Jz 10,6–11,33; 1Sm 11,1-11; 2Sm 10–12.

particularmente a libertação da escravidão do Egito e o dom da terra[108]: precisamente a prosperidade da terra consente a oferta das primícias das colheitas Àquele que a deu a Israel e que continua a beneficiá-lo com os frutos dela.

A conclusão da aliança (26,16–28,68)

Todos os materiais compreendidos na parte conclusiva do segundo discurso de Moisés contribuem, de formas diversas, para a conclusão da aliança, cujas cláusulas são representadas pelo código deuteronômico apenas exposto. De várias maneiras repetem-se, também nesta parte, os formulários da aliança típicos da área mesopotâmica, nos quais recompensas e sanções, bênçãos e maldições eram apresentadas aos contraentes em base à sua observância ou não das cláusulas estabelecidas.

Dt 26,16-19 apresenta a afirmação dos compromissos aos quais se vinculam YHWH e Israel no momento de estipulação da aliança, delineando uma certa reciprocidade, embora assimétrica. YHWH compromete-se a ser o Deus de Israel, a fazer do povo a sua propriedade particular, a elevá-lo acima de todas as nações e a fazer dele um povo a Ele consagrado. De sua parte, Israel compromete-se a obedecer a todas as ordens de Deus, a seguir seus caminhos e a ouvir sua voz.

Dt 27 representa uma unidade em si mesma, que vê Moisés prescrever dois ritos a serem efetuados imediatamente depois do ingresso na terra prometida. Um primeiro rito consistirá na transcrição sobre grandes pedras, especialmente erigidas sobre o Monte Ebal, de todas as cláusulas da aliança e na oferta de holocaustos e sacrifícios de comunhão (v. 1-8). Um segundo rito apresentará a distribuição das tribos de Israel sobre os montes Garizim[109] e Ebal, para proclamar respectivamente as bênçãos e as maldições implicadas na aliança (v. 11-13): em particular, depois, os v. 14-26 apresentam a proclamação das maldições por parte dos levitas, com o consenso ritual do povo.

Dt 28,1-68 abandona a perspectiva das prescrições precedentes e configura bênçãos e maldições como página conclusiva da aliança considerada

108. Sobre o destaque assumido, em particular, por Dt 26,5b-9 em algumas passagens da história da pesquisa sobre a composição do Pentateuco, cf. o que está sintetizado às p. **144-146, 159**.

109. Trata-se do monte destinado a receber o templo do hebraísmo samaritano; a esse respeito, cf. MACCHI, J.-D. *Les samaritains: histoire d'une legende* – Israël et la province de Samarie. Genebra: Labor et Fides, 1994 [Le monde de la Bible, 30].

pelo segundo discurso de Moisés. Bênçãos e maldições divinas, dadas através de um imponente acúmulo de imagens, apresentam-se como promessas e ameaças condicionadas à observância dos mandamentos.

O capítulo é subdividido, mais precisamente, entre bênçãos (v. 1-14), maldições (v. 15-46) e, sempre na esteira das maldições, consequências da infidelidade a Deus (v. 47-68). No fim desta última perícope, que deixa entrever o horizonte do exílio futuro, está contida a ameaça mais terrível: retornar à escravidão do Egito.

O terceiro discurso de Moisés (Dt 28,69–33,52)

Depois da nota introdutória (28,69), o terceiro discurso de Moisés compõe-se de duas partes principais, diferentes tanto pelo conteúdo como pela organização formal: a primeira (29–30), mais unificada, é ainda dominada pelo tema da aliança; a segunda (31–32), mais articulada e composta, apresenta as últimas disposições em vista da morte iminente de Moisés.

Dt 28,69 configura os conteúdos deste terceiro discurso como aliança de Moab: efetivamente, os c. 29–30 apresentam, ao menos em algumas pequenas unidades, elementos que levam de algum modo ao esquema já conhecido dos tratados de aliança. Depois da memória histórica (29,1-8) e a apresentação dos contraentes (v. 9-14), os v. 15-28 admoestam contra a idolatria e indicam a realização das maldições (também aqui é evocado o exílio futuro). Depois, Dt 30,1-14 descreve a mudança de perspectiva no recíproco relacionamento entre YHWH e Israel: para o povo, em termos de renovada conversão e obediência a YHWH; para YHWH em termos de recondução do povo para a terra e de circuncisão do coração. Os v. 15-20, enfim, reafirmam as perspectivas de vida e de morte que se abrem para o povo, indicando que YHWH representa para Israel "a tua vida e a tua longevidade".

Com Dt 31 inicia-se a conclusão não só do Livro do Deuteronômio, mas também a existência de Moisés[110], enquanto alguns elementos do capítulo

110. Em Dt 31,14-16 aparecem algumas fórmulas ("os dias da tua morte estão próximos"; "tu estás para adormecer com teus pais") presentes em forma afim na proximidade da morte de Jacó (Gn 47,29-30) e de Davi (1Rs 2,1-10). Nessas três passagens narram-se os últimos momentos e as disposições finais de três personagens significativos da história de Israel, cuja morte marca o fim de uma época histórica. Para uma apresentação mais articulada de tais observações e de seu significado, remetemos a GARCÍA LÓPEZ, F. "Deuteronomio 31, el Pentateuco y la Historia Deuteronomista". In: VERVENNE, M. & LUST, J. (eds.). *Deuteronomy and Deuteronomic Literature* – Festschrift C.H. Brekelmans. Lovaina: Leuven University Press, 1997, p. 71-85 [Bibliotheca Ephemeridum Theologicarum Lovaniensium, 133].

olham para o futuro do povo na terra sob a liderança de Josué. O capítulo contém em prosa as últimas palavras de Moisés.

Alternam-se cinco momentos: palavras de Moisés ao povo (v. 1-8) e aos levitas (v. 9-13), palavras divinas a Moisés (v. 14-23), palavras de Moisés aos levitas (v. 24-29) e ao povo (o v. 30 introduz o cântico do c. 32). Trecho unificante de Dt 31 é a apresentação dos meios necessários para que o povo futuro, tendo tomado posse da terra, esteja em condições de observar a aliança estabelecida: o encorajamento para enfrentar o compromisso iminente é acompanhado da preocupação pela efetiva observância da *Toráh*.

Primeiramente, nos v. 1-8 a promessa de sucesso para o empreendimento é acompanhada pela passagem dos poderes entre Moisés e Josué, já preparada em 3,21-28 (confirmada, depois, pelas palavras divinas a Josué no v. 23). Aos levitas é confiada a Lei, a *Toráh*, como referência à vida de Israel, com a tarefa de sua proclamação periódica, ritual, ao povo (v. 9-13) e de sua guarda na arca da aliança (v. 24-27).

Nas intenções divinas, o posterior cântico de Moisés é confiado a Israel como motivo de memória futura da aliança diante das transgressões que seguramente o povo cometeria e da consequente ira divina (v. 14,21; os conteúdos são retomados nas palavras de Moisés aos levitas nos v. 28-29).

O cântico (32,1-43[111]; sua composição é acenada em 31,22) recapitula de forma sintética um número significativo de temas teológicos, em geral característicos do livro: a eleição divina do povo, a familiaridade da relação entre YHWH e Israel, a centralidade da ação de YHWH em relação à história de Israel e das nações. Particularmente, esta é a sucessão dos conteúdos: invocação da presença de testemunhas (v. 1-3), descrição da fidelidade divina diante da infidelidade do povo (v. 4,9), descrição do cuidado de YHWH (v. 10-14), do pecado de Israel (v. 15-18 e da decisão divina de punir o povo (v. 19-25), apresentação da renúncia de YHWH à vingança contra Israel (v. 26-36) e da salvação final deste (v. 37-43).

111. Para uma consideração mais aprofundada sobre a estrutura literária desse cântico, cf. SKEHAN, P.W. "The Structure of the Song of Moses in Deuteronomy (32,1-43)". In: CHRISTENSEN, D.L. (ed.). *A Song of Power and the Power of Song* – Essays on the Book of Deuteronomy. Winona Lake, IN: Eisenbrauns, 1993, p. 156-168 [Sources for Biblical and Theological Study 3].

Depois de uma última exortação de Moisés ao povo para que observe a Lei como fonte de vida (v. 45-47), os v. 48-52 apresentam a ordem divina a Moisés em vista de sua morte: como já preanunciado antes (cf. Nm 20,12; 27,12-14; Dt 3,23-28), o grande condutor não pode entrar na terra, mas é convidado a subir ao Monte Nebo para contemplá-la e terminar seus dias.

Bênçãos finais e morte de Moisés (Dt 33–34)

Inseridas entre o anúncio da morte de Moisés e seu efetivo acontecimento, as bênçãos mosaicas (Dt 33) são realmente as últimas palavras, em forma poética, do grande personagem. Como Isaac e Jacó haviam abençoado os filhos antes de morrer (cf. respectivamente Gn 27,27-29.39-40 e 49,1-27), assim Moisés abençoa cada uma das tribos de Israel. A respeito das numerosas maldições anteriormente ameaçadas ao povo (pense-se na lista de Dt 28), é eloquente que os longos discursos do *líder* em seu último dia de vida se concluam com perspectivas um tanto positivas: celebra-se o povo eleito por YHWH.

As bênçãos a cada tribo (v. 6-25) são emolduradas por duas passagens em forma de hinos que celebram YHWH como rei vitorioso (v. 2-5 e 26-29)[112]. Destinatárias das bênçãos são as tribos de Israel[113]. Em muitos casos, mais do que de verdadeiras bênçãos, os conteúdos tomam a forma de oráculos, orações ou augúrios. De fato, da parte de Moisés as bênçãos expressam o desejo sobre a ação de YHWH em relação ao futuro de cada tribo, à sua segurança e à sua prosperidade.

Dt 34 conclui não só o livro, mas todo o Pentateuco: com a morte de Moisés conclui-se a existência da figura fundamental da história de Israel, cuja narração fora iniciada com o nascimento em Ex 2. Como estabelecido por Deus, a visão da terra prometida a partir do Nebo é a única tomada de posse simbólica concedida a Moisés (v. 1-4), destinado a morrer fora dela (v. 5). Sepultura, luto e sucessão por parte de Josué completam a cena. Os

112. Para uma análise detalhada do cântico, remetemos a BEYERLE, S. *Der Mosesegen im Deuteronomium* – Eine texto-, compositions- und formkritische Studie zu Deuteronomium 33. Berlim/Nova York: Walter de Gruyter, 1997 [Beihefte zur Zeitschrift für die alttestamentliche Wissenschaft, 250].

113. A respeito de outros elencos das doze tribos de Israel (p. ex. em Nm 1 e 26), falta em Dt 33 a referência à tribo de Simeão.

versículos conclusivos (10-12) fazem um balanço de sua figura: sua unicidade está ligada à sua relação privilegiada com YHWH, aos prodígios operados sob mandato divino por ocasião do êxodo e ao poder de sua *liderança* nos decênios da permanência no deserto. Nenhuma figura, em Israel, jamais igualar-se-ia à estatura de Moisés.

III

A COMPOSIÇÃO DO PENTATEUCO

F. Giuntoli

Mesmo um leitor não especialmente informado percebe que a apresentação dos conteúdos dos primeiros cinco livros bíblicos não corresponde aos modernos critérios de coerência lógica e literária. Interrogar-se sobre como tais obras vieram à luz, em que contexto histórico e em nome de que instâncias ideológicas foram elaboradas significa também dar as razões das incongruências importantes no desenvolvimento dos próprios livros. Deter-nos-emos a considerar as hipóteses apresentadas sobre a composição do Pentateuco: trata-se de um dos capítulos mais emblemáticos da pesquisa bíblica moderna.

Acenos de história da pesquisa sobre o Pentateuco

"Moisés recebeu a *Toráh* no Sinai. Ele a comunicou a Josué; Josué aos Anciãos; os Anciãos aos Profetas e os Profetas a transmitiram aos homens da Grande Assembleia". É desse modo que a *Mishnáh*, no tratado *'Abót* 1,1 da ordem *N^eziqín*, narra a transmissão da *Toráh*, do momento de sua promulgação até hoje. Todavia, se a formulação desse tratado relata de modo tão simples, contínuo e linear essa transmissão, na realidade dos fatos ela foi, ao contrário, o produto de um processo bastante lento, pluriforme e elaborado, cujas concatenações, implicações e articulações substancialmente continuam a nos fugir ainda hoje.

Contudo, era decididamente importante para os mestres de Israel reafirmar com uma segurança tão firme e solar a direta continuidade entre Moisés, o considerado redator e compilador de toda a Lei[114], e as pessoas da "Grande Assembleia" que, no seu "hoje", confrontavam-se com aqueles textos: com efeito, era assim, segundo sua sensibilidade, que chegava a garantir-se e assegurar-se uma fiel transmissão dos cinco livros da *Toráh*, sem interpolação alguma, saídos da mão inspirada daquele que, obediente à voz de YHWH, guiou Israel do Egito às portas da terra prometida[115].

114. Dt 34,10 pinta Moisés, logo após a narração de sua morte, como o maior e mais extraordinário profeta de Israel. Já esta asserção implica que, do ponto de vista dos editores do Pentateuco, a morte desse personagem fecha um período particularmente importante na história da revelação de YHWH a Israel. Cf. tb. Nm 12,6-8.

115. Já o Talmud Babilônico, no tratado *Babá' Batrá'* 14b[3]; 15a[1] da ordem *N^eziqín*, numa espécie de primordial reflexão literária histórico-crítica, atribui a Josué o relato da morte de Moisés (Dt 34,5-12) que, evidentemente, este último jamais teria podido escrever.

Os inícios da leitura crítica do Pentateuco

A atribuição integralmente mosaica da *Toráh* começou de algum modo a vacilar já no seio da própria tradição de Israel. Na época medieval, Abraham ben Meir ibn Ezra (1089-1164), rabino de origem hispânica, iniciou timidamente a observar que só abandonando a lógica e a racionalidade das argumentações e da trama narrativa algumas passagens do Pentateuco podem ser atribuídas a uma paternidade mosaica. Por exemplo, em Gn 12,6 o narrador diz que no tempo em que Abraão foi chamado por Deus e lhe foi prometido que receberia em herança a terra prometida, "os Cananeus viviam no país". Segundo a lógica argumentativa de ibn Ezra, jamais teria sido possível colocar esta passagem na mão de Moisés, já que parece pressupor a definitiva instalação de Israel naquela terra depois da derrota da população original cananeia[116], na realidade acontecida, conforme a trama dos relatos, só depois da morte deste último (cf. o Livro de Josué)[117].

Sempre em âmbito judaico, as afirmações de ibn Ezra foram a seguir retomadas e mais tematizadas na Holanda e nos Países Baixos por Baruch Spinoza (1632-1677): com ele chegou-se a negar a origem mosaica de todo o Pentateuco, atribuindo ao contrário a Esdras, o escriba ativo nos períodos posteriores ao fim do exílio de Israel na Babilônia, o considerado redator do homônimo livro bíblico, bastante recente quanto à datação. Aliás, também em âmbito cristão chegou-se a resultados semelhantes: entre outros, na Inglaterra com Thomas Hobbes (1588-1679)[118] e na França com Richard Simon[119].

O século XVII foi, pois, um tempo em que as claras certezas sobre a atribuição mosaica da *Toráh* iniciaram débil mas programaticamente a ser colocadas em crise; crises às quais as hierarquias das respectivas confissões religiosas se opuseram com resoluta e firme censura.

---

116. Segundo textos como Js 16,10; 17,12-13, os cananeus, embora reduzidos aos trabalhos forçados, permaneceram em alguns dos territórios conquistados por Israel.

117. Para outras passagens dificilmente atribuíveis, segundo ibn Ezra, à autoridade de Moisés, cf. Gn 12,6; 13,7; 22,14; 40,15; 50,10-11; Nm 22,1; Dt 1,1.5; 3,14; 27,1-8; 31,9; 34,6.

118. Hobbes precedeu Espinosa de quase uns vinte anos ao dissociar da paternidade mosaica não mais só alguns versículos, como ibn Ezra, mas, ao contrário, todo o Pentateuco. Na realidade, já dois séculos antes, o protestante Andreas R. Bodenstein von Karlstadt (cerca de 1480-1541) chegou a conclusões semelhantes.

119. Ele, embora atribuindo um certo peso à figura de Moisés na redação do Pentateuco, dá uma conspícua importância ao trabalho anônimo de muitos escribas, até chegar a Esdras.

A hipótese da existência de "fontes" literárias

Com o andamento da leitura crítica dos livros da *Toráh*, acompanhando também a cultura iluminista então imperante, começou-se a postular teorias que dessem uma adequada explicação às numerosas inconsistências presentes naqueles textos. Como chegar a conciliar, por exemplo, o fato de Deus ordenar a Noé que embarque na arca *um* casal de cada animal existente sobre a terra (Gn 6,19-20) e depois, ao contrário, ordenar-lhe, sem qualquer outra especificação, que tome *sete* casais, distinguindo inclusive os animais entre "puros" e "impuros"? (7,2-3). E José, o filho de Jacó, por quem foi levado, como mercadoria a ser vendida, para o Egito? Pelos ismaelitas (Gn 37,25.27.28b; 39,1) ou pelos madianitas? (37,28a.36). Todavia, no seio dos livros do Pentateuco é possível encontrar também um outro tipo de inconsistências: os assim chamados relatos "duplicados". Nesse sentido, para só apresentar uns poucos exemplos, como justificar dois relatos da criação e, além do mais, claramente justapostos? (Gn 1,1–2,3 e 2,4–3,24). Ou como explicar a existência de duas narrações da vocação de Moisés (Ex 3,1–4,17 e 6,2–7,7 ou uma dupla redação do decálogo (Ex 20,2-17 e Dt 5,6-21)[120].

Na tentativa de encontrar resposta para esse tipo de interrogações, um impulso ditado por um rigor mais científico e sistemático veio de Henning B. Witter (1683-1715). Ele destacou a presença, que considerou sintomática, de duas maneiras diferentes de nomear a Deus em Gn 1–3: *'elohím* (Gn 1,1–2,3) *YHWH 'elohím* (Gn 2,4–3,24). Disso deduziu que Moisés deve ter-se servido de mais *fontes literárias* independentes para construir seu Pentateuco. Com Witter, aliás, usou-se pela primeira vez o termo "fonte" (*Quelle*, em alemão), termo que terá muita importância na concepção da assim chamada "hipótese documentária" ou, também, na sua evolução, especialmente nos séculos XIX e XX, na "crítica literária".

Jean Astruc (1684-1766), frequentador por prazer das páginas bíblicas e, por sua própria profissão, médico na corte francesa de Luís XV, ampliou do Gn até o Ex 2 – isto é, antes da revelação do nome de Deus a Moisés como YHWH (cf. Ex 3,14) – o trabalho já iniciado por Witter. Ele chegou a postular a presença de vários esquemas literários – que ele chamou *mémoires*, "memórias" – preexistentes a Moisés e por ele próprio dispostos

120. Os exemplos de incongruências lógicas no interior do Pentateuco poderiam ir adiante. Para ulteriores exemplificações remetemos a SKA. *Introduzione*, 53-111.

numa espécie de sinopses. Limitou-se a chamar estas "memórias" somente com letras do alfabeto, do "A" ao "M". Se nas duas primeiras ("A" e "B") reconduziu os textos associados aos dois diversos modos de nomear a Deus (*'elohím* e *YHWH 'elohím*), nas outras fez confluir materiais que, por sua falta de homogeneidade, não podiam ser compreendidos nas primeiras[121]. Em sua transmissão, estas "memórias" foram fundidas num único documento, o atual Pentateuco, que apresenta em coexistência suas indivisas particularidades. A intenção de Astruc, porém, assim como a de Witter, aliás, foi na realidade bastante apologética: teria sido o próprio Moisés, afinal, a ter-se servido dessas "fontes" ou "memórias" a ele preexistentes.

Johann G. Eichhorn (1752-1825), em Göttingen, continuou os estudos de Astruc, ainda que, numa ulterior fase de sua pesquisa, contrariamente às intenções do próprio Astruc e influenciado pelas teorias de W.M.L. de Wette (cf. abaixo), tivesse procurado defender uma origem não mosaica de todo o Pentateuco.

Documentos, fragmentos ou complementos?

Como se pode constatar facilmente, mesmo permanecendo dentro dessa rápida panorâmica, o século XVIII se põe como um tempo em que a reflexão crítica voltada para os primeiros cinco livros da Bíblia hebraica elabora muitas e diversificadas teorias para tentar chegar a uma possível história da composição. Portanto, além daqueles que permaneceram enraizados na convicção tradicional da paternidade mosaica, com concessões mais ou menos leves, é neste período que, entre os estudiosos, começam a ser esboçadas ao menos três diferentes hipóteses: as chamadas dos "documentos" (*Urkunden*), dos "fragmentos" (*Fragmenten*) e dos "complementos" (*Ergänzungen*).

A dos "documentos", na esteira dos trabalhos de H.B. Witter primeiro e nos de J. Astruc e de J.G. Eichhorn depois, hipotiza o nascimento do atual Pentateuco depois da fusão de mais fontes literárias completas, independentes e paralelas (recordem-se, p. ex., as "memórias" de Astruc) num único documento que inevitavelmente traz em si mesmo características de todos os outros (cf. tb. K.D. Ilgen e H. Hupfeld, A. Kuenen; cf. abaixo). A dos "fragmentos", ao contrário, postula não tanto documentos paralelos e com-

121. Cf. SKA, J.-L. "The Study of the Book of Genesis: the Beginning of Critical Reading". In: EVANS, C.A.; LOHR, J.N. & PETERSEN, D.L. (eds.). *The Book of Genesis* 16-18.

pletos quanto uma série de pequenas unidades literárias, narrativas e legislativas, fundidas em épocas bastante posteriores ao tempo de Moisés. A essa teoria estão particularmente ligados três estudiosos: Alexander Geddes (1737-1892); Johann S. Valter (1771-1826) e Wilhelm M.L. de Wette (1780-1849), na primeira fase de seus estudos (cf. abaixo). A dos "complementos", porém, pressupõe, substancialmente, um único documento de base, "complementado" no decorrer dos séculos por uma série de outros textos de origem e com datas diversas e heterogêneas. O autor, habitualmente associado a esta hipótese, entre outros, é Heinrich G.A. Ewald (1803-1875)[122], junto também com Johann C.F. Tuch (1806-1867) e a Friedrich Bleek (1793-1859).

Como se pode deduzir, o fato de ter iniciado a pôr em discussão a embrionária teoria dos "documentos" (ou "fontes literárias") e a conjecturar a possibilidade do modelo dos "fragmentos" ou dos "complementos", significou, pela primeira vez, admitir a eventualidade que os relatos da história da salvação não tivessem sido redigidos de um só jato, numa ordem sequencial e congruente, como uma espécie de "romance" *ante litteram* (cf. os "documentos" paralelos, completos e independentes), mas que, ao contrário, tivessem sido compostos como narrações autônomas, fruto de diversas tradições. Só depois, portanto, teriam sido dispostos a criar um todo consequente que da criação do mundo procedia até a conquista da terra prometida.

A virada hermenêutica de W.M.L. de Wette

Um ponto de referência e de reviravolta na pesquisa crítica do Pentateuco é o trabalho do já citado W.M.L. de Wette. De um estudo histórico--comparativo entre os materiais narrativos dos livros de Samuel e dos Reis e daquele paralelo dos livros das Crônicas, ele conseguiu deduzir, precisamente em base às suas dessemelhanças na apresentação da história e da religião de Israel, uma época de composição bastante recente para estes últimos, que remonta ao período persa (539-333 a.C. aproximadamente), se não, até, ao posterior período helenista (333-30 a.C.). Ora, já que a história narrada pelo recente autor Cronista pressupõe um *corpus* legislativo e, particularmente,

122. Cf. H.G.A. Ewald. Na realidade, no desenvolvimento dos próprios estudos, passará sobretudo a sustentar a hipótese dos documentos. Como apoiador dessa hipótese seria incluído o próprio W.M.L. de Wette, na fase final de seus estudos.

uma série de instituições sobre o templo feitas remontar ao período de Moisés, de Wette deduziu disso que as afirmações das Crônicas não deveriam ser mais que uma retroprojeção à época mosaica daquilo que na realidade foi vivido e experimentado em época persa ou helenista. Desse modo, mostrou de Wette por analogia, as tradições legislativas espalhadas no Pentateuco, na realidade, devem ser fruto de trabalhos de composição de épocas recentes, mas, por assim dizer, "ambientados" no passado remoto da história de Israel. Outra notável contribuição desse autor consistiu em tipificar, de maneira mais sólida do que os outros estudiosos, no rolo da Lei encontrado no templo durante o reinado de Josias (cf. 2Rs 22), o quinto livro da *Toráh*, ou seja, o Deuteronômio: a lei deuteronômica e a política reformista de Josias de 622 a.C. (cf. 2Rs 23), realmente, trazem em si muitos pontos de contato. Tal data serviu a de Wette para criar um divisor de águas ideal: as legislações que não pressupunham tais reformas deveriam, por força das coisas, ser precedentes e, portanto, mais antigas do que ela; caso contrário, deviam ser coincidentes ou sucessivas. Desse modo, ele chegou a datar o Deuteronômio como a composição literária mais recente de todo o Pentateuco.

Já com estas poucas considerações, chega-se logo a intuir a enorme importância que as reflexões desse estudioso implicaram no prosseguimento da pesquisa: isto é, não era necessário permanecer nos limites do relatos do Pentateuco para conseguir compreender algo de sua composição e datação; ao contrário, tornava-se necessário confrontar-se com outros e mais recentes períodos da história de Israel. Ao mesmo tempo, os textos-base para o estudo e datação do Pentateuco já não eram somente as narrações, como habitualmente se supunha, mas também e sobretudo as leis[123].

Os progressos da "hipótese documentária" *(Urkunden-Hypothese)*

Com a entrada pelo século XIX e com o avanço das pesquisas histórico-críticas sobre os livros da *Toráh*, no mundo germânico tomou sempre mais consistência a hipótese que, substancialmente, viu na base de todo o Pentateuco duas principais "fontes" literárias ou "documentos": uma, que antepunha *YHWH* ao nome de Deus; outra, que se distinguia pelo uso do nome divino *'elohím*.

---

123. Cf. SKA. *Introduzione*, p. 124.

Após os estudos de J.G. Eichhorn e os de Karl D. Ilgen (1763-1834), que aprofundaram e aperfeiçoaram as intuições de J. Astruc, reafirmando a presença de vários diferentes "documentos" em Gênesis, sobretudo a partir dos relatos ligados ao dilúvio (c. 6–9) e, no caso do segundo, a partir também da assim chamada História de José (37,2–50,26), chegou-se ao estudo fundamental de Hermann Hupfeld (1796-1866), sobre o Livro do Gênesis, no qual é decididamente defendida e ainda mais tematizada a hipótese das fontes e, portanto, consequentemente, dos diversificados "documentos" que teriam estado na base de todo o livro. Pouco mais de cinquenta anos antes de H. Hupfeld, K.D. Ilgen introduziu claramente em seu trabalho os nomes do "Jeovista" (do nome de Deus *YHWH*) e do "Eloísta" (do nome de Deus *'elohím*), as duas principais e já bem conhecidas fontes do Livro do Gênesis, individuadas já a partir dos trabalhos de H.B. Witter e J. Astruc.

De per si, Ilgen distinguiu a presença não de um, mas de *dois* Eloísta ("E[1]" e "E[2]"), diferenciando-os em base a uma pluralidade de critérios. Um dos dois ("E[1]") teria compreendido, precisamente como seu texto inicial, o atual primeiro relato da criação (1,1–2,3). Na realidade, independentemente das intuições de Ilgen, um de seus dois Eloísta ("E[1]") teria depois constituído, em particular graças aos estudos de Abraham Kuenen (1828-1891), o assim chamado "documento sacerdotal" – abreviado, pelo próprio Kuenen, com a letra "P" (do alemão *Priestercodex*, "código sacerdotal" ou também *Priesterschrift*, "escrito sacerdotal") – enquanto que o outro teria formado a assim chamada fonte "eloísta" ("E"), assim como será comumente chamada pela teoria documentária clássica.

Além de A. Kuenen, porém, também o já mencionado H. Hupfeld, embora sem conhecer o precedente trabalho de Ilgen, trabalhou muito para reforçar a distinção entre os dois Eloísta, de maneira a preparar o caminho para sua definitiva separação, tornando-se, um dos dois, como se viu, a clássica e recente fonte sacerdotal ("P")[124]. Hupfeld, aliás, mais do que de uma fonte "jeovista", falará mais precisamente de uma fonte "YHWH-ista" – também ele, como Ilgen, por causa do nome ("YHWH") com o qual se nomeava a Deus –, que logo, em nível onomástico, sempre graças a A. Kuenen, ter-se-ia transformado em "javista" ("J").

---

124. Também K.H. Graf intuiu que o Eloísta que, com o tempo, ter-se-ia tornado a fonte sacerdotal (P), na realidade devia ser a fonte mais tardia de todas as outras, de época exílica ou pós-exílica.

Para completar o quadro das fontes, é oportuno recordar a figura de outro exegeta, Eduard K.A. Riehm (1830-1888), que, realizando seus estudos essencialmente sobre o Livro do Deuteronômio, considerou-o integralmente como uma fonte independente (com sigla "D") daquelas presentes no restante dos livros do Pentateuco.

Chegados a esse ponto, o estudo exegético sobre os textos do Pentateuco e, em particular, sobre o Gênesis, chegou a conjecturar uma cronologia especial inerente à composição das várias fontes literárias até agora enumeradas. Entre as duas, a fonte eloísta ("E^1"), precisamente aquela que a seguir seria chamada "sacerdotal" ("P"), teria sido percebida como a fonte primária e basilar de todo o livro e, portanto, também a mais antiga. As outras duas fontes, ou seja, a restante eloísta ("E^2") e a javista – ou jeovista – ("J"), ao contrário, eram consideradas compilações secundárias, redigidas sobretudo para completar e complementar a fonte principal "E^1").

Na realidade, especialmente após os resultados alcançados e já observados pela pesquisa de W.M.L. de Wette, a ordem cronológica das quatro fontes estava profundamente destinada a ser revista. Segundo este autor, o Livro do Deuteronômio devia estar particularmente ligado, como se viu, à reforma de Josias, rei de Judá, fixada em 622 a.C. e, em particular, à lei da unicidade de culto e de sua centralização unicamente no templo de Jerusalém (cf. 2Rs 22–23). Essa data serviu a de Wette para criar um divisor de águas ideal: os textos que pressupunham tais reformas como, por exemplo, os de "E^1", deviam por força ser mais recentes do que aquela data; no caso contrário, como, por exemplo, os da fonte "E^2" ou da javista (ou jeovista: "J"), deviam ser mais antigos. Dessa forma, graças também às contribuições de uma teoria de outros exegetas, sobretudo provenientes do mundo germânico, chegar-se-á a uma particular sistematização e articulação das três principais fontes até agora reconhecidas ("E^1"; "E^2"; "J"), além daquela ligada sobretudo ao Livro do Deuteronômio ("D")[125].

"E^1" → **"P"** "E^2" → **"E"** **"J"** **"D"**

125. Entre outros, é preciso recordar particularmente as contribuições de Édouard G.E. Reuss (1804-1891), que observou que as leis do Pentateuco ligadas ao culto e ao sacerdócio refletiam, especialmente, uma época bastante recente (exílica ou pós-exílica) da história de Israel, e de seu discípulo Karl H. Graf (1815-1869) que, continuando particularmente as pesquisas de seu mestre, concluiu que a legislação sacerdotal, não sendo conhecida nem pelo Deuteronômio nem pelos livros históricos, deve ser contextualizada em época exílica, ou até pós-exílica. Um defensor das teorias da nascente hipótese documentária foi também o bispo anglicano John W. Colenso (1814-1883).

J. Wellhausen e a "hipótese documentária" clássica

Contudo, será com o advento de Julius Wellhausen (1844-1918), que a hipótese dos quatro documentos ("hipótese documentária"), cuja gênese vimos sinteticamente, receberá a definição mais clássica e sistematizada. Ele definiu de maneira bastante estável e rigorosa a ordem cronológica das quatro fontes e sua contextualização geográfica, teológica e estilista: o Javista ("J"), que agiu no Reino do Sul, em Judá, nos séculos X e IX; o Eloísta ("E"), ativo no Reino do Norte, em Israel, no século VIII; o Deuteronômio ("D"), cujo núcleo primigênio está profundamente envolvido com a reforma de Josias de 622 a.C.; o Sacerdotal ("P")[126], ativo sobretudo durante o exílio da Babilônia (588/587-539) e, em parte, também depois do retorno dos exilados à sua pátria. Wellhausen falou também de uma redação "jeovista" ("JE" ou "R^{JE}"), que resultou de uma mistura redacional da fonte "J" e da fonte "E", acontecida entre 850 e 750 a.C.[127] pela intenção harmonizadora de alguns redatores. Para Wellhausen, seria sobretudo esta redação, mais do que as antigas fontes "J" e "E", a serem mais facilmente reconhecíveis dentro dos atuais textos do Pentateuco. O Deuteronômio formou-se de modo independente e autônomo das outras fontes. Com o transcorrer do tempo, o núcleo originário, de época josiana, foi ampliado com outros textos narrativos e legais, assemelháveis a um estilo próximo a "J" e a "E", mas bem distante de "P". O mais recente "P", por outro lado, sempre segundo Wellhausen, constituía como que o pilar, a ossatura e a linha mestra dentro dos quais enquadrar as "pérolas" dos materiais textuais mais antigos[128]. É por isso que, de J. Wellhausen em diante, a ordem cronológica corrigida dessas fontes ficou sendo "J", "E", "D", "P". Para esse autor, a forma final do Hexateuco[129], assim como nós a

---

126. Para ser exato, inicialmente Wellhausen chamou esta fonte de "Q", do latim *quattuor*, "quatro", como as alianças que ele cria ter percebido naquela fonte pelo relato da criação na perícope do Sinai (as alianças com Adão, Noé, Abraão e Israel). Na realidade, diferentemente do que ele julgou, a fonte sacerdotal mostra conhecer somente duas alianças, ambas presentes em Gênesis: a com Noé (c. 9) e a com Abraão (c. 17).

127. As fontes "J" e "E", na realidade, para Wellhausen, trariam cada uma os traços de diversas edições que se sucederam no tempo ("J^1", "J^2" e "E^1", "E^2", "E^3").

128. Cf. WELLHAUSEN, J. *Prolegomena zur Geschichte Israels*. Berlim: G. Reimer, 1878 [2. ed., 1883; 16. ed., 1905, p. 330): "É como se P fosse a linha mestra à qual as pérolas de JE se alinharam".

129. Do grego *hexa + téuchos*, "seis livros". Segundo o pensamento de Wellhausen, o bloco dos cinco livros da *Toráh*, de fato, deveria ser lido junto com o Livro de Josué. Entre os autores

conhecemos, teria sido "editada" durante o período em que agiu Esdras, o escriba, ou no século V a.C.

Wellhausen foi principalmente um historiador. Influenciado também por certas ideologias de origem filosófica (pense-se, em particular, na concepção tipicamente romântica, segundo a qual o "antigo" é mais genuíno do que o "recente", e ao sistema dialético de Georg W.F. Hegel [1770-1831], tripartido em "tese-antítese-síntese"), religiosa (recorde-se a dicotomia luterana entre "lei" [*Gesetz*] e "evangelho" [*evangelium*]) e política (ele foi um apoiador da *monarquia* prussiana que se ocupava da unificação da Alemanha)[130], Wellhausen esteve às voltas com três períodos basilares na religião de Israel aos quais associou três diferentes momentos de produções literárias: o período do nascimento da monarquia israelita – ou seja, o período da religião natural – ao qual fez corresponder a atividade de "J" e de "E"; o período da reforma deuteronômica – ou seja, o período do fim da religião natural com o início da lei escrita e estabelecida –, ao qual fez corresponder a redação primigênia do Deuteronômio; o período do segundo templo – ou seja, o período do início do judaísmo e da total desnaturação da religião das origens –, ao qual fez corresponder a produção do autor sacerdotal. Nesse sentido, pois, a Lei mosaica não acompanhou o nascimento de Israel enquanto povo, como antes se supunha, mas o nascimento do judaísmo. Portanto, de conformidade com as ideologias às quais se acenou há pouco, J. Wellhausen percebeu um lento e inexorável afastamento da idade pura, nativa e espontânea dos inícios (a religião ligada aos ritmos naturais, à época da *monarquia* do reino *unido* de Israel) para chegar à degeneração da lei e dos ritos institucionalizados e rubricistas (o judaísmo).

---

já mencionados, p. ex., também B. Spinoza, A. Geddes, H.G.A. Ewald e A. Kuenen eram dessa opinião. Também G. von Rad, que encontraremos em breve, adotará a mesma posição. Outros autores preferirão, ao contrário, falar de "Tetrateuco", do grego *tetra* + *téuchos*, "quatro livros": desse modo, tende-se a isolar o Livro do Deuteronômio do grupo dos primeiros quatro livros da *Toráh*. O estudioso associado por excelência a essa subdivisão é M. Noth. Para ser exato, é preciso recordar também a posição a favor de um "Eneateuco", do grego *ennéa* + *téuchos*, "nove livros", que quer ler em bloco os livros de Gênesis a 2 Reis, segundo a sucessão do cânon hebraico (cf. as posições, p. ex. de David N. Freedman [1922-2008] e, em parte, de J. Blenkkinsopp).

130. Para tudo isso, cf. SKA, J.-L. "Le 'Sitz-im-Leben' de Julius Wellhausen, Hermann Gunkel e Gerhard von Rad". In: ABADIE, P. (ed.). *Mémoires d'Écriture* – Hommage à Pierre Gibert. Bruxelas: Lessius, 2006, p. 187-206, esp. p. 189-200. Mais sinteticamente cf. SKA. *Introduzione*, p. 127.

A partir do tempo de Wellhausen, a teoria documentária e, em geral, as novas teorias sobre a composição do Pentateuco impuseram-se na grande maioria dos círculos acadêmicos, embora encontrasse também claras rejeições por parte de ambientes tanto cristãos como judaicos. Em âmbito católico, por exemplo, é de 1906 – doze anos antes da morte de Wellhausen – uma resposta da Pontifícia Comissão Bíblica na qual se reafirmava a paternidade mosaica de todo o Pentateuco, concedendo só que Moisés tivesse podido servir-se de fontes a ele preexistentes e que nem tudo tivesse sido escrito de mão própria, ainda que sempre sob sua aprovação, salvo alguns acréscimos ou glosas (e leituras erradas) incluídas nos textos depois de sua morte[131].

Se, por um lado, as primeiras tentativas sistemáticas para encontrar criticamente uma história da composição do Pentateuco, iniciadas como se viu no século XVII, foram a lógica consequência de um difuso interesse acadêmico de retorno às línguas originais dos textos bíblicos e a seu estudo – primeiro na Espanha, no século XVI, e depois também no norte da Europa –, por outro lado, o desenvolvimento da reflexão já abundantemente amadurecida graças também aos estudos de J. Wellhausen será ajudado pelo novo interesse pelos textos do Oriente Próximo antigo (particularmente pelos textos acádicos e egípcios), como também pelo estudo do folclore, da literatura popular e da história das religiões.

A degeneração do sistema wellhauseniano

Com o passar do tempo e com a crescente divulgação das teorias de J. Wellhausen, no século XX, o modelo exegético da hipótese documentária alcançou consensos sempre maiores. Todavia, precisamente pela vontade de querer melhorá-lo e aperfeiçoá-lo sempre mais, por parte de muitos autores foi inevitavelmente complicado – por alguns de maneira até paroxística – pela conjecturada multiplicação do número das fontes e das redações que, segundo suas reconstruções, ter-se-iam sucedido no tempo a fim de obter a forma atual dos textos do Pentateuco. Nesse sentido, pois, a metodologia da "crítica literária" (*Literarkritik*), ou seja, o estudo crítico da constituição do texto escrito, tornou-se sempre mais exclusivamente e, com frequência, autisticamente empregada. Para citar apenas uns poucos autores bem exem-

---

131. Cf. PONTIFÍCIA COMISSÃO BÍBLICA. *Responsa de Mosaica authentia Pentateuchi*, 27/06/1906. • *Acta Sanctae Sedis*, 39, 1906, p. 377-378.

plificativos dessa tendência, poder-se-ia recordar, entre outros, Rudolph Smend (1851-1913), que dividiu em duas diversificadas redações a fonte *javista* ("J¹" e "J²"), ou também Otto Procksch (1874-1947) que, ao contrário, identificou duas fontes *eloístas* ("E¹" e "E²"). Por outro lado, foram propostos também novos tipos de fontes: Otto Eissfeldt (1887-1973), por exemplo, encontrou um estrato redacional mais antigo do que "J", que chamou "L" (do alemão *Laienquelle*, "fonte leiga"); Georg Fohrer (1915-2002), sempre no seio de "J", identificou uma fonte à qual deu o nome de "N" (do alemão *nomadisch*, "nomádico"); Julian Morgenstern (1881-1976), porém, falou de uma fonte de origem *kenita* ("K"), enquanto Robert H. Pfeiffer (1892-1958) encontrou um estrato edomita que chamou "S", de "Seir", outro nome para "Edom" (cf. Gn 32,4; 36,8-9)[132]. Se depois houve quem, como Paul Volz (1871-1941) e Wilhelm Rudolph (1891-1987), negou a existência da fonte eloísta, outros, como Bruno J.L. Baentsch (1859-1908), reconheceram bem sete fontes "P" diversificadas entre si e, por sua vez, subdivididas em múltiplas redações (*sic*). Ora, a partir desses heterogêneos e pequenos exemplos pode-se, pois, mostrar suficientemente a degeneração da hipótese documentária na qual caiu um eminente número de seus expoentes.

Abstraindo desses evidentes exageros, porém, outros autores, embora de maneira autônoma e pessoal, levaram (e ainda levam) adiante os pressupostos da teoria das fontes de uma maneira substancialmente não demasiado disforme da impostação dada por J. Wellhausen. Entre estes, poder-se-iam recordar Lothar Ruppert (1933-2011), Horst Seebass (1934-), Werner H. Schmidt (1935-), Ludwig Schmidt (1940-), Baruch J. Schwartz (1954-), Joel S. Baden (1977-), Jeffrey Stackert (1977-), Tzemah L. Yoreh (1978-)[133].

Paradoxalmente, pois, se em nossos dias exegetas de origem hebraica como B.J. Schwartz, J.S. Baden e T.L. Yoreh defendem com vigor a antiga teoria documentária, no século passado foi sempre do mundo judaico que vieram uma crítica e uma refutação bastante desapiedada às teorias de J.

132. Para tudo isso cf. BLENKINSOPP. *Pentateuco*, p. 25.

133. Os últimos três autores da lista, dos quais B.J. Schwartz pode ser considerado como o pai inspirador, tendem a manter bem distintos, no Pentateuco, os problemas *literários* inerentes aos textos e aos contextos *históricos* que os produziram. Nesse sentido, eles consideram a teoria documentária como a melhor solução *literária* para os problemas *literários* daqueles textos, desinteressando-se assim quase que totalmente tanto de sua datação como dos ambientes sociais e culturais que os produziram. Essa é uma metodologia muito mais rígida e fundamentalista do que as mais particularizadas e articuladas posições do próprio J. Wellhausen.

Wellhausen e, portanto, à própria hipótese documentária. Entre os vários autores daquele tempo poder-se-iam mencionar Benno Jacob (1862-1945), Umberto (Moshé Davíd) Cassuto (1883-1951) e Yehezkel Kaufmann (1889-1963).

H. Gunkel e a "história das formas" *(Formgeschichte)*

Hermann Gunkel (1862-1932) é unanimemente considerado o expoente de primeiro plano deste novo achego aos textos bíblicos. Ao lado da teoria documentária e, também, da assim chamada "história das religiões" (*Religionsgeschichte*), que se interessava pelas tradições e pelas raízes culturais, sociológicas e religiosas pressupostas na base dos textos literários, iniciava a concretizar-se um novo método: o da assim chamada "história das formas". Em outros termos, o que começava a adquirir importância não era mais somente o texto escrito em si e por si (estudado pela "teoria documentária e pela "crítica literária"), mas também o ambiente, os antecedentes e as circunstâncias nas quais ele havia podido ser produzido. Isto é, iniciava a ser empreendido, a partir do texto escrito, um incerto caminho para trás que devia levar a alcançar uma suposta (e teórica) "oralidade" precedente ao texto escrito e da qual ele, com o passar do tempo, teria lentamente iniciado a se produzir. Em outros termos, iniciava-se a estudar o "gênero literário"[134] (*Gattung*) dos textos, ou seja, as várias "formas" (*Formen*) que eles podem assumir conforme as circunstâncias e o "contexto vital" (*Sitz im Leben*)[135] pelo qual e no qual foram escritos. Quem é que fala através de determinado

---

134. É sintomático observar o caminho percorrido pelo magistério da Igreja Católica a partir, p. ex., da já citada resposta da Pontifícia Comissão Bíblica, de 27/06/1906: na Constituição Dogmática *Dei Verbum*, de 18/11/1965, no n. 12 (c. III), p. ex., afirma-se expressamente a necessidade, por parte do intérprete, de procurar o sentido dos gêneros literários (*genera litteraria*) usados na Escritura. Já antes, porém, a própria Pontifícia Comissão Bíblica, em 16/01/1948, exprimia uma maior abertura em favor da existência de particulares "formas literárias (*formes littéraires*) nos textos da Bíblia. Cf. COMMISION PONTIFICALE POUR LES ÉTUDES BIBLIQUES. *Lettre* Le Saint-Père *au card. Suhard, archevêque de Paris, au sujet des sources du Pentateuque et de l'historicité des onze premiers chapitres de la Genèse*. • *Acta Apostolicae Sedis*, 40, 1948, p. 45-48. De qualquer forma, nem seriam esquecidos outros importantes documentos magisteriais precedentes ao Vaticano II a favor do estudo científico da Bíblia: recordem-se aqui as cartas encíclicas *Providentissimus Deus*, de Leão XIII (18/11/1893) e *Divino Afflante Spiritu*, de Pio XII (30/09/1943). Outro importante e recente documento é o que foi emanado da mesma Pontifícia Comissão Bíblica: *L'interpretazione della Bibbia nella Chiesa* (15/04/1993).

135. Este termo, tornado já de uso costumeiro, foi cunhado pelo próprio Gunkel.

relato? Em que circunstâncias históricas, culturais e sociológicas? Quais são seus pressupostos ouvintes? Qual é o objetivo de ter escrito o que se redigiu? É precisamente por força destas perguntas que os exegetas iniciaram a pôr aos textos que adquiriu importância o estudo do estilo, da forma, do gosto, da estética e também da sensibilidade que os relatos incluem em si como eloquentes testemunhas dos "contextos vitais" que os precederam e, portanto, produziram.

Em relação ao passado, com H. Gunkel o estudo dos textos da *Toráh* fez-se, pois, muito mais capilar e analítico. À primeira vista, o termo "fonte" tornou-se uma expressão demasiadamente genérica e indeterminada. Em síntese, portanto, a atenção iniciou a focalizar-se sobre a tentativa de isolar cada um dos relatos (*Sagen*, vocábulo dificilmente traduzível: "sagas", ou seja, "histórias mítico-heroico-legendárias") e, antes ainda, de subir para os contextos vitais (na maioria orais, pré-literários) que vieram a produzi-los. Somente depois, e no fim desse processo, teria sido possível (e desejável) procurar encaminhar os individuais e autônomos relatos em colações de histórias, mais ou menos amplas e articuladas, até reconstruir verdadeiros e próprios "documentos", ou "fontes", assim como a teoria documentária havia aprendido a individuar[136].

Enquanto as investigações da teoria documentária se aperfeiçoavam num processo que, como se viu, simplesmente não era imune a involuntárias complicações[137], e as pesquisas da Escola das formas se aprofundavam, também sobre o pressuposto não pouco fugaz de uma determinação ao menos hipotética da forma oral dos diversos relatos[138], os esforços de outros estudiosos (cf., p. ex., entre outros, A. Alt, G. von Rad, M. Noth) concentraram-se

---

136. Um grupo de estudiosos pertencentes àquela que depois foi genericamente chamada "escola escandinava" aprofundou muito os estudos de H. Gunkel sobre a oralidade e sobre o estilo literário das "sagas". Aqui pode-se recordar o norueguês Sigmund O.P. Mowinckel (1884-1965); o dinamarquês Johannes P.E. Pedersen (1883-1977) e Eduard Nielsen (1923-) com o sueco Ivan Engnell (1906-1964). Três são as principais referências dessa escola: a) as maiores tradições do AT são associadas a uma ordem cultural; b) antes do exílio babilônico, a transmissão das chamadas tradições teria acontecido principalmente por via oral; c) a hipótese dos documentos tem pouco a dizer sobre o período pré-exílico, já que a escritura teria tido um papel fundamental somente depois da experiência do exílio.

137. Cf. p. **139s**.

138. Na continuação dessas pesquisas devem ser certamente recordados os nomes de Albert Eichhorn (1856-1926) e de Hugo Gressmann (1877-1927), discípulo do próprio Gunkel.

sobre a pesquisa do núcleo essencial, antigo e fundador da fé de Israel, assim como se cria que pudesse ser deduzido dos textos literários de sua história. Em outros termos, tornava-se necessário conseguir alcançar unidades literárias que constituíssem e fechassem em si – assim se pensava – a base primigênia da fé do povo.

A. Alt e o retorno às origens de Israel

Precisamente no prosseguimento e em continuidade com as tentativas de recuperar, através do estudo dos textos e de seus pressupostos, o que de originário, de primigênio e de remoto pudesse ainda ser encontrado na fé do antigo Israel pré-monárquico, assume um particular valor o trabalho de Albrecht Alt (1883-1956). Para esse exegeta, "o Deus dos pais", segundo o homônimo título de seu estudo – ou seja, o Deus que aparece nas narrações patriarcais do Gênesis – depois também de alguns paralelos que teria percebido na literatura nabateia, exatamente por não se revelar num determinado e mesmo lugar nem com um específico nome próprio, mas, ao contrário, por se ligar, em nível onomástico, com o patriarca ao qual se manifesta (pense-se na típica expressão "Deus *de* Abraão, Deus *de* Isaac, Deus *de* Jacó"), propõe-se como o Deus da religião *nomádica* de Israel. Nesse sentido, os relatos patriarcais far-se-iam portadores da genuína e autêntica religião pré- e protoisraelita, em oposição àquela estrangeira e pagã de Canaã[139]. Nesse sentido, se, para H. Gunkel, os patriarcas eram considerados heróis do *folclore* israelita, para A. Alt tornam-se verdadeiros e autênticos fundadores do culto e, portanto, personagens históricos das épocas primevas de Israel[140].

---

139. Uma decidida crítica a essa teoria, além de outras autorizadas vozes, foi formulada por Matthias Köckert (1944-), para quem aqueles modos de nomear a Deus não seriam mais do que inserções redacionais muito recentes (exílicas e pós-exílicas), com a finalidade de unir narrações patriarcais de origem independente. Também os presumíveis paralelos com a literatura nabateia revelar-se-ão de datação muito recente para serem utilizáveis em defesa da tese de Alt.

140. A propósito dessas tentativas, excessivamente otimistas, de recuperar a historicidade das remotas origens do povo de Israel, dever-se-ia recordar a assim chamada "escola americana", que esteve sobretudo envolvida na comparação (com frequência de tipo um tanto ideológico) de uma multiplicidade de textos bíblicos com os resultados e os achados das descobertas da ciência arqueológica e epigráfica no Oriente Próximo antigo. Entre os vários expoentes poderiam ser recordados: William F. Albright (1891-1971), John Bright (1908-1995), George E. Wright (1909-1974), George E. Mendenhall (1916-) e Frank M. Cross (1921-2012).
Nesse período da segunda metade do século passado não devem ser esquecidos também os trabalhos sobre os textos bíblicos que floresceram na École Biblique et Archéologique Française de Jerusalém, cujo fruto mais importante, diante também dos conhecimentos de vastos públicos,

Não só nas narrações, mas também no direito de Israel, Alt reconheceu um núcleo que, no dizer dele, teria sido testemunha de uma direta ligação com a *antiga* origem nomádica do povo. De fato, ele opôs o direito apodítico ("tu não...") ao direito casuístico ("acontecerá que... então..."): o primeiro teria tido sua origem no remoto passado nomádico de Israel; o segundo, ao contrário, num ambiente cananeu. Portanto, é dessa maneira também que, como se disse, os antigos elementos da religião primigênia e originária de Israel iniciaram a ser avaliados e reconsiderados, embora também se, com frequência, através de uma pesquisa nem sempre isenta de uma excessiva ideologia e de uma concepção talvez um pouco "romântica" demais para a possibilidade de reconstrução do passado de um povo a partir de suas fontes literárias.

G. von Rad e o sonho de uma monarquia iluminada

Gerhard von Rad (1901-1971), sempre em consonância com a preocupação de encontrar na *Toráh* os sinais e os vestígios das origens do povo de Israel, conjecturou que o Hexateuco[141], na sua forma final, não seja outra coisa senão uma ampliação de pequenos núcleos primordiais e originários, que ele chamou "credos históricos" e que percebeu primariamente em Dt 26,5b-9; 6,20-23; Js 24,2b-13). Essas microunidades literárias nada mais seriam do que a quintessência da profissão de fé do *antigo* Israel. Em Dt 26,5b-9, a forma mais antiga desse "credo", que ele chamou "pequeno credo histórico" (*kleine geschichtliche Credo*), como aparece claramente também numa primeira leitura, os temas do êxodo e do dom da terra são particularmente acentuados, ao contrário da história das origens (cf. Gn 1-11) e do dom da lei no Sinai, que parecem totalmente ausentes. O pai "arameu errante" ao qual se faz referência em Dt 26,5, outro não seria que o patriarca

---

é a tradução para o francês da Bíblia, aparelhada de amplas notas de índole histórico-críticas, conhecida como *Bíblia de Jerusalém*, cuja primeira edição remonta a 1956. Outros importantes estudiosos ligados a essa escola francesa de orientação arqueológica são Marie-Joseph Lagrange (1855-1938), Felix-Marie Abel (1878-1953), Édouard P. Dhorme (1881-1966), André Parrot (1901-1980), R.G. De Vaux (1903-1971).

Ao contrário, entre outros, há sobretudo dois autores, Thomas L. Thompson (1939-) e John Van Seters, que criticaram de modo especial estas escolas arqueológicas, reafirmando a impossibilidade de voltar, a partir dos eventos narrados, à sua real historicidade. Na mesma linha crítica, cf., p. ex., Lester L. Grabbe (1945-) e Niels P. Lemche (1945-).

Após o crescente interesse pelo estudo científico da Bíblia, porém, não pode ser esquecida a fundação do Pontifício Instituto Bíblico de Roma, em 1909, por vontade do Papa Pio X.

141. Cf. nota 130.

Jacó-Israel. Esse "pequeno credo", para von Rad, teria tido origem, em época claramente pré-monárquica, na festa das "Páscoas" (*shabu'ót*, em hebraico), em outro lugar chamada da "colheita" ou "pentecostes" (Dt 26,2-3), em Guilgal, lugar do ingresso na terra prometida (Js 4,19-24), o evento cume do próprio "credo". O dom da lei, porém, teria sido celebrado em Siquém, durante a festa das "cabanas" (*sukkót*, em hebraico), chamada também "tabernáculos" (Dt 31,9-13)[142]. Aliás, em Siquém, Josué estipulou também uma aliança entre YHWH e o povo de Israel (Js 24,25), selando-a por escrito no "livro da lei de Deus" (24,26). Esses "credos", para von Rad, foram, pois, o ponto de partida do qual o Javista iniciou a ser a complexa e articulada trama do seu Hexateuco. Portanto, se para Gunkel o Javista havia deixado de ser um autor individual para tornar-se um simples compilador de sagas e de relatos populares com tradições e "contextos vitais" autônomos, com von Rad ele não volta a ser somente um simples autor, mas sobretudo um teólogo de forte carisma e personalidade, ativo durante a época salomônica. O gênio Javista, para von Rad, na base do tema da descida dos pais para o Egito, da saída do Egito, e do ingresso na terra de Canaã – temas principais, como se viu, dos "credos históricos" – teve de construir toda a tradição do Sinai, acrescentar as tradições sobre Abraão e Isaac (só Jacó era implicitamente lembrado, como se viu, no "pequeno credo" de Dt 26,5b-9), criar uma transição com o êxodo através da composição da história da José e preparar um prólogo a todo o afresco literário com a inserção da história das origens do mundo e da humanidade (Gn 1–11).

É desse modo que o Javista, para von Rad, ascende ao papel de máximo expoente entre os autores que teriam contribuído para a redação do atual Hexateuco. Sob sua luz, o eloísta e o sacerdotal só podem aparecer como parentes pobres e de pouca influência. O "programa" desse supremo autor – a seguir chamado também "*kérigma*" do Javista – para von Rad é visto em Gn 12,1-3: é a partir da promessa da bênção para todas as nações através de Abraão, fundador de Israel, que, por um lado, é posto um fim à crescente maldição do pecado que vinha aparecendo em Gn 1–11 e, por outro, prefigurava também a definitiva realização daquela mesma bênção no tempo de Davi e Salomão, isto é, no tempo em que Israel tornou-se finalmente uma "grande nação" sob um "grande rei" (cf. Gn 12,2 e 2Sm 7,9). Também para

142. Para estas duas festividades do calendário litúrgico hebraico cf. p. **270-274**.

G. von Rad, pois, como foi para J. Wellhausen, o tempo da monarquia foi lido como a época áurea para Israel: o tempo do reino unido, do Javista-teólogo-de-corte e, como o próprio von Rad se exprimia, o tempo do "iluminismo salomônico" (*salomonische Aufklärung*).

M. Noth e a "história da transmissão" das tradições *(Überlieferungsgeschichte)*

Se o nome de G. von Rad, foi visto, está sobretudo ligado à centralidade assumida pela monarquia em Israel em referência aos inícios da constituição literária da *Toráh* por obra do Javista, o nome de Martin Noth (1902-1968) está especialmente ligado, dentro dessa tentativa de recuperar o remoto passado de Israel, ao aprofundamento do período histórico pré-monárquico daquele povo.

Estudando o Livro de Josué, ou seja, o livro em que se narra prevalentemente a conquista da terra de Canaã por parte de Israel, este autor não encontrou ali nenhuma presença das antigas e já clássicas fontes "J", "E" e "P". Por outro lado, como havia evidenciado G. von Rad com seus estudos sobre os "credos históricos", a entrada na terra prometida apresentava-se como a conclusão natural e consequente de toda a história do povo de Israel. Portanto, Noth conjecturou que, nas redações últimas do atual Pentateuco, o relato da conquista – que necessariamente, em seu modo de ver, as antigas fontes deveriam conhecer – teve de ser eliminado e, portanto, substituído com aquilo que agora é apresentado no Livro de Josué. Depois, Noth considerou todo o Livro do Deuteronômio (com exceção de Dt 34 e outras pequenas partes dos c. 31–33) como prólogo e introdução à "obra histórica deuteronomista", atualmente presente do Livro de Josué até 2 Reis. É desse modo, pois, que Noth colocou-se contra a hipótese de um Hexateuco – que dos tempos de J. Wellhausen até o coetâneo G. von Rad tivera um crescente consenso – postulando, ao contrário, a existência de um Tetrateuco (de Gênesis a Números)[143]. Foi somente com o acréscimo dos c. 32–34 ao Livro do Deuteronômio que esse livro tornou-se, para Noth, parte de um Pentateuco. Essa intervenção redacional teria acontecido no momento em que a história

143. Cf. nota 129. Deve-se notar que, com o postulado de um originário Tetrateuco, Noth mudou radicalmente o modelo da clássica hipótese documentária. Com efeito, ele considerava que os documentos mais antigos ("J" e "E") contivessem um único fio narrativo que, dentro do Hexateuco, deveria iniciar pelas origens (Gn 2) para terminar com a conquista da terra (Js 24).

deuteronomista (Gn–2Rs) foi isolada daquilo que a precedia (Tetrateuco + Dt), ou seja, num período um tanto tardio da história de Israel.

Na esteira dos trabalhos de G. von Rad e influenciado pelos estudos sobre a oralidade dos relatos populares de H. Gunkel, M. Nolth viu alguns temas que julgou entre si *independentes* quanto à origem, unidos somente depois para formar a atual obra literária do Tetrateuco. É precisamente em virtude da transmissão desses temas e de sua longa história que ele falou de "história da transmissão" (*Überlieferungsgeschichte*). Os temas que ele viu são cinco: *a*) a saída do Egito; *b*) a parada no deserto; *c*) o ingresso na terra; *d*) as promessas aos patriarcas; *e*) a teofania no Sinai. Teatro e polo de atração e de crescimento desses temas foram para Noth os vários santuários de Israel junto com seu contexto cultual. As personalidades escritoras palpitantes por trás das fontes "J", "E" e "P" ter-se-iam sobretudo limitado a compilar e a ordenar aquilo que daqueles temas, na realidade, já fora abundantemente se estabilizando a partir de sua forma oral.

Se, como se viu, J. Wellhausen foi influenciado por uma certa ideologia política, filosófica e religiosa e o próprio G. von Rad não foi imune a um certo condicionamento cultural dividido entre o protestantismo (pense-se na oposição entre "lei" e "evangelho"), por um lado, e o ideal romântico de exaltação de importantes personalidades do passado (pense-se no seu Javista), M. Noth não deixou por menos. Cá e lá aflora com não insignificante evidência sua tomada de distância do nacional-socialismo de sua época. Realmente, para Noth, Moisés, ou seja, o "guia" e o "Duce" (*Führer*, em alemão!) de Israel, está ausente em todas as antigas tradições do êxodo, do deserto e do Sinai (a única certeza a seu respeito, para este autor, parece ser só a tradição sobre seu túmulo!). De fato, será somente graças ao autor deuteronomista, mais recente do que as antigas fontes "J" e "E", que Moisés tornar-se-á uma figura de absoluto primeiro plano nas tradições sobre as origens de Israel[144].

Segundo Noth, sob os cinco grandes temas independentes que ele encontrou e julgou ativos já em forma de tradição oral, teria havido somente um denominador comum: a concepção de Israel como *um* e *único*. Em outros termos, já a partir das fases orais precedentes a "J" e a seu período histórico (a corte de Davi), para Noth, Israel devia existir como entidade política

---

144. Cf. SKA. *Introduzione*, p. 140 nota 99.

constituída. É a esse propósito que ele, sob o modelo das anfictionias gregas, falou de uma "anfictionia do antigo Israel", ou seja, de uma "confederação das doze tribos" já ativa em época pré-davídica, no tempo dos Juízes. Nesse sentido, porém, a imprópria projeção em âmbito bíblico dessa entidade de sabor eminentemente grego aparece bastante evidente.

Desse modo, portanto, a atenção é transferida para os aspectos históricos pré-monárquicos do antigo Israel. Tal confederação, na visão pan-israelita de Noth, deveria ter tido tanto uma fé (celebrada em diversos santuários) como um exército comum no qual exprimir, litúrgica e militarmente, a unicidade de intenções e de proveniência[145].

Todavia, no que concerne ao estudo da fonte sacerdotal, até agora quase unanimemente considerada só do ponto de vista dos materiais jurídicos e legislativos nela contidos, Noth, ao contrário, evidenciou primeiramente seus aspectos mais narrativos e literários: de fato, sobre isso ele falou de "relato sacerdotal" (*P als Erzählung* ou, também *P-Erzählung*). Além de algumas partes legislativas (cf. Ex 25*–31*; 35*–40*; Lv 8; 9)[146], de per si remontantes, como muitos de seus textos narrativos, à própria fonte ("P^G^"; onde "^G^" significa *Grundschrift*, "escrito-base"), o restante dos materiais jurídicos derivaria de acréscimos e inserções mais recentes ("P^S^"; onde "^S^" significa *sekundär*, "secundário").

R. Rendtorff: um novo ponto de partida

Uma contribuição decisiva, destinada a obter importantes consensos, como também de se tornar base para novos inícios de reflexão, é a de Rolf Rendtorff (1925-), sucessor de G. von Rad na universidade de Heidelberg. Segundo este autor, existe uma clara contradição no uso sinérgico de duas metodologias exegéticas que, desde a época de H. Gunkel, muitos autores adotaram simultaneamente: a "história das formas" por um lado, e a "hipótese documentária" ou "crítica literária" por outro. Em outros termos, só pode resultar em evidente contradição postular ciclos narrativos isolados ou pequenas unidades literárias, como quer sustentar a primeira das duas

145. Também por trás do postulado dessa antiga confederação israelita pré-monárquica é possível continuar a entrever um laço com suas concepções políticas e ideológicas: mesmo antes da chegada de um monarca, Israel estava, portanto, perfeitamente em condições de se organizar numa espécie de "democracia", que lhe consentia autonomia e subsistência.

146. O asterisco (*) não significa a totalidade do capítulo a que é aposto, mas somente a uma parte.

metodologias e, ao mesmo tempo, a existência de fontes completas, consequentes e paralelas, como, ao contrário, afirma a hipótese documentária. Não é possível, dito de outra forma, que exista um Javista que planifique de próprio punho uma *inteira* e articulada história da salvação (da criação à conquista da terra) e, ao mesmo tempo, se limite a confrontar "histórias isoladas (*Einzelsagen*) ou "unidades (narrativas) maiores" (*grössere Einheiten*) já em existência e, portanto, produzidas por outros e em épocas precedentes. Por outro lado – continua ele a notar – não é também possível que um autor, como por exemplo o Javista, tenha escrito uma única história da salvação – da criação à conquista da Terra – e depois, no interior dessa mesma história, a uma leitura mais cuidadosa, possam-se encontrar temas mantidos entre si em clara separação e incomunicabilidade. Um caso exemplar, nesse sentido, é a promessa da terra feita por YHWH aos patriarcas em Gênesis que, no relato do êxodo, desaparece completamente, a não ser em poucas e bastante recentes inserções redacionais (cf. Ex 32,13; 33,1; Nm 14,16). Quando Deus se manifesta a Moisés na forma de uma sarça ardente, por exemplo (Ex 3,1-6), não promete absolutamente conduzir Israel para a terra (Canaã) multiplamente por Ele prometida aos patriarcas, mas, *vagamente*, para uma terra "na qual corre leite e mel" (Ex 3,8-17).

Entre estas duas metodologias exegéticas advertidas, com razão, entre elas em clara contradição, Rendtorff opta pelo método da "história da transmissão" de Noth e, seguindo-o, postula a existência (mas não, como ele, em nível de fase oral) de seis unidades narrativas maiores originariamente independentes e só *muito recentemente* unidas mediante laços de origem redacional: *a*) a história das origens; *b*) as histórias dos patriarcas; *c*) a saída do Egito; *d*) a marcha no deserto; *e*) a perícope do Sinai; *f*) a conquista da terra. Dessa forma, ele rejeita totalmente a ideia da existência de fontes que atravessam a totalidade do Pentateuco, assim como era postulado pela hipótese documentária[147].

É também por esta série de motivos que Rendtorff rejeita a hipótese da existência de um Javista, assim como a crítica literária desde os tempos precedentes aos de J. Wellhausen quisera introduzi-lo. Pensando na formação

147. M. Noth, diferentemente de R. Rendtorff, julgava que a união das unidades maiores do Pentateuco não remontasse a uma redação de tipo deuteronômico, por volta da época exílica, mas a uma época até pré-monárquica.

do Pentateuco, ele julga a antiga hipótese dos "fragmentos" e, só em parte, a dos "complementos"[148], como a mais adaptada para explicar tal origem. Segundo este exegeta, os atuais textos do Pentateuco apresentam em justaposição dois diferentes tipos de redações: um de caráter deuteronômico e um de natureza sacerdotal, aos quais deveriam ser acrescentadas também várias outras intervenções redacionais posteriores a eles. Nesse sentido, como testemunham estas mesmas redações, foram sobretudo o exílio e o pós-exílio – e não mais as antigas épocas pré-exílicas – os períodos em que, segundo seu pensamento, a maior parte dos textos do Pentateuco foi redigida, em alguns casos reorganizados.

Rumo ao nascimento de uma nova sensibilidade exegética

Mesmo após as intuições de R. Rendtorff, os anos 70 do século passado viram o florescimento sempre crescente de estudos que puseram em séria crise o modelo exegético até então imperante na hipótese dos documentos. A ampla perda de seu consenso abriu, de fato, a pesquisa exegética sobre o Pentateuco para uma incerteza e uma crise que duram até os nossos dias. Particularmente, a considerada *antiguidade* de certas tradições literárias é que foi fortemente posta em questão. A ideia de A. Alt de poder subir aos primórdios do Israel nômade, como também aquela de M. Noth, sobre a reconstrução do período pré-monárquico de Israel, de G. von Rad, a propósito da antiguidade de seus "credo históricos" ou, geralmente, da própria hipótese documentária, a respeito das remotas época em que os documentos "J" e "E" teriam visto a luz, pelo aparecimento desses novos estudos receberam pesados e, sobretudo, bem justificados ataques.

A partir dos últimos trinta anos do século passado várias e diversificadas foram as teorias avançadas pelos estudiosos para procurar dar a razão da formação do Pentateuco e de cada um de seus livros. Apesar de estar ainda bem longe da percepção de um paradigma exegético de consenso quase universal – como foi, tempos atrás, o da hipótese documentária – o que parece em nossos dias encontrar um acordo particularmente partilhado (ainda que, por certo, não unanimemente) é a importância a ser concedida às épocas recentes da história de Israel – exílicas e pós-exílicas – como períodos ideais para a constituição de muitas importantes seções do Pentateuco, além de

148. Cf. p. **132s**.

para a definição de seu arranjo final. Desse ponto de vista, pois, a respeito do passado, atualmente assiste-se a uma especular inversão de tendência: já não são os remotos primórdios de Israel, e sim as recentes épocas do período persiano e helenista a se imporem como os momentos mais adaptados e inatos para a formação das principais partes do Pentateuco. Como muito facilmente pode ser intuído, desse modo iniciava-se explicitamente a admitir que a história bíblica apresenta-se sobretudo como uma construção teológica que não espelha o ordenado e consequencial andamento dos fatos pelos quais é narrada. A ordem consequente e progressiva com a qual a história da salvação parece ser narrada, pois, na realidade, seria fruto de uma tardia reconstrução literária, fruto de multiformes intervenções redacionais e de complexas e diacronicamente diversificadas operações de reelaboração dos textos. O contexto cultural de crise e de incerteza que seguiu ao fim do segundo conflito bélico mundial, a discussão de muitas ideologias até então imperantes e, não por último, o surgimento da própria revolução estudantil de 1968 explicam bem, no seio da exegese bíblica, a reavaliação do período da crise e da forte desestabilização identitária que, para Israel, coincidiram com os anos da experiência do exílio babilônico e com o tempo, terminado o exílio, do seu retorno a uma pátria destruída e reabitada por outros.

Além disso, no último quarto do século passado, o interesse da exegese bíblica, sobretudo a de língua francesa e depois, também a americana, graças às leituras estruturalistas, retóricas, semióticas e narratológicas, deslocou-se prevalentemente sobre o estudo da forma *final* do texto bíblico, prescindindo assim quase que totalmente da observação e da reconstrução dos contextos históricos em que tais textos teriam vindo à luz. Em outros termos, o que iniciava a ser observado não era tanto o devir e a evolução redacional das perícopes bíblicas, mas antes, também por reação a certas derivações e involuções da exegese histórico-crítica, sua forma atual, *canônica* e final. Um autor como Brevard S. Childs (1923-2007) falará, não por acaso, de *Canonical Criticism*[149]. Nesse sentido, o interesse deslocou-se sobretudo sobre o estudo das técnicas narrativas ou, também, sobre o das figuras estilísticas e literárias dos textos do Pentateuco. Tal tipo de aproximação, porém, tornou-se

149. Dentro dessa "leitura canônica" da Bíblia deveria ser particularmente lembrado também James A. Sanders (1927-), como também, entre outros, Luis Alonso Schökel (1920-1998), Robert B. Alter (1935-) e Adele Berlin (1943-).

particularmente importante também para a própria exegese histórico-crítica, enquanto o estudo aproximado da estrutura e da forma de um texto podia ajudar muito para determinar tanto sua homogeneidade como de sua falta de homogeneidade, contribuindo assim para pôr em evidência eventuais tensões ou incongruências a serem imputadas, em certos casos, à presença de determinadas intervenções redacionais enraizados sobre os textos no curso dos séculos.

Algumas recentes explicações sobre a origem do Pentateuco

Após a queda das certezas recolocadas no paradigma exegético da hipótese documentária, no panorama dos estudos exegéticos sobre o Pentateuco dos últimos quarenta anos reina uma mistura variada e heterogênea de teorias e de modelos, propostos com o objetivo de dar a razão da formação do Pentateuco e da consecução do arranjo final de seus textos. Com efeito, como se viu, a partir substancialmente dos anos 70 do século passado, assiste-se a uma considerável revolução na maneira de perceber e de aproximar, exegeticamente falando, os textos do Pentateuco. Como já se antecipou, são sobretudo as recentes épocas da história do Israel bíblico (exílicas e, sobretudo, pós-exílicas) a serem percebidas como particularmente oportunas para a constituição dos primeiros cinco livros do cânon hebraico.

Com a radical mudança de perspectiva e de observação dos textos apenas lembrada, a "fonte" que sofrerá maior reflexão em relação às clássicas teorias da hipótese documentária será a *javista* ("J"). Essa fonte deverá necessariamente deixar a corte repleta de sonho do Rei Salomão (cf., p. ex., entre outras semelhantes, a teoria de G. von Rad) para transferir-se para a realidade sempre mais incerta e precária do período exílico e pós-exílico da história de Israel. Aliás, à "fonte" *sacerdotal* ("P") será reconhecida a decisiva tarefa de haver recolhido e organizado os materiais textuais a ela preexistentes, sendo assim a primeira, também através da redação de novos textos, a dar uma leitura unitária das mais antigas tradições textuais, além de um novo significado.

Na realidade, como se iniciou a ver, será exatamente o próprio conceito de "fonte" a ser completamente repensado e posto em discussão: portanto, não mais *documentos* completos, independentes e paralelos, como postulava a antiga hipótese documentária, e sim *tradições* e *redações*, frequentemente independentes entre si e mais ou menos amplas, representáveis segundo as igualmente antigas hipóteses dos fragmentos e dos complementos[150]. Teria sido precisamente o Sacerdotal, como se disse, o maior artífice de sua organização e sistematização, porém, considerando ainda que uma importância crescente será dada também às tradições *posteriores* (e, portanto, ainda mais recentes) à própria escola sacerdotal, ativa nos primeiros anos do período pós-exílico do povo de Israel. Além disso, especialmente nos livros do Êxodo a Deuteronômio, será reconhecida uma considerável importância, como veremos, também às redações de tipo, de gosto e de estilo deuteronomista ("dtr"), enquanto a "fonte" eloísta, desde sempre mais fraca em relação à considerada determinante "fonte" javista, na prática desaparecerá totalmente do horizonte exegético.

O Javista: rumo à abertura de novas fronteiras

Se os esforços da pesquisa sobre o Pentateuco até os estudos de R. Rendtorff foram substancialmente os de legitimar um Javista o mais antigo possível e de enaltecê-lo num período áureo da história de Israel – a corte davídica e salomônica – as intenções da exegese contemporânea tendem geralmente a transferi-lo para período muito mais recente da história daquele povo: o exílio e o pós-exílio.

Naturalmente, assumindo pontos de vista mais desviados para épocas recentes e, ao mesmo tempo, fortemente instáveis, críticas e complexas da história de Israel, começava a vacilar também toda a armação teórica da hipótese documentária, que nas épocas ainda precedentes àquela de J. Wellhausen, foi visto, impusera-se rica de força e de consensos.

Com efeito, se o Javista, ou seja, *a fonte* da crítica literária clássica, tornava-se uma produção do exílio (se não do pós-exílio), era inevitável que em seu resvalamento para frente, também todos os outros "documentos" viessem a tropeçar. Além disso, como já se iniciou a ver com o próprio R. Rendtorff, começava-se a pôr em discussão também a própria existência de um Javista definido e compreendido como uma fonte ou um documento[151].

---

150. Cf. p. **132s.**

151. R. Rendtorff deveria ser considerado o pai daquela que a seguir foi chamada "Escola de Heidelberg", o nome da cidade em cuja universidade ele ensinava. Entre seus maiores representantes é preciso recordar Frank Crüsemann (1938-), Rainer Albertz (1943-) e Erhard Blum (1950-). Para este último autor, cf. p. 167-169.

Independentemente daqueles que já não consideram plausível compreender o Javista como uma fonte literária (cf. R. Rendtorff, E. Blum e a assim chamada "escola de Heidelberg"), como ao contrário fora percebida desde a antiga hipótese documentária, numa extrema tentativa de síntese poder-se-ia resumir em duas as maiores tendências nas quais é possível levar a vasta produção exegética dos últimos quarenta anos a seu respeito:

a) O Javista é um autor posterior ao Deuteronômio e à história deuteronomística, embora sempre precedente ao escrito sacerdotal (cf. H.H. Schmid; M. Rose; J. Van Seters; Frederick V. Winnert [1903-1989]; Hans-Christoph Schmitt [1941-]; Hermann Vorländer [1942-]; Christoph Levin [1950-]).

B) O Javista é um autor cuja obra foi muito redimensionada quanto ao comprimento e aos conteúdos (cf. Jacques Vermeylen [1942-]; P. Weimar; E. Zenger).

Um grupo em si, porém, é constituído por aqueles que continuam a defender substancialmente as posições da antiga hipótese documentária[152].

É precisamente por considerar as evoluções dos recentes estudos sobre o Pentateuco a propósito da sorte atribuída aos "antigos documentos" que é possível iniciar a resumir algumas teorias sobre a fugidia história da composição dos cinco livros da *Toráh*.

H.H. Schmid e o Javista deuteronomisticizado

Dentro dessa reavaliação dos períodos recentes da história de Israel, além do nome de R. Rendtorff é necessário mencionar também o de Hans Heinrich Schmid (1937-). Este exegeta, partindo de um estudo estilístico, lexicográfico e temático dos textos javistas segundo a atribuição e a delimitação propostas cerca de trinta anos antes de M. Noth, chegou à conclusão que eles parecem consentir pressupor tanto o profetismo do VIII e do VII século a.C., como a teologia da literatura deuteronômica e deuteronomística, realidades decididamente bem mais tardias do que o antigo reino salomônico do século X a.C. Nesse sentido, como prova, ele notou que a maioria das tradições assim chamadas javistas dos livros do Pentateuco nunca são mencionadas, fora dele, em textos de origem pré-exílica. Embora não se pro-

152. Cf. p. 139-141.

nuncie sobre a particularidade da relação e, sobretudo, sobre a ordem cronológica que deveria existir entre o seu Javista e a literatura deuteronomística, H.H. Schmid conseguiu, porém, mostrar que aquilo que antes, sob o nome de Javista, era contextualizado nos tempos da monarquia do reino unido (de Davi e) de Salomão, na realidade dava a prova de ser colocável nos períodos do fim da própria monarquia e, portanto, em épocas muito próximas ao exílio de Israel na Babilônia, em âmbito de proximidade com as assim chamadas escolas deuteronomísticas. Na compreensão desse exegeta, além disso, o Javista cessava de ser percebido como uma personalidade individual e única, como era considerada, por exemplo, por G. von Rad, para assumir, ao contrário, a multiplicidade e a característica poliédrica de inteiros processos redacionais.

M. Rose e o Javista posterior ao Deuteronomista

A obra empreendida por H.H. Schmid a propósito das relações percebidas entre os assim chamados textos javistas do Pentateuco e a literatura deuteronômica e deuteronomística, foi continuada por seu aluno Martin Rose (1947-). Partindo de uma comparação sistemática entre alguns textos iniciais da história deuteronomística (Dt e Js) com outros textos do Tetrateuco (Gn–Nm) que se referiam às mesmas tradições, ele demonstrou que os textos assim chamados javistas *pressupunham*, na realidade, aqueles da história deuteronomística. Desse ponto de vista, pois, chegou à conclusão que o material javista do Pentateuco deveria na realidade ser *posterior* àquele deuteronomístico. Consequentemente, "J" deveria ser datado mais tardiamente do que a (primeira edição da) história deuteronomística. Terminando a história deuteronomística com a condenação de Israel ao exílio babilônico, objetivo de "J" teria sido, pois, o de infundir uma nova esperança nos exilados após os trágicos acontecimentos de 587 a.C.

Na sua reconstrução da instalação composicional dos livros do Pentateuco, M. Rose considera o Javista como o artífice do primeiro Tetrateuco. Essa obra jamais teria sido concebida para tornar-se uma narração independente. Ao contrário, ela teria sido elaborada simplesmente como um prelúdio à história deuteronomística (Js–2Rs).

J. Van Seters e o Javista no exílio

Continuando a ação daqueles que entendem associar o Javista aos recentes períodos do exílio babilônico está também John Van Seters (1935-).

Segundo este exegeta, o Javista seria primeiramente um historiador, comparável, por exemplo, no mundo grego do século V a.C., a Heródoto ou a Helânico. No tempo do exílio (ainda que, nos seus últimos trabalhos, pensa até no pós-exílio), ele teria preparado a trama básica do todo o Pentateuco, a qual, em épocas ainda mais tardias, teria sido completada por vários extratos redacionais, entre os quais, primariamente, aquele da redação sacerdotal ("P"). Nesta sua visão, o Javista, para a redação da própria obra, ter-se-ia servido de algumas redações eloístas e protojavistas a ele precedentes.

Assim se observa que para este autor seja um pouco reavaliada a antiga teoria dos *complementos* (cf. tb., em parte, R. Rendtorff e a escola de Heidelberg), que postulava um núcleo textual inicial a seguir complementado e enriquecido pela intervenção de uma série de acréscimos redacionais. O grande afresco historiográfico que, segundo Van Seters, teria preparado o autor javista aproxima-se muito da grande obra literária que, como se viu, teria composto o mesmo autor segundo G. von Rad. A única radical diferença entre estas duas visões é que, em relação àquela de von Rad, o Javista de Van Seters teria agido quatro ou cinco séculos depois. Como M. Rose, também Van Seters considera que "J" tenha sido primeiramente concebido como um *prólogo* à história deuteronomística, sendo também a ela posterior[153]. Nesse sentido, Van Seters considera que tanto por trás do prólogo javista como por trás da história deuteronomística não devam tanto ser vistos uma série de redatores ou, no máximo, de editores, mas antes dois diferentes e individuais autores, ambos pós-exílicos.

P. Weimar, E. Zenger e o Javista redimensionado

Como antes já se acenou, no atual panorama exegético dos estudos sobre o Pentateuco a sorte do Javista não se joga somente entre aqueles que abaixaram muito, como se viu, a sua datação, mas também entre aqueles que reduziram substancialmente sua composição. Entre estes, é preciso re-

153. Com posições semelhantes encontramos também o já mencionado C. Levin. Contrariamente a Van Seters, para ele o Javista simplesmente não teria sido um *autor*, mas um *redator* que teve à sua disposição um amplo número de fontes literárias. Para Levin, o Javista teria sido sobretudo um teólogo da diáspora que seguiu ao fim do exílio babilônico, valorizando antes uma religiosidade popular, entrando também em polêmica com a "ortodoxia" da ideologia deuteronômica e deuteronomística, expressa na vontade de centralização do culto em Jerusalém. Curioso é notar que, ao contrário de Levin (e de Van Seters), M. Rose percebia o Javista como um *direto* descendente dos Deuteronomistas e, portanto, pertencente à mesma ideologia.

cordar Peter Weimar (1942-) e Erich Zenger (1939-2010), ao menos, em referência a este último, na primeira fase de sua pesquisa. Segundo estes exegetas, o autor javista, mesmo devendo sempre ser colocado, segundo a clássica hipótese documentária, na antiga época salomônica (século X a.C.) seria na realidade responsável somente por um restrito núcleo textual formado por poucas perícopes entre Gênesis e Números. Sempre conforme o modelo da hipótese dos complementos, ele se teria expandido através de uma discreta multiplicidade de fases e de redações: em época pré-exílica, através da integração dos fragmentos eloístas; em época exílica mediante a inserção dos estratos redacionais deuteronomísticos; sempre em época exílica, mas também nos primeiros tempos do pós-exílio, através da inclusão do escrito do autor sacerdotal. Este último, em particular, teria sido constituído de um documento exílico de base ("P^G"), depois expandido através de uma ulterior redação pós-exílica ("P^S").

Segundo as teorias desses autores, no tempo do exílio, além da inserção do Deuteronômio, as redações deuteronomísticas teriam formado uma história que do Gênesis se estendia até 2Rs. Foi somente em época pós-exílica que o Pentateuco teria sido separado do restante da história deuteronomística (Js–2Rs). Em particular, segundo ulteriores e mais recentes reflexões, E. Zenger conjecturou que a primeira importante obra redacional que teria ajuntado muitas narrações do atual Pentateuco teria acontecido em Jerusalém depois do ano 700 a.C., ou seja, num tempo posterior à queda do Reino do Norte por mão do exército assírio. Esse trabalho redacional, por obra sobretudo dos círculos sacerdotais e proféticos, foi diferenciado por Zenger com o nome de "obra histórica hierosolimitana" (*Jerusalemer Geschichtswerk*). Mais tarde, o trabalho teria sido revisto e ampliado durante a época exílica. A nova redação que daí teria brotado foi chamada com o nome de "obra histórica exílica" (*exilisches Geschichtswerk*). Para Zenger, as últimas etapas da composição do Pentateuco teriam sido constituídas pelos acréscimos do relato sacerdotal, escrito por volta de 520 a.C., e pelas integrações exílicas e pós-exílicas ao Livro do Deuteronômio.

O Javista inexistente? Algumas considerações de síntese sobre o atual debate

No fim deste *status quaestionis* deduz-se com relativa facilidade que hoje não existe ainda um consenso unívoco e incontestável sobre a sorte a ser dada ao assim chamado Javista. Pode-se dizer que, a partir dos estudos de R. Rendtorff, a opinião mais apoiada pelos textos à nossa disposição seja aquele que quer evitar ver um Javista como autor único, individual e cronologicamente remontante aos períodos remotos da história de Israel, assim como quereria a hipótese documentária. Parece muito mais provável e coerente manter na base do atual Pentateuco uma série de ciclos de relatos ou de individuais histórias independentes e isoladas entre si. De fato, como já fora notado por Rendtorff, não é possível encontrar nos estratos textuais mais antigos laços ou claras relações de conexão, de dependência ou de comunicação entre as isoladas singularidades desses relatos. Por exemplo, é difícil encontrar relações ou conexões entre a história das origens (Gn 1–11) e os relatos patriarcais (Gn 12–50) ou entre as próprias tradições patriarcais e as do êxodo. Os frágeis laços que hoje são apreciados entre esses ciclos dos relatos são na realidade atribuíveis ao trabalho dos redatores ativos em simultaneidade ou posteriormente às obras deuteronômica/deuteronomística e sacerdotal, durante as recentes épocas exílicas ou pós-exílica da história de Israel[154].

Em outros termos, uma redação consequencial e homogênea de Gênesis a Números (Deuteronômio), como aquela que o Javista teria feito segundo o antigo modelo da hipótese documentária, jamais teria sido possível em épocas pré-deuteronomísticas e pré-sacerdotais. Além disso, tornar-se-ia também bastante difícil defender um Javista *salomônico*: com efeito, seria pouco verossímil ambientar seu estilo e sua teologia em períodos tão antigos da história de Israel; isto é, em tempos bem distantes da reflexão histórica do Deuteronomista e dos profetas escritores. E mais, aquelas remotas épocas da história de Israel estavam totalmente desprovidas de uma solidez econômica e cultural que pudesse fazer chegar a produzir uma obra literária de tal estrutura, importância e consistência. O próprio silêncio dos profetas pré-exílicos em relação à interação e à comunicação entre os vários blocos narrativos presentes no Pentateuco poderia talvez ser uma tímida mas inequívoca confirmação daquilo que foi postulado até agora. Ao contrário, mas no mesmo sentido, se não existem postulados e convergências entre o suposto Javista salomônico e as obras históricas que tratam das épocas da primeira monar-

154. Segundo Konrad Schmid (1965-), filho do citado H.H. Schmid (cf. p. **155s.**), teria sido precisamente o autor sacerdotal a ter posto primeiramente em conexão as tradições patriarcais com aquelas ligadas ao Êxodo. Portanto, antes do relato sacerdotal jamais teriam existido laços e conexões textuais entre os atuais Livro do Gênesis e Livro do Êxodo.

quia em Israel (cf. 1–2Sm) – aquelas em que teria agido o suposto autor Javista (séculos X-IX a.C.) – encontram-se, porém, profundas consonâncias com os mais recentes escritos exílicos e pós-exílicos.

Portanto, hoje é difícil sustentar que no tempo do Israel pré-exílico existisse um autor – convencionalmente chamado Javista – que tenha escrito uma história da salvação, bem articulada e conexa, das origens do mundo ao ingresso na terra de Canaã, como havia postulado a hipótese documentária clássica. A suposição talvez mais razoável é a que, como se viu, postula a existência não tanto de ciclos narrativos completos quanto de relatos e de tradições isoladas, absolutamente não recolhidos num único "documento". Nesse sentido, objetivando melhor compreender e justificar a formação do atual Pentateuco, deve-se, pois, recuperar as antigas teorias dos "fragmentos" e, em parte, dos "complementos". Textos como os "credos históricos", que põem em comunicação, como se viu, temas pertencentes a diversificados ciclos de relatos (patriarcas, êxodo e conquista), ao contrário daquilo que é sustentado por von Rad[155], sobretudo hoje, com sólidos argumentos, são considerados textos datáveis em épocas bastante recentes da história de Israel: exílicas e pós-exílicas. De fato, em geral, os laços entre as várias histórias de caráter independente espalhadas no atual Pentateuco devem ser considerados fruto de intervenções redacionais tardias. Antes de chegar à existência de ciclos completos de relatos e de conexões transversais entre alguns temas de suas histórias, deveriam, então, circular só tradições ou florilégios de tradições isoladas e separadas. Aliás, como já se afirmou, nenhum profeta pré-exílico deixou-nos testemunho de ter tido um integrado e consequencial conhecimento das várias tradições patriarcais, exódicas, do deserto e da conquista. Este é um provável indício do caráter relativamente recente de seu uso. Nesse sentido, não deveria estar demasiadamente longe da verdade conjecturar que o trabalho redacional realizado para unir e conectar as maiores e isoladas tradições atualmente apreciáveis no seio do Pentateuco deve ter tido específico impulso em épocas particularmente tardias, posteriores às obras deuteronômica e deuteronomística, para chegar àquela da escola sacerdotal.

O desaparecimento do Eloísta

No panorama da exegese contemporânea sobre o Pentateuco, sorte ainda mais crua do que a fonte javista foi reservada à eloísta.

155. Cf. p. **144-146**.

Para dizer a verdade, esse tipo de fonte nunca foi claro e definido nas suas características de estilo e de conteúdo desde os tempos dos primeiros passos da crítica literária. O Eloísta mais ou menos sempre sofreu a projeção da sombra do Javista: de fato, com frequência, independentemente do novo divino *'elohím*, sob sua sigla ("E"), eram catalogados textos, expressões e sintagmas que não se deixavam fechar por nenhuma das outras fontes. O próprio J. Wellhausen, como se viu, preferia falar sobretudo de uma redação Jehovista ("R^{JE}"), achando um tanto difícil poder claramente reconstituir, a partir dos atuais textos do Pentateuco, as fontes "J" e "E"[156]. Portanto, se o Javista, como grande teólogo de cortes iluminadas que era, no prosseguimento da especulação exegética tornou-se o anti-herói de um exilado entre os exilados, assim como antes temos observado, o Eloísta foi simplesmente feito desaparecer de cena. Aliás, desde os trabalhos dos já conhecidos P. Volz e W. Rudolph[157], a existência dessa fonte foi fortemente posta em dúvida. Ainda hoje, porém, os que apoiam a teoria documentária, embora admitindo, por vezes, a efetiva fugacidade desse documento, esforçam-se de várias maneiras para recuperar-lhe a vida.

O robustecimento do Sacerdotal

Ao contrário da obra do assim chamado autor javista – para calar aquela do suposto autor eloísta – o papel do Sacerdotal revigorou-se e se reforçou sempre mais, não tanto pela quantidade dos materiais textuais quanto, por um lado, pela importância e a deslocação estratégica de seus conteúdos no interior das narrações e, por outro, por sua obra de releitura e sistematização das mais antigas tradições escritas de Israel. Hoje, como aliás já se viu com o Javista, a tendência é não ler o Sacerdotal como uma "fonte" ou um "documento" completo e paralelo às outras "fontes", como quer sustentar a hipótese documentária. Ele seria antes uma *redação*, embora de natureza bastante particular[158]. Com efeito, por um lado, ela dá provas de conhecer os materiais e as tradições antigas que, com glosas ou com verdadeiras e pró-

---

156. Cf. p. **137s**.

157. Cf. p. **140**.

158. Entre os que apoiam essa nova tendência podemos citar, entre outros, os já conhecidos J. Van Seters, R. Rendtorff e F.M. Cross. De qualquer modo, considerem-se ainda E. Blum e também o mais antigo P. Volz.

prias inclusões redacionais de textos, relê e reinterpreta segundo outros objetivos e diversificados entendimentos. Por outro lado, porém, precisamente pelas marcadas e bem reconhecíveis características estilistas, teológicas e ideológicas dos próprios textos, torna-se um tanto difícil poder considerá--los só como simples e desarticuladas integrações ao que já existia. É por isso que, com Jean-Louis Ska (1946-), é conveniente falar de uma "relativa independência" desse escrito[159]. Realmente, ele se encontra, ao mesmo tempo, tanto numa situação de diálogo e de interação com os escritos que o precederam quanto numa condição de autonomia e de autossuficiência, a ponto de ter constituído a base e a estrutura fundamental dos materiais textuais que o precederam, fornecendo assim uma espécie de leitura unitária às tradições mais antigas. A particular importância literária e teológica desse escrito contribuiu também, em muitos estudos exegéticos contemporâneos, para mudar muito – e radicalmente – a nomenclatura das várias tradições textuais que atualmente estão reunidas no Pentateuco. De fato, hoje não se tende tanto a distinguir os textos entre "javistas", "eloístas" e "sacerdotais" (como obviamente continuam a fazer os expoentes da *nova* crítica literária)[160] quanto entre textos "sacerdotais" e "não sacerdotais", onde, entre estes últimos, devem-se distinguir os textos cronologicamente *precedentes* aos sacerdotais e àqueles que lhes são *posteriores* (na realidade, reconhecidos em amplitude sempre crescente).

Uma particular questão atualmente disputada diz respeito também à determinação do *fim* do escrito[161]. Como é fácil imaginar, também a esse respeito a teorias multiplicaram-se. Substancialmente elas podem ser divididas em seis posições principais, segundo as quais a conclusão deveria ser procurada em:

a) Js 19,51 (cf., p. ex., Joseph Blenkinsopp [1927-]);

b) Js 18,1 (cf., p. ex., Norbert Lohfink [1928-]);

---

159. Cf., p. ex., SKA, J.-L. "De la relative indépendance de l'écrit sacerdotal". In: *Biblica*, 76, 1995, p. 396-415. Cf. tb. BLUM, E. *Studien zur Komposition des Pentateuch*. Berlim/Nova York: W. de Gruyter, 1990 [Beihefte zur Zeitschrift für die alttestamentlich Wissenschaft, 189]. Hoje são poucos os que rejeitam a existência de um relato sacerdotal independente; cf., p. ex., Georg Fischer (1954-), Antony F. Campbell (1934-) e Mark A. O'Brien (1948-).

160. Cf. nota 134.

161. Seu início deve ser lido precisamente em Gn 1,1–2,3; o primeiro relato da criação do mundo, o portal do ingresso tanto do Pentateuco como, portanto, de toda a Bíblia.

c) Dt 34,1.7-9 (cf., p. ex., J. Wellhausen; M. Noth);
d) Nm 27 (cf., p. ex., Lothar Perlitt [1930-2012]);
e) Lv 9 (cf., p. ex., Erich Zenger; Eckart Otto [1944-]);
f) Ex 40 (cf., p. ex., Thomas Pola [1956-]; Thomas Christian Römer [1955-]).

Na atualidade parece decididamente difícil conseguir dar uma resposta certa sobre a questão. Todavia, reconhecendo típica do escrito sacerdotal não só a temática ligada ao culto e ao serviço litúrgico (cf., p. ex., E. Zenger, E. Otto, T. Pola), mas também a da promessa da terra (cf., p. ex., Karl Elliger [1901-1977]; Rudolf Kilian [1934-2004]), parece tornar-se mais convincente fazer terminar o escrito em Nm 27 (cf. ponto *d*)[162].

A época de sua redação remontaria, grosso modo, ao primeiro retorno a Jerusalém da comunidade dos exilados, num lapso de tempo que iria da capitulação do Império Babilônico sob as tropas do exército persa guiado por Ciro II, até, através do reino de Cambises II, o advento de seu sucessor Dario I. Para um período temporal de referência para sua redação poder-se-ia, pois, manter, com uma relativa aproximação, o intervalo dos anos 538-522 a.C.[163]

A relação entre os textos sacerdotais e não sacerdotais: algumas especificações

Como já se mostrou a propósito das recentes teorias sobre os textos assim chamados "javistas", o clássico postulado que esses textos poderiam não só remontar ao período inicial da monarquia israelita, mas que também pertenceriam a um único *documento* articulado e completo em si, foi, de fato e com sólidas argumentações, quase unanimemente abandonado. Na realidade, como reafirmado, esses textos parecem sobretudo ser definidos como pertencentes a tradições independentes entre si, sob a forma de uma série de ciclos de relatos ou de histórias isoladas entre si, e que, a seguir, em época pós-exílica, a tradição sacerdotal teria reunido e ligado através de uma série de intervenções de origem redacional, junto também com a inserção de um conjunto de outros relatos que sempre levariam a ela, redigidos pro-

162. Cf. SKA. *Introduzione*, p. 167-170.

163. Somente poucos autores, quase todos ligados por uma origem hebraica, sustentam que o escrito sacerdotal deve remontar a uma época pré-exílica. Cf., p. ex., Y. Kaufmann, Jacob Milgrom (1923-), Avi Hurvitz (1936-) e Israel Knohl (1952-). Suas posições, porém, parecem dificilmente defensáveis.

vavelmente para formar, na origem, uma entidade literária independente. O material textual pré-sacerdotal, pois, atualmente apresenta-se como o exato contrário da maneira pela qual fora considerado pela hipótese documentária clássica, revestindo-se, na realidade, de um caráter decididamente heterogêneo e fragmentário, muito longe da forma de um "documento" estruturado, consequencial e ordenado, como aquela sensibilidade exegética havia julgado. Nesse sentido, como já se evidenciou, os antigos modelos da "teoria dos fragmentos" e, só em parte, dos "complementos" parecem bem adaptados para explicar a gênese e a organização de boa parte dos textos do atual Pentateuco pré-sacerdotal.

Portanto, o que hoje aparece com sempre maior evidência em relação ao considerado nos inícios da caminhada exegética sobre a formação do Pentateuco é a crescente consciência da importância que as intervenções sacerdotais tiveram para dar ordem, sistematização, estrutura e horizonte teológico aos materiais textuais que os precederam[164].

Além dos textos e das redações de tipo sacerdotal, porém, também as assim chamadas intervenções redacionais *pós*-sacerdotais – ou seja, posteriores no tempo aos escritos sacerdotais – tiveram uma fundamental importância, para, por um lado, completar aquilo que ainda era percebido necessário narrar e, por outro, atualizar, reorientar e, por vezes, corrigir os mais antigos materiais, sustentados talvez por ideologias não bem compatíveis com as recentes épocas em que tais redatores agiam. Além disso, um considerável número de textos que, um tempo, especialmente desde a crítica literária clássica, haviam sido considerados como pertencentes ao antigo "documento" javista, na realidade, pelos estudos recentes mais autorizados, e com sólidas argumentações, parece antes que deva ser adscrito ao período pós-exílico da história de Israel e, marcadamente, atribuível aos autores pós-sacerdotais. Isso, mais uma vez, para sublinhar a particular importância que as épocas tardias da história de Israel (pense-se ao período persa e, em parte, helenista) parecem, com sempre maior evidência, ter tido na versão e na redação do atual Pentateuco.

164. Na realidade, a propósito do escrito sacerdotal seria oportuno distinguir entre o escrito originário, primitivo de "P" – habitualmente chamado "P^G" – e uma série de seguintes e temporalmente posteriores suplementos, habitualmente chamados "P^S". Para estas siglas, cf. p. **148**.

Aliás, como já tivemos ocasião de ver a propósito das posições de H.H. Schmid, M. Rose e J. Van Seters sobre o assim chamado "javista"[165], um debate todo particular impôs-se também a respeito dos textos e das redações de cunho *deuteronomístico* no interior dos escritos do Pentateuco. Em outros termos, vários textos não sacerdotais do Pentateuco, em particular do Êxodo e, em parte menor, de Números, parecem apresentar específicas afinidades com o vocabulário e com a teologia deuteronomísticos. Trata-se especialmente – mesmo se não exclusivamente – de alguns textos inerentes à conquista *militar* da terra de Canaã por parte dos filhos de Israel e a respectiva expulsão dos povos que habitavam naquelas regiões. Ao contrário, porém, o Livro do Gênesis, diversamente daquilo que alguns autores quiseram afirmar (cf., entre outros, R. Rendtorff, J. Blenkinsopp ou E. Blum, especialmente na primeira parte de sua pesquisa exegética)[166], parece não enumerar nos textos não sacerdotais particulares parentescos com a tradição deuteronomística. Mesmo somente este simples destaque põe em evidência que, conforme se considerem os textos patriarcais de Gênesis ou os textos sustentados pela ideologia militar do Êxodo e, somente em parte, de Números, somos postos, ao menos aparentemente, diante de uma diversa (e complexa) interação entre a obra dos autores pré-sacerdotais e aquela da assim chamada "escola deuteronomística".

Precisamente para sublinhar essa perceptível fratura, tanto em nível estilístico como ideológico, entre os textos do Gênesis e aqueles dos outros livros do Pentateuco, nos inícios dos anos 90 do século passado, T.C. Römer havia sustentado que o termo "pais" (cf., p. ex., a expressão "os nossos pais"), assim como se encontra na história deuteronomística, não se refira tanto aos patriarcas do Gênesis (como habitualmente se considerava), quanto à geração dos filhos de Israel da qual se trata a partir do Livro do Êxodo[167].

---

165. Cf. p. **155-157**.

166. Cf. BLUM. *Die Komposition*.

167. Cf. RÖMER, T.C. *Israels Väter* – Untersuchungen zur Väterthematik im Deuteronomium und in der deuteronomistischen Tradition. Friburgo/Göttingen: Universitätsverlag/Vandenhoeck & Ruprecht, 1990.
[Orbis biblicus et orientalis, 99]. Independentemente de Römer, Albert de Pury (1940-), com razão, lançou-se ainda mais longe, falando de dois "mitos de fundação" de Israel: um encabeçando os patriarcas (Jacó, em particular) e o outro referente sobretudo às tradições do êxodo, ligadas particularmente a Moisés. Entre os vários trabalhos nos quais defendeu essa tese, cf., p. ex., A. DE PURY. "Dos leyendas sobre el origen de Israel (Jacob y Moisés) y la elaboración del Pentateuco". In: *Estudios Biblicos*, 52, 1994, p. 95-131.

Consequentemente, disso pode-se deduzir que no Pentateuco pré-sacerdotal as tradições patriarcais do Gênesis e aquelas típicas do Êxodo fossem ainda *separadas* e não comunicantes. Com efeito, como se afirmou, pareceria ter sido precisamente o autor sacerdotal a tê-las unido pela primeira vez (cf., p. ex., a posição de K. Schmid)[168] ou, no máximo, a precedente tradição deuteronômica/deuteronomística (cf., p. ex., R. Rendtorff).

De qualquer modo, além de tudo isso existe atualmente também um aberto debate sobre a relação que perpassa entre os textos não sacerdotais de *inspiração* deuteronomística e aqueles claramente sacerdotais. Quem seria dependente de quem? No seio do Pentateuco, vários textos considerados, sobretudo por estilo, deuteronomísticos, na realidade, pareceriam dever ser considerados *dependentes* do escrito sacerdotal e, portanto, posteriores a ele. Também nesse caso, pois, mais uma vez, as épocas pós-exílicas da história de Israel continuam a impor-se como decididamente capitais para a organização e a formação do atual Pentateuco.

O Pentateuco pré-sacerdotal

O atual Pentateuco é o resultado, obviamente, do compromisso de uma série bastante heterogênea de materiais textuais, compostos no espaço de várias épocas, guiados por múltiplos entendimentos e sustentados por diversificadas teologias. Boa parte do todo, como se afirmou, deve ter sido unido e organizado em época persa, principalmente a partir da tradição sacerdotal, nos anos após o retorno de Israel para a província de Judá (*Yᵉhúd*) após a queda do Império Babilônico por obra de Ciro II, rei da Pérsia (539 a.C.). Como já se confirmou, uma quantidade sempre mais abundante de materiais textuais parece pertencer, como época de composição, aos períodos exílicos e pós-exílicos da história de Israel. Todavia, um número de textos dos quais nem sempre é possível estabelecer a precisa amplitude prova que pertence também a épocas de composição pré-exílicas. Trata-se, sobretudo, quer de relatos isolados ou, no máximo, de ciclos narrativos muito breves e fechados em si, sem particulares ligações ou interdependências, quer de breves códigos legislativos (cf. especialmente o assim chamado "código da aliança" em Ex 21*–23*). Precisamente pela heterogeneidade e a desarticulação desses materiais textuais, a antiga hipótese dos *fragmentos*, como já foi lembrado,

168. Cf. nota 154.

parece ser o melhor modelo, entre os propostos, para compreender a qualidade e a natureza dos textos pré-exílicos do Pentateuco. É, portanto, totalmente improvável poder falar, nestes antigos períodos, de "fontes" ou de "documentos" completos, como julgam, ainda hoje, os que apoiam a hipótese documentária. Para ter escritos literariamente mais articulados, associados pela pertença a um mesmo estilo e dirigidos por uma teologia comum – assimiláveis, portanto, mesmo que bastante impropriamente, aos clássicos "documentos" – é preciso, na realidade, esperar os escritos ligados à corrente "deuteronômica" (cf. o Livro do Deuteronômio) e, como já se afirmou, sobretudo, à corrente "sacerdotal", assimiláveis, portanto, às tardias épocas do exílio e do pós-exílio. Além dessas duas principais (e recentes) correntes ideológicas (e literárias), porém, é preciso mais uma vez lembrar a importância também das redações pós-sacerdotais que, na trilha do antigo modelo dos *complementos*, através de sua obra de revisão e de conclusão, levaram lentamente os vários livros do Pentateuco a assumir sua forma atual.

Pode-se, portanto, afirmar com certa probabilidade que foi sobretudo com a criação do núcleo mais antigo do Deuteronômio, ligado bastante aproximadamente à reforma do Rei Josias de 622 a.C., no Reino do Sul – e, portanto, à distância de um século da queda do Reino do Norte por obra do Império Assírio (721 a.C.) –, que as primeiras tentativas de criar uma inicial síntese escrita das vicissitudes do povo de Israel começaram a ter lugar. Com efeito, como já se afirmou, pareceria ser exatamente a partir da tradição deuteronomística e, especialmente, da sacerdotal, a ela posterior, que as tradições patriarcais e as do êxodo iniciaram a ser postas em ligação e em relação. Foi precisamente graças à criação desses nexos de origem redacional entre vários temas desses escritos, antes autônomos e independentes, que, de fato, teve início a primeira tentativa de produção de um texto, em si correlacionado e articulado, com vistas a pôr as primeiras sólidas bases para uma história escrita do povo de Israel.

A formação do Pentateuco segundo a teoria de E. Blum

As principais intuições de R. Rendtorff sobre a composição e a formação do Pentateuco[169] foram retomadas e desenvolvidas por seu discípulo Erhard

169. Cf. p. 148-150.

Blum (1950-), principalmente entre os anos de 1980 e 1990[170]. Para esse autor, o atual Pentateuco seria o resultado da fusão de dois documentos diversificados sobre a história de Israel, crescidos independentemente e sustentados por diversas orientações, expressões de duas correntes antagonistas: a primeira, de inspiração leiga, que, no tempo, precedeu à segunda, cabeça dos assim chamados "anciãos" (*z^eqením*), aristocráticos e proprietários de terras; a segunda de estirpe marcadamente "sacerdotal" (*kohaním*). A época dessa fusão remontaria ao período persiano e, portanto, ao pós-exílio, à época da reconstrução do segundo templo. Tais documentos foram chamados por Blum, por ordem, *D-Komposition* ("KD"), "composição D", ou seja "deuteronomística", que deveria ser colocada na época da primeira geração dos israelitas que voltaram a Jerusalém ao término do exílio babilônico[171], e *P-Komposition* ("KP"), "composição P", ou seja, "sacerdotal", posterior a ela, redigida em época persa. O documento-síntese, que resultou da referida fusão (o atual Pentateuco), teria sido considerado pelas autoridades persas, na sua vontade de conceder uma relativa autonomia ao povo de YHWH, como a lei oficial para os israelitas da província de Judá (*Y^ehúd*)[172]. A juízo de Blum, se para o Livro do Gênesis, exatamente pela particularidade e a natureza de seus materiais textuais, é ainda possível remontar a alguns relatos independentes mais antigos, ou seja, pré-exílicos e, marcadamente, pré-monárquicos, todos aqueles que focalizam a figura de Jacó (cf., p. ex., Gn 28,1-22*; 25,21-26*; 27,1-45*), para os outros livros já não é possível conseguir distinguir os extratos textuais primitivos dos mais recentes, ou

---

170. Cf., p. ex., BLUM, E. *Die Komposition*, dedicado prevalentemente à história da composição do Livro do Gênesis. • BLUM, E. *Studien*, dedicado ao restante dos livros, em particular ao Êxodo e a Números, no qual revê e, também, simplifica as teorias expressas na obra precedente.

171. Diferentemente do que supôs K. Schmid, portanto, não teria sido tanto o escrito sacerdotal quanto a composição deuteronomística ("KD"), a ele precedente, a efetuar primeiramente a ligação entre as tradições, nascidas e desenvolvidas independentemente, de Gênesis e de Êxodo. Para a posição de K. Schmid, cf. nota 155. Para E. Blum, de fato, são precisamente as promessas feitas aos patriarcas e a tradição do êxodo no Egito os dois fundamentos principais ao redor dos quais a primeira geração retornada a Jerusalém do exílio da Babilônia procurou reconstruir o próprio presente e dar a possibilidade de um futuro a Israel.

172. Em sintonia com a proposta de Blum estão também as teses de, entre outros, J. Blenkinsopp, F. Crüsemann e R. Albertz, todos pertencentes, com os próprios E. Blum e R. Rendtorff, o fundador, mas com a exceção de J. Blenkinsopp, à assim chamada "Escola de Heidelberg". Cf. tb. Nota 152.

seja, pós-exílicos. Nesse sentido, pode-se somente conjecturar que a tradição *precedente* à compilação "KD" pudesse conhecer um longo texto, desenvolvido ao redor da figura de Moisés, que iniciava com o êxodo e terminava com um relato da morte deste último. Esse tipo de tradição remontaria, talvez, aos períodos posteriores à queda da Samaria em 721 a.C. Assim, precisamente pela suposta presença desse longo texto que precedia no tempo a composição deuteronomística ("KD"), Blum redimensiona um pouco a teoria de seu mestre R. Rendtorff sobre a *independência* das assim chamadas "unidades (narrativas) maiores", ao redor das quais, lentamente, ter-se-ia formado o atual Pentateuco[173].

A alternância dos processos redacionais que teriam dado vida ao atual Pentateuco, portanto, para Blum poderia resumir-se, de um ponto de vista cronológico, na seguinte progressão: *a*) antigas e isoladas tradições pré-monárquicas; *b*) Deuteronômio ("D"); *c*) história deuteronomística (DtrG"); *d*) composição deuteronomística ("KD"); *e*) composição sacerdotal ("KP"); *f*) acréscimos e retoques redacionais pós-sacerdotais. De tudo isso, fica, pois, evidente que também Blum é, na realidade, devedor dos antigos modelos da *hipótese dos fragmentos* e, em parte, dos *complementos*. Desse modo, como, aliás, seu mestre R. Rendtorff, toma rigorosa distância tanto da clássica hipótese documentária das quatro fontes ("J", "E", "D", "P") quanto de qualquer postulado de certa "crítica literária" (*Literarkritik*), como aquele de uma conjecturada hegemonia de um tardio escrito javista (cf., p. ex., as teorias de H.H. Schmid, M. Rose e J. Van Seters).

Na formulação de sua teoria da produção do documento de compromisso – fruto da fusão das duas precedentes composições "KD" e "KP" –, permitido e aprovado pelas autoridades do império da Pérsia, sob cujo domínio Israel devia viver do momento do fim do exílio babilônico, E. Blum é, na realidade, devedor de uma tese de P. Frei: a da assim chamada "autorização imperial persa"[174].

---

173. Cf. p. **148-150**.

174. Também J. Blenkinsopp assume posições bastante semelhantes às de E. Blum em sua reconstrução da formação do Pentateuco (cf. *Pentateuco*, p. 263-278). Do mesmo parecer, p. ex., é também David M. Carr (1961-).

P. Frei e a teoria da "autorização imperial persa"

Como apenas acenado, as teorias de E. Blum sobre a composição do Pentateuco são em vários sentidos dependentes da tese de Peter Frei (1925-) sobre a "autorização imperial persa", segundo a qual, exatamente, o governo persa deve ter confirmado as autonomias locais dos próprios súditos aprovando com sua autoridade suas leis, fechadas, numa amálgama de ordenamentos legais e narrações, na *Toráh*[175]. Desse modo, especialmente para os israelitas fixados na província da Judeia (*Yehúd*), ela se tornava a lei oficial no seio do império da Pérsia, sob cuja dominação Israel passava a viver. Tudo isso, segundo Frei, teria sido possível pela particular vontade dos novos opressores de se mostrar mais liberais e benévolos do que seus predecessores (os babilônicos) em relação aos povos oprimidos. Uma relativa e vigilante autonomia concedida a Israel (como, segundo Frei, também a outros povos subjugados) num plano religioso-cultual, político e econômico, de qualquer forma, certamente não teria significado uma diminuição, por parte dos persas, da pressão fiscal e do exercício de sua soberania. Esses tipos de concessões teriam sido habitualmente sancionadas e oficializadas pelo império da Pérsia graças à emanação de alguns documentos que Frei, precisamente, chama "autorizações imperiais". Graças a esse gênero de aprovações, pois, a *Toráh* de Israel ter-se-ia tornado a lei em vigor para toda a comunidade dos filhos de Israel residentes na Judeia. Portanto, é exatamente na ótica de apresentar *um único* texto às autoridades persas que, como sustentado por Blum, os *dois* conjecturados documentos – "KD" e "KP" – redigidos, respectivamente, pela classe leiga e pela sacerdotal, foram fundidos, a modo de compromisso, num só documento. Graças à aprovação recebida, aquele único texto – a *Toráh* – tornou-se lei para todos os hebreus do império[176].

Além do indubitável fascínio que este tipo de teoria pode ter exercido, todavia, ela também apresentou o lado a convictos e motivados ataques. Realmente, hoje, além de um indiscutível número de defensores, os destaques e as avaliações críticas dos especialistas tornaram-se sempre mais motivados

175. Cf. FREI, P. "Zentralgewalt und Lokalautonomie im Achämenidenreich". In: KOCH, K. & FREI, P. (eds.). *Reichsidee und Reichsorganisation im Perserreich*. Friburgo/Göttingen: Universitätsverlag/Vaandehoeck & Ruprecht, 1984, p. 7-43 [2. ed., 1996, p. 5-131] [Orbis biblicus et orientalis 55].

176. De qualquer modo, além de E. Blum, geralmente falando é a própria "Escola de Heidelberg" que sustentou as posições de P. Frei.

e pertinentes[177]. Mas, sobretudo, o que se põe em dúvida é precisamente a própria existência das assim chamadas "autorizações imperiais persas", ou seja, a base sustentadora de toda a teoria. Os textos bíblicos citados por Frei como apoio às próprias argumentações (Esd 7,11-26; Dn 6; Est 8) são, na realidade, de ambígua e certamente não unívoca interpretação. Por outro lado, os textos extrabíblicos por ele discutidos[178] são, com frequência, bastante lacunosos e heterogêneos, além de não facilmente assimiláveis às assim chamadas "autorizações imperiais". Aliás, talvez teria sido um tanto estranho, em nível propriamente jurídico, da parte persa, aprovar não tanto um corpo de leis unívoco e coerente em si, quanto um amálgama muito variado e contraditório como é a *Toráh* de Israel. A respeito disso, por exemplo, pense-se precisamente nos três códigos, em muitos pontos inconciliáveis, presentes em Ex 20,22–23,19 ("código de aliança"); Dt 12,1–26,19 ("código deuteronômico") e Lv 17,1–26,46 ("lei de santidade"), além de outras séries de leis não incluídas por estes códigos e nem sempre compatíveis entre si. Entre outras coisas, com frequência, na própria *Toráh* encontram-se textos que exaltam a superioridade de Israel em relação às outras nações (p. ex., Dt 26,19; 28,1), como outros afirmando que Israel deveria ter desbaratado todos os povos instalados na terra que Deus lhe havia prometido (cf. Dt 7; 20). Ora, muito dificilmente textos desse teor teriam podido ser aceitos e confirmados por uma potência dominante a favor dos povos por ela oprimidos. Mesmo só a partir desses poucos confrontos (mas as objeções, na realidade, podem ser ainda mais numerosas), portanto, vê-se que muito dificilmente a proposta de P. Frei, se aplicada, em particular, à *totalidade* da *Toráh* de Israel, pode ser aceita.

Ao contrário, poderia ser mais desejável e, inclusive, defensável, a tese que somente uma *pequena* parte da assim chamada legislação israelita poderia ter sido objeto de uma certa tolerância por parte da autoridade persa. O texto de Esd 7,11-26 citado por Frei – ou seja, o "decreto" do rei persa

177. Cf., p. ex., com bibliografia, SKA, J.L. "'Persian Imperial Authorization': Some Question Marks". In: WATTS, J.W. (ed.). *Persia and Torah* – The Theory of Imperial Authorization of the Pentateuch. Atlanta: Society of Biblical Literature, 2001, p. 161-182 [SBL Symposium Series 17].

178. Além de outras descobertas, Frei considera em particular a inscrição trilíngue de Letoon, perto de Xanthos, na antiga Lícia, ou seja, na atual Turquia, provavelmente na segunda metade do século IV a.C.

Artaxerxes[179] em favor de Esdras – de fato, aparece para expor, sobretudo, questões referentes ao culto, ao templo e a seu pessoal[180]. Talvez, considerando exatamente este particular desequilíbrio do decreto imperial sobre as questões litúrgicas e religiosas, a lei aprovada teria podido referir-se somente a estes âmbitos, de origem claramente sacerdotal, como uma espécie de sintético compêndio para definir, por parte de Artaxerxes, os direitos e os deveres de Israel, sob a supervisão de Esdras, na província de Judá[181]. Se esse fosse o caso, portanto, estaríamos na presença não tanto de uma autorização de *toda* a *Toráh* de Israel, como quer sustentar P. Frei, mas somente de uma pequena e isolada parte dela. Os textos que o decreto de Esd 7,1-26 pressupõe encontram-se na realidade espalhados pelos livros do Êxodo, Levítico, Números e Deuteronômio. Nesse sentido, no máximo, poder-se-ia manter que, no tempo daquele edito, se historicamente plausível, estivessem em circulação uma notável quantidade de coleções de leis e, em geral, de documentos que a seguir ter-se-iam tornado parte integrante da composição do Pentateuco.

Como se viu, portanto, mesmo estando em presença de opiniões e avaliações contraditórias por parte dos especialistas, a teoria de P. Frei não parece ter condições de dar uma crível e bastante convincente explicação, ao menos em nível de hipótese geral, dos processos e dos pressupostos históricos que levaram à formação da *Toráh* de Israel assim como chegou até nós.

J.P. Weinberg e a teoria das comunidades dos cidadãos que gravitavam ao redor do templo

Outra teoria, mais convincente e apropriada do que a de P. Frei, além de sustentada por mais numerosos e sólidos testemunhos do Oriente Próximo

---

179. Se a missão de Esdras for datada de 454 a.C., tratar-se-ia de Artaxerxes I; ao contrário, se datada de 398 a.C., estaria envolvido Artaxerxes II. Mesmo por essa simples evidência emerge com suficiente clareza a fugacidade dos dados em nosso poder sobre esse período da história de Israel.

180. Na realidade, são a própria figura histórica de Esdras e, portanto, sua missão a serem colocadas em questão pelos especialistas. Para isso, cf., p. ex., GRABBE, L.L. *A History of the Jews and Judaism in the Second Temple Period. I. Yehud*: A History of the Persian Province of Judah. Londres/Nova York: T&T Clark International, 2004, p. 324-331 [Library of Second Temple Studies, 47].

181. Cf. p. ex., KOCH, K. "Weltordnung und Reichsidee im alten Iran und ihre Auswirkungen auf di Provinz Jehud". In: KOCH, K. & FREI, P. (eds.). *Reichsidee*, p. 134-337, esp. p. 274-278.

antigo, é a de Joel P. Weinberg (1922-): ela é comumente conhecida pelo nome de *"Bürger-Tempel-Gemeinde"*, expressão que quer evocar as "comunidade [pós-exílica dos] cidadãos [que gravitam ao redor do] templo"[182]. Como se pode intuir já pelo nome, o templo, ou seja, aquele reconstruído em Jerusalém depois dos anos do retorno do exílio da Babilônia, parece ser o motor propulsor e o centro gravitacional ao redor do qual deve ter-se organizado toda a vida civil, política, econômica, cultural, cultual e social do povo de Israel. Ora, na realidade, durante a época persa, segundo as fontes adotadas por Weinberg, não só o templo de Jerusalém, mas também os templos dos outros povos subjugados àquele império podiam beneficiar-se da autonomia – sobretudo financeira – concedida a eles por um estatuto oficialmente reconhecido pelas autoridades persas. O templo de Jerusalém assim concebido, portanto, não pouco em sintonia com as reformas de Esdras assim como estão registradas no homônimo livro, segundo essa teoria devia certamente ser não só reconhecido, mas também oficialmente aprovado pelo império da Pérsia. Ora, como se evidenciou precedentemente, o decreto de Artaxerxes reproduzido em Esd 7,11-26 está aí exatamente para aprovar e para sancionar algumas providências de ordem econômico-financeira em benefício do templo de Jerusalém e de seu pessoal (cf., p. ex., v. 15-18.20-22.24). Aliás, também o próprio edito de libertação de Israel da opressão babilônica emanado por Ciro II, rei da Pérsia, assim como nos foi transmitido por Esd 1,1-4 (cf. tb. 2Cr 36,22-23), menciona explicitamente aquele mesmo templo, insistindo precisamente na sua reconstrução. Portanto, foi ao redor de um templo assim compreendido e estruturado que o Pentateuco, ou seja, a legislação e o estatuto histórico internos de Israel, pôde organizar-se e assumir, no transcorrer dos anos, a sua forma atual. Entre outras coisas, a centralidade e a importância ligadas àquele templo, junto sobretudo com sua autonomia econômica que o império da Pérsia, como se viu, ter-lhe-ia concedido, contribuem muito para fazer compreender também as fortes tensões que no pós-exílio surgiram entre os israelitas repatriados da Babilônia e

---

182. Cf. WEINBERG, J.P. "Die Agrarverhältnisse in der Bürger-Tempel-Gemeinde der Achämenidenzeit". In: HARMATTA, J. & KOMORÓCZY, G. (eds.). *Wirtschaft und Gesellschaft im Alten Vorderasien*. Budapeste: Akadémiai Kiadó, 1976 [2. ed., 1990, p. 443-446 [Nachdurck aus den Acta Antiqua Academiae Scientiarum Hungaricae, 22/1-4]. • WEINBERG, J.P. *The Citizen-Temple Comunity*. Sheffield: Academic Press, 1992 [Journal for the Study of the Old Testament – Suplements, 151].

o grupo daqueles que permaneceram na Judeia – o assim chamado "povo do país" (*'am ha'árets*) – sem sofrer a deportação (cf., p. ex., Esd 4; Ne 2–6; Ez 11,15; 33,24-26)[183]. Esses conflitos, de fato, surgiram também a propósito da reconstrução do templo de Jerusalém, saqueado e destruído em 586 a.C. pelo exército babilônico guiado por Nabucodonosor II, além da posse da terra a ser (re)habitada.

Ora tendo o templo se tornado o centro gravitacional não só do culto e da liturgia, mas também, como se viu, da economia e do poder financeiros, sua reconstrução teria significado, de fato, o seguro primado da classe sacerdotal, e portanto, como consequência, a perda do poder e da supremacia tanto por parte da classe leiga (cf. os "anciãos")[184], como, em geral, por parte de quem, durante os longos anos do exílio, permanecera habitando entre as ruínas da Jerusalém destruída e entre seus subúrbios. Igualmente – continua-se a deduzir – também todos os cidadãos que, retornados do exílio, estavam ligados e envolvidos com a vida litúrgica e econômica do templo, teriam podido tirar disso seguras vantagens. Essa hipótese de reconstrução do ambiente sociocultural no seio do qual as numerosas tradições escritas de Israel teriam lentamente encontrado organização e sistematização parece talvez ser mais apropriada e convincente do que a proposta, antes examinada, de P. Frei. O resultado da organização e da sistematização das tradições literárias já escritas, junto com a criação de outros novos textos, constitui, pois, o nascimento do Pentateuco, assim como o conhecemos hoje[185].

Tetrateuco, Pentateuco ou Hexateuco?

Nos estudos dos últimos cinquenta anos sobre a origem do Pentateuco, a atenção dos exegetas foi prevalentemente dirigida aos primeiros quatro livros da *Toráh* de Israel (Tetrateuco), considerando o Livro do Deuteronômio,

---

183. Só as famílias sacerdotais, os notáveis, os abastados e a mão de obra "nobre" dos artesãos de Israel teriam sido deportados para a Babilônia (cf. 2Rs 24,15-16; 25,19). Entre aqueles que não sofreram o exílio, permanecendo em Jerusalém e seus arredores, foram enumerados os camponeses e as pessoas sem influência do povo (cf. 2Rs 25,12.22; Jr 39,10; 52,16).

184. Cf. tb. nota 198.

185. Mesmo com revisões e integrações, a teoria de Weinberg foi acolhida, e com boas argumentações, por vários estudiosos. Entre estes, cf., p. ex., BLENKINSOPP, J. "Temple and Society in Achemenid Judah". In: DAVIES, P.R. (ed.). *Second Temple Studies* – I: Persian Period. Sheffield: Academic Press, 1991, p. 22-53 [Journal for the Study of the Old Testament – Supplements 117]. • SKA. *Introduzione*, p. 255-258.

seguindo a trilha também das pesquisas de M. Noth[186], sobretudo como o portal de ingresso da histórica deuteronomística (cf. Js–2Rs). Todavia, assistindo ao recente florescer de um significativo número de estudos que chegam até a pôr em dúvida a própria existência dessa história[187], era também natural, como consequência, que não só o Livro do Deuteronômio (Pentateuco), mas também o Livro de Josué (Hexateuco) fossem amplamente reconsiderados[188]. Em nossos dias, é sobretudo graças aos trabalhos de N. Lohfink e de Georg Braulik (1941-), junto com aqueles de E. Otto e de sua escola (cf., esp., Reinhard Achenbach [1957-]), que se colocou particularmente no centro da atenção o Livro do Deuteronômio (com a legislação nele contida) e a literatura deuteronomística a ele relacionada.

Há muito tempo notou-se que um certo número de textos do Tetrateuco exige uma continuação (e, em alguns casos, uma conclusão) dentro do Livro de Josué. Um exemplo típico a ser aduzido é aquele que se refere à sorte dos ossos de José, o penúltimo filho de Jacó. A ordem que ele próprio deu a seus irmãos em Gn 50,25 de transladá-los, depois de sua morte, do lugar de sua sepultura – o Egito – para a terra de Canaã – a terra prometida por Deus a Israel – passando por Ex 13,19, encontra cumprimento e realização exatamente no fim do Livro de Josué (24,32). Entre outras coisas, pode-se continuar a notar que o próprio fim do Livro de Josué foi redigido de maneira a criar uma espécie de paralelo com o fim do Gênesis: tanto José (Gn 50,26) como Josué (Js 24,29; cf. tb. Jz 2,8), de fato, diz-se que morreram (únicos personagens em toda a Escritura) com a mesma idade de cento e dez anos. Outros textos do Tetrateuco, porém, parecem testemunhar um explícito laço com o Livro de Josué: pense-se, por exemplo, no início da concessão do maná a Israel em Ex 16,35, que terá fim só em Js 5,12, ou, também, no papel de Caleb em Nm 13–14 e à sua lembrança em Js 14,13-15.

186. Cf. p. **146s**.

187. Entre os vários trabalhos, aqui considerem-se somente WESTERMANN, C. *Die Geschichtsbücher des Alten Testaments* – Gab es ein deuteronomistisches Geschichtswerk? Gütersloh: C. Kaiser, 1994 [Theologische Bÿcherei – AT 87). • KRATZ, R.G. "Der literarische Ort des Deuteronomiums". In: KRATZ, R.G. & SPICKERMANN, H. (eds.). *Liebe und Gebot: Studien zum Deuteronomium* – Festschrift zum 70. Geburtstag von Lothar Perlitt. Göttingen: Vandenhoeck & Ruprecht, 2000, p. 101-120 [Forschungen zur Religion und Literatur des Alten und Neuen Testament, 190].

188. Cf. tb. nota 130.

A presença no Livro de Josué de temas ou de situações que tiveram início dentro dos livros do Tetrateuco foi interpretada de maneiras diferentes pelos estudiosos. Recentemente conjecturou-se uma *redação* de cunho *deuteronomístico* do Tetrateuco (cf., p. ex., Rudolf Smend [1932-][189], J. Vermeylen, E. Blum), ou se pensou num *prólogo javista* que não se teria limitado a fazer preceder a história deuteronomística do bloco constituído pelo complexo Gn–Nm, mas que teria intervindo também dentro do Livro de Josué (cf., p. ex., J. Van Seters). Todavia, nem faltou quem quis, com argumentos, na realidade, não muito defensáveis, pensar no projeto de um Hexateuco antigo, ou seja, pré-deuteronômico, assim como de fato o havia concebido, há mais de um século, J. Wellhausen (cf., p. ex., Reinhad Gregor Kratz [1957-]).

Prescindindo dessa última posição, aparece, porém, decididamente mais sustentável a tese a ela contrária: teria sido, na realidade, somente em épocas bastante recentes da história do Israel bíblico (épocas pós-exílicas: pós-deuteronomísticas e pós-sacerdotais) que se teria tentado criar, dentro do Livro de Josué – e, especialmente, na sua conclusão (c. 24) –, alguns laços temáticos (como, p. ex., aqueles antes acenados) com os livros a ele precedentes. Com efeito, Js 24 coloca-se como um texto-chave para conjecturar uma evidente vontade por parte dos tardios redatores das Escrituras de Israel de dar vida a um Hexateuco. O sucinto resumo histórico que ali se narra por boca do próprio Josué, de fato, une num único fluxo narrativo a história dos patriarcas (v. 2-4) até a tomada de posse da terra de Canaã com sua conquista (v. 11-13). Segundo esta tese sustentada por um crescente crédito, portanto, Js 24, testemunha por excelência da tentativa de dar vida a um Hexateuco, deveria ser associado, em nível de sua redação, a uma datação muito baixa: exatamente pós-deuteronomística e pós-sacerdotal.

A favor da existência de uma vontade, nas épocas pós-exílicas, de dar vida a um Hexateuco poderia ser citado precisamente o texto de Js 24,26, ou seja, o lugar em que se diz que Josué escreveu um "livro" ("Josué escreveu estas palavras no livro da Lei de Deus"), como, de fato, Dt 31,24 o disse a propósito de Moisés ("Quando Moisés acabou de escrever as palavras desta Lei,..."). Ora, de fato, a expressão "livro da lei de Deus" em toda a Bíblia hebraica ocorrerá novamente só em Ne 8,18 ("Todos os dias Esdras fez uma

---

189. Não deve ser confundido com Rudolph Smend, expoente da crítica literária, que viveu entre a segunda metade do século XIX e os inícios do século XX. Cf. p. **140**.

leitura do Livro da Lei de Deus"; cf. tb. Ne 8,8), ou seja, no quadro da primeira celebração da festa das cabanas da época de Josué (Ne 8,17)[190]. Na esteira dessas evidências, existe quem, como por exemplo T.C. Römer, quis conjecturar que com a expressão "livro da Lei de Deus" (cf. Js 24,26; Ne 8,8.18) tenha sido entendida como referente ao Hexateuco, enquanto com a locução "(livro da) lei de Moisés" tenha querido referir-se ao Livro do Deuteronômio (cf., p. ex., 2Rs 14,6) e, portanto, ao Pentateuco[191]. Talvez, teria sido a vontade, em época persa, de incluir no documento fundador de Israel – a *Toráh* – o relato da conclusão da promessa da posse da terra para tentar introduzir na categoria dos livros também aquele de Josué. De qualquer modo, é seguramente E. Otto o autor mais decididamente a favor de uma coexistência, mesmo conflitiva, no seio da *Toráh*, de uma "redação hexateucal" (*Hexateuchredaktion*) e de uma "redação pentateucal" (*Pentateuchredaktion*), a ser situada entre a segunda metade do século V e início do século IV a.C., e que não pode ser confundida, esta última, com a assim chamada "redação final" (*Endredaktion*). Só em épocas muito recentes, para este autor, o Livro de Josué foi separado dos cinco precedentes, dando assim vida a um Pentateuco, cuja conclusão, hoje, deve ser reconhecida em Dt 34, com o relato da morte de Moisés. Contemporaneamente ao Pentateuco, nasceu então a assim chamada "história deuteronomística", inaugurada exatamente pelo Livro de Josué e terminada pelo Segundo Livro dos Reis[192].

Com efeito, no pós-exílio, mesmo habitando formalmente na terra de Canaã, prometida por Deus a seus pais, Israel não era absolutamente considerado seu autêntico possuidor: de fato, depois da presença babilônica, ela passara sob o controle persa. Talvez seja por isso que, no fim, foi preferido levar adiante não tanto o projeto do Hexateuco quanto o de um Pentateuco, terminando este, com a morte de Moisés, ainda *antes* de Israel entrar na posse de Canaã (cf. Dt 34). No fim, a direta posse da terra não foi, pois, consi-

---

190. O próprio E. Blum, a partir do já citado *Studien zur Komposition des Pentateuch*, falou de uma tardia "redação – Js 24" (*Jos 24 – Redaktion*) que teria tido lugar em épocas posteriores à sua "composição sacerdotal" (*KP*).

191. Cf., p. ex., RÖMER, T.C. & BRETTLER, M.Z. "Deuteronomy 34 and the Case for a Persian Hexateuch". In: *Journal of Biblical Literature*, 119, 2000, p. 401-419.

192. Cf., p. ex., OTTO, E. *Das Deuteronomium im Pentateuch und Hexateuch* – Studien zur Literaturgeschichte von Pentateuch und Hexateuch im Lichte des Deuteronomiumsrahmen. Tübingen: Mohr Siebeck, 2000 [Forschungen zum Alten Testament, 30].

derada, no pós-exílio, uma condição necessária e imprescindível para a subsistência de Israel. Este, julga-se, teria podido subsistir como povo *também* sem um território próprio, assim como, de fato, aconteceu durante os anos de sua deportação para a Babilônia. Também por tudo isso, talvez, decidiu-se não incluir o Livro de Josué, no qual é narrada a maior parte dessa posse.

Algumas evidências intrabíblicas para uma datação da forma final do Pentateuco

No seio do próprio Pentateuco podem ser encontrados alguns textos que aludem muito explicitamente não só à deportação e, portanto, ao exílio babilônico, mas também ao próprio retorno para a Judeia, assim que terminou o exílio. Trata-se particularmente de Lv 26 (esp. v. 40-45) e, sobretudo, de Dt 30,4-5. De textos desse tipo pode-se deduzir, sem excessiva margem de risco, que a edição final do Pentateuco pressuponha o fim do exílio babilônico e, portanto, deve ter visto a luz *não antes* da época persa, como até agora, aliás, reafirmado até aqui. Com discreta probabilidade também Gn 10 – a assim chamada "tabela dos povos", ou seja, o catálogo e a distribuição sobre a terra de cada nação então conhecida segundo sua origem étnica e sua linguagem – aparece claramente em continuidade com certas inscrições do tempo de Dario I, conhecido também como Dario, o Grande, o terceiro rei do Império Aquemênida (550-486 a.C.).

De qualquer modo, também nas outras seções da Bíblia hebraica tem-se a possibilidade de ver que a *Toráh* de Israel tenha conhecido a promulgação durante o período persa. O texto de Ne 8, por exemplo, ou seja, o relato da leitura pública do "livro da Lei de Deus" (v. 8.18)[193], demonstra aludir a vários lugares do Pentateuco. A ordem de proclamar a Lei de Moisés no sétimo mês (v. 2.14), durante a celebração da festa das cabanas, por exemplo, relembra Dt 31,9-13. Por outro lado, a instrução de construir materialmente "cabanas" (*sukkót*; v. 14-17), nas quais residir por toda a celebração da festa em memória dos anos passados no deserto, na precariedade, por parte de Israel, na sua caminhada para a terra prometida, refere-se a Lv 23,39-43. Também a conclusão da semana de festa com uma particular celebração no oitavo dia (v. 18) alude a Lv 23,33-36. A própria "grande alegria" (v. 17)

193. Cf. tb. a expressão "livro da Lei de Moisés" em Ne 8,1.

com a qual o povo celebrava tal festa parece aludir à mesma atitude exigida nas celebrações festivas em Dt 16,11.14[194]. Também desse ponto de observação, pois, continua-se a ver que a Lei lida a que se faz referência em Ne 8 – livro ambientado durante a dominação persa e escrito, provavelmente, durante o século IV a.C. – devia ser um documento que abraçava as principais tradições legais do Pentateuco. A própria duração da leitura – sete dias – parece induzir a pensar num texto bastante longo e articulado. Tudo isso parece continuar a depor em favor do fato que, ao menos no século IV a.C., o Pentateuco (ou ao menos boa parte dele) não só devia estar constituído, mas devia também ser considerado um documento com autoridade.

Para uma tentativa de síntese

Como se procurou mostrar, no panorama contemporâneo da exegese sobre o Pentateuco a atenção foi sempre mais se deslocando para épocas de composição e de redação recentes, baixas e, portanto, pós-exílicas, ao contrário do que foi considerado pela exegese histórico-crítica até boa metade do século passado. Nesse sentido, o "iluminismo salomônico" invocado, entre outros, por G. von Rad, sempre com maior convicção cedeu o passo a um pós-exílio de época persa, cheio de crises e de sombras para Israel, como também de criatividade e de novas oportunidades de vida.

Hoje, como se viu, está-se ainda muito distante dos complexos processos compositivos e redacionais que deveriam ter intervindo para chegar a constituir o Pentateuco na forma por nós conhecida. Todavia, graças também às aquisições de J.P. Weinberg, o que é sempre mais partilhado pelos estudiosos, embora com algumas naturais exceções, é que o ambiente no qual tomou forma e organização o atual Pentateuco deve ser o do Israel pós-exílico reunido ao redor do templo reconstruído, durante os mais de dois séculos da dominação persa (539-333 a.C.). Esse povo, com as autonomias que lhe foram garantidas pelo já citado edito de Artaxerxes (Esd 7,11-26), sustentado por uma própria Lei (recorde-se o "livro da Lei de Deus" nomeado em Ne 8,8.18) e recolhido no templo para a celebração de um mesmo culto, foi o que viu, com o passar dos anos, a lenta constituição e a laboriosa reunião de materiais textuais da própria cultura e da própria fé – antigos ou *ex novo*

194. Para a celebração da festa das cabanas, cf. p. **272-274**.

redigidos –, até alcançar a forma e a estrutura dos atuais primeiros cinco livros de suas Escrituras[195].

É óbvio: falar, em sentido geral, de Pentateuco não significa absolutamente pressupor uma ausência de especificidade ou de singularidade entre os vários livros de que é composto. Nesse sentido, o Livro do Êxodo mostra claramente e de maneira preponderante em relação aos outros uma sensibilidade tipicamente sacerdotal, unida, porém, a uma peculiarmente deuteronomística, ao contrário, por exemplo, daquilo que aparece em Gênesis, no qual as redações deuteronomísticas parecem ausentes. Por outro lado, se o Levítico é quase que inteiramente fruto dos escritos e das redações sacerdotais (e pós-sacerdotais), pode-se fazer a afirmação oposta para o Deuteronômio, que mostra conhecer bem poucos textos daquela origem. Em tudo isso, permanece um pouco isolado o Livro dos Números: com vários escritos de origem sacerdotal, ele parece sobretudo acolher no seu interior também um certo número de tradições, de datação muito recente, que já não puderam encontrar espaço e acolhimento nos outros livros[196]. De qualquer modo, o que é importante reafirmar, na realidade, ao contrário do que foi julgado até uma boa metade do século passado, é que o Pentateuco não apresenta, como se disse, ao menos em nível de tradição escrita, muitos textos antigos de origem pré-sacerdotal. Ao contrário, parecem ter sido sobretudo as muito recentes redações sacerdotais e também pós-sacerdotais a ter tido um papel dominante para dar unidade, organização e atualização aos materiais textuais que as precederam.

A redação de um Pentateuco brotou, portanto, da vontade do judaísmo nascente não só de preservar, mas também de melhor definir sua identidade política, religiosa, econômica, cultural e social diante das profundas mudanças históricas com as quais ele era obrigado a se confrontar. É a partir de seus conteúdos, portanto, que Israel podia ter os justos parâmetros para

195. Todavia, com os numerosos modelos diacrônicos propostos para tentar prestar contas da composição do Pentateuco, é preciso não esquecer também os paradigmas de natureza mais sincrônica que substancialmente (e improvavelmente) querem ver na obra *um* só autor. Para essa mais isolada sensibilidade, cf., p. ex., Roger N. Whybray (1923-1997).

196. Para uma monografia que se ocupa em captar várias perícopes redacionalmente incluídas na parte conclusiva dos Números em épocas muitos recentes, cf. FISTILI, U. *Israel und das Ostjordanland* – Untersuchungen zur Komposition von Num 21,21–36,13 im Hinblick auf die Entstehung des Buches Numeri. Frankfurt am Main: Lang, 2003 [Österreichische biblische Studien, 30].

estabelecer, por um lado, quem devia pertencer ou não ao seu povo (cf. Gênesis) e, por outro, quais seriam os organismos e as estruturas de poder que, através de uma legislação civil e ao mesmo tempo religiosa, deviam regulamentar e disciplinar a vida do próprio povo (cf. a seção Ex–Dt).

Ora, o fato de a *Toráh* de Israel recolher uma multiforme variedade de códigos legislativos junto com tradições narrativas entre si muito diferentes e heterogêneas faz sem dúvida do Pentateuco uma obra de *compromisso*. Um compromisso que inicia pela estreita coabitação da corrente sacerdotal ("P") – a mais influente – com a de natureza mais leiga ("D" ou o assim chamado e sempre fugaz "J")[197], até estender-se para a convivência, nem sempre fácil, com o próprio império da Pérsia[198]. Precisamente sua natureza de mediação e de compromisso fez que vários autores tenham negado a existência de uma assim chamada "forma final" de seu texto. Nesse sentido, segundo alguns, não seria possível falar de um projeto e de uma finalidade únicas e individuais do complexo dos primeiros cinco livros do cânon das Escrituras hebraicas, mas, mais simplesmente, de uma pluriforme e variada complexidade que não se deixaria de forma alguma reduzir ao produto de uma só intenção[199]. Em outros termos, como bem se expressou T.C. Römer, a coerência do Pentateuco estaria precisamente na própria diversidade nela manifesta[200]. É exatamente em virtude dessa diversidade e heterogeneidade – típicas das literaturas de *compromisso* – que se pode supor que no tempo da composição do Pentateuco tenham sido feitas várias tentativas de abertura em relação aos diversos grupos judaicos então existentes (pense-se não só, como é natural, nos judeus da diáspora mesopotâmica, mas também

197. A corrente leiga do povo de Israel – ou seja, de oposta extração em relação àquela sacerdotal (*kohaním*) – em época persa poderia ter sido representada por aquilo que Esd 3,12 chama "os chefes [das casas] dos pais, os anciãos (*z^{e}qením*)" (cf. tb. Ne 8,13). Em Ex 24,9-11, setenta "anciãos", acompanhados por Moisés, Aarão e seus dois filhos mais velhos – Nadab e Abiú –, são autorizados a subir ao Monte Sinai para contemplar YHWH logo depois da primeira revelação das leis de Deus a Moisés (cf. Ez 8,11).

198. Cf., p. ex., KNOPPERS, G.N. & LEVINSON, B.M. (eds.). *The Pentateuch as Torah* – New Models for Understanding Its Promulgation and Acceptance. Winona Lake, IN: Eisenbrauns, 2007.

199. Cf., p. ex., BLUM, E. "Gibt es die Endgestalt des Pentateuch?" In: EMERTON, J.A. (ed.). *Congress Volume – Leuven 1989*. Nova York/Colônia: Brill/Leiden/København, 1991, p. 46-57[Vetus Testamentum. Supplements, 43]. • OTTO. *Deuteronomium*, 263. Cf., todavia, as posições mais matizadas e mais partilháveis de SKA. *Introduzione*, p. 259-262.

200. Cf. RÖMER. "La Pentateuque toujours en question", p. 374.

nos judeus daquela egípcia, além daqueles que moravam mais ao norte, na Samaria), a fim de fazer aceitar tal Lei como documento de autoridade. O término do Pentateuco em Dt 34 – ou seja, *antes* da tomada de posse do país de Canaã e, portanto, antes de fazer coincidir Israel com a posse de uma particular terra –, a inclusão de uma legitimação do santuário samaritano no Monte Garizim, em oposição ao de Jerusalém (cf. Dt 27,4-8), e a inclusão da história de José (Gn 37,2–50,26), que parece talvez refletir as preocupações da diáspora judaica no Egito[201], parecem apoiar o que se acaba de conjecturar. Todavia, a corrente que deteve o primado da interpretação dessa Lei deve ser reconhecida, realmente com pouca margem de erro, naquela de cunho sacerdotal[202].

Excursus
As características basilares da literatura antiga segundo J.-L. Ska[203]

No fim desse articulado percurso que nos levou, não sem dificuldades, a traçar, mesmo de maneira fugaz e aproximada, um quadro de conjunto das complexas questões inerentes à origem, ao desenvolvimento e à consecução de um arranjo final dos materiais textuais do Pentateuco, torna-se agora necessário parar um pouco sobre a descoberta de alguns princípios basilares que habitualmente fortaleceram o processo de composição das literaturas antigas. Eles se revelarão particularmente preciosos para compreender melhor as ideologias e os pressupostos que sustentaram autores e redatores na composição e na inserção de seus textos.

a) *A lei da antiguidade ou da precedência.* "O que é mais antigo é mais importante": é com este adágio que se poderia sintetizar o primeiro princípio basilar da literatura bíblica. Para recorrer a um único exemplo tirado do NT, em Gl 3,17-19. Paulo afirma que a justificação pela fé é superior àquela obtida em virtude das obras da Lei. A prova que aduz é muito simples: a fé *precede* cronologicamente à Lei, porque Abraão, com sua cega confiança em Deus, precedeu no tempo a Moisés, o promulgador da Lei divina. O motivo da precedência cronológica torna-se, portanto, para Paulo sinônimo de uma precedência qualitativa. Do mesmo modo, para passar ao AT, as listas genealógicas, dirigidas aos ancestrais

201. Cf. Jr 41,17; 42,14-17; 43,1-7; 44,1; cf. tb. 2Rs 23,34; 2Cr 36,4. Pensemos, porém, e melhor ainda, também na colônia judaica de Elefantina, no Alto Egito, lá pelo fim do século V a.C.

202. Cf., p. ex., Lv 10,10-11; Dt 33,10; cf. tb. Jr 18,18; Ez 7,26; 22,26; 44,23-24; Ag 2,11; Ml 2,7; Eclo 45,17.

203. Retomamos esta síntese de Ska (*Introduzione*, p. 187-207), na qual o autor se estende amplamente e com maiores detalhes.

e, portanto, ao passado do povo – particularmente frequentes no Pentateuco –, segundo o mesmo princípio pretendem demonstrar a mesma coisa: a origem antiga – e, portanto, a importância – de Israel e de suas instituições. Para passar a outros exemplos, o santuário de Betel ou, mais ainda, o de Jerusalém, são importantes porque deles pode-se demonstrar sua antiguidade: o primeiro é feito remontar a Jacó (Gn 28,10-22), enquanto o segundo ao próprio Abraão (cf. Gn 22,1-19, esp. v. 2, à luz de 2Cr 3,1). O mesmo princípio, porém, encontra aplicação também em instituições de outro gênero. A própria experiência devastante do exílio babilônico, por exemplo, não conseguiu apagar o culto de Israel a YHWH. O exército guiado por Nabucodonosor II destruiu em Jerusalém o antigo templo que a Escritura atribui sem meios-termos ao Rei Salomão (cf., p. ex., 1Rs 5,16-19), mas não foi capaz de destruir seu culto. O motivo é o mesmo: segundo os textos do Pentateuco (cf. esp. o complexo Ex–Dt), o culto mostra ser mais antigo tanto da monarquia quanto do templo (recorde-se a "tenda da reunião" no tempo em que Israel estava em marcha para a terra prometida). É, portanto, só em virtude dessa sua antiguidade que ele pode sobreviver. Sob essa luz, também a tematização da figura de Moisés torna-se de vital importância depois da queda da monarquia em Israel. Mais uma vez, sendo-lhe precedente, no tempo da história narrada, torna-se também mais importante: a realeza pode, pois, terminar, mas não a Lei que Moisés veio transmitir muitos séculos antes. É pelo mesmo motivo, poder-se-ia dizer, que no Livro do Gênesis, aos relatos que constituem os ciclos patriarcais (c. 12–36; 37–50), foram prepostos os c. 1–11, ou seja, as narrações centradas sobre os primórdios do mundo e da humanidade; somente dessa maneira podia ser demonstrada, com muitas outras coisas, a antiguidade e, portanto, a supremacia do Deus de Israel sobre todos os outros deuses do vasto *panteão* dos povos a ele circunvizinhos: só ele é o Deus criador de tudo (c. 1–3) e é da humanidade por ele gerada que brotaram todos os povos então conhecidos(c. 10), a ponto de também Ciro II, rei da Pérsia, o libertador de Israel do jugo da Babilônia, é representado como o eleito executor de sua própria vontade (cf., p. ex., 2Cr 36,22-23; Esd 1,1-2; Is 44,28; 45,1).

b) *A lei da conservação.* Essa lei aparece, na realidade, como um corolário da primeira: exatamente porque aquilo que é antigo é importante, revela-se impossível eliminá-lo. É também por esse motivo, por exemplo, que o Pentateuco apresenta não poucas inconsistências no seio de seu sistema legislativo. Com efeito, não é uma novidade topar com leis em contradição entre si, assim como é muito sabido que não é oferecido *um* só código legislativo, como seria normal para um povo, mas *três*: o código da aliança (Ex 21–23), o código deuteronômico (Dt 12–26) e a lei de santidade (Lv 17–26). O único elemento de continuidade nessa evidente disparidade é seu promulgador – YHWH –, junto com seu transmissor – Moisés –, e o lugar de sua promulgação: o Monte Sinai/Horeb. Portanto, tudo se conserva, ainda que obsoleto ou superado. É sempre pelo mesmo princípio de conservação, aliás, que podemos encontrar, dentro de um mesmo livro, três relatos de um mesmo episódio (cf. os assim chamados relatos "da mulher-irmã":

Gn 12,10-20; 20,1-18; 26,6-11), ou duas alianças entre Deus e o mesmo personagem (cf., p. ex., Gn 15 e 17) ou, até, duas criações do mundo por parte do mesmo Deus, embora com modalidades e finalidades diferentes (Gn 1,1–2,3 e 2,4–3,24). Assim, através dessa obra de conservação, com o passar dos séculos o Pentateuco não veio à luz substituindo ou suprimindo seus materiais, mas acumulando-os e justapondo-os. Aquilo que é antigo, com efeito, deve ser atualizado, não destruído.

c) *A lei da continuidade e da atualidade*. Conservar, para Israel, não significa ter saudades. Em todo o AT, inclusive o Pentateuco, é muito ativa a vontade não só de produzir novos materiais textuais, mas também, de quando em quando, de atualizar os mais antigos. Os procedimentos desses tipos de revisão e de atualização dos textos antigos são vários. Algumas vezes, por exemplo, basta acrescentar uma ou poucas palavras no interior dos escritos mais antigos, outras vezes verdadeiras e próprias perícopes. Pense-se, entre os muitos possíveis exemplos, o discurso que YHWH fez a Jacó durante seu sonho noturno, enquanto fugia de seu irmão Esaú (Gn 28,13-15). Esse discurso deixa-se interpretar como uma verdadeira e própria inserção redacional dos tempos pós-exílicos dentro do contexto pré-exílico do restante da perícope. Através dele, a viagem de Jacó para a casa do tio Labão assume proporções que transcendem a história pessoal do patriarca para chegar a referir-se a todo (e futuro) povo de Israel. Com efeito, por força das promessas de Deus expressas naquele discurso, Jacó torna-se o modelo dos futuros exilados para a Babilônia, chamados, como o próprio Jacó, a retornar à pátria assim que o exílio terminar. Pense-se, porém, sempre nesse sentido, também nas leis mais recentes que interpretam e renovam as mais antigas e que, precisamente pela lei da conservação, não são eliminadas, permanecendo assim em coexistência, por vezes claramente destoante, com as mais recentes.

d) *A lei da economia*. Na Antiguidade, escrever manuscritos constituía, sem dúvida, um custo. De fato, se, por um lado, a escrita era apanágio da mais restrita minoria da população e, portanto, consequentemente a instrução e a educação do escriba revestiam-se de prerrogativas decididamente elitistas, por outro, ela devia subentender uma sociedade evoluída, na qual deviam-se pressupor pessoas que podiam viver e impostar a própria existência sem participar diretamente na produção de bens de primeira necessidade. Também já a partir dessas simples especificações chega-se mais uma vez a tomar distância da ideia que nos tempos das cortes de Davi e de Salomão, no século X a.C., pudesse existir uma *personalidade escritora* de destaque e de forte carisma como a do Javista, como pregava a antiga hipótese documentária. Na realidade, julga-se com sólidos argumentos, foi somente a partir do VIII século a.C., com o aparecimento dos primeiros profetas escritores em Israel (pense-se em Amós e Oseias no norte, ou, no sul, em Miqueias e no Proto-Isaías) que os primeiros textos de caráter nacional começaram a vir à luz. Precisamente pelo alto custo da escrita, os antigos manuscritos em pergaminhos eram usados e conservados por muito tempo, ao menos até que a escrita não fosse mais legível e o material estivesse irremediavelmente consumido. A partir dessa consideração, portanto, as oportunidades de mudar o texto, corrigi-lo ou pôr acréscimos nele não eram absolutamente frequentes. E até, com a finalidade de poupar materiais de escrita, as margens dos manuscritos eram bastante estreitas. Nesse sentido, era deixado muito pouco espaço para poder inserir outros textos ou palavras. Também esta anotação desestimula muito a querer supor, como fazem alguns autores, um elevado número de extratos e de acréscimos redacionais no seio de um único texto.

Através de complexos e lentos processos redacionais, portanto, o Pentateuco veio a formar-se como uma literatura "anônima" (com efeito, de nenhum texto é possível deduzir cada uma das personalidades por ele responsável), na qual todo um povo – Israel – podia se reconhecer e, através do qual, perceber-se *um*. Um processo desse tipo, anacronicamente falando, poderia ser achegado também à redação de uma carta constitucional: ela não pertence a seus redatores materiais, mas a todo o povo em nome do qual foi escrita. A mesma coisa poder-se-ia afirmar também dos documentos produzidos pelos concílios ecumênicos: eles espelham a vontade comum, à qual se chegou, porém, somente após longas discussões, reelaborações e correções[204]. Do mesmo modo, a disparidade e a heterogeneidade das tradições presentes em coexistência no Pentateuco não denuncia tanto (ou só) conflitos e facções internas ao povo, quanto o esforço e a vontade de seus anônimos redatores de preparar um documento no qual todo Israel e, através da preservação das tradições mais antigas, desde os tempos mais remotos, pudesse se espelhar e reconhecer-se.

204. SKA. *L'Antico Testamento spiegato*, p. 26-27.

IV

APROFUNDAMENTOS

F. Giuntoli

Numa primeira tomada de contato com o Pentateuco, julgamos oportuno oferecer alguns aprofundamentos temáticos sobre questões que estão por trás de sua origem, que acompanharam (e, em parte, ainda acompanham) a reflexão sobre a formação da primeira seção do cânon bíblico: o estudo dedicado aos principais gêneros literários da *Toráh*, aquele sobre as relações literárias da seção com a civilização limítrofe do Oriente Próximo antigo e aquele sobre os hipotéticos contornos históricos das vicissitudes representadas nos primeiros cinco livros bíblicos. Os aprofundamentos que seguem, porém, pretendem apresentar um quadro sintético sobre alguns aspectos religiosos e institucionais do Israel bíblico, particularmente refletidos, embora de maneira não exclusiva, na primeira seção do cânon bíblico: o sistema do puro e do impuro, a organização do culto e das festividades e as instituições familiares.

Os principais gêneros literários do Pentateuco

São múltiplos os aspectos daquilo que existe e que podem ser classificados segundo várias categorias e repartições. Por exemplo, todos sabem que aquilo que pertence ao reino vegetal e animal pode ser subdividido e, portanto, identificado, segundo a pertença a determinadas taxonomias (pense-se, p. ex., nos conceitos de "classe", "ordem", "família", gênero" e "espécie"). A mesma coisa, embora a partir de outros gêneros de classificação, poderia ser dita para o que pertence ao reino mineral como também, mais geralmente, para uma série muito ampla de outras realidades inanimadas. Ora, conseguir chegar à particular classificação a que pertence uma determinada realidade pode ajudar não só para identificá-la, mas também a conhecê-la mais e compreendê-la e, portanto, interpretá-la. Além das distinções que se baseiam sobre classificações objetivas e demonstráveis, como as até agora evocadas, de qualquer modo, todos temos condições, segundo um saber sobretudo experiencial e também intuitivo, de distinguir e, portanto, diferenciar segundo os respectivos *gêneros*, por exemplo, um *trecho* de música ligeira de um trecho de música clássica, assim como um romance histórico de um artigo jornalístico, um discurso celebrativo de uma oração fúnebre ou uma comédia de uma tragédia. Já esta simples evidência ajuda, pois, a compreender quanto as categorias de "gênero" estão muitas vezes implícitas em múltiplos aspectos da realidade e quanto elas agem, também inconscientemente, na compreensão e na interpretação da própria realidade. Sob a lente investigativa do estudioso, porém, podem existir também outros aspectos da realidade para os quais a classificação poderia tornar-se mais fugaz e confusa, exatamente porque, por exemplo, obrigada a dirigir-se para realidades, por um lado, antigas e, portanto, pertencentes a mundos culturais já definitivamente desaparecidos e, por outro, produzidas pela criatividade e pela mutável sensibilidade do homem, em contextos históricos, por cima, muitas vezes difíceis aos nossos dias de reconstruir ou, também, conjecturar. Ora, os textos das Escrituras de Israel pertencem exatamente a este último gênero de investigação.

Em âmbito literário – Antigo e Novo Testamento incluídos – nem todos os textos, como é óbvio, pertencem a unívocas classificações. Alguns, por exemplo, podem ser unidos pela partilha das mesmas técnicas narrativas, outros pela participação do mesmo contexto social, histórico e cultural que os produziu, outros ainda pela intenção de buscar idênticas metas, objetivos ou propósitos. À luz disso, torna-se, portanto, imprescindível conseguir definir não só o que seja um "gênero literário", mas também que características o constituem enquanto tal. Para permanecer no âmbito veterotestamentário e, particularmente, no seio dos cinco livros da *Toráh*, os gêneros literários – que, nesse sentido, não são outra coisa senão categorias de composição literária – podem geralmente ser identificados a partir da observação de alguns elementos que, no seio dos textos, podem tornar-se típicos ou recorrentes: a *estrutura* (*Form*) na qual são organizados; o *vocabulário* com o qual são redigidos; o *contexto vital* (*Sitz im Leben*) que os produziu; o *objetivo* pelo qual foram escritos. Nesse sentido, se uma unidade textual partilha com outras unidades algum desses critérios, então começa a existir um forte pretexto para experimentar classificar e identificar aquela particular unidade textual como "representativa" de um determinado *gênero* (*Gattung*)[205].

Alguns relatos de "estrutura fechada"

Como acenado, alguns textos poderiam ser identificados, por exemplo, a partir da partilha de uma determinada estrutura dentro da qual o próprio texto foi organizado por seu autor. Em outros termos, já a articulação de sua trama que poderia ser reveladora de seu gênero de pertença. Para só fazer poucos exemplos, poder-se-ia recordar a assim chamada "cena típica"[206],

---

205. As palavras alemãs *Form, Sitz im Leben* e *Gattung* lembram H. Gunkel e, em geral, a Escola das Formas (cf. p. **141-143**) da qual ele pode ser considerado o expoente de destaque. Foi precisamente graças a esse autor e à sua escola que se aperfeiçoou muito o estudo dos gêneros literários dos textos bíblicos (e de sua presumida forma oral) e a sensibilidade literária com a qual aproximar-se deles.

206. A "cena típica" é habitualmente reconhecida entre relatos que se distinguem pela partilha de alguns elementos que dão importância ao conteúdo e, portanto, estruturais.

com seu respectivo gênero literário: em nosso exemplo, o do *encontro de uma moça junto a um poço*. Os relatos pertencentes a esse gênero de conteúdo encontram-se juntos por serem organizados segundo uma particular estrutura, que se torna, precisamente, *típica*:

a) o futuro esposo (ou quem estiver em seu lugar) dirige-se, pelos motivos mais diversos, a uma terra estrangeira (cf., p. ex., Gn 24,10-14; 29,1-8; Ex 2,15);

b) lá se encontra com uma ou mais moças junto a um poço (Gn 24,15-16; 29,9; Ex 2,16a);

c) um dos dois, por motivos vários, aparece tirando água para o ouro ou, também, para seu rebanho (Gn 24,17-20; 29,10; Ex 2,16b-17);

d) a moça corre para casa a fim de narrar o estranho encontro apenas acontecido (Gn 24,28; 29,12b; Ex 2,18-19);

e) o homem estrangeiro é convidado a ficar junto à família da moça, na qual é celebrado o noivado dos dois (Gn 24,29-61; 29,13-19; Ex 2,20-21).

Dentro desses elementos estruturais, talvez às vezes diferentemente deslocados ou desenvolvidos, são, pois, construídas narrações que, por seu gênero, podem definir-se *típicas*. Exatamente temas como Gn 24,1-61; 29,1-20; Ex 2,15-22 (cf. tb., em parte, Jo 4,1-42), embora partindo de contextos e pressupostos entre si totalmente diversos, pela partilha da mesma estrutura literária fundamental, podem, portanto, ser levados para dentro de um mesmo gênero.

Outro exemplo de relatos ajuntados por seu implante estrutural, embora limitados ao Livro do Gênesis, pode ser aquele caracterizado pelos relatos chamados "da mulher-irmã". Os motivos fundamentais que aproximam essas narrações são fundamentalmente quatro:

a) levado por razões particulares, um patriarca decide entrar, em companhia da própria mulher, numa terra estrangeira (Gn 12,10; 20,1; 26,1);

b) o patriarca, por causa da beleza de sua mulher, temendo pela própria vida, decide fazê-la passar por sua irmã (Gn 12,11-13; 20,2; 26,7);

c) por diversos motivos, depois de se ter apaixonado pela presumida irmã, o rei do país que os hospeda descobre o engano (Gn 12,14-17; 20,3-8; 26,8);

d) o rei censura o patriarca pelo engano sofrido (Gn 12,18-20; 20,9-13; 26,9-11).

São exatamente os episódios delimitados em Gn 12,10-20; 20,1-18; 26,1-11 que condividem a articulação dessa estrutura.

Outros, porém, embora com diversos graus de certeza, podem ser os relatos que, por assimilação das mesmas convenções literárias, podem dizer-se pertencentes a um comum gênero literário. A esse respeito, entre as várias possibilidades, poder-se-iam recordar os relatos que colocam no centro a designação, por aclamação popular, de um chefe ou de um *líder* (cf., p. ex., Ex 14,1-31; Jz 3,7-11.12-30; 1Sm 7,12-17; 11,1-15; 1Rs 3,16-28) segundo uma tríplice escansão:

a) momento de crise e de dificuldade (cf., p. ex., Ex 14,1-12);

b) intervenção resolutiva do herói (Ex 14,13-29);

c) reconhecimento do herói como chefe (Ex 14,30-31)[207].

Mesmo limitando-se à enunciação desses poucos exemplos, portanto, aparece com suficiente evidência que a partilha da mesma estrutura é um critério importante para conseguir determinar também o gênero literário de certas composições.

A saga

Com o termo "saga" habitualmente entende-se um ciclo de narrações centradas em torno a uma particular temática ou a um determinado personagem do passado[208]. Esse gênero é sobretudo caracterizado por uma estrutura narrativa *episódica*, ou seja, por uma série de relatos (ou por pequenos conjuntos de relatos) originariamente independentes uns dos outros, associados pela focalização ao redor de particulares sujeitos ou assuntos. Essas narrações, tomadas individualmente, de per si podem incluir também textos pertencentes a diversos gêneros literários, como relatos, lendas, histórias, hinos, relatórios etc. Segundo H. Gunkel, seriam cinco os fatores característicos que distinguem o gênero literário da saga[209]:

---

207. Para alguns exemplos de cenas típicas e para sua definição, cf. SKA, J.-L. "*I nostri padri ci hanno raccontato*" – Introduzione all'analisi dei racconti dell'Antico Testamento. Bolonha: EDB, 2012, p. 63-67 [Collana biblica] [orig. ingl., 1990].

208. Segundo a definição do próprio H. Gunkel, a saga é "uma narração folclórica, tradicional e poética que trata de personagens ou acontecimentos do passado" (cf. *Genesis*, viii).

209. Cf. *Genesis*, viii-ix, p. 10, 12.

a) sua existência pré-literária, em forma de oralidade, antes de ser posta por escrito[210];

b) o fato de tratar de assuntos estritamente conexos com a sensibilidade popular e o folclore;

c) o fato de se envolver com dados deduzidos tanto da tradição como da pura fantasia;

d) o fato de considerar com evidente naturalidade assuntos que podem aparecer dificilmente críveis ou verossímeis ao leitor (ou ouvinte);

e) o fato de se envolver com um sentir poético, por causa da congênita vontade de entreter, exaltar, inspirar e comover seus destinatários.

Habitualmente, tende-se a subdividir o gênero literário da saga segundo três grandes categorias, ainda que, conforme os critérios adotados, o número delas poderia também aumentar *a*) saga primordial; *b*) saga familiar; *c*) saga heroica.

A *saga primordial* recorda, como se pode deduzir do nome, uma narração (ou um ciclo narrativo) centrada sobre relatos de fundação – como, por exemplo, as cosmogonias, ou seja, os relatos das origens do universo –, ambientados nos tempos remotos (para algumas literaturas também míticos) dos inícios do mundo. No Pentateuco e, especialmente, em Gn 1–11, o gênero literário da saga primordial assumiu a forma de duas narrações particularmente extensas e desenvolvidas: os dois relatos da criação (1,1–2,3 e 2,4–3,24) e os relatos do dilúvio (c. 6–9). A estas pode geralmente ser acrescentada também uma série de outros relatos de trama episódica, nos quais são igualmente expressos acontecimentos ligados a ações e a personagens *fundadores* da pré-história do mundo e de seus habitantes. Pense-se, por exemplo, no fratricídio de Caim em relação a Abel (4,1-16), no nascimento das primeiras corporações de profissões (4,20-22) ou na fundação das primeiras cidades (4,17; 10,10-12; 11,1-9). A perspectiva desses relatos dos inícios é, em geral, universalista, ainda que sempre marcada, no caso dos escritos bíblicos, pelo serviço a uma ideologia a favor de Israel e de seu Deus. Com efeito, o Deus do pequeno e pouco influente povo de Israel é o criador de todo o universo; é sempre dele que depende a sorte de toda a

210. A busca das fases pré-literárias (orais) das narrações, típica da sensibilidade da Escola das formas, colore-se, porém, de particular incerteza, sendo excessivamente fugaz e conjectural o campo de pesquisa.

humanidade por causa do envio do dilúvio e é com Israel que, único entre todos os povos da terra (c. 10), Ele estabelecerá sua perene aliança (11,10-26.27-32; 12,1-4).

Típico da saga primordial é o recurso ao *mito*, ou seja, as narrações revestidas de aspectos de sacralidade, com frequência relativas às origens do mundo ou às modalidades com as quais o próprio mundo e as criaturas vivas alcançaram a forma presente num determinado contexto sociocultural ou no seio a um povo específico. Habitualmente, seus principais protagonistas são deuses (YHWH, o Deus de Israel, nos relatos bíblicos) e heróis (no contexto bíblico, simples e frágeis criaturas), enquanto suas vicissitudes narradas têm lugar em épocas precedentes à história (não assim nas sagas primordiais da Bíblia, nas quais a ação criadora de Deus coincide com o início da história). Nesse sentido, o mito (do grego *mythos*, "discurso", "relato"), propriamente falando, outra coisa não é senão a palavra de um relato sacro que revela o mistério e que dá respostas a muitas interrogações dos homens, de importância coletiva e, ao mesmo tempo, de difícil ou inexplicável compreensão racional, como o nascimento do universo, a origem do bem e do mal e de tudo o que existe: uma espécie de transposição narrativa e poética que explica a existência e os primórdios da sociedade.

A *saga familiar* partilha substancialmente as características estruturais da saga primordial, em particular as narrações de trama episódica. Seu conteúdo não focaliza tanto os aspectos fundadores da existência, contextualizados, como se acenou, nos tempos remotos dos inícios, nem nas vicissitudes de toda a humanidade, quanto nos acontecimentos do passado ligados a uma particular família ou a um determinado *clã* e, especialmente, nos do fundador e de seus parentes próximos. Nascimentos, aventuras, migrações, alianças, matrimônios e mortos ligados ao progenitor e aos membros de sua família são temas particularmente recorrentes. Com frequência, é exatamente nesse gênero de saga que são tematizadas também as questões sobre a legítima sucessão dinástica do patriarca em torno ao qual é construída a saga. Exemplos de saga familiar podem bem ser constituídos pelos atuais ciclos narrativos dedicados aos patriarcas e à sua família: pense-se ao ciclo de Abraão (Gn 11,27–25,18) e ao de Jacó (Gn 25,19–37,1).

A *saga heroica*, embora continue a ser estruturada por narrações de trama episódica, insiste prevalentemente em tratar a vida e as empresas de uma figura importante, central para a vida do povo. O nascimento do herói, os matrimônios, a vocação, os feitos e a morte são habitualmente narrações incluídas nessa tipologia de saga. Precisamente por sua tipicidade de não descrever tanto o herói na veracidade de sua existência *histórica* quanto de interpretá-lo segundo categorias estereotipadas, com traços enfáticos, se não, algumas vezes, apologéticos, ela não é propriamente comparável a uma "biografia", na sua acepção contemporânea, nem mesmo a uma "vita"[211], no sentido clássico do termo. Seu interesse não é habitualmente limitado ao horizonte familiar (cf. a saga familiar) quanto, sobretudo, aberto a uma perspectiva nacional e, portanto, política, militar, sociológica e religiosamente mais estendida. Um típico exemplo desse gênero de saga pode bem ser dado pela ampla história de Moisés, que, através de percursos literários e redacionais bastante complexos e articulados, do início do Êxodo (c. 2) chega até o fim do Deuteronômio (c. 34), atravessando, com várias insistências, os livros do Levítico e dos Números.

O relato

Habitualmente, entende-se por "relato" uma breve narração, caracterizada sobretudo por um número reduzido de personagens dentro de uma trama não excessivamente articulada e antes breve. Em geral, essa trama pode iniciar pela descrição de uma situação de *infelicidade* ou de *ignorância* e, através de vários processos de complicação e de tensão narrativa, chegar à situação oposta, ou seja, de *felicidade* ou de *conhecimento*. No primeiro caso, portanto, configura-se uma trama que descreve a passagem de uma dada condição de falta ou de necessidade para seu contrário (nessa primeira hipótese, a trama do relato terá o nome de *resolução*); no segundo caso, a passagem em questão refere-se sobretudo à aquisição de um conhecimento do qual, na origem, se estava privado (em segunda hipótese, a trama do relato chamar-se-á de *revelação*). Em algumas circunstâncias, a conclusão do relato pode também unir a inversão das duas possíveis situações de partida. No assim chamado relato da passagem do mar (Ex 14,1-31; cf., porém, também toda a seção dos c. 1–15, no qual está inserido), por exemplo, os dois tipos de trama estão entrelaçados. Com efeito, se, por um lado, é destacada

211. Para este último gênero literário, pense-se nas *Vidas paralelas* de Plutarco (cerca de 46-125 d.C.), cujo autor não só quer recolher informações sobre a história de vários personagens ilustres dos quais narra, mas se preocupou também de evidenciar como os pessoais caracteres influenciaram, no bem e no mal, as vidas e os destinos deles próprios.

a passagem da condição de escravidão – ou seja, de *infelicidade* – para a de liberdade – ou seja, de *felicidade* (trama de resolução – por parte de Israel, por outro lado, insiste-se também na aquisição de um *conhecimento* (trama de revelação) – marcadamente a da existência de YHWH e de seu poder – por parte de quem na origem não o possuía (Israel: Ex 14,30-31; cf. tb. 6,7; 10,2), nem pretendia possuí-lo (o faraó e parte do Egito: 14,25; cf. tb. 5,2; 7,5; 14,4.18).

Como é óbvio, a *forma literária* do *relato* é a mais empregada nas narrações bíblicas para gerar, segundo os vários entendimentos dos autores, muitos gêneros literários. Nesse sentido, de fato, o gênero da *saga* (cf. tb. o gênero do *conto*, da *fábula* e, em parte, o da *lenda*) assim como foi apresentado, só pode ser para a maior parte composto de uma série mais ou menos ampla de *relatos*, quer numa sucessão de tramas episódicas, ou seja, narrativamente independentes umas das outras, quer de tramas unificadas, ou seja, em explícita relação. De per si, alguns desses relatos poderiam também ter existido em forma autônoma na tradição popular de Israel e depois terem sido reutilizados, talvez com o acréscimo de algumas partes para adaptá-los melhor aos novos contextos em que foram inseridos. Habitualmente, são cinco as etapas através das quais se desenvolve a forma literária do relato:

a) *exposição*, na qual são apresentados os personagens principais e as circunstâncias gerais que concorrem para dar vida à história narrada;
b) *início da ação* e *complicação*, em que emerge tanto o "problema" (de "falta" ou de "conhecimento") que dá vida ao relato e ao redor do qual se desenvolve, quanto as várias tentativas para tentar resolvê-lo;
c) *ponto de virada*, no qual, no máximo da tensão narrativa, introduzem-se os elementos que levarão o movimento da narração à sua conclusão;
d) *resolução*, na qual se chega à solução do problema inicial, ou seja, à satisfação da falta ou à aquisição do conhecimento;
e) *conclusão*, na qual toda a narração chega a seu fim.

O conto

Este particular gênero literário apresenta uma trama com uma implantação muito mais desenvolvida, complexa e articulada do que aquela perceptível no gênero *relato*, a ponto de ele poder chegar a abraçar uma série até bastante ampla de capítulos, chegando mesmo a coincidir com a totalidade de um livro (cf. Rute, Ester, Jonas, como também Tobias e Judite; cf., porém, também algumas seções dos livros bíblicos, como, p. ex., Jz 13–16, ou seja, as histórias de Sansão, ou Dn 1–6). Para permanecer no Pentateuco, a história de José (Gn 37,2–50,26) pertence, sem dúvida, a este particular gênero literário. Diferentemente dos outros gêneros até agora lembrados, o conto pode ser compreendido desde o princípio como uma espécie de literatura pensada quase que exclusivamente para ser escrita, sem dever necessariamente dar por pressuposta uma existência em nível de tradição oral. No máximo, como evidenciado para o relato, poder-se-ia julgar que os autores responsáveis por ele podem ter empregado também alguns elementos provenientes do mundo da oralidade, embora adequadamente transformados de maneira a arranjá-los bem no projeto literário que estavam construindo.

O gênero literário do conto não se ocupa tanto de acontecimentos ou de pessoas diretamente envolvidas com a historicidade dos fatos que narra. Ele tem sobretudo o objetivo de entreter seus destinatários, como também de exaltar as virtudes e as qualidades dos heróis que põe em cena, com os quais os próprios destinatários, com frequência, estão ligados por vínculos de raça e de pertença. Nesse sentido, aproxima-se um pouco do gênero da *comédia* – uma trama com finalidade alegre – embora hospedando no seu interior também elementos trágicos ou dramáticos. Sua característica é a de não focalizar exclusivamente sua trama sobre os acontecimentos públicos nos quais estão envolvidos os seus personagens, mas também sobre aqueles privados e pessoais, detendo-se, com frequência, em trazer pensamentos, desejos e moções interiores que só a onisciência do narrador que os pôs em cena através de uma elaborada escavação psicológica poderia conhecer. Desse modo, para só trazer um exemplo, toda a história de José é caracterizada por uma espécie de constante desinteresse pelos possíveis elementos históricos de sua trama: o faraó ou, no máximo, o nome da dinastia a que pertence nunca são nomeados, como também outros tipos de acontecimentos ou de pessoas aparecem mais com uma sensibilidade fabulista e estranha do que com intenções claramente historiográficas.

A lenda

Embora sempre um tanto fugidia quanto a uma precisa classificação, com o recurso a este particular gênero literário habitualmente entende-se evidenciar ou, também, enfatizar algumas específicas características de um determinado personagem, ou, também, legitimar e aprovar alguns particulares lugares ou instituições, de modo especial ligados ao culto. Por exemplo, o relato de Gn 22,1-19 – a assim chamada "ligadura de Isaac", de outro modo conhecido com o nome de "prova de Abraão" – poderia ser classificado dentro desse gênero literário, notando em particular que ele exalta as virtudes da obediência, da fidelidade e da confiante entrega a Deus por parte do protagonista ao consentir cegamente ao pedido de imolar o filho longamente esperado. Todavia, uma lenda poderia ser redigida para enfatizar não só as qualidades religiosas de uma pessoa, mas também, por exemplo, suas virtudes políticas e administrativas, como poder-se-ia ver nas narrações de Gn 38–41, em que José, o undécimo filho de Jacó, é apresentado como o sábio, prudente e iluminado administrador de tudo o que é confiado aos seus cuidados.

Como se observou, de qualquer forma, o gênero literário da lenda foi utilizado também para exprimir vários relatos de fundação de santuários ou de lugares considerados particularmente sagrados em Israel. Sobre isso, poder-se-ia pensar, por exemplo, no relato de Gn 28,10-22, que, na sua forma mais antiga (v. 10-13a*.16-19, parece ocupar-se da fundação e da legitimação do culto no santuário de Betel, tornado também, no curso da história de Israel, lugar de culto cismático (cf. 2Rs 23,1-25, esp. v. 15). Sobre a continuação da mesma sensibilidade literária, poder-se-ia ainda lembrar a breve nota registrada em Gn 12,6-7, em que Abraão, mediante a construção de um altar em Siquém, parece, por um lado, marcar, e por outro, legitimar naquela área geográfica o nascimento de um culto (para a existência de um santuário em Siquém, cf., p. ex., Js 24,25-26).

A etiologia

Este particular gênero literário pode ser encontrado não poucas vezes no Pentateuco. Ele pode ser verificado em narrações preparadas para dar a razão, através de seu mais ou menos breve enredo narrativo, de como uma determinada realidade (um nome próprio, um lugar geográfico, uma situação etc.) chegou a existir. Aliás, a própria etimologia do termo fomenta a compreensão do gênero literário por ele significado[212]. Habitualmente, a origem e a causa dessa realidade, bem conhecida do leitor ou do ouvinte, é contextualizada numa época remota, distante, pois, do tempo em que foi posto por escrito o relato etiológico preparado para a ocasião.

212. O termo "etiologia", de fato, deriva dos substantivos gregos *aitía*, "causa", e *lógos*, "discurso". Portanto, um "discurso sobre as causas" a respeito da realidade da qual se narra.

Um exemplo de etiologia, entre os numerosos, poderia ser o que se encontra em Gn 19,26, parte do maior complexo narrativo que focaliza a sorte das cidades de Sodoma e de Gomorra (Gn 18–19). A imagem da mulher de Ló, primo de Abraão, transformada, por punição, numa estátua de sal pelo seu ato de voltar-se para contemplar a visão da destruição das duas cidades, contrariando assim a ordem divina dada pelos hóspedes de Ló (19,15-17.22) de apressar-se e de não retardar, segundo também o testemunho de Flávio Josefo (*Antiguidades judaicas*, 1,11,4 [§ 203]) pareceria recordar uma possível formação rochosa, calcária, se não até salina, de forma vagamente humana, visível, talvez, na época em que Gn 19,26 foi posto por escrito, na extremidade sul-ocidental do Mar Morto, em cuja área geográfica esse relato é ambientado. Assim, através dessa notícia, a tal formação, conhecida por seu autor e por seu auditório, foram dadas uma origem, uma explicação e uma causa colocadas nas remotas épocas da história de Israel. A fantasia, pois, transformou em história e, portanto, em relato, a figura salina, dando-lhe também um quadro contextual mais amplo depois de ter sido inserida no âmbito das vicissitudes ligadas às cidades de Sodoma e Gomorra.

De qualquer modo, sempre dentro desse gênero literário seriam enumeradas também as narrações construídas ao redor de um jogo de aliteração sobre um determinado verbo ou sobre um particular nome. Sempre para dar apenas um exemplo, poder-se-ia pensar na notícia trazida em Ex 15,23, na qual ao nome do lugar "Mara" (*maráh*) é dada uma origem ligada à água particularmente *amarga* (*mar*) de suas fontes.

Sempre parte dos relatos etiológicos, embora com frequência ligados ao gênero literário das sagas primordiais e, portanto, ao mito, são também os textos que evidenciam, através de uma densidade teológica dada às suas histórias, as causas de determinadas realidades de valor ético, universal e arquetípico inerentes ao mundo do humano, como, por exemplo, o mal e o pecado (pense-se ao relato de Gn 3). A propósito, com Karl Rahner (1904-1984) é apropriado falar de "etiologias meta-históricas"[213], ou seja, de relatos que chegam a explicar as causas de uma determinada realidade da condição presente, exatamente a partir de sua remota (mítica) origem. Nesse sentido, boa parte do *corpus* literário de Gn 1–11 pode ser definido como "etiológico"

213. Cf. RAHNER, K. "Ätiologie". In: *Lexikon für Theologie und Kirche*. Vol. I. 2. ed. Friburgo im Breisgau: Herder, 1957, p. 1.011-1.012.

em referência a muitas condições de existência humana: além da origem do mal em Gn 3, lembrem-se também, entre outras, a origem da violência em Gn 4,1-16, a origem das primeiras profissões em Gn 4,19-22, a origem do culto a YHWH em Gn 4,25-26, como também a origem do mundo povoado em Gn 10,1-32.

A fábula

O gênero da fábula põe em cena um mundo de pura fantasia e de irrealidade, cujos personagens podem ser figuras humanas e do reino animal ou vegetal (cf., p. ex., Jz 9,7-15; 2Rs 14,8-9). Por definição, o conteúdo de uma fábula deveria incluir também uma espécie de moral ou de ensinamento, que tanto podem ser claros como implícitos à trama. Outras vezes, porém, são a sátira ou, também, a ironia em relação à sociedade humana ou de particulares aspectos dela a serem traçados através de sua trama. Esse gênero literário é habitualmente empregado tanto em contextos didáticos como no interior de horizontes explicitamente políticos. A famosa serpente que fala descrita em Gn 3,1-7 pode muito bem pertencer a esse gênero literário: por meio do expediente da *personificação*, uma criatura animal torna-se, pois, um normal e ordinário interlocutor de uma criatura humana. Todavia, dentro de todo o Pentateuco é sobretudo um episódio ligado a Balaão, filho de Beor, como é descrito em Nm 22,21-35, que ilustra de maneira levemente mais articulada em relação ao citado exemplo de Gn 3 o gênero literário fabulista. Nele é uma mula que assume as características da personificação, podendo usufruir tanto da possibilidade de agir racionalmente, como, consequentemente, de articular os sons em palavras. Nesse último caso, a intensão irônica em relação a Balaão, seu dono, é um tanto evidente: não é ele, o vidente, o "homem do olho penetrante" (Nm 24,3.15) que se dá conta de estar na presença do anjo de YHWH (cf. 22,22), mas seu pobre animal de carga.

As listas

Entre os vários gêneros literários presentes no Pentateuco, um lugar especial é ocupado pelas assim chamadas listas, ou seja, por uma espécie de elencos mais ou menos amplos de nomes ou, também, de objetos, para os quais a partilha de características comuns consente uma mais ou menos unívoca catalogação. No mundo antigo, a compilação de listas era uma prática um tanto comum: sua função podia ser a de inventariação de várias realidades, como também uma espécie de primitiva classificação e catalogação após a observação de determinados fenômenos. Também Israel, nas suas Escrituras, fez uso desse particular gênero literário. A respeito disso, para fazer só uns poucos exemplos, poder-se-iam recordar as listas dos despojos de guerra (cf., p. ex., Nm 31,32-40) ou também aquelas sobre as ofertas votivas a serem apresentadas ao Senhor (cf., p. ex., Ex 35,5b-9.21-29). De qualquer modo, a *Toráh* de Israel conhece também listas de itinerários em referência às peregrinações do povo no deserto depois da libertação do Egito e antes do ingresso na terra de Canaã (cf., p. ex., Nm 33,5-37). De todo o modo, as listas mais comuns são as que se referem às genealogias dos progenitores do povo (cf., p. ex., Adão, Sem, Abraão, Jacó, Esaú) a partir dos remotos inícios da criação do mundo. Tais listas eram consideradas particularmente importantes, já que era graças a elas que se tornou possível estabelecer quem pertencia, por laços de sangue e, portanto, por vínculos de parentesco, ao povo de Israel. Foi particularmente nas épocas pós-exílicas – e, portanto, depois da mistura dos deportados judeus com a população da Babilônia durante os anos do exílio, depois também da existência de uniões mistas, que inevitavelmente produziram uma alteração da pura e direta descendência abraâmica – que se tornou muito importante conseguir distinguir entre aqueles que podiam ser considerados autenticamente parte de Israel e quem não (cf., p. ex., Esd 9–10; Ne 13,23-27). De qualquer forma, elencos onomásticos ou de recenseamento não são exclusividade só do Livro do Gênesis. Pode-se encontrar evidentes traços deles sobretudo também no Livro dos Números (cf., p. ex., 1,5-47; 26,1-51).

As leis

Um gênero literário muito empregado no Pentateuco é, sem dúvida, o legislativo. Certamente não é estranho que o próprio termo *toráh* significa exatamente "lei", no sentido de um "ensinamento" e de uma "instrução" que são dados a seu leitor prevalentemente tanto, como se viu até agora, sob a forma de narrações, como, exatamente, de leis. Três são as principais coleções legislativas a ocupar um lugar de particular importância dentro da *Toráh*: o *código da aliança* (Ex 21–23), o *código deuteronômico* (Dt 12–26) e a *lei de santidade* (Lv 17–26). A elas deve-se acrescentar uma série bastante ampla de outras coleções de leis, menores e específicas em seus tratados; cf., entre os numerosos possíveis exemplos, o decálogo (Ex 20,1-17; Dt 5,6-21); as leis cultuais de Lv 1–7 ou as leis sobre a pureza de Lv 11–15.

Diferentemente das coleções legislativas do Oriente Próximo antigo[214], as coleções de Israel apresentam em coexistência tanto o direito sacro e cultual (*fas*, segundo a nomenclatura latina) como o civil (*ius*). Esta é, precisamente, uma peculiaridade do direito israelita: entre os outros povos, de fato, os dois tipos de direito eram habitualmente mantidos bem separados: o direito sagrado, conservado principalmente nos templos, era sobretudo guardado pela classe sacerdotal; o direito civil, ao contrário, era salvaguardado pela figura do monarca, era, em geral, confiado à classe dos escribas e dos oficiais da corte real. Em Israel, porém, terminado o exílio (539 a.C.), depois do desaparecimento da monarquia e a consequente perda da terra (depois da dominação babilônica, entrou, de fato, a dominação persa), da reedificação do templo de Jerusalém após sua destruição por obra das milícias babilônicas (586 a.C.) serviu como elemento propulsor e agregador da nova comunidade dos filhos de Israel já repatriados, permitindo assim também a coleta e a atualização (e, em parte, a reescrita) dos vários códigos legislativos, tanto cultuais como civis, que, até aquele tempo, circulavam em Israel.

No seio dos três grandes códigos antes recordados, em nível de estrutura é também possível reconhecer uma espécie de idêntico *clichê*: dois blocos legislativos de direito sacro e cultual distintos e separados (cf., por um lado, Ex 20,22-26; Lc 17; Dt 12,2–16,17 e, por outro, Ex 23,10-19; Lv 21–26; Dt 26,1-15) circundam e encaixam o bloco de uma coleção de leis civis (cf. Ex 21,1–23,9; Lv 18–20; Dt 16,18–25,19). Também a formulação de muitas leis, de per si, coloca-se num plano à parte em relação às coleções legislativas dos outros povos. Com frequência, não redigidas na costumeira terceira pessoa, mas na segunda, de quando em quando, elas se deixam assemelhar a um estilo didático-sapiencial, que introduz, junto com a norma, também uma justificação teológica, indo assim bem além da simples enunciação da lei e de sua consequente sanção.

O sistema legislativo de Israel, como também outros do Oriente Próximo antigo, deixa-se sobretudo classificar pelo particular modo de a lei ser enunciada. Nesse sentido, diz-se que o direito em Israel é tanto *casuístico* como

---

214. Cf., p. ex., as *Leis de Ur-Nammu*, o *Código de Lipit-Ishtar*, as *Leis de Eshnunna*, o *Código de Hamurabi* ou as coleções de *leis médio-assírias*, *hititas* e *neobabilônicas*.

apodítico. Pertence à tipologia casuística a enunciação das leis que são introduzidas (prótase) pela preposição hipotética "se" – que descreve o *caso* objeto da específica lei – e são seguidas (apódose) por uma estrutura gramatical que recorre ao uso de verbos na terceira pessoa com significado muitas vezes impessoal, com a qual se expõe a pena pela infração cometida (cf., p. ex., Ex 21,2-11.18-36). Como exemplo concreto poder-se-ia examinar a lei exposta em Ex 21,18-19:

> [20]Se alguém ferir o escravo ou a escrava a cacetadas, de modo que lhe morra nas mãos, o escravo deverá ser vingado. [21]Mas se o escravo sobreviver por um ou mais dias, não será vingado, uma vez que era propriedade sua.

Como facilmente se pode constatar, as proposições hipotéticas introduzidas pela conjunção "se" (prótase) expõem o caso particular que a lei vai enfrentar, enquanto a continuação da frase (apódose) refere a sanção específica a ser aplicada segundo o caso. O gênero legislativo casuístico é particularmente empregado não só em Israel, mas também no direito do Oriente Próximo antigo, também em coleções legislativas muito mais arcaicas do que as israelitas. Isso, em referência aos códigos veterotestamentários, atribui-se mais às questões referentes ao direito civil do que as inerentes ao direito cultual.

À tipologia apodítica, ao contrário, pertence a enunciação de leis promulgadas segundo diretivas incondicionadas e categóricas, como podem ser, por exemplo, as ordens ou as proibições, limitando-se a expor categorias absolutas em relação à justiça e ao crime, sem considerar algum tipo de exceção. Essa tipologia, ao contrário da precedente, refere-se a questões de caráter sobretudo moral e religioso.

A forma mais conhecida de leis apodíticas é a da *proibição* ("Não faças isso!"), mesmo se a da *admoestação* não falta ("Faze isso!"). Como exemplo concreto de proibição poderemos lembrar algumas ordens do decálogo: "Não matar!" (Ex 20,13; Dt 5,17), "Não cometer adultério!" (Ex 20,14; Dt 5,18). "Não roubar!" (Ex 20,15; Dt 5,19). Como modelo concreto de admoestação, sempre a partir do decálogo, poderemos recordar o quarto mandamento: "Honra teu pai e tua mãe!" (Ex 20,12; Dt 5,16).

Na legislação apodítica é preciso mencionar também as assim chamadas "leis participiais", assim chamadas pelo uso do particípio que em hebraico está no seu início. Com frequência, tais leis têm relação com a cominação da pena capital (p. ex.: "*Quem ferir* de morte um homem será punido de morte":

Ex 21,12). Nesse caso, a forma participial inicial descreve o caso sobre o qual se legisla, enquanto o verbo principal prescreve a pena.

Também as assim chamadas "leis do talião" pertencem ao direito apodítico. Essa tipologia, certamente conhecida também em vários e mais antigos códigos legislativos do Oriente Próximo antigo (cf., p. ex., o *código de Hamurabi*), caracteriza-se pela particularidade de retribuir ao malfeitor a mesma quantidade e intensidade de mal recebido por parte do ofendido (cf., p. ex., Ex 21,23-25; Lv 24,17-21; Dt 19,21; 25,11-12; cf. tb. Mt 5,38). Como modelos bem característicos desse específico tipo de lei apodítica, poderemos recordar o que é expresso em Lv 24,19-20: "Se alguém causou alguma lesão ao próximo, *farão com ele a mesma coisa que ele fez*: Fratura por fratura, olho por olho, dente por dente. Sofrerá o mesmo dano que causou ao próximo". À primeira vista, poder-se-ia julgar a lei do talião como representante de uma forma primitiva de justiça. Na realidade, ela quer antes pôr-se como resposta a uma cultura cujo princípio legal dominante era o da vingança do sangue (cf., p. ex., Gn 4,23-24), procurando introduzir em Israel uma espécie de "princípio de proporcionalidade" da pena. Substancialmente, através dela, é como se se quisesse destacar: "Somente *um* olho por *um* olho; somente *um* dente por *um* dente...", chegando assim a limitar vinganças inadequadas ou exageradas.

Outro gênero de leis apodíticas que poderia ser brevemente recordado é aquele referente à pena de *maldição*, que é imposta ao malfeitor culpado de determinados crimes. Esse gênero, em forma legislativa, aparece quase que prevalentemente no Livro do Deuteronômio. A formulação mais costumeira é aquela que se encontra, por exemplo, em Dt 27,16 (cf. tb. Gn 3,17) – "Maldito quem desprezar o pai ou a mãe!"; a outra, um pouco variada, pode ser encontrada em Dt 28,18 (cf. tb. Gn 3,14; 4,11): "Maldito será o fruto do teu ventre, o fruto da terra, a cria do gado e das ovelhas!"

No Pentateuco, muito raramente as fórmulas legislativas aparecem de forma isolada. Ao contrário, com frequência encontram-se agrupadas para formar *séries* ou *coleções* (pense-se, p. ex., nos dez mandamentos expressos em Ex 20,2-17 e Dt 5,6-21), mesmo se nem sempre ligadas por temas unívocos. Habitualmente são as leis apodíticas que se apresentam organizadas em série. Pense-se, por exemplo, nas breves coleções dedicadas às proibições (Ex 20,13-17; Lv 18,6-24; 19,11-18.26-29; cf. tb. Jr 7,9; Os 4,2), às leis participiais (Ex 21,15-17; Nm 35,16-18) ou, também, às próprias maldições (Dt 27,15-26; 28,16-19).

Ao contrário das leis apodíticas, as casuísticas são gramaticalmente mais complexas e verbosas. Habitualmente, no Pentateuco são organizadas não tanto em série ou em coleções quanto em agrupamentos que, com uma linguagem técnica, são chamados "tópicos", ou seja, temáticos. O assim chamado "código da aliança" (Ex 21–23) pode bem ilustrar essa particular organização dos materiais legislativos de natureza casuística: com efeito, nele estão agrupadas algumas seções legislativas que, por vezes, partilham uma temática comum: por exemplo, os comportamentos a serem assumidos com relação aos escravos (Ex 21,2-11), às lesões físicas (21,18-32) e aos furtos (22,1-15).

Globalmente falando, poder-se-ia afirmar que o Pentateuco, em particular com o Livro do Levítico, conhece dois específicos e amplos gêneros de instruções legislativas: as de natureza *sacerdotal* e as de natureza *ritual*. As instruções sacerdotais objetivam sobretudo regulamentar os sacerdotes no seu exercício do culto (para alguns exemplos, cf. Lv 6–7, referente à apresentação dos sacrifícios, ou também Lv 21, sobre a pureza sacerdotal). As instruções rituais, ao contrário, consistem principalmente em prescrições endereçadas à população leiga, não sacerdotal, de Israel, através das quais pretende-se sobretudo organizar o correto desenvolvimento dos ritos sagrados, como, por exemplo, as indicações sobre as justas modalidades de apresentação das ofertas ou, antes ainda, as instruções referentes ao que oferecer (cf., p. ex., Lv 1–5).

De todo o modo, prescindindo do Levítico, quase inteiramente consagrado às coleções legislativas, e às outras seções do Pentateuco infimamente dedicadas às questões de direito, tanto civil como sagrado, é em todo o caso o Livro do Deuteronômio que, através da moldura de um gênero literário pronunciadamente exortativo, traz uma discreta abundância de códigos e normas de vários gêneros.

Outros gêneros literários

Além dos gêneros literários maiores examinados até aqui, o Pentateuco conhece também uma série de outros gêneros, de uso mais esporádico e, por vezes, de mais difícil definição, dos quais convém, embora de maneira certamente não completa, fazer um breve aceno.

Algumas vezes, as narrações do Pentateuco dão a indicação de *notícias* ou de *relatórios*. O gênero literário usado para veicular esse tipo de conteúdo, assim como é empregado nas narrações do Pentateuco, tende habitualmente a evidenciar a ocorrência de determinados fatos postos em cena no seio da trama, orientando-se não tanto para a escolha de temas devocionais ou de piedade religiosa quanto para a concretude, a materialidade e, em parte, a laicidade dos fatos de que se faz menção. Por exemplo, em Gn 35,8 é dada uma simples e breve *notícia* da morte e da sepultura de Débora, a ama de Rebeca – nada mais do que uma concisa comunicação –, enquanto que em Gn 35,22a informa-se rapidamente a condenável ação de Rúben de ter tido relações sexuais com Bala, a concubina de seu pai. Também nesse caso se permanece sempre em presença de uma notícia bastante breve e concisa, sem nenhum tipo de desenvolvimento narrativo ou de evidente nexo com seu contexto próximo. Além desse gênero de notícias, porém, o Pentateuco conhece ainda outras, inerentes, por exemplo, a batalhas (cf., p. ex., Nm 21,21-24), sonhos (cf., p. ex., Gn 37,5-10; 40,9-11.16-17; 41,1-8) e até construções arquitetônicas (pense-se, p. ex., na construção da assim chamada "tenda da reunião" ou de algumas de suas partes, descrita em Ex 36,8–38,20).

Outro gênero literário por vezes representado no Pentateuco é aquele constituído pelo *discurso de adeus*, ou seja, pela última despedida dos próprios filhos ou da própria comunidade por parte do pai ou do *líder*, pouco antes de sua morte. A propósito disso, pode-se facilmente pensar na última saudação de Jacó aos próprios filhos contida em Gn 49,29-30 (parte, no atual texto de Gênesis, de um mais amplo discurso de bênção, em forma poética; cf. 49,2-28) ou, também, aquele de Moisés dirigido às tribos de Israel antes de sua morte (cf. Dt 29,1–30,20; 31,1-8). A esse propósito, poder-se-ia também fazer menção às assim chamadas *cenas do leito de morte*, nas quais um patriarca, no fim dos seus dias, convoca do seu leito alguns familiares para dar-lhes a sua bênção (cf., p. ex., Gn 27,1-45; 47,29-31; 48,1-22).

Algumas vezes, os materiais textuais do Pentateuco mostram conhecer também *expressões proverbiais* ou, de algum modo, na época de sua redação, particularmente conhecidas do auditório de certos textos. Para só dar poucos exemplos, como de costume, o texto de Gn 10,9 parece, com poucos equívocos, reafirmar uma expressão um tanto conhecida nos tempos em que foi posto por escrito: "Ele [Nemrod] era um valente caçador diante do Senhor, *por isso se diz*: 'Caçador valente diante do Senhor, como Nemrod'". Todavia, nos textos da *Toráh* podem ser encontradas também algumas expressões – mais de bênção ou de maldição – tornadas, com probabilidade, uma espécie de ditos proverbiais. Realmente, é verossímil aceitar que também o povo de Israel, como os outros povos, em sua vida cotidiana, fazia uso de particulares invocações ou interjeições, que, depois, com o passar do tempo, tornaram-se típicas e emblemáticas da própria cultura nacional. Nesse sentido, entre as várias possibilidades, poder-se-ia, talvez, pensar em Gn 9,25-26, ou também em Dt 27,15; 28,3).

Além das expressões proverbiais, o Pentateuco apresenta também alguns componentes em estrutura poética, que, facilmente, poderiam ser classificados como textos de *cantos*. Um exemplo típico a ser aduzido é aquele que atualmente se encontra em Nm 21,17-18, conhecido também pelo nome de "canto do poço": aparentemente um canto para acompanhar o duro trabalho da escavação dos poços, se não até de sua própria inauguração (cf., p. ex., Gn 21,30; 26,15-22). De qualquer forma, Israel conhecia também cantos de vitória por ocasião dos grandes combates militares. Para permanecer no Pentateuco, poder-se-ia recordar o famoso "canto do mar" (Ex 15,1-18), que celebrava a vitória de YHWH sobre o faraó junto ao Mar dos Juncos, ou também aquele reconhecido em Nm 21,27-30, por ocasião da vitória de Israel contra Seon, rei dos amorreus.

Em alguma rara ocasião, é possível, talvez, reconhecer também o típico gênero literário empregado para a *visão profética*, alinhavado sobre o exemplo de um diálogo entre YHWH e seu profeta. Habitualmente é Gn 15,1-6 a ser associado a tal gênero. Talvez, também, embora com um grau de probabilidade ainda mais matizado, poderia ser possível encontrar, sempre contextualmente a essa sensibilidade literária de sabor profético, também um gênero assemelhado aos *oráculos de guerra*, através dos quais os inimigos do povo eram amaldiçoados. Segundo essa sensibilidade, YHWH, o guerreiro divino, é retratado como o potente e valente acompanhante de Israel em suas batalhas para derrotar resolutamente seus inimigos (cf., p. ex., Ex 15,3; Nm 10,35; cf. tb. Dt 20,1-4).

No fim desse articulado e minucioso exame, entre os vários e numerosos elementos de um texto, emerge com alguma força a particular importância da determinação do específico gênero literário através do qual ele foi escrito para chegar a compreendê-lo e interpretá-lo melhor, mesmo tendo consciência de que, em vários casos, tal classificação tanto pode aparecer de difícil codificação como, portanto, de ambígua interpretação.

Relações literárias com as civilizações do Oriente Próximo antigo[215]

Somente a partir do fim do século XIX, o estudo das tradições literárias dos povos do Oriente Próximo antigo – também ele nascido na segunda metade do mesmo século – iniciou a pôr à luz sempre mais evidentes relações com a literatura bíblica. Desde então, tanto na assim chamada "meia-lua fértil" (Mesopotâmia, Levante e Egito), quanto na Ásia Menor, Síria, Líbano e Palestina, um número sempre crescente de textos – dos quais uma discreta quantidade, hoje, nem sempre de clara interpretação – em parte ilumina e, em parte, enriquece a compreensão do contexto literário e sócio-político--cultural de vários textos da Escritura.

Foi em 1799, quando um soldado napoleônico estabelecido no Egito encontrou um fragmento de pedra (granodiorito) de 114cm de altura e de 72cm de largura, com o peso aproximado de 760kg, parte de uma grande estela, escrito na parte superior em hieróglifos, na parte média em caracteres demóticos (um tardio sistema de escrita egípcio um tanto próximo à ainda mais recente língua copta) e na inferior em escrita grega, que o interesse pelas ignotas linguagens do Oriente Próximo antigo chegou, lentamente, a

215. Para uma primeira aproximação, além do material apresentado na bibliografia, cf. WALTON, J.H. *Ancient Israelite Literature in Its Cultural Context* – A Survey of Parallels Between Biblical and Ancient Near Eastern Texts. Grand Rapids, MI: Zondervan Publishing House, 1989. • MATTHEWS, V.H. & BENJAMIN, D.C. *Old Testament Parallels* – Laws and Stories from the Ancient Near East. Nova York/Mahwah: Paulist Press, 1991 [2. ed., 1997]. • LION, B. & MICHEL, C. *Les écritures cunéifores et leur déchiffrement*. Paris: De Boccard, 2008. Para um compêndio sobre a pesquisa dos últimos vinte anos a respeito do estudo comparativo dos textos do Oriente Próximo antigo em relação à Bíblia hebraica, compreendendo uma vasta e atualizada bibliografia, pode-se consultar, CHAVALAS, M.W. "The Comparative Use of Anciente Near Eastern Texts in the Study of the Hebrew Biblia". In: *Religion Compass*, 5, 2011, p. 150-165.

organizar-se num estudo científico e sistemático. Esse fragmento, atualmente conservado no *British Museum* de Londres, foi chamado "estela de Roseta", nome da cidade, no sul do delta do Nilo – a hodierna Rashid – em que foi encontrado. O texto, escrito, portanto, em egípcio (em escrita hieroglífica e demótica) e em grego, reproduz um decreto, publicado em 196 a.C., em honra e em celebração do faraó Ptolomeu V Epífanes por ocasião do primeiro aniversário de sua coroação. Sendo o grego e o copta, das três, as línguas conhecidas, após anos de trabalho, o francês Jean-François Champollion (1790-1832), em 1822, conseguiu decifrar a maior parte dos hieróglifos[216]. Portanto, daquele momento em diante, os estudos linguísticos sobre a decifração dos antigos alfabetos do Oriente Próximo antigo e, também, as escavações arqueológicas que trouxeram à luz um número sempre crescente de descobertas testemunhando aquelas antigas escritas, receberam um particular e determinante impulso. Desde então, o acesso ao patrimônio escriturístico dos egípcios, dos sumérios, dos babilônicos, dos assírios, dos cananeus, dos hititas, dos fenícios e de outros povos mais, transformou radicalmente a interpretação de muitos textos das Escrituras de Israel. Entre as línguas – embora nem sempre completamente conhecidas ou decifradas – que deram vida à produção de muitos textos que, hoje, podem iluminar a compreensão das Escrituras hebraicas de Israel (em nosso caso, da *Toráh*) seriam consideradas:

- o *egípcio* (na escrita hieroglífica, hierática e demótica);
- o *sumério* (a primeira língua conhecida na Mesopotâmia, do III-II milênio a.C., em escrita logográfica com sistema cuneiforme);
- o *acádico* (de âmbito mesopotâmico, a partir sobretudo do III-I milênio a.C., com sistema cuneiforme, compreendendo os dialetos *assírio*, ao norte, e *babilônico*, ao sul);
- o *hitita* (uma língua antiga da Ásia Menor, em escrita cuneiforme, estreitamente associada às línguas indo-europeias, particularmente ligada à supremacia do reino de Hatti – donde "hitita" – no II milênio a.C.);
- o *ugarítico* (pertencente ao grupo das línguas semitas norte-ocidental, originária de Ugarit, o pequeno reino da Síria na costa setentrional, da segunda metade do II milênio a.C., com uma escrita cuneiforme adaptada a um sistema alfabético);

---

216. Aos seus estudos, deve-se acrescentar também os de Thomas Young (1773-1829) e de Karl Richard Lepsius (1810-1884).

• o *fenício* (de cepa cananeia, empregado no atual Líbano, cujo alfabeto, tomado de empréstimo aos gregos, tornou-se a base de todos os alfabetos ocidentais hoje em uso);

• o *moabita* (língua da antiga Moab, na Transjordânia, a leste do Mar Morto);

• o *amonita* (língua da antiga Amon, sempre na Transjordânia, ao norte do Mar Morto).

Embora, a partir do século XIX, como se disse, tenha sido possível recuperar um número realmente amplo de achados literários do Oriente Próximo antigo, é preciso recordar que boa parte dessa antiga literatura ainda continua a ser-nos desconhecida: ou porque ainda enterrada nos vários sítios ou porque foi definitivamente destruída.

Os materiais para a escrita empregados por aquelas antigas civilizações foram vários. O material mais duradouro e resistente aos séculos (e em muitos casos aos milênios) foi a pedra, seja em blocos separados da originária colocação lapídea, seja em blocos deixados na sua natural posição. Entre os materiais resistentes e muito usados, em todo o caso, é preciso recordar sobretudo a argila seca ou, também, cozida. Entre os outros materiais mais frágeis são mencionados a cerâmica, a argamassa, as peles, a madeira, a cera e o papiro. De qualquer modo, algumas vezes foram encontradas inscrições também sobre o marfim ou sobre o metal.

Como os materiais, também os sistemas de escrita foram heterogêneos, assim como múltiplas foram as línguas usadas. Os Sumérios, por exemplo, na Mesopotâmia, recorreram a um sistema logográfico (entre as línguas modernas, pense-se, p. ex., no chinês) e silabográfico de escrita: a estilização de vários objetos preponderantemente gravados com um estilete que reproduzia uma impressão, sobre tabuinhas de argila, em forma de prego, era equivalente à palavra para designar esses objetos. Já que existiam, obviamente, muitas realidades materiais – além de conceitos – a serem representados, existiam também muitos "sinais" a serem aprendidos, conhecidos, por força das coisas, só a uma classe particularmente restrita de escribas. Com o passar do tempo, o sistema de escrita originariamente sumério foi utilizado também por outras línguas – particularmente pela língua acádica, mas também, com outras, pela hitita e a hurrita – iniciando a associar aos vários sinais também valores silábicos e, portanto, fonéticos, até chegar a aproximar cada sinal a uma letra, dando, então, origem a um verdadeiro e próprio conjunto alfabético (cf. a língua ugarítica). Também a escrita egípcia – chamada hieroglífica –, porém, embora com modalidades totalmente diversas das línguas da área mesopotâmica, fez uso tanto de um sistema logográfico quanto de sinais que deviam representar grupos fonéticos, também com elementos gramaticais.

Muitos são os gêneros literários que tiveram início em textos produzidos por essas antigas civilizações, em torno às quais, muitos e muitos séculos depois, nasceu e se desenvolveu Israel. Entre eles, por exemplo, podemos encontrar *mitos*, nos quais as divindades são os principais protagonistas; *épicas*, relatos heroicos que põem em cena seres humanos e divinos; *textos historiográficos*, que se ocupam, prevalentemente, com as narrações ou registros de acontecimentos históricos ou, também, de acontecimentos ligados a determinadas personalidades; *textos legais e comerciais*, ou seja, coleções de códigos legislativos de transações de mercadorias de troca; *cartas* e, portanto, documentos de correspondência, seja oficial seja privada; *hinos, orações, lamentos* e *rituais*, que compreendem a comunicação da esfera do humano com os pluriformes mundos do divino; *textos funerários*, usados nos rituais exequiais ou gravados nos túmulos e sarcófagos; *textos comemorativos e dedicatórios*, ou seja, inscrições, muitas vezes gravadas em monumentos, produzidas para comemorar ou celebrar determinados eventos ou pessoas; *poesias amorosas*, visando a celebrar o amor, prevalentemente humano; *textos proféticos*, que, através de uma figura revestida de prerrogativas proféticas, tornam conhecidas as mensagens divinas; *textos sapienciais*, ou seja, escritos que ilustram e descrevem com desencanto a condição humana, habitualmente através de instruções, provérbios e máximas. Mesmo considerando somente este elenco de gêneros literários encontrados na vasta, fragmentária e heterogênea literatura do Oriente Próximo antigo, aparece com certa clareza que só alguns podem ser encontrados em comum, embora na descontinuidade dos intentos e das formas, com os gêneros literários veterotestamentários e, explicitamente, em nosso caso, dos primeiros cinco livros das Escrituras de Israel.

Israel no quadro das civilizações do Oriente Próximo antigo

Nos textos redacionalmente mais recentes da Bíblia hebraica, Abraão é apresentado como um estrangeiro residente na terra de Canaã, emigrado da Mesopotâmia, precisamente de Ur dos Caldeus (cf. Gn 11,28.31; 15,7; Ne 9,7). Naquela mesma vasta região, particularmente na Babilônia, boa parte de Israel, a partir de 597/6 a.C. (primeiro cerco de Jerusalém e primeira deportação) e depois de 587/6 a.C. (segundo cerco de Jerusalém e segunda deportação) até 539 a.C. (derrota dos babilônicos para os persas), viveu os anos de seu exílio da terra de Canaã. Aliás, a própria Babilônia, uma região entre as mais inimigas de Israel, e dele entre as mais temidas, receberá mais de uma vez, especialmente no corpo literário profético bíblico, palavras de maldição e de pesada repreensão[217]. Igualmente – e, cronologicamente, antes ainda da derrota do reino de Judá, ao sul, pela invasão babilônica – o próprio reino de Israel, ao norte, viu seu fim por intervenção de outra potência estrangeira: o Império Assírio, originário das regiões setentrionais da vasta área geográfica mesopotâmica. Também nesse caso, a literatura profética do AT não tarda a oferecer oráculos contra aquela nação, testemunhas, como no caso daqueles contra a Babilônia, das repetidas relações animados pelo conflito e pela hostilidade[218]. Também o Egito, de per si, atendendo sobretudo ao testemunho de Jeremias (esp. c. 43), deveria ser enumerado entre as potências que viram Israel em exílio nos próprios territórios. Aliás, não faltam nas Escrituras de Israel oráculos também contra esta potência, que atestam, mais uma vez, as múltiplas, tensas e, também, ambíguas relações[219]. De qualquer forma, além das potências ligadas sobretudo a seus exílios – Assíria, Babilônia, Egito –, Israel, na sua história perpassada de conflitos e hostilidades, deu prova de ter entrado em contato mais vezes e segundo múltiplas modalidades também com os mundos políticos, econômicos, militares e sociais de outros povos a ele circunvizinhos (pense-se, p. ex., em Moab, Amon, Edom, Filisteia). Ora, em meio a essa variedade de povos, Israel teve, pois, ocasião de entrar em contato, segundo várias modalidades e intensidades, não só, como se disse, com os ambientes políticos, econômicos, militares e sociais, mas também com a produção cultural – e especialmente literária – das civilizações que, com modos e acentos diversos, influiu em parte tanto nos conteúdos das Escrituras de Israel quanto nas próprias modalidades estilísticas de sua redação.

217. Cf., p. ex., Is 13,19; 14,3-23; 21,9; 43,14; 47,1-15; Jr 50,1–51,19; Sl 137,8. Em algumas passagens, também o NT, embora dentro de uma visão mais simbólica, conhece expressões de inexorável condenação contra aquela potência; cf. Ap 14,8; 16,19; 17,5; 18,1-24.

218. Cf., p. ex., Is 10,5-19; 14,24-27; 30,27-33; 31,6-9; Ez 31,3-14.

219. Cf., p. ex., Is 19,1-17; 30,1-7; Jr 43,8-13; 46,1-26; Ez 29,1-21; 30,1-26; 32,1-31.

Gênesis 1-11 e as literaturas do Oriente Próximo antigo

Entre todos os livros da *Toráh*, o Gênesis – e, em particular, seus primeiros onze capítulos – é certamente aquele que mostra ter maiores dívidas com as literaturas cosmogônicas (ou seja, referentes às narrações ligadas à geração do mundo) do Oriente Próximo antigo: especialmente com as produzidas na vasta área da Mesopotâmia, na qual, como antes se afirmou, boa parte da população de Judá passou os longos anos de seu exílio.

A primeira obra que deve ser considerada, especialmente por uma certa proximidade com o primeiro relato da criação (Gn 1,1–2,3), aquele de origem sacerdotal, é, sem dúvida, o *Enuma elish*. A obra é datada entre o fim do II milênio a.C. e os inícios do I, escrita em sete tabuinhas de argila, que chegaram a nós em formas mais ou menos fragmentárias, segundo uma certa variedade de cópias encontradas em vários sítios da região mesopotâmica. Extremamente sintetizada, ela narra a subida de Marduk à condição de rei dos deuses do *panteão* mesopotâmico. Particularmente, é na IV tabuinha que Marduk, em sua obra da criação do mundo, inicia a dispor os elementos do cosmos; na V são colocadas no firmamento as constelações, a lua e, provavelmente, também o sol, enquanto na VI é o homem a ser criado na qualidade de servidor dos deuses. O que é preciso afirmar imediatamente é que as histórias bíblicas da criação não mostram de maneira *explícita* e *direta* – como, ao contrário, os relatos do dilúvio – uma dependência das cosmogonias do Oriente Próximo antigo. Com efeito, diferentemente da literatura mitológica mesopotâmica, na Bíblia não existe uma história do universo precedente àquela da criação do mundo. Em outros termos, não existe nada de preexistente ao ato criador do Deus de Israel: nenhuma história mítica antecedente, nenhuma teogonia nem vicissitude narrada ligada a algum panteão ou a alguma corte de deuses menores, nenhum acontecimento de fundação anterior ao aparecimento da vida sobre a terra. Somente Deus e sua palavra criadora. Não só: se na Babilônia ou, mais geralmente, no Oriente Próximo antigo, os astros – o sol, a lua e as estrelas – ou alguns animais terríveis, aquáticos ou terrestres, gozavam de vida própria e divina, na visão bíblica eles aparecem somente como criaturas saídas da inteligência amante e criadora do *único* Deus e a Ele submissas. Portanto, como único Criador, Ele está muito acima de todas as divindades, tanto da Mesopotâmia como de todos os outros povos conhecidos, precisamente em virtude do fato de ser o criador de *tudo*.

Mais do que qualquer outra coisa, pois, os relatos bíblicos parecem ter sido devedores de algumas imagens literárias, ainda que oportunamente readaptadas, usadas nos antigos mitos. Para apresentar apenas poucos exemplos, num mito acádico da criação do homem por parte de uma divindade é usada, pelo deus em questão, a expressão: "[Vamos,] façamos uma figura de barro" (cf. linha 8), oferecendo assim em clara associação tanto o plural assim chamado deliberativo que encontramos usado por Deus em Gn 1,26 ("Façamos o homem") como o expediente do modelo de barro representado, porém, em Gn 2,7 ("pó da terra")[220].

Diferentemente de todo o restante da criação, segundo o texto de Gênesis, o homem é feito à "imagem" (*tsélem*) de Deus e segundo sua "semelhança" (*d^emút*): assim se afirma em 1,26 e em 5,3 (cf. tb. 1,27 e 5,1). Na realidade, por trás dessas expressões escondem-se imagens frequentemente evocadas na literatura acádica que podem ser encontradas em várias inscrições e cartas neoassírias, nas quais se afirma que "o rei é a precisa imagem (*tsálmu*)" de um deus. Essa expressão, portanto, era habitualmente empregada para caracterizar o monarca como representante de um deus. Ora, em Gênesis, sendo (re)utilizada pelo protótipo de toda a humanidade, todos os seres humanos assumem atributos e prerrogativas de elevada dignidade. Como os reis assírios e babilônicos, eles são mediadores da presença de Deus no mundo. Com efeito, criado à imagem e semelhança de Deus, o homem já é o único soberano da natureza: ele governa o mundo em nome e por conta de Deus (cf. 1,28). Nesse sentido, no emprego dessas duas expressões poder-se-ia também ver em ação uma sutil, mas firme, polêmica anti-idolátrica por parte da tradição sacerdotal, responsável pela redação do primeiro relato da criação: só o homem pode considerar-se a única verdadeira "imagem" representativa de Deus no seio do mundo criado. Fora dele, qualquer outro tipo de réplica deve ser considerado pertencente ao vácuo âmbito do ídolo.

Também a expressão "no sétimo dia Deus terminou (*kaláh*) a obra (*m^ela'káh*) que havia feito" (2,2a), no fim do primeiro relato da criação, recordando muito de perto a palavra empregada a propósito do fim da construção da morada, ou seja, do santuário móvel, no qual a presença de Deus acompanhava Israel em suas peregrinações pelo deserto rumo à terra prome-

220. Cf. MAYER, W.R. "Ein Mythos von der Erschaffung des Menschen und des Königs". In: *Orientalia*, 56, 1987, p. 55-68, esp. p. 56-57.

tida ("Moisés terminou [*kaláh*] a obra [*m^{e}la'káh*]" [Ex 40,33b]), está aludindo não muito estranhamente ao que se narra no próprio *Enuma elish*[221]. Realmente, nessa cosmogonia, o deus Marduk, precisamente no fim de sua obra criadora do universo, manda que seus deuses servidores lhe construam um palácio no qual reinar soberanamente sobre sua própria criação (VI,49-77). Através dessa implícita lembrança, a tradição sacerdotal, à qual deve ser atribuído o primeiro relato da criação, muito provavelmente quis pôr em estreita relação os dois eventos: a obra da criação poderá ser considerada definitivamente completa quando o Criador, segundo uma sensibilidade comum a muitos mitos mesopotâmicos, poderá ter uma morada no seio de sua criação. As analogias entre o que é narrado, sempre pela tradição sacerdotal, nos textos apenas lembrados de Gênesis e de Êxodo e naqueles mencionados de *Enuma elish* não parecem negligenciáveis. No máximo, a grande diferença é que o Deus de Israel não decide habitar num palácio estável e inamovível, como o do deus Marduk, mas numa tenda móvel e transportável, assim como nômade e migrante era seu povo que peregrinava pelo deserto.

A mesma imagem, já recordada, do "pó da terra" – ou seja, a terra, a argila – como elemento básico para a criação do homem (cf. Gn 2,7), parece evocar também uma passagem da I tabuinha da epopeia de *Guilgamesh* (cf. adiante), onde se narra que Enkidu, companheiro de Guilgamesh, foi criado pela deusa Aruru precisamente a partir da argila (cf. linhas 102-103). Aliás, também vários monumentos egípcios representam o deus Khnum no ato de plasmar o homem com o mesmo material, sem considerar que até a mitologia grega fala de Prometeu como criador do primeiro homem da *terra* e da *água*[222]. De outro ponto de vista, se Gênesis, através do recurso da imagem do "sopro de vida" (cf. 2,7) insuflado por Deus nas narinas do protótipo do primeiro homem, renuncia a obrigar a humanidade a uma visão reducionista que a assemelhe ao restante dos organismos animais, a épica de *Atrahasis* (cf. adiante) na tabuinha I afirma que o homem foi criado não só da argila amassada com a saliva de alguns deuses (cf. linhas 232-234), mas também do sangue e da carne de um deus morto (cf. linhas 210-214.223-226).

221. Para outras lembranças terminológicas e temáticas entre o fim do primeiro relato da criação no Gênesis e o início da edificação da morada no deserto por parte de Moisés, assim como é narrada no fim do Livro do Êxodo, confrontem-se ainda Gn 1,31a com Ex 39,43a; Gn 2,1 com Ex 39,32a; Gn 2,3a com Ex 39,43b.

222. Cf., p. ex., OVÍDIO. *Metamorfoses* I, p. 77-78.

De todo o modo, na XI tabuinha da já mencionada epopeia de Guilgamesh, narra-se também que o homônimo herói encontrou uma *planta* (a planta do "bater do coração", como foi literalmente chamada) que lhe teria concedido afastar a morte. Enquanto estava nadando num lago, uma *serpente*, sentindo seu odor, levou-o embora, privando-o assim da prerrogativa de não morrer (cf. linhas 303-307). Esse particular, como já foi lembrado, pareceria ter tido alguma influência também na redação de Gn 3, especialmente em relação à presença da "serpente" e da "árvore da vida" (cf. Gn 2,9; 3,22.24) com a imortalidade a ela ligada.

Sempre referente ao segundo relato bíblico da criação (Gn 2,4–3,24), obra de uma "escola" contemporânea ou, provavelmente, pouco posterior à sacerdotal, responsável pelo primeiro (cf. 1,1–2,3), é talvez possível reconhecer no assim chamado *Mito de Adapa* outra possível influência, embora, como sempre nos textos de Gn 1–3, indireta. Desse mito, de data próxima ao II milênio a.C., chegaram a nós quatro tabuinhas de argila escritas em língua acádica, uma das quais encontrada na cidade real do faraó Akenaton (1.353-1.335 a.C.), no Egito, e as outras três na biblioteca do Rei Assurbanipal (668-626 a.C.) em Nínive, na Assíria. Nele, entre outras coisas, narra-se que Adapa, sacerdote do templo do deus Ea, foi posto de sobreaviso por uma advertência do mesmo Ea de não aceitar de Anu, senhor das regiões supernas, o pão e a água que teria querido oferecer-lhe, pois, segundo ele, esses dons causar-lhe-iam a morte. Somente depois Adapa soube que, se tivesse aceitado aquele alimento, na verdade ele lhe teria conferido o dom da *imortalidade* (*Mito de Adapa*, fragmento A, linha 4; fragmento B, linhas 28-31.33.60-63.66-70). Desse modo, como a Adão foi impedido por YHWH, o Deus, o acesso à árvore da vida de forma a não poder receber, depois de já ter adquirido o conhecimento do bem e do mal, a prerrogativa de não morrer, assim um deus preservou Adapa, o primeiro sábio precedente à vinda do dilúvio (cf. infra) e, também, homem primordial, da possibilidade de conseguir o dom idêntico. Sobre a base dessa história, poder-se-ia também tentar um paralelo entre o papel de Anu com o da serpente, assim como aparece em Gn 3: ambos parecem ter entrado em cena para enganar a humanidade em relação à possibilidade de se tornar imortal. Nesse sentido, no relato bíblico a serpente engana a mulher, enquanto no mito de Adapa, Anu engana o homem. E mais, os nomes "Adão" e "Adapa" também poderiam ser postos numa espécie de comparação, embora certamente não forçosa. No caso do mito, Ea, talvez por não querer perder seu fiel servidor, aconselha-o a recusar o pão da vida que o teria tornado imortal. Ou, ao contrário, segundo outra interpretação, poder-se-ia pensar que Adapa tivesse convictamente aproveitado a sugestão de Ea de não comer aquele alimento a fim de continuar, como mortal, a gozar das coisas da terra.

Todavia, prescindindo da produção literária mesopotâmica, aqui é conveniente recordar, mesmo apenas de passagem, também duas obras de origem egípcia, embora haja, em relação às outras até aqui consideradas, elementos de consonância decididamente menores em relação aos relatos bíblicos da criação. Referimo-nos aos assim chamados *Hino a Ptah* (também chamado "texto da teologia menfita"; cf. sobretudo Gn 1,3; 1,31–2,1), que originariamente se desenvolveu no Antigo Reino (2575-2134 a.C.), em Mênfis, continuando a ser copiado e transmitido até por volta do fim da XXV dinastia (cerca de 710 a.C.), e *Hino a Ra* (cf. sobretudo Gn 1,1–2,3), também ele, como o precedente, pertencente ao período do Antigo Reino, ligado à cidade de Heliópolis, mas transcrito até depois de 400 a.C.

Deixando os confrontos entre a cosmogonia bíblica e aquelas do Oriente Próximo antigo, especialmente da área mesopotâmica, e sempre recorrendo, como até aqui, a poucos e selecionados exemplos, convém agora considerar, sempre à luz daquelas literaturas, os relatos do dilúvio (Gn 6–9).

Entre os mitos mesopotâmicos que exerceram uma notável e *direta* influência sobre a redação dos textos bíblicos do dilúvio (cf. Gn 6–9), ao contrário, como se disse, do que aconteceu com os relatos da criação, é preciso mencionar seguramente a já citada épica de *Atrahasis*. As cópias mais antigas que possuímos, embora fragmentárias, remontam ao século XVII a.C., enquanto as mais recentes chegam até o século VI a.C. A obra, assim como nos chegou, consta de três tabuinhas, que conciliam seções em parte comuns à epopeia de *Guilgamesh* e ao *Enuma elish*. Nelas se narra que a humanidade, criada para servir aos deuses, multiplicou-se demasiadamente sobre a terra, a ponto de tornar-se excessivamente "barulhenta" (esse o termo acádico utilizado) para as divindades. Assim foi estabelecido que ela fosse drasticamente reduzida, primeiro por meio de pragas e carestias e depois, ainda mais severamente, através do envio de um *grande dilúvio*. O sábio Atrahasis foi informado sobre a iminente chegada da destruição do céu e ele construiu uma embarcação, com a qual conseguiu pôr a salvo aves e animais. No fim do cataclismo, ele ofereceu um sacrifício em honra aos deuses.

No número das obras literárias mesopotâmicas que parecem ter influído na redação do relato bíblico do dilúvio deveria ser recordada também a assim chamada *Gênese de Eridu* (conhecida também pelo nome genérico de *Mito sumério do dilúvio*). As fontes que possuímos dessa obra, muito mutiladas, parecem datar do tardo Período Paleobabilônico, ou seja, cerca de 1.600 a.C. A seção da obra que foi preservada pela sucessão dos séculos inicia com a descrição da humanidade que chegou às portas da civilização. Como em *Atrahasis*, por causa do excessivo barulho por ela produzido, alguns deuses resolvem enviar à terra um grande dilúvio. Ziusudra, o rei, advertido da decisão divina, decide construir uma arca com a qual salvar os animais da terra. No fim do dilúvio, narra-se também a oferta de um sacrifício aos deuses por parte do próprio Ziusudra.

Outra obra do mundo mesopotâmico que parece ter tido sobre a literatura mundial talvez mais influência do que qualquer outra obra conhecida proveniente da Antiguidade (excetuada a própria Escritura) é sem dúvida a já mencionada epopeia de *Guilgamesh*. No caso de Gênesis, ela parece ter particularmente influenciado mais uma vez os capítulos dedicados à vinda do dilúvio. Essa epopeia apresenta-se como um trabalho editorial que compreende em si várias obras antigas. Segundo a reconstrução da gênese redacional desse trabalho conjecturada por alguns estudiosos, os relatos ligados à figura de Guilgamesh poderiam ter iniciado a circular em forma escrita já a partir do século XXV a.C., primeiramente em língua suméria e depois em língua acádica. Pelos numerosos fragmentos que nos chegaram, ela consta de doze tabuinhas. É particularmente o conteúdo da XI tabuinha que demonstra ter influenciado de modo especial o relato bíblico do dilúvio. O relato que foi preparado sobre a vinda do cataclismo é na realidade bastante próximo àquele presente na II e na III tabuinha de Atrahasis (no caso de Guilgamesh o herói do dilúvio assume o nome de Utnapistim). Todavia, quanto às composições para as quais os escritores bíblicos das histórias do dilúvio poderiam ser devedores, além das já mencionadas, é preciso recordar também uma narração que nos foi transmitida por Beroso, um escritor babilônico do início do século III a.C., em sua obra *Babyloniaka* (*História da Babilônia*), que chegou até nós, embora incompleta, somente através dos escritos de outros autores.

Na realidade, é possível redigir uma espécie de sinopse entre alguns temas-chave da narração do dilúvio bíblico e aqueles presentes nos mitos ora recordados. Tal sinopse mostrará de maneira inequívoca as estreitas dependências do relato bíblico com aqueles do mundo mesopotâmico:

a) *Decisão divina de destruir a humanidade com um dilúvio* (Gn 6,11-12.17): *Guilgamesh*, XI, 14; *Atrahasis*, II, vii, 40-52; viii, 34.

b) *O herói recebe a notícia da vinda do dilúvio* (Gn 6,13; 7,4): *Guilgamesh*, XI, 8-18; *Atrahasis*, III,i, 1-14; *Gênese de Eridu*, IV, 1-12; Beroso.

c) *Ordem de construir uma arca, revelação de suas dimensões e comando de embarcar exemplares de todos os seres vivos* (Gn 6,14-16.18-21; 7,1-3): *Guilgamesh*, XI, 19-31; *Atrahasis*, III,i, 15-37; Beroso.

d) *O herói do dilúvio ratifica a ordem recebida* (Gn 6,22; 7,5): *Guilgamesh*, XI, 32-34.

e) *Ordem de entrar na arca e sua execução* (Gn 7,7-9.13-16a): *Guilgamesh*, XI, 81-86; *Atrahasis*, III,ii, 30-47; Beroso.

f) *Fechamento da arca* (Gn 7,16b): *Guilgamesh*, XI, 87-96; *Atrahasis*, III,ii, 48-52.

g) *Início do dilúvio e sua descrição* (Gn 7,6b.10-12.17-20.24): *Guilgamesh*, XI, 97-113.128-129; *Atrahasis*, III,ii, 53-55; iii, 5-19; iv, 23-24; *Gênese de Eridu*, V, 1-5.

h) *Destruição da vida sobre a terra* (Gn 7,21-23): *Guilgamesh*, XI, 106-113; *Atrahasis*, III,iii, 12-14.19.44-45; iv, 6-9.

i) *Fim do dilúvio* (Gn 8,1-3): *Guilgamesh*, XI, 130-133; *Gênese de Eridu*, V, 6.

j) *A arca estaciona no alto de um monte* (Gn 8,4): *Guilgamesh*, XI, 140-146; Beroso.

k) *O herói abre a arca* (Gn 8,6.13b): *Guilgamesh*, XI, 137-139; *Gênese de Eridu*, V, 7-8; Beroso.

l) *Expediente do envio das aves* (Gn 8,7-12): *Guilgamesh*, XI, 147-156; Beroso.

m) *Saída da arca* (Gn 8,15-19): Beroso.

n) *Oferta de um sacrifício* (Gn 8,20): *Guilgamesh*, XI, 157-160; *Atrahasis*, III, v. 31-33; *Gênese de Eridu*, V, 9-11; Beroso.

o) *A divindade aspirou o odor do sacrifício* (Gn 8,21a): *Guilgamesh*, XI, 161-163; *Atrahasis*, III, v. 34-35.

p) *Bênção do herói* (Gn 9,1-17): *Guilgamesh*, XI, 199-206; *Gênese de Eridu*, VI, 4-11; Beroso.

Como fica bem claro, as dependências temáticas (e, em alguns casos, terminológicas) entre o dado bíblico e o relato mesopotâmico são decididamente inegáveis.

Um caso peculiar em que o recurso à literatura mesopotâmica (mas, em parte, nesse caso, também judaica extrabíblica) é particularmente útil para esclarecer um texto um tanto enigmático, se não equívoco e ambíguo, é o que se encontra em Gn 6,1-4, em que se faz menção, na época precedente ao dilúvio, da existência de uniões sexuais entre seres divinos e mulheres humanas, junto com a presença de uma raça de gigantes sobre a terra. O tema das uniões entre os deuses e os homens (6,2) não é absolutamente desconhecido nas mitologias gregas, egípcias, ugaríticas e mesopotâmicas. O próprio Guilgamesh descende de uma dessas uniões, sendo ele dois terços divino e um terço humano (cf. Guilgamesh I,35-36.48). Os "seres divinos" seduzidos pelas "filhas dos homens" remetem também para a imagem de uma corte celeste, povoada de seres angélicos e de divindades menores, segundo uma sensibilidade bastante comum em todo o Oriente Próximo antigo[223]. Também a menção dos "gigantes" (6,4) parece lembrar imagens da literatura grega, especialmente a figura dos "titãs", o fruto híbrido das uniões entre o céu e a terra, rebeldes aos deuses até sua derrota por parte de Zeus e a relativa segregação no Tártaro, a região mais distante dos Infernos (cf., em particular, Hesíodo e Apolodoro)[224].

Para concluir esta seção dedicada a Gn 1–11, é necessário mencionar, entre outras, mais uma ulterior obra do mundo mesopotâmico: a assim chamada *Lista real suméria*. Esta obra, escrita em língua suméria, que sobreviveu em mais de uma dúzia de cópias, remonta com boa probabilidade ao fim do III milênio a.C. Ela registra, sob a forma de uma conspícua série de nomes e de idades, uma crônica da primitiva (mítica) história da realeza na Mesopotâmia. Essa história aparece dividida em duas eras, uma precedente e a outra subsequente o cataclismo do dilúvio. Na primeira era, diz-se que cada um dos reis reinou por dezenas de milhares de anos; na segunda, os

223. Sempre no sentido de uma implícita lembrança a uma corte celeste em Gênesis, recordem-se também o plural "Façamos o homem", como proferido por Deus na sua corte (1,26), como também a expressão "como um de nós" (3,22) e os plurais "Vamos, desçamos e confundamos" (11,7).

224. A figura dos gigantes lembra também o *Livro dos Vigilantes*, ou seja, os primeiros 36 capítulos do livro *I Henoc* (ou *Henoc etiópico*).

vários reinos parecem ser consideravelmente abreviados – embora sempre muito distantes da compatibilidade com a vida humana –, até chegar a Guilgamesh, depois do qual a duração daqueles reinos chega a atingir uma plausível normalidade. É, portanto, com a bem provável influência dessa particular obra do mundo mesopotâmico que se chega a justificar a anormalidade da duração das vidas dos homens, assim como é registrada nas listas de Gn 5 e 11, também elas divididas, como a própria *Lista real*, pelo divisor de águas do evento do dilúvio (Gn 6–9).

Gênesis 12–50 e as literaturas do Oriente Próximo antigo

Passando para a segunda parte do Livro do Gênesis (c. 12–50), nota-se, sem dúvida, uma clara diminuição das dependências temáticas e literárias com as obras, obviamente de nosso atual conhecimento, do Oriente Próximo antigo. São, por certo, também a particularidade e a unicidade das histórias ali narradas (os ciclos patriarcais) a colocá-las num *status* especial em relação às literaturas dos outros povos. Além dessa evidência, porém, é igualmente possível conseguir confrontar-se ainda, sob determinados pontos, com alguns temas daquelas antigas literaturas.

Uma fonte importante com a qual medir-se em relação à praxe política, econômica e legal de alguns episódios ligados, por um lado, a Abraão e a Sara e, por outro, a Jacó, Lia e Raquel, poderia ser constituída por aqueles que são convencionalmente chamados *arquivos de Nuzi*, compreendendo com esse nome uma área circunscrita a cerca de 240km ao norte da atual Bagdá, no Iraque. Nuzi foi uma cidade particularmente florescente por cerca de cento e cinquenta anos durante o Período do Bronze Tardio (1550-1200 a.C.), antes de ser destruída pelos Assírios. Desses arquivos foram encontradas cerca de 3.500 tabuinhas, escritas no dialeto babilônico da língua acádica.

Segundo a legislação bíblica, o direito de posse da terra e dos bens de propriedade de um israelita não podem ser cedidos a pessoas não pertencentes à sua descendência. Segundo a legislação de Nuzi, ao contrário, mediante um certificado de adoção, um chefe de família teria podido adotar um membro de outro *clã* familiar, que, assim, poderia adquirir o direito a herdar os bens de quem o havia adotado em troca de um "dom". Ora, em Gn 15,2-3, Abrão parece apegar-se a um pretexto legal desse tipo para poder escolher Eliezer de Damasco como herdeiro de todos os seus bens, sendo o patriarca sem legítimos descendentes. Do mesmo modo, o episódio em que a estéril

Sarai dá Agar, sua escrava, a Abrão para se tornar mãe no lugar dela (16,1-6.15) – dando assim, através do filho gerado, Ismael, uma descendência que teria sido legalmente da própria Sarai – parece legitimar-se, mais uma vez, por uma praxe atestada em Nuzi (cf. Gn 30,1-13).

Sempre segundo os documentos daqueles arquivos, se por algum motivo o quisesse, um chefe de família poderia designar como seu herdeiro principal não o filho primogênito, segundo a praxe costumeira, mas um de menor idade (cf. o testamento de Arip-pabni, filho de Shilwateshup). Ora, segundo Gn 48,13-14.19-20, também Jacó, conscientemente, designou não o maior dos filhos de José, Manassés, mas o menor, Efraim, para ser o depositário favorito da bênção divina. Por outro lado, em Gn 12,10-20; 20,1-18; 26,1.6-11, tanto Abraão como Isaac, estando em territórios estrangeiros, por temor da própria vida fazem passar suas respectivas mulheres por suas irmãs. Ora, nos arquivos de Nuzi, foram encontrados alguns certificados de adoção em que um chefe de família adota uma mulher como sua irmã, tornando-se, assim, seu legal responsável. Obviamente, os casos são muito diferentes. Todavia, a estranha possibilidade de uma "adoção de irmã" é concedido em ambas as situações.

Todavia, no que se refere aos direitos e aos deveres dos pastores de rebanhos, com particular atenção ao salário a eles devido, poder-se-iam traçar algumas comparações entre o que é afirmado em Gn 30,27-34 – a retribuição que Labão diz dever a Jacó, pastor de seus rebanhos – e alguns contratos extraídos em Nuzi, em particular aquele entre Shilwateshup e Urhiya. Do mesmo modo, o comportamento honestíssimo de Jacó (e, em resposta, aquele tirânico de Labão) no que se refere aos casos dos animais perdidos de maneira acidental (Gn 31,38-40) é ainda mais evidente se confrontado com aquilo que é codificado numa espécie de letra de troca em nome de Hutip-apu, filho de Ehlip-apu, sempre pertencente ao fundo dos achados de Nuzi. Segundo aquele documento, com efeito, o pastor não era obrigado a ressarcir, como, ao contrário, fazia Jacó (e pretendia Labão), os animais devorados por outros animais.

Por vezes, os documentos de Nuzi revelam-se também importantes para conseguir interpretar melhor as ações de alguns personagens dos relatos do Gênesis, caso contrário seriam obscuras. O enigmático furto dos ídolos paternos por parte de Raquel no momento de sua fuga da casa natal (Gn 31,19), por exemplo, assume um particular significado se confrontado com a praxe legal codificada em alguns daqueles documentos. Segundo eles, somente os legítimos herdeiros tinham o direito de herdar as estátuas das divindades tutelares da própria casa. Desse modo, com sua ação, Raquel teria implicitamente declarado que somente sua própria descendência (e não aquela da rival Lia, sua irmã, além daquela das duas escravas, Bala e Zelfa) teria sido o legítimo herdeiro de seu pai.

Como para os relatos de Gn 1–11, também para aqueles de Gn 12–50 podem ser traçados poucos e pequenos confrontos com a literatura egípcia. Habitualmente, são os assim chamados *anais de Hatshepsut* (1504-1482 a.C., viúva sem filhos de Tutmós II) e aqueles de *Dedumose* (o faraó reinante durante a incursão no Egito dos hicsos da Síria-Palestina em 1640 a.C.) a serem recordados, respectivamente, por Gn 16,7-12 (a anunciação de um filho a Agar por parte do anjo do Senhor, e pela presença dos filhos de Israel no Egito, a partir de José (Gn 37,28.36; 39,1; Ex 1,7). Suas lembranças, porém, podem basear-se somente em meras suposições e a vagas alusões.

Ao contrário dos documentos apenas mencionados, a assim chamada *História dos dois irmãos* (Anúbis e Bata), sempre de origem egípcia, apresenta, porém, relevantes pontos de contato com Gn 39, onde se descreve a estratégia sedutora da mulher de Putifar em relação ao jovem José, em cuja casa ele trabalhava como administrador, após sua chegada ao Egito, e a injusta acusação que ela lhe moveu. Essa história, escrita em caracteres hieráticos, julga-se pertencer à XIX dinastia (1307-1196 a.C.). Nela, é a mulher de Anúbis que tenta seduzir e injustamente acusar Bata, irmão de seu marido.

Para terminar, embora sumariamente, prescindindo dos documentos egípcios, a escolha das obras literárias dos povos vizinhos a Israel que parecem ter tido algumas influências sobre os relatos do Livro do Gênesis, poderiam ser mencionadas outras duas, pertencentes, nesse caso, à cultura cananeia: o assim chamado *poema de Aqhat*, cujas cópias remanescentes (três tabuinhas de argila escritas em língua ugarítica) foram gravadas durante o reino de Niqmaddu III, por volta de 1360 a.C., e o assim chamado *poema de Kirta*, preservado também em três tabuinhas de argila em língua ugarítica, por volta da mesma época do precedente. No que se refere ao *poema de Aqhat*, são sobretudo algumas particulares expressões que parecem aproximá-lo, seja na marca da continuidade como da descontinuidade, de certos episódios do Gênesis (cf., p. ex., 2,10; 9,21-23), além do motivo da mulher estéril e da favorável intercessão de um deus (cf. Gn 11,30; 25,21; 29,31), evidenciando também particulares e importantes sortes para o nascituro prometido. Porém, quanto ao *poema de Kirta*, são sobretudo certas imagens, como por exemplo aquelas, aliás, decididamente muito comuns a muitas literaturas do Oriente Próximo antigo, das visões divinas em sonho a aproximá-lo, embora sempre de longe, a alguns lugares do Gênesis (cf., p. ex., 20,3.6; 28,12-15; 31,11.24), como de outros textos bíblicos.

Os outros livros do Pentateuco no quadro das literaturas do Oriente Próximo antigo: os casos de Ex 2,1-10 e de Nm 22,1–24,25

Prescindindo o Livro do Gênesis, os remanescentes livros da *Toráh*, excluindo influências ou dependências que visam algum texto preciso e individual, podem ser considerados com uma certa dívida com as literaturas do Oriente Próximo antigo, particularmente por alguns materiais pertencentes a dois gêneros literários bastante utilizados: os legislativos, por um lado, e os de aliança, por outro. Todavia, antes de considerá-los mais de perto, convém deter-se brevemente sobre outros dois textos, um tanto particulares pelo conteúdo e gênero literário, de uma ordem e de um teor decididamente diferentes daqueles apenas lembrados: o texto que descreve o nascimento de Moisés (Ex 2,1-10) e os textos referentes à figura de Balaão, o vidente (Nm 22,1–24,25).

Os inícios do Livro do Êxodo, especialmente o texto sobre o nascimento de Moisés em 2,1-10, constituem um exemplo, talvez entre os mais claros, da influência da literatura mesopotâmica sobre textos do Pentateuco. O relato do nascimento do guia de Israel, de fato, parece ter sido redigido sobre o modelo da *Lenda do nascimento de Sargon I de Akkad*. Com efeito, o relato de Ex 2,1-10 mostra notáveis relações com os conteúdos daquela *Lenda*. Ela se apresenta formalmente como um texto autobiográfico sobre as humildes origens de Sargon I de Akkad, que governou por volta de 2340 a 2284 a.C., e, na realidade, pareceria ter sido redigido por Sargon II da Assíria (721-705 a.C.) para glorificar seu homônimo e muito mais antigo predecessor. O texto chegou até nós em três cópias escritas em acádico, duas das quais em dialeto assírio e uma no babilônico. São vários os pontos em comum com o relato das humildes origens de Moisés:

a) o nascimento de uma criança em circunstâncias de dificuldade ou de hostilidade;

b) seu abandono como extrema tentativa de salvar-lhe a vida;

c) seu salvamento por parte de um desconhecido;

d) seu desmame ou, em geral, seu crescimento escondido;

e) seu resgate através do cumprimento de alguns atos heroicos, a ponto de chegar a exercer o papel de uma soberania que pressupõe também a deposição de quem o havia hostilizado ou perseguido.

Embora sem poder alongar-se e confrontar-se diretamente com os textos, os laços temáticos entre as duas histórias são muito evidentes.

Todavia, quanto aos textos relativos aos oráculos do vidente Balaão, filho de Beor (Nm 22,1–24,25), é necessário recordar aqueles de algumas inscrições, chegadas a nós em estado fragmentário, nas quais é mencionada precisamente uma figura homônima aos relatos de Nm 22,1–24,25, revestida das mesmas prerrogativas do vidente bíblico e, em alguns casos, em contextos alusivamente semelhantes. Referimo-nos às *inscrições de Deir 'Alla*, na Transjordânia, ou seja, na parte oriental do vale do Jordão, onde foram descobertos alguns fragmentos de reboco, escritos com tinta vermelha e preta. As inscrições datam aproximadamente de 700 a.C., compostas numa língua não definitivamente identificada, um provável dialeto aparentado ao amonita e a outros idiomas transjordânicos, como também o aramaico.

Os textos legislativos do Pentateuco no quadro dos códigos legais do Oriente Próximo antigo

São muitas as coleções de leis provenientes do Oriente Próximo antigo que sobreviveram ao transcorrer dos séculos. As mais completas provêm da antiga Sumer, datáveis do III milênio a.C., como também da Babilônia, Assíria e do território hitita, na Ásia Menor, datáveis do II milênio a.C.

A mais famosa coleção legislativa proveniente do Oriente Próximo antigo é, sem dúvida, aquela incluída no assim chamado *código de Hamurabi*, rei da Babilônia, cerca de 1792 a 1750 a.C., escrito em caracteres cuneiformes acádicos. A versão mais completa que nos chegou provém de Susa, na Pérsia, descoberta nos inícios do século XX de nossa era. As leis (em número de 282) são prevalentemente apresentadas segundo o sistema casuístico[225], colocadas dentro de uma estrutura em forma poética que descreve como Hamurabi obteve a realeza dos deuses a fim de garantir o exercício da justiça nos territórios a ele sujeitos. Numa série não indiferente de leis, o código da aliança (Ex 21–23), o código deuteronômico (Dt 12–26) e a lei de santidade

225. Cf. p. **202s**.

(Lv 17–26) estão em estreito acordo com este antigo código, embora, por vezes, com determinantes e significativas mudanças. Aqui podemos propor alguns casos exemplificativos:

Código de Hamurabi	**Códigos bíblicos**
Art. 195: "Se um homem ferir seu pai, ser-lhe-á cortada a mão".	*Ex 21,15*: "Aquele que fere seu pai ou sua mãe será punido de morte".
Art. 14: "Se um homem rouba e reduz à escravidão o filho de um outro homem, ele será punido com a morte".	*Ex 21,16*: "Quem sequestrar uma pessoa, quer a tenha vendido ou ainda se encontre em seu poder, será punido de morte". Cf. tb. Dt 24,7.
Art. 199: "Se um homem cega o olho de um escravo de um homem livre ou lhe fratura os ossos, ele deverá pesar como resgate a metade, em prata, de seu valor".	*Ex 21,26*: "Se alguém ferir o olho de seu escravo ou da escrava e o cegar, deverá dar-lhe a liberdade pelo olho perdido".
Art. 157: "Se um homem tem relações sexuais com sua mãe depois da morte de seu pai, ambos deverão ser queimados".	*Lv 20,11*: "Se um homem tem relações sexuais com a madrasta, desonrando assim o próprio pai, ele e a mulher serão punidos com a morte; seu sangue caia sobre eles". Cf. tb. Lv 18,8; Dt 27,20.
Art. 155: "Se o pai de uma família escolhe uma mulher para seu filho e se seu filho tem tido relações sexuais com ela e, em seguida, também o pai da família tem relações sexuais com ela, o pai da família deve ser afogado no rio".	*Lv 20,12*: "Se um homem tiver relações sexuais com a nora, os dois serão punidos com a morte. Cometeram um incesto; são réus de morte". Cf. tb. Lv 18,15.
Art. 196-197: "Se um homem livre cega o olho de outro homem livre, dever-se-á cegá-lo de um olho; se um homem fratura um osso de outro homem livre, dever-se-á quebrar-lhe o (mesmo) osso".	*Lv 24,20*: "Fratura por fratura, olho por olho, dente por dente; sofrerá o mesmo dano que causou ao próximo". Cf. tb. Ex 21,23-25; Lv 24,17-19; Dt 19,21; 25,11-12.

Art. 129: "Se a mulher de um homem jaz com outro homem, deverão ser amarrados e lançados na água. Se o marido da mulher consentir que sua mulher viva, então o rei poderá permitir que viva também o homem".	*Dt 22,22*: "Se um homem for apanhado dormindo com uma mulher casada, ambos serão mortos: o homem que se juntou com a mulher, e a mulher. Assim eliminarás o mal do teu meio".
Art. 16: "Se um homem dá asilo a escravos que fugiram de um estado ou de uma família e se o homem desobedece à ordem de extraditá-los, a sentença é a morte".	*Dt 23,16-17*: "Não estregarás ao senhor o escravo fugitivo que se refugiar em tua casa. Ficará contigo no meio dos teus, no lugar que escolher, numa de tuas cidades onde bem lhe convier. Não o incomodes".

Como se pode constatar já a partir desses esporádicos exemplos, as continuidades com o antigo *código de Hamurabi* – embora algumas vezes na descontinuidade de certas formulações ou, sobretudo, na intensidade ou na modalidade da cominação da pena dos vários crimes – aparecem muito evidentes.

Esse código, porém, não se apresenta como o único do Oriente Próximo antigo que tenha demostrado exercer uma particular influência na legislação bíblica. Outros podem ser aproximados dele. A propósito, é oportuno mencionar o *código de Ur-Nammu*, cujas cópias, que chegaram mutiladas, datam do Período Paleobabilônico. Por longo tempo era atribuído a Ur-Nammu (2112-2095 a.C.), ainda que pareça ser mais conveniente atribuí-lo a seu filho Shulgi (2094-2047 a.C.). Eles eram reis de Sumer, no atual sul do Iraque. Esse código, escrito em sumério, contém o mais antigo sistema legislativo encontrado até hoje. Sempre em língua suméria, deve-se recordar também o *código de Lipit-Ishtar*, cujos textos, promovidos pelo homônimo rei de Isin (1875-1864 a.C.), datam da primeira metade do II milênio a.C. Do Período Paleobabilônico, além do já recordado *código de Hamurabi*, deve-se, todavia, mencionar também o *código de Eshnuma*, que remonta ao século XIX a.C.

Documentos legislativos muito importantes, que, mais uma vez, exerceram certa influência na codificação das leis de Israel, são também as assim chamadas *leis médio-assírias*, do século XII a.C. e que sobreviveram em cerca de quinze tabuinhas encontradas em Assur, no atual Iraque, nos inícios do século XX de nossa era e estão escritas em dialeto assírio da língua acádica. Elas parecem incluir editos reais de um período de cerca de duzentos anos, colecionados depois na presente coleção por vontade de Teglat-Falasar (1115-1077).

E mais, outra coleção legislativa que mostra ter tido uma considerável influência na redação das leis bíblicas é, sem dúvida, aquela representada pelo assim chamado *código hitita*. Este código, escrito em hitita, representa o pensamento e a cultura legislativas de Hatti num intervalo de tempo entre 1450 e 1200 a.C. Nele parecem predominar as leis que consentem compensar as vítimas dos danos sofridos mais do que aqueles que se detêm na simples punição dos culpados por crimes perpetrados. Além disso, nele se tende também a comutar a pena de morte por punições corporais e por pagamentos de sanções.

Terminando esse rápido panorama, num olhar estreitamente sintético, é oportuno lembrar os maiores pontos de continuidade e de descontinuidade entre a forma e a natureza da legislação bíblica e as presentes nos códigos do Oriente Próximo antigo até agora recordados. Fundamentalmente, nas Escrituras de Israel, ao contrário dos códigos de outras civilizações, as leis assim ditas "civis" têm presença menor do que aquelas que dão ênfase às questões religiosas. Aliás, a forma casuística de formulação das leis bíblicas está, sem dúvida, em continuidade, como se viu, com aquela dos outros códigos, mesmo que a forma apodítica[226], muito atestada na Escritura, nos outros lugares é usada muito raramente. É preciso notar ainda que quase todos os códigos examinados se referem a assuntos de quando em quando semelhantes, usando com frequência também um vocabulário análogo. Frequentemente, dessemelhantes são sobretudo as sanções e as penas, também quando as formulações de determinados casos se correspondem. Nesse sentido, poder-se-ia dizer que o direito bíblico parece ser redigido geralmente num estilo mais prescritivo, ao contrário de uma forma talvez mais descritiva dos outros sistemas legislativos. De qualquer forma, todos os códigos condividem a finalidade de ter uma função admoestativa, procurando demonstrar fidelidade a determinadas obrigações contratuais assumidas (pense-se, para dar somente um claro exemplo, na legislação matrimonial), mesmo que, talvez, além do comum restabelecimento da *justiça* nos casos em que ela tenha

226. Cf. p. **203-205**.

sido infringida, aquele da reconstituição da *moralidade* perdida aparece com maior prerrogativa no direito bíblico.

Os textos da aliança do Pentateuco no quadro dos tratados de vassalagem do Oriente Próximo antigo

É sobretudo no decorrer do século IX a.C. que o reino de Israel, entrando na cena política internacional, prevalentemente por causa dos objetivos expansionistas do Império Assírio, iniciou a elaborar a sua *teologia da aliança*, particularmente tematizada, no curso dos séculos, no Livro do Deuteronômio[227]. Com efeito, é a partir de cerca 850 a.C. que Israel inicia a ser mencionado em alguns documentos assírios, assim como em outras testemunhas oficiais, como por exemplo a estela de Mesa[228] e a estela de Dan[229]. Existem certamente vários tipos de estipulações de aliança, tanto de caráter privado (entre indivíduos ou famílias) como público (entre tribos ou nações). Elas podem também ser ulteriormente definíveis a partir do tipo de relação que se conclui entre seus contraentes. Nesse sentido, elas podem chamar-se "partidárias", quando os membros envolvidos são equiparáveis em relação à potência e à importância, ou de "vassalagem" (cf. a mais apropriada expressão "tratados de vassalagem"), quando a estipulação acontece entre contraentes de desigual potência e importância. Enfim, elas podem ser ulteriormente classificáveis em "unilaterais e incondicionadas", no caso em que só uma das duas partes contraentes é chamada a comprometer-se com a outra, sem pedir nada em troca, e em "bilaterais e condicionadas, no caso em que o compromisso da parte contraente mais importante é vinculado por determinadas condições que a parte contraente mais fraca deve satisfazer. É em particular pelo relacionamento de sujeição que, contra a sua vontade, Israel teve de instaurar com a superpotência assíria que ele pôde entrar em contato com esta particular forma literária "contratual", típica daquela cul-

227. Todavia, pense-se também em textos como Os 6,7; 8,1; 10,4; 12,2. Cf. Os 5,13; 7,11; 8,9.

228. Essa estela, escrita em moabita, uma língua estreitamente associada ao hebraico, celebra o Rei Mesa, de origem moabita, mencionado também nas Escrituras de Israel em 2Rs 3.

229. Essa estela, encontrada em Tel Dan em 1993 e em 1995 em três fragmentos escritos em língua aramaica, comemora uma vitória de um rei arameu, talvez Hazael (844-800 a.C.; cf. 1Rs 19,15; 2Rs 8,7-15.28-29), sobre Israel, ainda que, dado o estado fragmentário das descobertas, é difícil ir além. Ela também contém a menção extrabíblica mais antiga até hoje conhecida do Rei Davi e de sua "casa". De qualquer forma, o debate sobre a interpretação da estela ainda está aberto.

tura, que, como se disse, exerceu uma notável influência no desenvolvimento de sua própria teologia da aliança. O povo assírio, porém, que, na própria política internacional fez largo uso de tratados e de alianças com as nações a ele sujeitas, não foi o precursor ou o inventor desses sistemas contratuais. Ao contrário, entre os povos do Oriente Próximo antigo, foi o hitita, instalado na parte central da atual Turquia, que por primeiro utilizou sistematicamente, no período assim chamado do "Novo Reino" (cerca de 1460-1215 a.C.), este particular tipo de procedimento jurídico. Daquele povo, restaram cerca de duas dúzias de tratados, a maior parte referentes à soberania sobre nações ou reis a ele vassalos, datáveis entre os séculos XIV e XIII a.C., dos quais, além da língua hitita, existem também alguns em duplicatas redigidas em língua acádica ou egípcia, conforme a origem das nações envolvidas. Entre estes, devem ser particularmente recordados os tratados entre Suppiluliuma I de Hatti e Niqmaddu II de Ugarit, entre Shattiwaza de Mitanni e Suppiluliuma I de Hatti, entre Mursili II de Hatti e Tuppi-teshup de Amurru e, enfim, entre Hattusili III de Hatti e Ramsés II do Egito.

Além desses tratados de aliança e de vassalagem, precisamente pelos eventos ligados à sua própria história, Israel (o Reino do Norte) teve sobretudo de viver pessoalmente, como se disse, relações de submissão com o reino neoassírio (cerca de 911 a 609 a.C.), cuja política há de levá-lo lentamente e, a partir de 721 a.C. (queda da Samaria), definitivamente, à destruição. Entre os tratados estipulados pelo reino neoassírio com nações que se tornaram a ele sujeitas – chegados a nós em número menor em relação aos tratados hititas – são dignos de particular menção aqueles entre Ashur-nirari V, rei da Assíria, e Matiel, rei de Arpad, e entre Asaradon, rei da Assíria, e Baal, rei de Tiro. Todavia, existe uma série de textos ligados a este último soberano assírio, genericamente chamados *tratados de vassalagem de Asaradon*, que chegaram a nós segundo diferentes versões, com os quais o próprio Asaradon, rei da Assíria (681-669 a.C.), filho do Rei Senaquerib (704-681 a.C.)[230], exige de vários reis a ele sujeitos, estabelecidos sobretudo a leste de seu reino, que reconheçam em Assurbanipal (669-630/626 a.C.), seu filho e seu legítimo sucessor na Assíria, ao norte, e em Shamash-shum-ukin (668-

230. Senaquerib, além dos muitos outros empreendimentos, deve ser recordado pelo cerco de Jerusalém em 701 a.C., quando estourou uma rebelião apoiada pelo Egito e guiada pelo rei Ezequias (cf. 2Rs 18,13-16).

652 a.C.), outro filho seu, o legítimo sucessor na Babilônia, ao sul. Esse documento é redigido em 672 a.C. Ele mostra surpreendentes semelhanças com alguns textos bíblicos de aliança, em particular com Lv 26 e, ainda mais explicitamente, com Dt 28:

Tratados de vassalagem de Asaradon	**Deuteronômio**
Linhas 266-268: "Se não amais o príncipe designado Assurbanipal, filho de vosso soberano Asaradon, rei da Assíria, como amais a própria vida (= como a vós mesmos) [incorrereis nas seguintes maldições]".	*6,5*: "Amarás o Senhor teu Deus com todo o coração, com toda a alma, com todas as forças".
Linhas 528-532: "Possam (os deuses) tornar (dura) como ferro a vossa terra, de modo que ninguém possa ará-la! Assim como a chuva não cai de um céu de bronze, não venham mais chuva e orvalho sobre os vossos pastos e campos, mas que chovam brasas ardentes em vosso país, em vez de orvalho!"	*28,23-24*: "O céu sobre vossas cabeças será de bronze, e o chão sob vossos pés será de ferro. O Senhor transformará a chuva que cai sobre a terra em pó e areia, que descerão do céu sobre ti até pereceres".

Já com estes poucos exemplos, a partir de uma primeira leitura aparecem decididamente claras as semelhanças entre os dois textos.

É também possível reconhecer nestes tratados uma estrutura literária recorrente, ligeiramente variada entre aqueles de origem hitita e aqueles de origem neoassíria. Para focalizar a atenção só sobre estes últimos – dos quais Israel, como se disse, teve um conhecimento mais direto –, é frequentemente possível reconhecer a seguinte comum disposição:

a) um preâmbulo, no qual é evidenciado o nome do soberano assírio envolvido no tratado, com seus títulos reais, junto ao nome do soberano que se declara, com sua estirpe, seu vassalo;

b) uma enunciação do nome do rei assírio (ou de seus sucessores) ao qual o vassalo deve jurar sua fidelidade;

c) uma invocação das várias divindades diante das quais, como testemunhas, acontece o juramento do soberano vassalo;

d) um elenco dos deveres e encargos que o soberano vassalo, em virtude do juramento, compromete-se respeitar;

e) um elenco de maldições nas quais o soberano vassalo incorrerá no momento em que for reconhecido inadimplente dos deveres e dos encargos pelos quais, em virtude do tratado, se comprometeu.

O que merece particular atenção é precisamente a presença desse último ponto da estrutura dos tratados neoassírios – as maldições –, muito mais desenvolvido e articulado em relação a seu papel dentro dos mais antigos tratados de aliança hitita. O termo "maldição", de fato, em alguns textos bíblicos, pareceria exatamente ter-se tornado sinônimo de "aliança". A esse propósito, no Pentateuco, de fato, poder-se-ia pensar em textos como Gn 26,28 e Dt 29,11 (o termo que a Bíblia CEI traduz com "juramento" em hebraico, na realidade, é *'aláh*: literalmente "maldição"; cf. tb. Ez 16,59; 17,16.18.19). Depois, a própria presença de maldições nos tratados neoassírios poderia também explicar muito bem a considerável presença de maldições num texto como Dt 28,15-68, inserido, entre outras coisas, precisamente num contexto de estipulação de aliança. Portanto – é este o eficaz projeto teológico de Israel – cumprindo uma obra de substituição entre o soberano humano (o rei assírio, no caso) e seu Deus, especialmente no tempo em que o poder neoassírio começou a enfraquecer-se (pense-se, p. ex., nos contextos temporais da reforma cultual do Rei Josias, ao sul, em Judá, em 622 a.C., depois do fim do reino de Israel, ao norte), Israel deverá assinar um pacto, um tratado de aliança com o seu próprio Senhor, seu único verdadeiro soberano a quem deve obediência. Assim, o assim chamado "mandamento do amor" (Dt 6,5), antes citado, adquire nova luz se lido no contexto dos tratados de aliança: "amar" com todo o seu ser o próprio Deus, nesse sentido, torna-se uma ação de promessa de uma *fidelidade* incondicionada, absoluta e radical ao próprio *soberano divino*. Enfim, na aliança com YHWH, não é só o soberano vassalo que se compromete no seu ato de submissão (e, nele, todos os seus súditos) ao rei mais poderoso, como acontecia normalmente nos tratados de vassalagem tanto hititas como neoassírios, mas também é todo o povo de Israel, unido e compacto, a ser elevado ao papel de *sujeito* conscientemente responsável diante de seu soberano divino. As maldições de Dt 28,15-68 (em 28,1-14, ao contrário, está presente um elenco de bênçãos prometidas em caso de fidelidade e de respeito à aliança estipulada), portanto, sob essa luz, devem exatamente ser lidas como as condições nas quais incorrerá Israel em caso de inadimplência ao juramento de fidelidade a YHWH, precisamente como nos tratados neoassírios (e hititas) teria acontecido em caso de inadimplência com o soberano humano.

Certamente, poderiam ser ainda muito mais numerosas as obras do mundo mesopotâmico e, num sentido genérico, do Oriente Próximo antigo que, a título diferente e com intensidade diversa, poderiam ser citadas entre os elementos inspiradores de algumas imagens ou de algumas expressões típicas dos textos da *Toráh* de Israel. Todavia, aquelas até agora mencionadas podem ser consideradas ao menos suficientes para reafirmar a pesada dívida que os escritos sagrados do povo da eleição tiveram em relação às antigas literaturas de alguns povos por várias razões a ele não estranhas.

Hipóteses sobre os efetivos contornos históricos das épocas representadas[231]

Que relação existe entre "história" e "relato" nos textos das Escrituras de Israel? Aquilo que já aparece dificilmente negável é que no Antigo Testamento muitos escritos, embora "históricos – no sentido historiográfico do termo – constituem, na realidade, autênticas criações de arte narrativa. Aliás, mesmo quem escreve "história, no fim, deve narrar uma "história" – ou seja um "relato" – para veicular as informações que pretende transmitir a seu leitor. Também só a partir dessa banal evidência, pois, percebe-se que – especialmente para os escritos bíblicos – a distinção entre os dois tipos de "história" nunca foi tão clara[232]. Nesse sentido, os escritos do Antigo Testamento têm muito frequentemente a tendência a "dramatizar" – ou seja, a traduzir em ação a ser representada no palco na narração – os eventos de que tratam através de uma particularíssima penetração artística, atribuindo-lhes, de quando em quando, discursos ou ações não tanto realmente acontecidos no mundo da realidade histórica (*history*), quanto só no mundo do relato (*story*), respeitando, com frequência complexas regras retóricas e narrativas. Muitas vezes, portanto, querendo remontar do conteúdo dos textos literários à nossa dis-

231. Além das obras citadas na bibliografia, para uma primeira aproximação à problemática considere: THOMPSON, T.L. *The Mysthic Past. Biblical Arquaeology and the Myth of Israel*. Londres: Basic Books, 1999. • DAVIES, P.R. *Memories of Ancient Israel* – An Introduction to Biblical History: Ancient and Modern. Louisville/Londres: Westminster John Konx, 2008. • MOORE, M.B. & KELLE, B.E. *Biblical History and Israel's Past* – The Changing Study of the Bible and History. Grand Rapids, MI/Cambridge: Eerdmans Publishing Company, 2011.

232. A língua inglesa, diferentemente da italiana, tem desenvolvido uma precisa distinção, em nível lexical, entre estes dois tipos de "história": o termo *history* é empregado para referir-se à "história real", enquanto objeto positivo investigável através de metodologias historiográficas; o termo *story*, ao contrário, refere-se sobretudo à "história narrada", ou seja, ao mundo da narração e do relato.

posição – em especial da *Toráh* – aos eventos historicamente acontecidos dos quais parecem falar, é preciso sempre recorrer ao antigo "mito da caverna" tematizado por Platão[233]: aquilo que é narrado como realidade, no fim, pode revelar-se só uma pálida e desbotada sombra dela própria.

O Livro do Gênesis entre "história" e relatos de "histórias"

É preciso não esquecer que os textos bíblicos refletem sobretudo a historicidade do tempo em que foram postos por escrito. Ora, no que se refere ao contexto das idades patriarcais apresentado no Livro do Gênesis, é importante reafirmar que, excetuados alguns materiais pertencentes ao ciclo de Jacó, as referências aos patriarcas são particularmente atestadas na tradição bíblica em época tardia, ou seja, em época exílica e pós-exílica. Com efeito, prescindindo do Livro do Gênesis, as figuras de Abraão e de Isaac são pouco mencionadas na Escritura. Poder-se-ia também afirmar que nos profetas pré-exílicos não existem genuínas referências às tradições abraâmicas. Todavia, embora com alguma exceção, os clássicos estudos dedicados à história de Israel tendem a contextualizar cronologicamente a presença dos patriarcas de Israel na história real (*history*) no II milênio, aproximadamente entre 2100 e 1700 a.C., ou seja, segundo a nomenclatura dos arqueólogos, *grosso modo* entre a idade do Bronze Médio I (cerca de 2000-1800) e a do Bronze Médio II (1800-1650). Nota-se, pois, uma grande diferença cronológica entre as recentes épocas de composição dos textos patriarcais (em particular, como se disse, aqueles referentes a Abraão e Isaac e, somente em parte, aqueles sobre Jacó[234]) e as remotas idades em que uma típica sensibilidade

---

233. Cf. *República*, VII, 514b-520a. A esse propósito, pode ser útil uma indicação oferecida em BORGONOVO, G. "Tôrah, testimonianza e scrittura: per un'ermeneutica teologica del testo bíblico". In: ANGELINI, G. (ed.). *La rivelazione attestata* – La Bibbia tra Testo e Teologia. Milão: Glossa, 1998, p. 313 [Coleção de estudos em honra ao Cardeal Carlos Maria Martini, arcebispo de Milão, por seu 70° aniversário]: "O momento histórico diretamente documentável é o momento da composição do escrito e só indiretamente – e para alguns elementos – o momento *atestado* da narração. Esta consideração não quer lançar descrédito sobre a capacidade da memória coletiva de um povo de manter vivos os próprios *mitos de origem*, mas quer sublinhar o diferente caráter documentável do testemunho e da coisa testemunhada. A *coisa* testemunhada está além do testemunho e é de outra ordem; a ela pode-se aceder só pondo-se na perspectiva [de fé] daquele que a atesta".

234. Para este último patriarca recorde-se, porém, sua explícita menção em Os 12,3-5.13, um livro reconhecido como pré-exílico.

"historicista" quis colocar os personagens dos quais narram[235]. Além disso, não se deve absolutamente negligenciar que as únicas informações sobre a existência dos três patriarcas – a não ser nos modos pelos quais a Escritura fala deles – são dadas somente pelo Livro do Gênesis. Com efeito, nesse sentido, até hoje não chegou nenhuma confirmação, seja de natureza epigráfica seja de índole literária, do dado bíblico. E mais, as narrações patriarcais, numa leitura atenta, traem, em sua forma atual, um ambiente muito mais recente do que aquele no qual quereriam contextualizar seus relatos. Não faltam, realmente incoerências e notas de natureza anacrônica. Por exemplo, segundo o Gênesis, os filisteus aparecem na terra de Canaã muito tempo *antes* da migração dos "povos do mar", aos quais deveriam ter pertencido, graças à qual deveriam fazer seu aparecimento na Palestina (cf., p. ex., Gn 10,14; 21,32; 26,1). Depois, a mesma coisa pode ser dita também a propósito dos arameus (cf., p. ex., Gn 22,21; 24,10), atestados pela primeira vez somente por volta de 1100 a.C. numa inscrição de Teglat-Falasar I; dos árabes (cf., p. ex., Gn 25,12-18), que aparecem pela primeira vez não antes do século IX a.C.; e dos caldeus (cf., p. ex., Gn 11,28), atestados depois de 1000 a.C., embora se tenham tornado particularmente importantes no Período Neobabilônico (626-539 a.C.), durante o qual Israel viveu os anos de seu exílio na Babilônia. Também este tipo de confronto, pois, só continua a redimensionar a veracidade "histórica" (no sentido historiográfico do termo) daquilo que é narrado.

À luz dessa maior criticidade – decididamente mais objetiva e respeitosa ao dado bíblico em relação a uma leitura com frequência não isenta de um certo caráter apologético – revela-se uma operação absolutamente imprópria converter automaticamente a informação proveniente da *história natural* dos relatos patriarcais em *história real*. Nesse sentido, as narrações bíblicas referentes aos patriarcas, na forma em que nos chegaram, demonstram serem ao menos mil e quinhentos anos mais recentes, tomando como referência o início do Bronze Médio I, em cujo período, como se viu, tradicionalmente quis-se colocar os três personagens precursores do povo de Israel. Portanto, usar as narrações patriarcais como uma fonte histórica confiável equivale so-

235. É, em particular, a assim chamada "Escola Americana" (cf. nota 141) que, na segunda metade do século passado, preocupou-se sobretudo – muitas vezes, porém, com argumentos pouco probatórios – em defender a historicidade e, também, a remota antiguidade da tríade patriarcal.

mente a um empreendimento algo bizarro. Para fazer somente um exemplo, seria como usar algum poema de Homero (tradicionalmente colocável no século VIII a.C.) como fonte certa para a reconstrução da história da Idade do Bronze na região da Hélade. Nesse sentido, como se disse, muitas das narrações patriarcais, na sua redação final, deveriam datar das épocas exílica e pós-exílica, ou seja, na segunda metade do I milênio a.C.

Todavia, embora seja impossível definir os personagens das épocas patriarcais como indivíduos históricos, as histórias a eles referentes podem por vezes conter algumas memórias sobre os costumes e os usos de Israel na Palestina de algum tempo precedentes à época em que foram postas por escrito. Além disso, é oportuno recordar que afirmar a não historicidade das figuras patriarcais e de seus contextos não significa absolutamente afirmar sua *invenção* por parte de seus autores. Como de fato é necessário manter que dificilmente Israel teria podido contar e colocar sua confiança em personagens totalmente alheios ao próprio mundo e à própria cultura, unicamente fruto de meras fantasias. Com efeito, é difícil constituir como origem de um povo personagens totalmente estranhos à própria identidade nacional. Nesse sentido, um povo tem necessidade de colocar as próprias raízes num terreno compatível com as próprias tradições e com a memória, mesmo *folclórica* – ou seja, "popular" – do próprio passado. Nesse sentido, pois, as três figuras patriarcais devem de qualquer modo ser remontadas a tempos certamente bem anteriores à sua redação, ancoradas, provavelmente, na existência de histórias e de lendas tornadas parte do patrimônio cultural coletivo seja do reino de Israel, ao norte (pense-se, em particular, em Jacó), seja do reino de Judá, ao sul (recordem-se, em particular, Abraão e Isaac). A seguir, através de um processo não demasiadamente diferente daquele que deu origem às lendas que floresceram ao redor de determinados personagens importantes[236], a fantasia popular de Israel e a necessidade de se construírem lendas e circunstâncias fundadoras – antes de em nível de escrita, provavelmente, em nível de oralidade – poderia ter criado, após um lento processo de assimilação, os textos que chegaram até nós.

236. Pensemos p. ex., nas histórias, por vezes extremamente fantasiosas, ligadas a Eliseu em 2Rs 2,19-25; 4,1-7.38-44; 6,1-7, ou aos próprios *Fioretti de São Francisco*, por vezes de um gênero literário bastante semelhante.

Tudo isso, obviamente – e até, com maior convicção –, continua a ser verdadeiro também para os materiais literários precedentes aos relatos dedicados aos patriarcas, ou seja, os assim chamados relatos das origens (Gn 1–11). Já ao considerar as importantes influências da literatura *mítica* do Oriente Próximo antigo – especialmente aquela em língua suméria e acádica[237] – pudemos constatar que os textos dos primeiros onze capítulos do Gênesis – integralmente escritos depois do retorno à pátria, terminado o exílio, pela escola sacerdotal e por autores a ela posteriores – pertençam sobretudo ao gênero literário da saga primordial[238], colocando juntos também elementos fabulísticos[239]. Também nesse gênero de literatura, como foi para a patriarcal, a intenção é primariamente teológica e *querigmática*. O Deus delineado por Gn 1–11 é um Deus universal – poder-se-ia dizer cósmico – ao qual estão sujeitos tanto o universo inteiro (cf. p. ex., os c. 1,6–9) como todos os povos do mundo (cf., p. ex., o c. 10). A partir dos anos de seu exílio – sofridos interiormente e, de fato, exteriormente como um verdadeiro e próprio fim de mundo e uma autêntica de-criação (cf., p. ex., Jr 4,23-26) – Israel viveu constantemente em meio a nações poderosas: o Império Babilônico primeiro e o persa depois. Em poucas palavras, o exílio foi, contra a sua vontade, inserido num contexto sociopolítico de universalidade, a ponto de não mais conseguir definir-se senão em relação a ele. Todavia, através dos dois relatos da criação (1,1–2,3 e 2,4–3,24), redigidos e integrados no livro junto com o restante dos materiais incluídos nos primeiros onze capítulos como prólogo de toda a história patriarcal, ele chegou a universalizar tudo o que teria descrito, particularmente, em relação a Deus e a si mesmo nas vicissitudes narrativas futuras. À luz disso, o Deus de Abraão, de Isaac e de Jacó, precisamente em virtude desses primeiros capítulos não será simplesmente uma divindade local ou tribal, ligada a pequeníssimos *clãs* ou exclusiva de determinadas pessoas ou realidades. Ao contrário, Ele é o Deus criador de todo o universo, do qual tudo o que existe – povos e nações inclusive – recebe força, energia e vida[240]. Nesse sentido, como o Deus particular dos patriarcas e, ne-

---

237. Cf. p. **213-221**.

238. Cf. p. **193s.**

239. Cf. p. **200**.

240. É precisamente em virtude da *universalidade* do Deus de Israel que Ele pode ter autoridade também sobre os pagãos e sobre as nações estrangeiras. É por esse motivo que o próprio

les, de todo Israel, não há outro senão Deus na origem de tudo o que existe, assim as histórias familiares e pessoais que seguirão não se exaurirão em si mesmas, mas terão, nele, uma ressonância e uma valência absoluta. Com efeito, estão também nesse importante princípio hermenêutico a validade e o valor universais da história sagrada de Israel. O Deus dos hebreus, pois, não é só uma divindade nacional: Ele é também *o* Deus que está na origem de todas as coisas, à cuja vontade, portanto, *todos* os povos, em meio aos quais Israel naquelas recentes épocas da própria história habitava, devem estar sujeitos. É também desse modo, pois, que o Israel vivo e operante em meio às nações – embora como submisso e sujeito – graças à visão universalista do próprio Deus e das magníficas obras por Ele realizadas, conseguiu encontrar uma colocação e uma vocação no seu mundo. Também no caso dos primeiros onze capítulos do Gênesis, portanto, assim como foi para os restantes, não se pode absolutamente predicar uma atenção historiográfica, mas somente um entendimento exclusivamente teológico.

A experiência do êxodo entre "história" e "mito de fundação"

Se passar das idades patriarcais para as da libertação de Israel do Egito significa deslocar para frente algumas centenas de anos a idade do acontecimento "real" dos fatos dos quais se fala, o problema da relação entre evento narrado e história real permanece totalmente imutado em relação ao que foi dito pelos relatos do Gênesis.

O fato de os antepassados de Israel terem descido para o Egito, primeiramente em número de setenta pessoas (Gn 46,27; Ex 1,5), até se tornarem um povo numeroso (Ex 1,7.9), foram oprimidos por um faraó tirânico, saíram vitoriosos do Egito e entraram na terra prometida por YHWH, depois de um período de quarenta anos transcorrido a peregrinar pelos desertos do Oriente Próximo, é o que se narra pela quase totalidade da *Toráh* (cf. os livros do Êxodo a Deuteronômio). Contudo, como aconteceu com os relatos patriarcais, não podemos invocar fonte alguma extrabíblica, tanto epigráfica como literária, para poder confirmar o dado bíblico. Hoje ele continua a única testemunha dos fatos que relata.

Ciro II, rei dos medos e dos persas, libertador de Israel da escravidão da Babilônia – império que ele exterminou – pode ser descrito como um dócil instrumento nas mãos de YHWH. Cf., p. ex., Esd 1,1-2; Is 44,28; 45,1.

Como afirmado já para os textos do Gênesis, também aqueles que se ocupam com a descrição do êxodo de Israel do Egito e com os eventos a ele ligados são em sua maior parte datáveis em épocas muito recentes, exílicas e pós-exílicas. A respeito disso, todavia, para ajudar a reflexão sobre a relação entre relato bíblico e historicidade, é importante investigar se o evento do êxodo é pressuposto por algum texto antigo, de maneira a poder aprovar, precisamente graças à antiguidade das testemunhas literárias, sua provável origem histórica. G. von Rad, por exemplo, no século passado havia considerado que tal evento fosse particularmente ligado aos textos que ele havia reconhecido como "credo históricos" (cf. Dt 6,20-23; 26,5b-9; Js 24,2b-13) e que julgara poderem ser colocados em épocas muito antigas da história de Israel[241]. Agora, porém, de fato, como já evidenciado, esses textos, pela prova de uma exegese mais crível, demonstraram ser, ao contrário, extremamente recentes (exílicos e pós-exílicos)[242]. É antes o Profeta Oseias, do século VIII a.C., que mostra aludir a uma tradição ligada ao êxodo (cf. 11,1; 12,10.14; 13,4). Todavia, se não se trata de interpolações redacionais posteriores, estaremos na presença de texto não mais antigo, exatamente, do que o século VIII a.C., época em que o profeta viveu os anos de seu ministério e, portanto, não particularmente seguros para a historicidade de um evento que, para a cronologia bíblica, teria acontecido cerca de meio milênio antes. De qualquer modo, não se deveria deixar de notar que nem os textos do Pentateuco nem, muito menos, Oseias, tornam evidente, através do uso de um nome próprio ou mediante outros indícios, a identidade do faraó em cujo reino teria acontecido o êxodo de Israel do Egito. Tudo permanece sempre na ordem da indeterminação e da imprecisão. Além disso, hoje foram também muito redimensionadas as tentativas de dar explicações científicas, através do recurso a presumíveis fenômenos naturais, a alguns relatos de "pragas" enviadas por Deus sobre o Egito (Ex 7–11.12*)[243]. Com efeito, o

---

241. Cf. p. **144-146**.

242. Cf. p. **159s**.

243. P. ex., com frequência foi afirmado que, em alguns períodos do ano, especialmente na primavera (e antes da construção da barragem de Assuan), o fato de a água do Nilo se tornar vermelha era um fenômeno bastante comum, sobretudo pela presença de argila vermelha proveniente da África por causa das chuvas (cf. a primeira praga: Ex 7,14-25). Também a presença de insetos ou de doenças de caráter epidêmico são fenômenos um tanto comuns em certas regiões de clima tórrido (cf. a maioria das "pragas").

gênero literário daqueles textos é sobretudo o de enfatizar e de magnificar o poder de YHWH e, por consequência, de seu servo Moisés. Aliás, também o recurso a números decididamente disparatados em referência às unidades do povo de Israel libertado do Egito continua a ser muito além de qualquer verossimilhança e credibilidade. De fato, aceitando o dado bíblico o número dos que saíram do Egito seria calculado em "seiscentos mil homens a pé, sem contar as crianças" (Ex 12,37) e a grande massa de gente "promíscua" que os seguiu (12,38). Ora, experimentando computar também as mulheres, as crianças e a população mais idosa, as unidades calculadas teriam alcançado cerca de três ou quatro milhões[244]: um número decididamente inverossímil para a demografia daquele tempo, considerando também que então a população egípcia dificilmente podia superar um milhão de pessoas. Aliás, já o antigo filósofo alemão Hermann S. Reimarus (1694-1768) fizera notar que tal ajuntamento de pessoas teria exigido mais ou menos seis mil carros para transportar para fora do Egito todos os haveres, chegando a formar uma caravana de ao menos mil trezentos e cinquenta quilômetros de comprimento, que deveria ter atravessado o Mar Vermelho, e mais, numa só noite (cf. Ex 14,21-29). Também este tipo de considerações não ajuda por certo a ver na descrição do Êxodo uma narração verossímil.

O próprio relato da passagem pelo Mar Vermelho, assim como aparece atualmente na leitura de Ex 14, na realidade, parece fundir numa única trama, um duplo relato: uma história de índole mais "naturalista", na qual parece ter havido um forte vento do leste que enxugou as águas para permitir o trânsito "a pé enxuto" a Israel (cf., p. ex., Ex 14,9 e parte de 14,21), e outra, de natureza mais "miraculosa" e mais recente do ponto de vista de sua composição (de escola sacerdotal), na qual, ao contrário, parece ter sido o próprio mar a dividir suas águas em dois altos muros, à direita e à esquerda da passagem de Israel (cf., p. ex., Ex 14,21b-22.29). Também esta não microscópica contradição verificável no texto-chave sobre a libertação de Israel do Egito contribui ainda mais para afastar a possibilidade de uma coincidência entre o dado narrado e a história real. Além disso, como se disse, além da ausência de um nome para o faraó interessado nesses acontecimentos, o tex-

244. Cf. GRABBE, L.L. "Sup-urbs or Only Hyp-urbs? – Prophets and Populations in Ancient Israel and Socio-historical Method". In: GRABBE, L.L. & HAAK, R.D. (eds.). *"Every City Shall Be Forsaken"*: Urbanism and Prophecy in Ancient Israel and the Near East. Sheffield: Academic Press, 2001, p. 93-121 [Journal for the Study of the Old Testament – Supplements 330].

to bíblico não consente nenhum tipo de contextualização cronológica, nem aproximativa, a estes fatos. Com efeito, hoje a cronologia do êxodo pode ser conjecturada somente a partir de dados não diretamente inerentes ao próprio êxodo: a presumida fixação de Israel no Egito e o achado da arqueologia.

Desse ponto de vista, um certo número de textos egípcios que remontam ao II milênio a.C. menciona uma presença de populações não egípcias, provavelmente semitas, dentro de sua área geográfica. Tais textos referem-se a essas populações com o epíteto de "Asiáticos". Contudo, em tais textos nada convida a identificar o epíteto com o antigo povo de Israel[245]. Ao mesmo tempo, sempre a respeito dos dados literários de origem egípcia, é preciso considerar honestamente que eles não oferecem algum relato que possa ser, mesmo de longe, assemelhável às narrações de Ex 1–15. Por um lado, poder-se-ia observar que, segundo os antigos costumes literários, praxe mais ou menos seguida era a de ignorar, nos anais oficiais do Estado, as derrotas sofridas (nesse caso, do faraó e de seu exército). Todavia, por outro lado, é preciso ainda recordar que, hoje, não é atestado algum período na segunda metade do II milênio a.C. em que se tenha encontrado que o Egito possa ter sofrido uma série de pragas naturais, como, por exemplo, a morte de muitas crianças (pense-se na décima praga, a da morte dos primogênitos do Egito: Ex 11,1-10; 12,29-34) ou, de qualquer forma, uma considerável perda de habitantes.

A história do Egito é habitualmente subdividida em três grandes períodos: *a*) o *Antigo Reino* (III milênio a.C.); *b*) o *Médio Reino* (inícios do II milênio a.C.); *c*) *Novo Reino* (fim do II milênio a.C.). Entre esses reinos são sempre registrados os assim chamados "períodos intermediários", que se distinguem habitualmente por fases turbulentas tanto no plano político quanto no social. Nesse sentido, deve-se observar que o advento do Reino Médio devolveu a normalidade ao período de crise que sucedeu ao fim do Reino Antigo ("primeiro período intermediário"), enquanto o advento do Reino Novo pacificou o forte intervalo de tensões que estouraram no fim do Reino Médio ("segundo período intermediário"). Ora, atendendo às fontes em nosso poder, o Reino Médio foi levado à ruína graças à invasão em

---

245. Outros textos poderiam ser reconhecidos no papiro *Anastasis IV*, cerca do século XIII a.C., que recorda a fuga de poucos escravos do Egito refugiados de noite entre os juncos de um palude, e no *relato de Sinuhe*, cujos manuscritos mais antigos remontam a cerca de 1800 a.C., que narra a fuga de um oficial egípcio – precisamente Sinuhe – para encontrar refúgio junto a um xeique no deserto.

massa da população dos Hicsos, proveniente da Ásia e influenciada – ao que parece – pela cultura cananeia, que invadiu o Egito do norte e o dominou[246]. Com o advento do Reino Novo, os faraós que se sucederam no trono conseguiram derrotar os Hicsos e expeli-los para as regiões asiáticas, restabelecendo assim a antiga grandeza do Egito. Todavia, como já se disse, não existe qualquer tipo de documento do Reino Novo que traga a mínima referência a algo que poderia ser identificado como associação entre a população dos Hicsos e a tradição sobre o êxodo dos israelitas do Egito.

Aliás, um assunto que simplesmente não é desprezível é aquele que afirma que o êxodo da tradição bíblica não encontra nenhuma correspondência no cenário histórico dos períodos a ele correspondentes. Esses períodos foram feitos remontar às épocas do Reino Novo, ou seja, entre 1539 e 1075 a.C. aproximadamente. Habitualmente é o longo reino de Ramsés II (cerca de 1278-1213 a.C.), pertencente à XIX dinastia, que atraiu o interesse dos estudiosos, sobretudo por uma inscrição dos tempos de seu sucessor Mernefta (cerca de 1213-1204 a.C.) na qual se menciona "Israel" como derrotado na Palestina por este faraó[247]. Segundo esta inscrição, portanto, alguns estudiosos deduziram que a presumida migração do Egito para a Palestina por parte de Israel deveria ter acontecido algum tempo antes da subida de Mernefta ao trono. Visto que os livros do Êxodo, Levítico, Números e Deuteronômio mencionam Israel como habitando por um considerável período do deserto (quarenta anos)[248] depois do evento do êxodo, este talvez pudesse

---

246. Além da população dos hicsos, houve uma época em que se julgava possível associar os hebreus ao termo *'Apiru* (ou *'Abiru*), atestado algumas vezes nos textos do II milênio a.C. Todavia, hoje esta suposição parece ter decaído muito: o termo não teria definido tanto uma particular etnia, como se julgou, quanto uma designação social: uma espécie de "bandido" ou de mercenários, ou também uma espécie de migrantes ou de refugiados. Outra possível associação com os hebreus foi tentada também com a população *Shasu* (ou *Sutu*), talvez associada à região meridional e oriental do Mar Morto. Todavia, mais uma vez, não existe dado algum que demonstre, ainda que relativamente, a contiguidade dessa população com a do antigo Israel.

247. Referimo-nos à assim chamada "estela de Mernefta", atualmente conservada no Museu Nacional do Cairo, que traz a menção mais antiga de Israel hoje conhecida por uma fonte extrabíblica. O texto que nos interessa diz: "Israel está perdido, sua semente não existe mais" (cf. linha 4). A propósito, porém, é oportuno citar ao menos outras duas estelas, embora de época mais recente (ambas datáveis da metade do século IX a.C.), nas quais o nome "Israel" continua a ser mencionado: a estela de Mesa, em escrita moabita (cf. tb. n. 24), e a estela de Tel Dan, em escrita aramaica. Cf. tb. nota 230.

248. Mesmo a entidade simbólica desse número, porém, não deveria escapar. Quarenta dias e quarenta noites Moisés esteve no Sinai (Ex 24,18; 34,28; Dt 9,9.11.18.25; 10,10) e pelo

ter acontecido, precisamente, sob o reino de Ramsés II. Todavia, como foi argutamente sublinhado, Ramsés II não encontrou seu túmulo no fundo do Mar Vermelho, como pareceria atestar o relato de Ex 14 (esp. v. 28.30b), mas no Cairo, no *Museu Nacional*, onde sua múmia jaz conservada com a de muitos outros faraós do Reino Novo[249]. Aliás, sempre no mesmo sentido da dificuldade de encontrar uma conciliação entre o dado bíblico e as fontes extrabíblicas, é muito importante considerar a absoluta falta de referências a Israel em qualquer tipo de fonte precedente à estela de Mernefta. Nesse sentido, nem as cartas de Amarna – uma coleção de várias centenas de tabuinhas de argila contendo correspondências entre a corte do faraó e vários príncipes estrangeiros, muitos dos quais originários da Palestina, datáveis entre 1350 e 1335 a.C. – incluem, embora minimamente, referências à presença de Israel na Palestina daqueles tempos[250].

Depois desta série de evidências, embora expressas de maneira extremamente sintéticas, uma hipótese não peregrina poderia ser aquela que vê o êxodo como uma muito provável construção literária a fim de criar uma espécie de *mito nacional de fundação* para o povo de Israel. Como já foi dito mais vezes, de fato, não existe evidência alguma externa que possa apoiar uma migração de Israel do Egito, assim como está registrado no Livro do Êxodo. Todavia, do mesmo modo, nem deve ser excluído que a lembrada tradição egípcia sobre o fim da população dos Hicsos e de sua

mesmo tempo Elias fugiu de Jezabel para o monte de Deus, o Horeb (1Rs 19,8). Quarenta dias durou a exploração da terra de Canaã por parte dos exploradores enviados por Moisés (Nm 13,25; 14,34); por quarenta dias o filisteu Golias aproximou-se progressivamente do acampamento de Israel (1Sm 17,16); quarenta dias foi o tempo à disposição de Nínive para converter-se (Jn 3,4); o mesmo tempo durou o jejum de Jesus no deserto (Mt 4,2), o período de sua tentação (Mc 1,13; Lc 4,2), como também suas aparições como ressuscitado (At 1,3). Outras vezes o número quarenta, mais do que aos dias, é associado aos anos: precisamente de quarenta anos foi a permanência de Israel no deserto (Ex 16,35; Nm 14,33.34; 32,13; Dt 2,7; 8,2.4; 29,4; Js 5,6; Ne 9,21; Sl 95,10; Am 2,10; 5,25; At 13,18; Hb 3,9-10.17), como duraram quarenta anos o reino de Davi (2Sm 5,4; 1Rs 2,11; 1Cr 29,27), o de Salomão (1Rs 11,42; 2Cr 9,30), o de Joás (2Rs 12,2; 2Cr 24,1).

249. Cf. LEMCHE. *Old Testament*, 130. De qualquer modo, também as próprias cidades-depósito de Ramsés e de Pitom, construídas pelos israelitas segundo o texto de Ex 1,11, são hoje de identificação fortemente problemática.

250. Foi o famoso faraó Amenófis IV (1360/1350-1345/1335) – conhecido também como Akenaton, depois da mudança do nome – que construiu Amarna, como sua nova capital. Exatamente a esse faraó, talvez com um pouco de exagero, foi atribuída a introdução do monoteísmo no Egito, ao menos durante parte dos anos de seu reino, através do culto a Aten (o disco solar).

respectiva expulsão do Egito poderia ter tido um não indiferente peso na formação da narrativa exódica do Êxodo, como uma espécie de reinterpretação judaica dessa tradição egípcia sobre aquela população[251]. Desse modo, como se antecipou nos inícios desta breve pesquisa, a narração do êxodo passa a condividir com a patriarcal (Gn 12–50) e com a primordial (Gn 1–11) uma origem mais literária do que histórica, na acepção contemporânea do termo.

A conquista da terra de Canaã entre historiografia e ficção

Como se sabe, a questão da "conquista" da terra prometida por YHWH aos patriarcas e, neles, a todo Israel, não é questão que se refira somente ao Livro de Josué. Ela envolve também a *Toráh* e, especialmente, a segunda parte do Livro dos Números (esp. c. 31–32), lá onde se narra a conquista dos territórios transjordânicos, depois ocupados pelas tribos de Efraim, Gad e metade de Manassés. Ora, se as questões sobre a historicidade dos relatos do Gênesis e da experiência do êxodo revelaram-se difíceis de serem supostas, aquelas referentes à historicidade da conquista da terra de Canaã por parte de Israel, assim como Nm 31–32 e o Livro de Josué as apresentam, tornam-se ainda mais complicadas. Uma primeira pergunta, de tipo decididamente prático, que parece surgir a uma leitura da Escritura "com os olhos abertos" é a seguinte: como teria sido possível que uma longa e lenta caravana de israelitas fugidos do Egito, protelada ainda mais pelo passo de mulheres, crianças e anciãos, com todo o séquito de carros que transportavam seus bens, e mais ainda extenuada por uma longa permanência no deserto e enfraquecida pelas muitas dificuldades encontradas, tenha derrotado com um golpe seguro, com uma maciça e belicosa invasão e uma surpreendente e eficaz estratégia militar as grandes cidades fortificadas e as quadradas fortalezas de Canaã? Mais uma vez, embora muitas das antigas cidades nomeadas na história da conquista tenham sido localizadas e trazidas à luz pelas escavações arqueológicas (pense-se, p. ex., em Jericó, Ai, Gabaon, Laquish, Hazor etc.), os testemunhos sobre sua *conquista* por parte dos israelitas por volta de 1200

251. Essa tradição, depois de mais de mil anos, estava ainda em circulação, considerando sua presença em escritores como Maneto (século III a.C.), de origem egípcia, e Flávio Josefo (século I d.C.), de origem judaica.

a.C.[252], assim como nos narra o dado bíblico, são absolutamente fracos, senão nulos. Por tudo aquilo que chegamos a saber, baseando-nos sobretudo, precisamente, nos dados provenientes da ciência arqueológica, uma invasão relâmpago, assim como parece ter sido aquela de Israel nos testemunhos da Escritura, parece ser totalmente improvável e longe da realidade. E mais, como já afirmado, os testemunhos das cartas de Amarna, da segunda metade do século XIV a.C., e uma série de outras testemunhas literárias e arqueológicas parecem unanimemente mostrar que no século XIII a.C., ou seja, durante o período da presumida conquista de Israel, o Império Egípcio teve uma pesada ingerência sobre a terra de Canaã. É sempre a própria arqueologia que, além disso, demonstrou uma forte influência egípcia em Canaã até *depois* da presumida conquista daqueles territórios por parte de Israel. Como teria sido possível que Israel tenha podido impor-se a ferro e fogo a tão alto número de cidades cananeias, vassalas do Império Egípcio, sem que este, poderosíssimo, não saísse em sua defesa? Como já se evidenciou, nos anais e nos arquivos egípcios não foi encontrado traço algum de Israel. Como se sabe, o único traço é aquele encontrado na estela de Mernefta, onde, porém, Israel é marcado como um povo aniquilado[253]. Além disso, considerando bem, neste caso a situação ter-se-ia revestido também de uma particular e dramática ironia: Israel, em fuga do Egito após seu êxodo daquela terra, ter-se-ia visto a "conquistar" a terra de Canaã sob o controle da mesma potência de que estava fugindo!

Segundo as Escrituras, a própria rota, que, do Egito, os israelitas teriam seguido para chegar aos limites da terra de Canaã durante os presumidos "quarenta anos" transcorridos no deserto, continua a pôr sérios problemas. Com efeito, num exame apurado, os textos bíblicos dos itinerários de Israel no deserto não parecem absolutamente refletir a topografia do século XIV ou XIII a.C., mas, ao contrário, só a do século VIII ou VII a.C. Além disso, esses itinerários são vagos, demonstrando pouco conhecimento dos territórios que pretendem descrever[254]. Só na segunda metade do Período do Ferro II B e

---

252. Como se acenou no parágrafo precedente, essa aproximativa datação é obtida considerando o testemunho da estela de Mernefta, do fim do século XIII a.C., que indicava naquela época a presença de Israel em Canaã.

253. Cf. n. 248.

254. Cf., p. ex., Nm 21,1-20; 33,1-49; Dt 2,1-25.

C (cerca de 925-586 a.C.) a maioria daqueles lugares (obviamente aqueles que, hoje, podem ser identificados) dão prova de estarem sendo ocupados. Na realidade, o verdadeiro ponto da questão é que os itinerários de Israel no deserto oferecidos pelo Pentateuco são o resultado da confluência de várias tradições, entre elas um tanto conflituosas no plano dos presumidos deslocamentos geográficos, organizadas e estabilizadas, em nível de sua escrita, só em épocas muito recentes da história de Israel: épocas exílicas e, sobretudo, pós-exílicas e, portanto, distantes ao menos setecentos, oitocentos anos dos fatos que pretendem descrever.

No decorrer do tempo, a pesquisa exegética e arqueológica pressupôs vários modelos sobre o destino de Israel em terra de Canaã (e na Transjordânia, como nos recorda o Livro dos Números). a) Por longo tempo, como é óbvio, defendeu-se com todo o esforço o dado bíblico, ou seja, o de uma conquista armada (cf. as clássicas *História de Israel*, nas quais se segue, quase ao pé da letra, o conteúdo dos livros bíblicos, traduzindo-o quase automaticamente em evento histórico; cf. tb. a assim chamada "escola americana")[255]. Todavia b), lentamente, no início com A. Alt[256] e a seguir com M. Noth[257] e muitos outros, tomou conta a ideia oposta: a de uma pacífica imigração de Israel para Canaã, seguida de um longo e complexo processo de assimilação entre Israel e os autóctones daquela terra (tratar-se-ia de algum modo do quadro refletido pelo livro dos Juízes). Um terceiro modelo, c) impôs-se a partir dos anos de 1970, especialmente graças aos estudos de G.E. Mendenhall[258] e Norman K. Gottwald (1926-), excluindo que a conquista, assim como nos é passada pela Escritura, nunca aconteceu. Em seu lugar, no máximo, é prevista a explosão de uma pesada revolta *interna* às populações de Canaã, que, talvez também através da partilha de uma mesma religião (o javismo, neste caso), teria levado à supremacia e à lenta influência de um grupo (Israel, nesse caso) sobre os outros.

Além das propostas desses modelos, o que parece poder-se afirmar, sempre amparados pelo confronto arqueológico, é que, durante o período do fim do Tardo Bronze (1550-1200 a.C.) e, sobretudo, do Ferro I (1200-1000

---

255. Cf. n. 140 a p. 143 e n. 235 a p. 236.

256. Cf. p. **143s**.

257. Cf. p. **146-148**.

258. Cf. nota 140.

a.C. e do Ferro II A (1000-925), fixou-se em Canaã uma múltipla variedade de grupos étnicos (hititas, hurritas, jebuseus, ghirgashitas, amorritas, shasu etc.) junto com uma certa diversidade de castas sociais (mercenários e bandidos em geral *'apiru* [ou *'abiru*][259], pastores, camponeses etc.). Certos grupos tribais conhecidos por algumas genealogias bíblicas poderiam ter sua origem precisamente neste período, sem esquecer, contudo, que muitos outros nomes de grupos e de tribos mencionados na Escritura, enquanto criação de tipo redacional, possam ter origem muito mais recentes[260].

Como se continua a ver, pois, além da diversidade de aproximações e dos seus pressupostos, o que sempre mais, com o passar dos anos e dos aprofundamentos da pesquisa arqueológica e exegética, foi se impondo é a evidente dificuldade de confiar nos relatos bíblicos da conquista assim como foram transmitidos. Eles parecem antes a transposição narrativa dos princípios teológicos expressos em Dt 7: uma lista de recomendações e de admoestações que o povo deveria ter observado uma vez entrado na terra prometida.

Só para terminar de maneira bastante breve a questão, portanto, é bem possível que o núcleo primitivo e, portanto, mais antigo, de Josué[261] – livro quase inteiramente dedicado ao relato da conquista armada de Canaã – é, na realidade, uma projeção dos fortes desejos, por um lado, de união, de agregação e de preservação identitária do povo e, por outro, de expansionismo do reino de Judá (através, p. ex., da vontade de incorporação dos territórios

---

259. Cf. n. 247.

260. A propósito, quanto à conquista dos territórios transjordânicos, é preciso notar que os nomes de alguns povos registrados em várias listas parecem ser criações a partir de nomes de figuras mitológicas. Segundo Nm 13,33, p. ex., alguns dos mais temidos habitantes da terra a ser conquistada teriam sido os "filhos de Anak" – os Anakitas – que seriam descendentes da *mítica* raça dos gigantes" (ou seja, os "Refaim"; cf., p. ex., Dt 1,28; 2,10.11.21; 9,2; Js 11,21-22; 14,12.15; 15,14). Também um dos principais reis mencionados, Og, rei de Basã, diz-se pertencer à mesma raça dos gigantes (Dt 3,11.13; Js 12,4; 13,12). Até, em alguns textos, os gigantes ("Refaim") são associados também aos mortos e às suas sombras (cf., p. ex., Jó 26,5; Sl 88,11-13; Is 26,14.19; Pr 9,18). Eis que, também neste caso, como recorda Grabbe (*Ancient Israel*, 87), com certos relatos da Escritura como aqueles dos quais estamos falando, o mito continua a ser historicizado, a ponto de as sombras dos mortos, como neste caso, terem sido convertidas em entidades etnográficas "reais".

261. Esse livro, de qualquer modo, assim como hoje se oferece ao leitor, apresenta uma conspícua série de intervenções redacionais muito tardias, de época pós-exílica. Recorde-se também que, para alguns autores, especialmente do passado, era com esse livro que se fechava o assim chamado *Hexateuco*; cf. nota 130. Para as questões sobre a separação do Livro de Josué do corpo dos livros que constituem o *Pentateuco*, cf. p. **174-178**.

setentrionais, no planalto), particularmente percebidos sob o reinado do Rei Josias (640/639-609/608 a.C.) ou, no máximo, que lhe foram feitos perceber pelos autores deuteronomistas, responsáveis pela história deuteronomística (Js; Jz, 1–2Sm; 1–2Rs). Ora, o (núcleo primitivo do) Livro de Josué oferecia precisamente uma adequada e estratégica expressão literária para consolidar os desejos e as esperanças de um sábio reinante, em vista das precisões e das necessidades de seu povo. Com efeito, não é por certo casual que Josué, como foi demonstrado, seja apresentado pela história deuteronomística e, em particular, no homônimo livro, com prerrogativas e peculiaridades típicas não só de um simples condutor, quanto de um rei[262]. No mesmo sentido, deve-se notar também a necessidade da *centralidade* da *Toráh* por parte do povo e, antes ainda, da sua orientação, a fim de ter sucesso nos próprios empreendimentos (cf., p. ex., Js 1,7-8). Ora, segundo a ideologia dos autores deuteronomistas, será precisamente o Rei Josias a pôr no centro de sua vida e de sua praxe de governo a "lei de Moisés" (cf., p. ex., 2Rs 23,25). Entre outras coisas, não se deveria nem deixar de sublinhar a não estranheza de aliteração entre os nomes de Josué (*Y*^{e}*hoshú*^{a}*'*, em hebraico e de Josias (*Yo'shiyyáhu*, em hebraico. Mais uma vez, portanto, continua-se a observar que aquilo que a Escritura apresenta como um relatório "histórico" daquilo que aconteceu nas remotas épocas do passado de Israel é, na realidade, muitas vezes, uma narração "antigada" e, portanto, de fato, uma retroprojeção no tempo de exigências, de desejos e de esperanças vividas (e sofridas) em épocas bem mais recentes do que a trama e os conteúdos querem manifestar.

Uma apostila sobre Moisés

Depois de tudo o que viemos dizendo, de maneira especial a respeito do êxodo e dos relatos da "conquista" de Canaã, surge espontânea uma pergunta: e Moisés? O incansável condutor de Israel e o maior de seus profetas (Dt 34,10), aquele com o qual o Senhor falava "face a face" (Nm 12,8): o que pode ser dito a seu respeito a propósito da interação entre história narrada e história real? Mais uma vez, é preciso seguir a evidência dos fatos: nenhum documento extrabíblico ou algum achado arqueológico até agora conhecido

262. Cf., p. ex., textos como Js 1,1-9.16-18; 8,30-35, marcados por uma fraseologia e por particulares conteúdos que serão a seguir associados aos reinantes de Israel e de Judá e afirmados de várias formas a seu respeito.

menciona ou, ao menos, atesta a existência do personagem Moisés. A única fonte à nossa disposição para obter notícias a seu respeito continua a ser a Escritura e, em particular, os livros que vão do Êxodo ao Deuteronômio, a ponto que, para alguns, o Pentateuco não é mais que a "biografia" de Moisés, precedida de uma espécie de prólogo (Gênesis)[263].

O nome "Moisés" é provavelmente de origem egípcia, parte de uma combinação de nomes bem atestada. Em egipciano, sua raiz (*msj*) significa "gerado por", ou também "filho de". Como se disse, várias são as combinações onomásticas que se podem fazer em associação a tal raiz; pense-se, por exemplo, em nomes como Ra-mosis [Ramsés], "filho de Ra"; Ah-mosis, "filho de Ah"; Tuth-mosis, "filho de Toth" etc. Nesse sentido, tratando-se, no caso de Moisés, da parte final do nome, torna-se impossível saber (talvez por causa da "censura" dos escribas, ainda que o egipciano ateste igualmente formas apocopadas – ou seja, abreviadas – do nome, sem o elemento divino) de qual deus egípcio tenha sido "filho".

Exatamente a proveniência quase por certo egípcia do nome poderia revelar-se uma pequena prova, embora frágil, da existência de uma figura efetivamente histórica a ele ligada. Com efeito, de per si, se os israelitas tivessem querido criar-se um "herói nacional", deve-se supor, com probabilidade, que teriam mais oportunamente escolhido dar-lhe um nome semítico e não originário da terra a eles sempre adversa. Todavia, além dessa conjectura, é preciso admitir que esse personagem tenha se tornado um sujeito de importância básica para Israel *somente* em épocas exílicas e pós-exílicas de sua história[264]. De fato, uma vez que desapareceram as instituições da monarquia e do templo (junto com a posse da terra de Canaã), precisamente pela superveniência do exílio, para Israel tornou-se necessário dar-lhe um fundamento ainda mais "antigo" que, por um lado, servisse a si mesmo de elemento agregador

263. Cf., p. ex., KNIERIM, R.P. "The Composition of the Pentateuch". In: *The Task of Old Testament Theology*: Method and Case. Grand Rapids, MI: Eerdmans, 1995, p. 353-359, 372-379.

264. Nesse sentido, também é possível encontrar em alguns autores helenistas (ou helenizados) – e, portanto, ainda mais tardios do que a época exílica e persa, no seio dos quais muitos textos sobre Moisés vieram à luz – algumas tradições sobre Moisés (ou, melhor, sobre personagens a ele assemelháveis) que não parecem ter encontrado colocação dentro da Bíblia hebraica. Referimo-nos a autores como Maneto, Ecateu de Abdera, Artapano e Lisímaco de Alexandria. Todavia, é preciso também recordar que hoje temos acesso a estes autores somente de maneira extremamente fragmentária, através de testemunhos de segunda ou de terceira mão, sobretudo graças aos escritos de Flávio Josefo e de Eusébio de Cesareia.

e identitário e, por outro, exatamente por sua "antiguidade", não fosse de algum modo corrompido pela destrutiva experiência do exílio. É nessa ordem de coisas, portanto, que a estrutura básica do edifício de Israel, no exílio e no pós-exílio é redefinida através da figura de Moisés. Realmente, Moisés é um personagem totalmente autônomo, "existido" num tempo em que nem a monarquia, nem o templo, nem a posse da terra haviam se tornado realidade para Israel. Seu desaparecimento, pois, em nada teria podido causar perda ou descrédito à sua importância e à sua grandeza. É por esse motivo, portanto, que somos também ajudados a compreender o fato (só aparentemente injusto) que Moisés veja o fim de seus dias *sem* ter podido entrar na terra prometida[265]. É precisamente pelo fato de não ter realmente entrado, que ele continua a não ser absolutamente empobrecido pelas amargas consequências do exílio: a perda da terra de Canaã (pela presença babilônica antes e pela persa, helenista e romana depois) não toca em algum ponto aquele determinante personagem da história *narrada* de Israel, estando sempre, como se disse, por sua própria natureza, totalmente desligado da posse daquela terra, assim como das instituições provenientes da monarquia e do templo.

Além disso, também uma simples consideração a partir das ocorrências do nome "Moisés" nos escritos veterotestamentários pode tornar-se reveladora da datação relativamente recente de muitas redações dele responsáveis. Das 766 ocorrências de todo o AT, seguramente 704 encontram-se no Hexateuco, enquanto as 62 restantes estão diversamente distribuídas nos outros livros, em particular nos textos com frequência considerados recentes em relação à sua redação. Só pode causar estranheza constatar que o personagem mais famoso e importante de toda a *Toráh* (e, portanto, de todo Israel) seja mencionado tão pouco fora dela e, com frequência, como se disse, quase sempre em textos considerados como não antigos.

No mesmo sentido, do ponto de vista geográfico, é também a colocação do próprio Monte Sinai (ou Horeb, como sempre o chama o Deuteronômio, excetuado Dt 33,2), lugar tão importante e determinante para a teologia da *Toráh*, que foge completamente. Hoje, foram várias as suposições e as hipóteses aventadas pelos estudiosos (Djebel Musa, junto ao atual mosteiro de

265. Textos muito tardios como Nm 20,12-13; Dt 1,37-38; 3,23-28 tentam dar uma explicação de ordem teológica sobre por que Moisés não tenha podido entrar em Canaã antes de sua morte. Para eles, a explicação mais plausível teria sido a do "castigo divino" por um não bem expresso "cumprimento" de Moisés.

Santa Catarina; Djebel Helal, mais ao norte, não distante de Cades-Barne; Al-Hijaz, na Árábia Saudita, a leste do golfo de Ácaba; Har Karkom, a sudoeste do Deserto do Negueb etc.). Todavia, nenhuma delas conseguiu impor-se particularmente e encontrar adequado confronto seja na arqueologia, seja na relação entre dado bíblico e conformação montanhosa da Palestina. Nesse sentido, esse monte, na *Toráh*, parece assumir uma colocação mais teológica e jurídica do que geográfica: é sobre aquele monte, poder-se-ia dizer, que Israel, em virtude do dom da Lei e da estipulação da aliança, tornou-se um povo, assumindo as características de uma verdadeira e própria nação. O Monte Sião – o monte do templo de Jerusalém – pelo cerco e pela destruição babilônica de 586 a.C., será conquistado e destruído. Não foi assim com o Monte Sinai (um monte, não por acaso, a ser contextualizado no "deserto" e não na terra prometida): também ele, como Moisés, tinha todas as características para não ser em nada atingido pelas derrotas da história[266]. E mais, sempre a propósito da inconsistência da figura de Moisés num plano puramente histórico, não se deveria deixar de notar que não poucos sumários assim chamados "históricos" da Bíblia hebraica mencionam os empreendimentos de YHWH no Egito e o êxodo verdadeiro e próprio *sem* fazer alusão alguma a Moisés; cf., p. ex., Ex 20,2; Dt 6,21; 26,7-8; Am 2,10; Sl 136,11.16. Nesses textos, pois, é YHWH pessoalmente que guia os hebreus para a libertação: aqui a revelação divina é apresentada como uma intervenção sem mediador humano, quase a evocar a experiência de um "êxodo-sem-Moisés"[267].

266. Além disso, entre as (únicas) 35 ocorrências do termo "Sinai" na Bíblia hebraica, somente as de Jz 5,5; Sl 68,9.18 e Ne 9,13 (todos textos bastante recentes) ocorrem fora do Pentateuco. E mais, fora do Pentateuco, somente o tardio texto de Ne 9,13 associa explicitamente a esse monte a teofania a Moisés e o consequente dom da Lei. A mesma coisa pode-se dizer do nome "Horeb": entre as (únicas) 17 ocorrências na Bíblia hebraica, somente aquelas nos tardios textos de 1Rs 8,9; 19,8; 2Cr 5,10; Sl 106,19; Ml 3,22 ocorrem fora do Pentateuco. Deve-se notar também que nos principais Salmos nos quais se mencionam em detalhe as peregrinações de Israel pelo deserto (cf. Sl 78; 105; 135; 136) não se explicitam absolutamente os eventos "acontecidos" no Sinai/Horeb.

267. A propósito, talvez deveria ser mencionado o texto de Os 12,14, talvez do século VIII a.C., no qual se recorda, embora sem nomeá-la expressamente (a não ser que o nome seja dado como certo), a figura de um "profeta" por meio do qual "o Senhor fez Israel sair do Egito e pelo qual o protegeu". Nesse sentido, poder-se-ia talvez pensar que para o autor responsável desse texto a aposta principal estivesse na afirmação da *necessidade* de um mediador humano no plano salvífico divino, visto que sua identidade foi deixada totalmente implícita.

Também no caso do condutor de Israel, portanto, assim como foi para os relatos dedicados à história primordial e àquela patriarcal e para os relatos em vista da "conquista" de Canaã, tornou-se necessário habituar-se a ler os textos relativos a ele e aos seus empreendimentos não tanto com intenções puramente historicistas quanto sobretudo teológicas e ideológicas. Considerando também que, pelo que concerne particularmente à *Toráh*, a maior parte de seus materiais reflete sobretudo o ponto de vista, as exigências e as perspectivas do Israel exílico e pós-exílico, muito distante no tempo das remotas ambientações dos episódios de que fala.

O sistema do puro e do impuro e sua relação com a praxe litúrgica

No antigo Israel – mas, em geral, na mentalidade antiga – as noções de "puro" e "impuro" e, portanto, de "sacro" e de "profano" constituem realidades estreitamente conexas. Poder-se-ia dizer melhor, elas representam estados dentro dos quais uma pessoa, seguindo determinadas ações, pode se encontrar. É através do *tomar contato* com certos ambientes, objetos ou seres vivos, considerados ora puros ora impuros, que uma pessoa pode começar a fazer parte do seu respectivo estado de pertença. Poder-se-ia dizer, nesse sentido, que o puro e o impuro são categorias absolutas e "intocáveis": aquele que entra em contato com elas chega a assumir, por sua vez, a mesma categoria de "intocabilidade", ou seja, de isolamento e de separação de tudo que o cerca. Para trazer apenas poucos exemplos, não se pode tocar o altar no interior da tenda de reunião, porque ele é considerado puro (cf. Ex 29,37), nem se pode entrar em contato com um cadáver, porque, ao contrário, é considerado impuro (cf., p. ex., Lv 5,2; Nm 19,11; Dt 14,8). Quem entra em contato com eles, tanto num caso quanto no outro, começa automaticamente a fazer parte de seu respectivo estado de pertença – o de pureza ou de impureza – e, portanto, de isolamento e de separação do mundo dos indivíduos ou das coisas que o cercam. Assim, do mesmo modo, diz-se que a mãe deve purificar-se depois do parto, que a tornou impura (Lv 12,1-8) e, por outro lado, que o sacerdote é obrigado a mudar as próprias vestes depois de ter oficiado o culto no interior do santuário, que o tornou puro (cf., p. ex., Lv 16,23). Em ambos os casos, portanto, antes de retomar o contato com a usualidade do quotidiano tornou-se necessário *sair* do particular *estado* que se veio a contrair e que tornou separados e intocáveis do resto da realidade circunstante. Não se trata tanto de contrair uma imundície física, no caso do contato com o impuro, ou uma particular elevação do espírito, no caso do contato com o puro, quanto somente e sempre de entrar no interior de seus respectivos *estados*, dos quais, como se disse, para poder reentrar na vida normal do quotidiano, é preciso sair, seguindo determinados procedimentos. O "santo", que, de per si, recorda o conceito de "separação" e, portanto, da completa submissão ao ordinarismo das coisas, deveria ao contrário ser considerado uma espécie de categoria de exclusivo domínio do divino, à qual o israelita é chamado a entrar por participação, sobretudo mediante uma irrepreensível observância da lei e, consequentemente, uma radical separação daquilo que é profano e impuro (cf. Lv 11,44-45; 19,2; 20,7-8.26; Nm 15,40).

Esses conceitos de puro e de impuro, de sacro e de profano, definitivamente, serviram a Israel para separá-lo dos outros ambientes pagãos (ou seja, impuros) que o cercavam, transmitindo-lhe assim a ideia da santidade transcendente de YHWH e da necessidade de guardá-la perfeitamente. É por isso que, no Livro do Levítico, a assim chamada lei de pureza (c. 11–16) aparece estreitamente unida e em continuidade com a de santidade c. 17–26, como dois aspectos de uma mesma exigência divina.

A exclusividade de Israel enquanto povo tornou-se evidente também pela *separação* que ele deveria manter em relação às outras nações, consideradas impuras, a fim de evitar contaminações com aquilo que não tivesse entrado na esfera da atração do divino (cf., p. ex., Lv 20,23; Nm 23,9; Dt 18,9). Esse mesmo conceito de separar (e, portanto, de intocabilidade) o puro do impuro, o sacro do profano, a vida da morte e o incontaminado do corrupto (cf. o Livro do Levítico e, esp. 10,10; 11,47; 20,25-26), tão caro aos materiais sacerdotais provenientes do ambiente do segundo templo, em época persa, chegará a influenciar os aspectos mais variados da vida do israelita. Com efeito, sempre segundo esta sensibilidade, o povo deveria também abster-se não só de entrar em contato com as nações pagãs e com suas realidades intrinsecamente consideradas impuras, mas também de confundir e misturar espécies e gêneros diferentes, seja no âmbito animal, seja no agrícola e até no têxtil (cf. Lv 19,19; cf. tb. Dt 22,5.9-11). Realmente, típica da teologia sacerdotal é a preservação das diferenças e das várias identidades, sem mistura nem combinação ou confusão entre suas diversidades. Essa mesma ideia de separação e, portanto, de intocabilidade, tornar-se-á também sinônimo da eleição divina a respeito do povo santo: Israel será "santo" precisamente porque "separado" dos outros povos e de tudo o que não pertence ao Deus três vezes santo[268].

Já a própria realidade do santuário móvel no deserto, a assim chamada tenda de reunião, sinal da presença de YHWH em meio a Israel, que seguia o povo nas suas peregrinações pelo deserto rumo à terra prometida, implica o conceito de pureza e, portanto, de separação. Por causa de sua proximidade com a divindade, os israelitas deveriam, portanto, permanecer num estado de pureza e, também, controlar com atenção as várias possíveis formas de impureza que teriam podido ameaçá-la (Lv 11–16). Nesse sentido, Israel deveria seguir também particulares normas sobre os animais a serem incluídos na própria dieta alimentar: também por eles teria podido contrair impurezas (cf., p. ex., 11,1-47; Dt 14,3-21), assim como por entrar em contato com outras realidades, como, por exemplo, o sangue, as emissões fisiológicas ou as doenças (cf., p. ex., Lv 13–15; 17).

Em extrema síntese, é o texto de Lv 20,26 que resume muito bem a necessidade de Israel permanecer numa situação de não contaminação com o impuro e, portanto, longe da alteridade de Deus: "Sede santos para mim porque eu, o Senhor, sou santo. Eu vos separei dos outros povos para serdes meus" (cf. tb. Lv 11,44-45; 19,2; 20,7-8; Nm 15,40). Portanto, é em relação à transcendência e à santidade de Deus que caminhava junto com Israel que este deveria, por um lado, definir e, por outro, salvaguardar, a própria pureza e sacralidade.

Pureza e ações cultuais

Os atos de culto a serem oferecidos no interior do santuário pressupõem, como é óbvio, manter uma situação de distância da impureza por parte dos oficiantes para isso consagrados. Com efeito, os sacerdotes são chamados "santos" (cf., p. ex., Lv 21,6) e o sumo sacerdote deveria trazer sobre a fronte uma espécie de lâmina dourada, como um selo, sobre a qual deveria estar gravado "Consagrado ao Senhor" (Ex 28,36-37). Assim, sendo transferidos para o domínio do sacro, eles teriam podido mover-se dentro do santuário sem sacrilégio algum, cumprindo ali seu direito e dever. Todavia, precisamente para salvaguardar a própria alteridade, eles deveriam estar sujeitos a

268. Cf., p. ex., Lv 20,24.26; Nm 8,14; 16,9; Dt 10,8; 1Rs 8,52-53; Esd 10,11; Ne 9,2; 10,29; 13,3.

certas interdições e a particulares regras de pureza. Por exemplo, não poderiam estar associados a um luto, salvo para os mais próximos consanguíneos (e, também nesse caso, deveriam abster-se de certas práticas: Lv 21,1-6), nem se casar com uma mulher prostituta ou repudiada pelo marido (21,7). No exercício de suas funções, porém, tudo era predisposto para evitar a confusão entre sacro e profano: deveriam usar vestes especiais para entrar no santuário (Ex 28,42-43), e deveriam lavar suas vestes (Nm 8,7), deveriam purificar-se mediante abluções (Ex 30,17-21; 40,31-32; Lv 8,6) e deveriam abster-se do vinho e de bebidas alcoólicas (Lv 10,8-11).

Ora, a quantidade de textos dedicados no Pentateuco e fora do Pentateuco (livros históricos e proféticos) a prescrever e descrever sacrifícios e ritos é suficiente para dar-se conta de que se trata de elementos não marginais na religião do Israel antigo. É também exatamente por isso, afinal, que considerável parte da legislação da *Toráh* insiste tanto nas normas que sancionam as condições de pureza nas quais os sacerdotes deveriam permanecer para poder oficiá-los.

Segundo a atual arquitetura narrativa do Pentateuco, Israel é escolhido por YHWH sobre o Monte Sinai para ser constituído seu povo. É sobre esse mesmo monte que são estabelecidas também as cláusulas de aliança mediante as quais Deus promete morar em meio a seu povo e garantir-lhe a bênção (Ex 34,10-26). Todavia, esses compromissos da parte de Deus ter-se-iam tornado eficazes somente no momento em que as obrigações e as observâncias exigidas ao povo tivessem sido por ele honradas e fielmente executadas.

Ora, entre os múltiplos compromissos da aliança, a apresentação de *sacrifícios* assume um significado de primeiro plano na *relação* entre YHWH e seu povo. Poder-se-ia dizer que eles representam um elemento indispensável para dirigir-se a Deus e estabelecer uma comunhão com Ele. Também no projeto da tenda de reunião, aliás, era prevista uma clara separação entre a parte sacra, a "morada de Deus" (tendo no interior a arca da aliança), e a parte profana, onde estava o povo. No meio estava colocado o *altar*, ponto de encontro entre as duas esferas, a divina e a humana. É em Ex 20,22.24-26 que é ordenada a sua construção e é sobre ele que se deveriam imolar os sacrifícios. Através de complexos ritos sacrificiais pedia-se a Deus que descesse e se pusesse em relação com seu povo. Isso teria sido possível porque o fogo, que deveria ser aceso sobre o altar, representava o lugar da manifestação de Deus, uma espécie de perene e viva memória da teofania do Sinai. Não é por acaso, afinal, que segundo Lv 6,5 o fogo do altar jamais deveria se apagar. As ações sacrificiais não deveriam ter um caráter individual, como numa espécie de religião doméstica; ao contrário, elas deveriam ser celebradas exclusivamente no templo, oficiadas pelos sacerdotes em favor de toda a comunidade e das pessoas individualmente. Somente assim, como se viu, guiado por homens consagrados ao serviço de YHWH, Israel teria podido encontrar, orar e agradecer a Deus pelas bênçãos e a misericórdia com a qual havia sido beneficiado.

Com o tempo e com o progresso da especulação teológica e da praxe litúrgica, as escolas sacerdotais reinterpretaram profundamente a função do sacrifício, considerando dever atribuir a Deus qualquer mínimo detalhe, entrelaçando entre eles, de maneira estreita e emaranhada, a arte de apresentar sacrifícios e ofertas, o procedimento particularizado dos ritos, o respeito aos tempos e a consagração de toda uma tribo escolhida para a realização dessas normas (a tribo de Levi). Numa longa seção dedicada à permanência de Israel junto ao Sinai, de fato, todo o culto é determinado por Deus a fim de que não se possa pensar em arbitrar disposições humanas, limitando as intervenções dos israelitas à perfeita aplicação do que lhes foi revelado. Essa concepção explica também a necessidade de descrever qualquer mínimo particular rubricista. No curso dos séculos, a fim de precisar melhor o próprio aparato cultual, Israel recorreu também a materiais a ele preexistentes, também típicos das antigas culturas da própria área geográfica, adaptando-os, libertando-os de aspectos religiosamente ambíguos ou perigosos e atualizando-os sempre que o caso o exigisse.

O sistema sacrificial de Israel

Genericamente falando, por "sacrifício" entende-se a apresentação de uma oferta, animal ou vegetal, que seja, após sua combustão, total ou parcialmente destruída sobre o altar em homenagem à divindade. Segundo a terminologia, nem sempre coerente, e a superposição das apresentações e das descrições da complexidade dos ritos, é conveniente assumir como indicação orientadora o elenco expresso em Lv 7,37: "Esta é a lei para o holocausto, a oblação, o sacrifício expiatório, o sacrifício de reparação, o sacrifício da consagração e o sacrifício de comunhão"[269].

---

269. Para esta parte, a obra de referência, que aqui é particularmente seguida, é DE VAUX. *Le istituzioni*, p. 404-411.

a) O holocausto (*'oláh*, da raiz *'aláh*, "subir")

A etimologia do termo indica o sacrifício ou, mais verossimilmente, a fumaça provocada pela combustão do sacrifício que, do altar, é feita subir para Deus[270]. Seu traço específico estava na combustão total da vítima, da qual nada era atribuído ao oferente ou ao sacerdote, senão unicamente a pele do animal imolado. Segundo o ritual de Lv 1 (cf. tb. Lv 22,17-25), a vítima devia ser um animal macho, sem defeito, de gado grande ou pequeno, ou um pássaro (rola ou pomba): tratava-se de formas equivalentes conforme a renda do oferente (Lv 5,7; 12,8). A vítima era apresentada pelo próprio oferente, que devia estar em estado de pureza, através do gesto da imposição da mão sobre a cabeça da vítima. Essa imposição não representava um gesto mágico, como para estabelecer um contato entre Deus e o homem, nem uma espécie de substituição do oferente pela vítima (para isso, cf. a função do bode para Azazel nos ritos do dia das expiações)[271]. Tratava-se, porém, do atestado solene que a vítima provinha do oferente em questão, que o iminente sacrifício apresentado pelo sacerdote teria sido oferecido em seu nome, e que ele próprio seria seu beneficiário. A vítima era degolada pelo oferente fora do perímetro do altar. Somente nos sacrifícios públicos a imolação devia ser realizada por sacerdotes e levitas, seus ajudantes. O papel sacerdotal iniciava só quando a vítima entrava em contato com o altar mediante o sangue que o sacerdote pessoalmente aspergia ao redor dele[272]. A seguir, a vítima era esfolada e esquartejada e tudo era queimado sobre o altar. No caso da oferta de aves o ritual era simplificado. Não havia imposição da mão nem degolação por parte do oferente: todas as ações eram remetidas aos sacerdotes. O holocausto, porém, podia ser acompanhado também pela apresentação de outros tipos de ofertas, sobretudo vegetais.

b) A oblação (*mincháh*, ou seja, "tributo", "dom")

Com este termo referimo-nos à apresentação de *ofertas vegetais*, das quais o ritual de Lv 2 prevê diversos tipos. Tem-se a oferta não cozida de flor

270. A propósito, recorde-se a típica expressão "de suave odor", atribuída várias vezes na Escritura a holocaustos ou sacrifícios (cf., p. ex., Lv 8,21.28; cf. tb. Gn 8,21; Ex 29,18.25; Nm 29,2).

271. Cf. p. **275**.

272. De fato, o sangue, na concepção bíblica, contendo a "vida", devia pertencer somente a Deus, o doador da vida: "A vida de qualquer ser vivo é seu sangue" (Lv 17,14; cf. tb. Gn 9,4; Lv 7,26-27; Dt 12,23).

de farinha (uma farinha peneirada muito finamente), embebida em azeite e acompanhada de incenso: um punhado dessa farinha e todo o incenso eram queimados sobre o altar, enquanto o restante pertencia à mesa dos sacerdotes (Lv 2,1-3; 6,7-11; 7,10). Em outros casos, fala-se da oferta da mesma massa (neste caso, porém, queimada, mesmo que só em parte: Lv 2,4-10; 7,9): diz-se, que devia ser sem fermento e temperada com sal (Lv 2,11-13). Lv 2,14-16 assemelha depois à categoria das oblações também a oferta de primícias do solo sob a forma de espigas frescas tostadas ou moídas, acompanhadas de azeite ou de incenso, das quais uma parte era queimada sobre o altar. Em circunstâncias particulares, a oblação era oferecida sozinha: para o pobre, ela podia substituir o sacrifício pelo pecado (cf. abaixo; Lv 5,11-13). Porém, se tivesse sido apresentada pelo sacerdote na oferta quotidiana, ela deveria ser queimada totalmente, para evitar que o próprio sujeito fosse ao mesmo tempo oferente e beneficiário direto. Com mais frequência, porém, a oblação era o complemento de um sacrifício cruento, holocausto ou sacrifício de comunhão (cf. abaixo), e era acompanhada também de uma libação de vinho (Ex 29,40; Lv 23,13; Nm 15,1-10).

c) Os sacrifícios expiatórios

Com esse termo, tende-se, de per si, a agrupar dois diferentes tipos de sacrifícios que têm a finalidade de restabelecer a aliança com Deus, quebrada pelo pecado dos homens: o *sacrifício pelo pecado* e o *sacrifício de reparação*.

c[1]) O *sacrifício pelo pecado* (ou também, simplesmente, "sacrifício expiatório") é habitualmente chamado *chathṭhá't*. Esse termo, em hebraico, indica ao mesmo tempo tanto o pecado cometido quanto o rito que o cancela (Lv 4,1–5,13; 6,17-23). A vítima variava conforme a qualidade do pecador: um bezerro pelo pecado do sumo sacerdote, cuja culpa manchava o povo todo; um bezerro pelo pecado do povo; um bode pelo pecado dos chefes; uma cabra ou uma ovelha pelo pecado de um particular. Os pobres podiam substituir essas vítimas, certamente caras, por duas rolas ou dois pombinhos, um dos quais era empregado para o sacrifício pelo pecado e o outro oferecido em holocausto; em alguns casos, porém, os mais pobres poderiam oferecer também simples farinha. Nos ritos, esses sacrifícios distinguiam-se dos outros por dois aspectos: a função do sangue e o uso das carnes da vítima. O sangue tinha uma função mais importante: se o sacrifício era oferecido pelo sumo sacerdote ou por todo o povo, existem três ritos a serem cumpridos sucessivamente. Recolhido o sangue, o oficiante entrava no Santo e fazia por sete vezes uma aspersão diante do véu que fechava o Santo dos Santos, o lugar mais sagrado e secreto do santuário; depois untava com sangue as pontas do "altar dos perfumes" (Ex 31,8; 35,15; Lv 4,7), que estava diante do véu; enfim, derramava o sangue restante aos pés do "altar dos holocaustos" (cf., p. ex., Ex 31,9; 35,16; Lv 4,10). Tratava-se dos únicos casos de sacrifícios de animais em que alguma coisa da vítima era levada para o interior do templo. Pelo pecado de um chefe ou de um particular, porém, untavam-se somente os cantos do altar dos holocaustos e se derramava o restante do sangue aos pés do altar: nesse caso, nada da vítima penetrava para o interior do Santo. Trata-se, em outros termos, de ritos que colocam em evidência o valor expiatório do sangue (cf. tb. Hb 9,22), por sua natureza, como já se disse, intimamente conexo com a vida. Depois, toda a gordura do animal era queimada sobre o altar, como aconteceria com o sacrifício de comunhão (cf. abaixo): as carnes, porém, teriam um destino diferente em relação a este último, já que o oferente, reconhecido em estado de culpabilidade, não poderia ter parte alguma nelas. É por isso que teriam sido reservadas só para a mesa dos sacerdotes. Ao contrário, quando o sacrifício não é oferecido pelo pecado de um indivíduo, mas pelo da comunidade ou do sumo sacerdote – que representava toda a comunidade –, os próprios sacerdotes não podiam comer nada da vítima, que era levada para fora do santuário. Nesse tipo de sacrifício, julgava-se que Deus, precisamente em consideração a essa oferta, sendo-lhe agradável a vítima, teria cancelado o pecado. Com a imolação da vítima, com efeito, consideravam-se anuladas todas as malévolas consequências do pecado[273]. Era no dia das expiações que os sacrifícios pelo pecado assumiam particular destaque e solenidade.

*c*²) O *sacrifício de reparação* é indicado pelo termo *'ashám*, que relembra em si tanto a ofensa quanto o rito de repará-la. Segundo o código sacrificial a ele dedicado (Lv 5,14-26; 7,1-7), este sacrifício é em boa parte assemelhável ao sacrifício pelo pecado. Todavia, ele parece beneficiar unicamente os particulares. A única vítima a ser mencionada é o carneiro e, conforme os particulares casos (Lv 5,14-16.21-26; Nm 5,5-10), a ela dever-se-ia acrescentar

---

273. Segundo o que é expresso em Nm 15,30-31, porém, em caso de pecados voluntários não haveria possibilidade alguma de remissão.

o pagamento de uma sanção pecuniária, a ser destinada ou aos sacerdotes, como representantes de YHWH, ou à pessoa lesada pela ofensa do oferente.

Nem sempre é clara a distinção entre o sacrifício de reparação (*'ashám*) e o sacrifício pelo pecado (*chaththá't*). Diante da incerteza, pode-se julgar que o sacrifício pelo pecado tem um caráter mais amplo, enquanto que o de reparação referia-se, particularmente, a violações daquilo que era julgado devido a Deus (ou a seus sacerdotes) ou ao próximo. Entre outras coisas, a incerteza é também reforçada pelo modo nem sempre coerente dos textos se dirigirem ora a um, ora a outro sacrifício; redacionalmente falando, isso é sinal de sua natureza fortemente composta e eclética.

d) O sacrifício de comunhão (*zébach sh^{e}lamím* ou, mais simplesmente, também um só dos dois termos)

Diferentemente dos precedentes, ele era celebrado como ação de graças a Deus e meio de união com Ele, chegando a assumir conotações tanto privadas como públicas. Os rituais apontam para três tipos de sacrifícios de comunhão (embora sem que haja distinções muito claras entre eles): o "sacrifício de louvor" (*todáh*; Lv 7,12-15; 22,29-30); o "sacrifício espontâneo" (*n^{e}dabáh*), oferecido por devoção fora de qualquer prescrição ou promessa (Lv 7,16-17; 22,18-23); o "sacrifício votivo" (*néder*), ao qual o oferente se mantivera obrigado por um voto (Lv 7,16-17; 22,18-23). O traço característico desse tipo de sacrifício, cujo ritual principal encontra-se em Lv 3, é dado pela subdivisão da vítima entre Deus, o sacerdote e o oferente, que a come como coisa santa e no contexto de um alegre banquete sacrificial. As vítimas são as mesmas do holocausto (mas não as aves), porém, tanto machos como fêmeas, sendo, todavia tolerados, no caso de sacrifício espontâneo, também animais com defeitos físicos de leve importância. O rito (imposição das mãos, degolação e rito do sangue) é semelhante ao do holocausto. A parte que pertencia a YHWH, queimada sobre o altar, consistia em toda a gordura, também a que envolvia os interiores, os rins, o fígado, a cauda gorda dos ovinos: o motivo estava na convicção de que também a gordura, como o sangue, envolvia a vida (Lv 3,16-17; 7,22-25). A parte destinada ao sacerdote, porém, era dupla: o peito e a coxa direita (que não eram queimados, mas só retirados pelo sacerdote: Lv 7,28-36; 10,14-15). Ao oferente, enfim, cabia o restante das carnes, que ele consumiria com sua família e com qualquer convidado se fosse encontrado em estado de pureza ritual. A vítima do sacrifício de louvor devia ser consumida no dia (Lv 7,15), enquanto que a do sacrifício espontâneo e do votivo podia ser comida também no dia seguinte, queimando, porém, o que tivesse sobrado (Lv 7,16-18). O sacrifício de louvor era acompanhado também de uma oblação de pão fermentado e de pães sem fermento, um dos quais seria retirado para YHWH e reservado ao sacerdote.

e) O sacrifício de consagração (*millu'ím*)

Esse termo aparece nos contextos dos rituais referentes à consagração dos sacerdotes (Ex 29 e Lv 8). Apesar de ser considerado na lista de Lv 7,37 antes citada, ele não é considerado na seção de Lv 1–7, principalmente dedicada, como se viu, à ritualização dos vários tipos de sacrifício. Segundo a tipologia deste sacrifício, prescreve-se que, além do bezerro do sacrifício pelo pecado, fossem oferecidos também dois carneiros, um a ser imolado em sacrifício de holocausto e o outro especificamente em sacrifício de consagração. O peito e a coxa da vítima eram as partes desse sacrifício reservados unicamente aos sacerdotes.

f) A oferta do incenso ou de substâncias aromáticas: (*q^{e}thóret*)

Ela não é recordada no elenco de Lv 7,37. Já acenamos para o incenso acrescentado às ofertas vegetais (cf. a *oblação*), como também ao altar dos perfumes (cf. o *sacrifício pelo pecado*). O termo hebraico *q^{e}thóret* indica aquilo que acaba em fumaça, denotando assim qualquer oferta sacrificial queimada sobre o altar; todavia, na linguagem cultual, ele é usualmente aplicado à oferta de substâncias aromáticas, das quais o incenso era somente umas das componentes. Para realizar a oferta do incenso, tomavam-se brasas do altar dos holocaustos, espargia-se sobre as brasas a substância aromática e tudo era levado para o altar dos perfumes diante do Santo dos Santos: a oferta, oficiada pelos sacerdotes (cf. 2Cr 26,16-18), devia ser feita de manhã e à tarde de cada dia (Ex 30,7-8). Excetuados os casos em que a oferta de aromas constituía um particular ato de culto (cf., p. ex., o dia das expiações: Lv 16,12-13), conhece-se somente o uso do incenso, não misturado a outras substâncias, em acompanhamento à oblação de ofertas vegetais, juntos com os sacrifícios, e em relação aos assim chamados “pães da oblação”, doze pães, símbolos das doze tribos, dispostos sobre uma mesa preparada diante do Santo dos Santos (cf., p. ex., Ex 25,23-30; Lv 24,5-9).

Os tempos das celebrações sacrificiais

O serviço cultual a YHWH, presente no templo, previa que *cada dia* fossem oferecidos sacrifícios. A repetitividade desses rituais diários era chamada também "sacrifício perpétuo" (cf., p. ex., Ex 29,42). Segundo o relato da escola sacerdotal, ele teria sido instituído no tempo da subida de Moisés ao Monte Sinai (Ex 29,38-42). Essa oferta incluía a imolação em holocausto de um cordeiro de manhã e ao pôr do sol (Ex 29,38-42; Nm 28,2-8; cf. Lv 6,2-6). Ele devia ser acompanhado da oblação de farinha amassada com azeite e de uma libação de vinho.

Todavia, no dia de *sábado* (cf. abaixo), o sacrifício previa o holocausto de dois cordeiros, sempre com a oferta de uma oblação e de uma libação (Nm 28,9-10). Quer dizer, desse modo tinha-se uma duplicação do serviço quotidiano nos mesmos momentos do dia. Nos dias de *novilúnio* (dito de forma diferente, em grego, *neomenía*, "nova lua"), porém, segundo Nm 28,11-15, era prescrito o holocausto de dois bezerros, um carneiro e sete cordeiros, acompanhado de ofertas e libações com o acréscimo do sacrifício de um bode pelo pecado (*sacrifício expiatório*).

Outros particulares sacrifícios e oblações, porém, eram prescritos para serem oferecidos durante as principais festas do ano em cadência fixa como, por exemplo, páscoa, ázimos, semanas, cabanas e dias das expiações (cf. abaixo).

De qualquer modo, ao lado do papel relevante do sistema sacrificial dentro dos ritmos temporais que marcavam a vida do povo, a apresentação de ofertas e sacrifícios representava um elemento irrenunciável também nos eventos ocasionais públicos e privados. Sem deter-nos na descrição dos rituais previstos, limitamo-nos a destacar, entre os eventos públicos, a instituição do sacerdócio (Ex 29,1-37; Lv 8–9), a investidura dos levitas, uma espécie de ministério colateral ao sacerdotal (Nm 8,5-26), e as dedicações do templo (1Rs 8,62-66; 2Cr 7,2-10; Esd 6,13-18; 1Mc 4,36-59; 2Mc 10,1-9) e do altar (Ez 43,18-27). Na esfera da vida privada, porém, são dois os rituais sacrificiais mais significativos e articulados: aquele que concerne ao nazireato, um particular voto de consagração a YHWH (Nm 6,2-21) e o minucioso processo de reintegração e de purificação do "leproso" curado (Lv 14).

O fato que no Pentateuco, em particular nos livros do Êxodo ao Deuteronômio, o caminho do povo para a terra prometida ser constantemente entremeado de normas cultuais e litúrgicas expressa claramente a convicção de que esse caminho não podia ser reduzido a uma dimensão exclusivamente humana: a dimensão teológica não podia ser negligenciada. YHWH pode residir no meio de Israel e acompanhá-lo no seu caminhar somente na condição de uma pureza efetivamente praticada pelo povo. Só um povo totalmente confiado a Deus e à sua santidade em cada âmbito da própria existência podia esperar conseguir a vitória sobre seus adversários humanos e o total sucesso nos seus empreendimentos (cf., p. ex., Js 1,7-9).

A organização das festividades

A escansão do calendário israelita vê a sucessão de célebres festividades que trazem inscritas nos seus rituais a memória de épocas e de significados diferentes, que se sedimentaram no decorrer dos séculos. O que está fixado a respeito no Pentateuco marcou e marca a praxe festiva de Israel na história.

A páscoa e os ázimos

A festa, por excelência, associada ao judaísmo é a celebração da páscoa (*pésach*, em hebraico), depois, provavelmente pela quase contemporaneidade de sua celebração litúrgica, ligada à festa dos ázimos (*matstsót*, em hebraico)[274]. Esta última, com a das semanas e a das cabanas, era considerada uma das três "festas de peregrinação" ao templo (Ex 23,14.17; 34,23; cf. tb. Dt 16,16; 2Cr 8,13). Apesar da grande importância que a páscoa assumirá especialmente no judaísmo pós-bíblico, as fontes bíblicas à nossa disposição não se revelam unívocas nem quanto aos conteúdos nem quanto à simples interpretação. Os textos litúrgicos que falam dela são constituídos por Ex 12 (a instituição da páscoa); pelos rituais apresentados em Nm 28,16-25; Ez 45,21-24; pelos calendários religiosos de Ex 23,15; 34,18.25; Lv 23,5-8; Dt 16,1-8 e pelo relato de Nm 9,1-14. A estes podem ser acrescentados outros textos que, de fato, atestam sua celebração em importantes circunstâncias da história narrada de Israel: a páscoa do êxodo do Egito (Ex 12); a do ingresso na terra de Canaã (Js 5,10-12); a celebrada pelos reis Ezequias (2Cr 30) e Josias (2Rs 23,21-23; 2Cr 35,1-19) e a celebrada no retorno do exílio babilônico (Esd 6,19-22).

274. É em textos como Ex 12,14-15; 34,25; Ez 45,21.23 que a páscoa é claramente ligada à celebração dos ázimos.

A origem do nome é totalmente incerta. Fora dos contextos litúrgicos, a raiz verbal da qual pareceria derivar (*pasách*) ocorre em 2Sm 4,4; 1Rs 18,21.26 e Is 31,5, onde é diversamente traduzido para o grego, pela versão dos LXX, e para o latim, pela *Vulgata*. O significado em 2Sm 4,4, claro pelo contexto, é o de "mancar", "claudicar", enquanto em 1Rs 18,21.26, talvez, seja de "saltar", "cambalear". Em Ex 12 (e muito provavelmente em Is 31,5), porém, o significado parece ser o de "passar além", ou seja, no contexto da décima praga do Egito, na qual está inserida, "poupar", "perdoar". Nesse sentido, o anjo exterminador, "passando além", "saltando" as habitações dos hebreus (ou seja, "poupando-as") teria matado somente os primogênitos do Egito. Além disso, porém, do ponto de vista estritamente etimológico, a origem e o significado da raiz verbal permanecem incertos.

A páscoa era celebrada segundo o calendário lunar de Israel, na noite entre 14 e 15 do mês de *Abíb*[275]: esta noite deveria coincidir com o plenilúnio da primavera[276].

Em Êxodo, os materiais litúrgicos e rubricistas sobre a celebração da páscoa estão atualmente bem unidos às narrações da libertação de Israel do Egito (Ex 12–13). A liturgia, por assim dizer, teve de modelar o aspecto literário, de forma a não se poder compreendê-lo adequadamente separado dela. Se normalmente um povo livre chega a criar para si cultos e instituições em relação a seu próprio *status* de liberdade, no caso da páscoa o acontecimento litúrgico precede o acontecimento da libertação (Ex 14–15). Com efeito, redacionalmente falando, o ritual e sua celebração são colocados antes que o evento salvífico aconteça. Esta instituição colora-se, pois, de particular singularidade também porque separa-se do acontecimento do Sinai, ou seja, do lugar em que todas as leis e as prescrições serão doadas por YHWH a Moisés e, portanto, a Israel. Assim, teologicamente falando, a páscoa não só precede, mas também sustenta o Sinai: afinal, só um povo plenamente livre e longe da opressão dos antagonistas de Deus poderá estipular livremente a

275. Cf. Ex 13,4; 23,15; 34,18; Dt 16,1; ou seja, *Nisán*, segundo o nome mais recente, de uso costumeiro no pós-exílio (cf. Ne 2,1; cf. tb. Est 1,1; 3,7) – ou seja em março-abril –, considerado por Ex 12,2.18; Lv 23,5; Nm 28,16; 33,3; Ez 45,21 o início dos meses do ano.

276. Todavia, em textos como Nm 9,10-11 e 2Cr 30,2-3, excepcionalmente, a páscoa podia ser celebrada não no primeiro dos meses, como regularmente prescrito, mas no segundo (o mês de *'Iyyár*). O motivo é constituído pela situação de impureza em que estavam aqueles que deveriam celebrá-la.

aliança e assumir abertamente suas cláusulas para viver plenamente a própria liberdade que Deus lhe adquiriu. Com efeito, para Êxodo, a libertação coincidirá, como se disse, precisamente com a noite da celebração pascal.

Na realidade, o rito da páscoa prevê duas tipologias de rituais: o sacrifício do cordeiro e a celebração dos pães ázimos, ou seja, não fermentados (da raiz *mzz*, na origem, "ser insípido"). Ambos os ritos tiram sua origem de contextos e épocas diversas. O sacrifício de um cordeiro jovem e fisicamente íntegro na noite da primeira lua de primavera, em princípio, num contexto totalmente desprendido do relato do Êxodo, era ligado a uma civilização pastoril de migrantes como propiciação de fertilidade e de integridade dos rebanhos. Segundo este antigo ritual, ele era assado ao fogo e comido junto com ervas amargas e de geração espontânea, enquanto seu sangue era aspergido sobre os ingressos das tendas e dos acampamentos em sinal de propiciação e de afastamento das potências maléficas[277]. Enfim, para garantir uma vida sadia e forte aos recém-nascidos do ano, não lhe eram quebrados os ossos. Esta refeição, tomada em vestes de viagem, com os pés calçados e um bordão na mão, como para apressar-se para uma longa marcha, exprimia na realidade também um significado de comunhão com todos os membros do próprio *clã*, como também com as divindades tutelares.

A festa dos ázimos, ao contrário, era celebrada a partir de 15 do mês de *Abíb/Nisán*, ou seja, no fim da celebração noturna da páscoa, por sete dias consecutivos (de 15 a 21 daquele mês; cf., p. ex., Ex 12,15; 23,15; 34,18; Lv 23,6-8; Dt 16,8)[278]. Nela só se devia comer pão ázimo, sem fermento[279]. No primeiro e no sétimo dia, considerados de repouso, realizava-se uma assembleia religiosa. Esta festa – diferentemente da páscoa que, especialmente em

277. A propósito, recorde-se a presença do assim chamado "exterminador" em Ex 12,23 (cf. tb. Ex 12,13) que, passando e não vendo o sinal do sangue sobre as portas dos ingressos das casas, matava os primogênitos do Egito.

278. O fato de textos como Ex 23,15; 34,18 mencionarem a festa dos ázimos sem fazer referência alguma à páscoa poderia, talvez, fazer pensar numa ligação artificial das duas festas. P. ex., na páscoa celebrada por Josias, segundo o texto de 2Rs 23,21-23, não é feita menção alguma da festa dos ázimos. Ao contrário, eles são recordados no relato paralelo e muito mais recente de 2Cr 35,1-19 (esp. v. 17). Disso se conclui que no tempo em que os ázimos podiam existir como festa independente da páscoa, eles, ao contrário desta última, não tinham uma data fixa de celebração, sendo sobretudo ligados à data móvel do início da colheita.

279. O pão ázimo evocava sobretudo a ideia da pureza e da incorruptibilidade: o início de algo totalmente novo.

Ex 12,21-23, é considerada uma festa de caráter sobretudo privado e familiar[280] – é também associada a uma peregrinação ao santuário local, onde teria sido celebrada (cf., p. ex., Ex 12,15.17; Dt 16,16). Nas tradições bíblicas (cf., p. ex., Ex 12,17.39), de qualquer modo, os ázimos (como, aliás, a páscoa) são sempre ligados ao evento da saída do Egito.

O rito do pão ázimo, na origem, era ligado não tanto a um povo migrante dedicado ao pastoreio (como o da páscoa), mas a um mais permanente, dedicado à agricultura e, mais, envolvido também com a frequência a um santuário. Ele era associado à festa da primeira colheita da estação (da cevada, que é a primeira), com a oferta a YHWH do primeiro feixe e do cozimento do primeiro pão (sem fermento), feito com a nova farinha (em Ex 23,15 recorda-se de não se apresentar a YHWH "de mãos vazias"; cf. tb. Lv 23,9-14). De qualquer forma, é preciso recordar que, para Israel, a verdadeira festa das primícias da colheita será considerada sobretudo a festa das semanas, que não coincidia com os inícios (como os ázimos), mas com o fim da ceifa. Na realidade, a festa dos ázimos será apenas a sua preparação.

Os detalhes desses antiquíssimos ritos tornam-se agora, como se disse, parte integrante da narração de Ex 12–13, retomados, porém, com valor e significados totalmente novos em relação aos originários. Com o rito da páscoa, celebrado no *início* dos meses, Israel, finalmente separado da existência alienada e da morte iminente de sua amarga escravidão ao Egito, recordava sua nova vida, ou seja, sua caminhada, que se muda para a fertilidade estável e duradoura de um "pasto" engordado pelo fluir de "leite e mel": a terra de Canaã. Graças a este totalmente novo significado do rito, pois, ele deixava de estar preso e obrigado, como na origem, ao imóvel e inexorável caráter cíclico de estações atmosféricas para abrir-se à celebração alegre da gratuita liberdade da escravidão egípcia dada por Deus a Israel. Por outro lado, com o rito dos ázimos imediatamente subsequente ao do cordeiro, celebrava-se ainda a novidade da intervenção de YHWH, além da libertação do velho fermento (*chaméts*) da violência (*chamás*) egípcia.

A moldura narrativa da instituição da páscoa e dos ázimos é constituída, como se disse, pela décima praga: a morte dos primogênitos dos homens e

280. É sobretudo com o Livro do Deuteronômio e com sua teologia da centralização do culto que a páscoa tornar-se-á uma festa de peregrinação ao templo de Jerusalém (cf., p. ex., Dt 16,2.5-6).

dos animais do Egito. O faraó, sinal da total alteridade do Deus dos pais, que ousara desafiar YHWH ao ameaçar e matar Israel, seu primogênito (cf. Ex 1,16), numa espécie de amarga ironia da "lei do talião" sofre agora a mesma condenação.

"Em qualquer tempo, cada um deve pensar como se fosse ele próprio morto pelo Egito" (cf. *mPesachím* 10,5). O tratado da *Mishnáh* sobre a páscoa contribui eloquentemente para sublinhar a importância universal e, também, perenemente atual do evento salvífico do êxodo. A respeito disso, fala-se de "memorial" (*zikkarón*), ou seja, de uma memória que atualiza, capaz de tornar presentes, contemporâneas, as novas gerações ao evento celebrado, e vice-versa (cf., p. ex., Dt 5,2-3). Será exatamente sobre este tipo de memorial, aliás, que há de inserir-se a celebração da Eucaristia, a nova e definitiva páscoa de libertação.

A festa das semanas

Depois dos ázimos (e, para a teologia deuteronômica, como se viu, a páscoa), a segunda festa judaica de peregrinação anual ao templo é considerada a das "semanas" (*shabu'ót*, em hebraico). Sua origem e, em parte, sua evolução permanecem algo incertas. Segundo Ex 23,16, na origem, esta festa devia ser denominada "festa da colheita", uma festa que pareceria ser atestada também por outras fontes bíblicas, embora jamais seja citada diretamente[281]. Ao contrário, em Ex 34,22 ela é explicitamente chamada "festa das semanas". É sobretudo com Dt 16,9-10 e, mais ainda, com Lv 23,15-21, porém, que esta festa receberá sua precisa estrutura litúrgica, particularmente através da tematização de suas prescrições e de suas rubricas cultuais[282]: a partir do dia seguinte àquele em que fora oferecido a YHWH o primeiro feixe (de cevada) colhido – ou seja, da celebração da festa dos ázimos – deveriam ser computadas sete semanas, até chegar ao dia seguinte do sétimo sábado. Portanto, um total de cinquenta dias. Teria sido nesse dia (que, portanto, viria a cair no terceiro mês do calendário lunar hebraico, o mês de *Siwán*

281. Cf. Gn 30,14; Jz 15,1; 1Sm 6,13; 12,17; 2Sm 21,9; cf. tb. Jr 5,24.

282. Segundo a costumeira teologia deuteronômica da centralização do culto, também esta festa, como as outras, devia ser celebrada no único santuário reconhecido, ou seja, o de Jerusalém (cf. as expressões idiomáticas: "no lugar que o Senhor teu Deus escolher para nele estabelecer seu nome" [cf. Dt 16,11]; "no lugar que o Senhor tiver escolhido" [cf. Dt 16,15; cf. tb. v. 16]).

[antigamente, *'Apilót*, ou seja, maio-junho]) que a festa deveria ser celebrada. Este dia era considerado como o fim da estação da ceifa (depois da ceifa da cevada, que era a primeira [cf. os ázimos] vinha a do trigo). Naquele dia deveriam ser oferecidos a YHWH dois pães de farinha nova, desta vez amassados com fermento (Lv 23,17). No início da ceifa, portanto, dever-se-ia comer pão não fermentado (ázimo), em sinal de renovação e de purificação; no fim, dever-se-ia oferecer (e comer) pão fermentado, ou seja, comum, em sinal de retomada do caráter ordinário do quotidiano, até chegar aos inícios da nova colheita da estação seguinte. O cálculo de cinquenta dias dos inícios da festa dos ázimos justifica o nome que esta festa assumirá na língua grega: "Pentecostes", ou seja, "quinquagésimo" dia (cf. Tb 2,1; 2Mc 12,32)[283].

Como a páscoa, embora muito tardiamente, esta festa, celebrada na origem por comunidades de agricultores sedentários, foi ligada aos eventos da história da salvação de Israel. Partindo da indicação de Ex 19,1 (texto de composição muito recente) – no qual se contextualiza a chegada dos israelitas ao Sinai (o monte sobre o qual Moisés, pela tradição bíblica, recebeu de Deus a Lei) no terceiro mês depois da saída do Egito[284] –, o judaísmo fez da originária festa agrícola das semanas a festa da comemoração da estipulação da aliança do Sinai. Também o ainda mais recente texto de 2Cr 15,8-15, embora sem jamais mencionar explicitamente a festa das semanas e sem encontrar referência alguma no texto paralelo de 1Rs 15,9-24, coloca no "terceiro mês" do ano 15 do reinado de Asa (2Cr 15,10) uma festa religiosa para a renovação da aliança. Ainda mais explícito será o livro dos *Jubileus* (um texto judaico extrabíblico, cuja datação mais verossímil parece ser a do século II a.C.): ele porá no dia da festa das semanas a recordação de *todas* as alianças registradas nas Escrituras de Israel: desde a de Noé (Gn 9,8-17) até a do Sinai (Ex 24). A própria comunidade de Qumran poderia ter celebrado a festa da aliança precisamente em coincidência com a festa das semanas (*Regra da Comunidade* [1QS], I,16–II,18)[285]. Portanto, é somente em épocas

283. Notem-se, porém, textos como Ex 23,16 e 34,22, nos quais a celebração dessa festa está na realidade ainda separada da data fixa que assumirá nos tardios calendários da Escritura, especialmente de origem sacerdotal. Na origem, ela devia, de fato, ser sobretudo ligada à data, certamente móvel, do fim da estação da ceifa.

284. Segundo as indicações de Ex 12,2-3.6, a saída de Israel do Egito teria acontecido na metade do primeiro mês, o mês de *Abíb/Nisán*, aquele da celebração da páscoa.

285. Recorde-se, porém, que no calendário litúrgico de Ez 45,18-25 a festa não é mencionada.

tardias (pós-exílicas) que Israel associou a mais antiga festa da conclusão da estação da ceifa com aquela do dom da *Toráh* no Sinai e, também, com a alegria e com a satisfação brotadas da recepção daquele capital dom de Deus a seu povo[286].

A festa das cabanas

A terceira grande celebração anual de peregrinação ao templo é constituída pela festa das "cabanas" (*sukkót*, em hebraico)[287]. Este termo aparece explicitamente só nos calendários litúrgicos recentes (Dt 16,13.16; 31,10; Lv 23,34), como também nos textos ainda mais recentes que deles dependem[288], ainda que certamente quer indicar a mesma festa chamada "da colheita" (*'asíph*, em hebraico), como aparece em Ex 23,16; 34,22. Ela era considerada como a mais importante das peregrinações anuais ao santuário. Lv 23,39 a chama de "festa de YHWH" (cf. tb. Jz 21,19), enquanto, por exemplo, 1Rs 8,2.65 e Ez 45,25 a denominam "*a* festa"[289].

Originalmente, como a festa dos ázimos e a das semanas, a presente celebração tinha um caráter tipicamente agrícola: era a festa de fim de colheita[290], do tempo em que se recolhem os produtos dos campos (Ex 23,16) ou se acumulavam os produtos da eira ou da prensa (Dt 16,13). Colhidos os últimos produtos da terra (frutas e verduras), quebradas as azeitonas e pisada a uva, ia-se dar graças a YHWH. O nome "cabanas" parece provir do uso camponês de, durante a vindima e a colheita das frutas e das verduras, construir nos campos cabanas de ramos e de galhos nas quais habitar provisoriamente ou nas quais depositar os produtos do solo que se deviam recolher.

De Dt 16,13-15 chega-se a saber que essa festa – denominada sem alguma ulterior explicação, "cabanas" – consistia, segundo a já bem conheci-

---

286. Parece não existir uma explícita relação entre a festa de pentecostes judaica (precisamente, a festa das semanas) e a cristã (cf. At 2), faltando no relato dos Atos qualquer aceno tanto à aliança do Sinai quanto à assim chamada "nova aliança" inaugurada por Cristo.

287. A versão grega dos LXX chama habitualmente esta festa pelo nome de "tendas" (*skenái* e compostos; cf. 1Mc 10,21; 2Mc 1,9.18; 10,6), enquanto a *Vulgata* de "tabernáculos" ou "tendas" (*tabernacula*).

288. Cf. 2Cr 8,13; Esd 3,4; Zc 14,16.18.19; cf. tb. Ne 8,14.15.17.

289. A mesma tendência de qualificar esta peregrinação como "*a* festa" é atestada também no NT; cf. Jo 7,2.

290. Não deve ser confundida, obviamente, com a festa de fim de ceifa, ou seja, a das semanas, destinada sobretudo à colheita de cereais (em particular, como se viu, cevada e trigo).

da teologia deuteronômica da centralização do culto, numa peregrinação ao templo de Jerusalém. A festa durava sete dias. Uma celebração totalmente semelhante parece ser a da dedicação do templo por parte de Salomão (1Rs 8,65-66; cf. tb. 2Cr 7,8-10). Ao contrário, o texto de Lv 23,33-43 apresenta um ritual muito mais preciso e particularizado. Aos sete dias prescritos por Dt 16,15, Levítico acrescenta-lhe, como conclusão, um oitavo, como ocasião para a indicação de uma assembleia cultual e para a oferta de sacrifícios[291].

Também esta festa, como as outras até aqui examinadas (em particular as da páscoa e das semanas), é tirada de seu ambiente originário – ou seja, o agrícola – para ser inserida na história sagrada de Israel. Textos muito recentes como Lv 23,42-43 e Ne 8,14 (ambos abundantemente pós-exílicos), de fato, dão a chave hermenêutica para interpretar o termo hebraico com o qual é habitualmente denominada: Israel deverá habitar por sete dias em *cabanas*, recordando aquelas sob as quais YHWH fez Israel habitar por quarenta anos no deserto depois de sua libertação do Egito[292]. Lv 23,40 (cf. tb. Ne 8,13-18), enfim, acrescentará o detalhe do uso de ramos de palmeira e de salgueiros para fazer festa "diante de YHWH", enquanto Ne 8,15 menciona também ramos de oliveiras, oleastro e de murta, sobretudo, porém, como elementos essenciais para a construção das próprias cabanas[293].

Quanto à data de sua celebração, é conveniente considerar que, tendo a festividade uma origem agrícola (ligada, como se viu, ao fim da estação da colheita), ela não devia ter uma data fixa, dependendo em tudo e por tudo do amadurecimento dos frutos da terra, que variava de ano em ano. Portanto, no começo, ela teria tido simplesmente início no fim da colheita e da vindima, ou seja, no início do outono, antes do início das chuvas (Ex 23,16;

291. Nm 29,12-34 prescreve os sacrifícios a se realizarem no espaço dos sete dias da festa, enquanto 29,35-38 indica os sacrifícios a serem oferecidos no oitavo dia.

292. Na realidade, mais do que em "cabanas", o Israel do tempo do deserto deve ter habitado em "tendas". É também por este esclarecimento que se compreende a origem secundária e redacional da inserção desta festa agrícola dentro da história sagrada de Israel. Nesse sentido, de fato, a correspondência entre as cabanas construídas nos campos durante a estação da colheita e as tendas sob as quais Israel habitava no deserto não é absolutamente perfeita. De qualquer forma, deve-se notar que o muito recente texto de Esd 3,4 não faz uma explícita associação entre o nome da festa e as "cabanas" (tendas) que Israel havia construído como habitação no período de sua permanência no deserto.

293. Nesse sentido, parece bastante evidente o conhecimento de Lv 23,33-43 por parte de Ne 8,13-18.

34,22; cf. tb. a indeterminação de Dt 16,13; 31,10-11). Será somente com Lv 23,34 (cf. tb. Nm 29,12 e Ez 45,25) que a data da festa foi fixada no calendário lunar litúrgico oficial. Ela deveria ter iniciado no dia 15 do sétimo mês (ou seja, seis meses exatos depois da celebração da páscoa e dos ázimos), no mês de *Tishrí* (antigamente, *'Etaním*; ou seja, setembro-outubro), e durar sete dias, seguidos de um ulterior dia de solene conclusão.

A festa do ano-novo

Segundo a tradição judaica, a festa do ano-novo (*rosh ha-shanáh*) é celebrada no primeiro dia do sétimo mês, o mês outonal de *Tishrí*, o mesmo no qual acontece a festa das cabanas. Segundo Lv 23,24-25, ela incluiria um dia de repouso, no qual deveriam ser oferecidos sacrifícios, junto com a indicação de uma assembleia cultural e a execução de uma especial aclamação, provavelmente devido ao uso do *shophár*, propriamente um chifre de carneiro empregado para produzir um som de instrumento de sopro. O texto de Nm 29,1-6, ao contrário, prescrevendo os sacrifícios a serem oferecidos naquele mesmo dia, chama a festa com o nome de "dia da aclamação". Também aquele texto, porém, como o precedente, não apresenta nenhum caráter explícito de uma festa de início de ano[294]. Ao contrário, segundo Ne 8,2-3, no primeiro dia do sétimo mês Esdras leu em voz alta diante do povo os textos da *Toráh*. Como se vê, os textos do AT (e nem os apócrifos anteriores à era cristã) parecem não conhecer uma festa do ano-novo, como habitualmente se quer entender. Poder-se-ia, talvez, manter que, sendo o mês de *Tishrí* um mês especialmente intenso pela celebração de importantes festividades cultuais (recordem-se o dia 10, ou seja, o "dia das expiações" [cf. abaixo], e os dias de 15 a 22, ou seja, a festa das cabanas), a celebração festiva do dia 1º, mais do que inauguração de um novo ano, deveria ser pensada como um evento introdutório e preliminar às grandes festas que, em breve, seguir-lhe-iam.

---

294. Além disso, é preciso recordar que, segundo os calendários sobretudo de origem sacerdotal, o novo ano tinha início com a celebração da páscoa, no mês primaveril de *Abíb/Nisán*, considerado precisamente "o começo dos meses [...], o primeiro mês do ano" (Ex 12,2). Por outro lado, também para Ez 40,1 a expressão "ano-novo" (única atestação em toda a Bíblia hebraica), segundo o uso constante naquele profeta, entende referir-se exatamente ao mês de *Abíb/Nisán* e não no de *Tishrí*.

O dia das expiações

A última festividade a ser celebrada no sétimo mês do calendário lunar hebraico, o mês outonal de *Tishrí*, junto com a das cabanas e a do ano-novo, é o assim chamado "dia das expiações" (em hebraico, *yom hakkippurím*, hoje mais comumente chamado, no singular, *yom kippúr*). Ela cai no 10º dia daquele mês (Lv 16,29; 27,27.32; Nm 29,7-11). Trata-se de um dia de completo repouso – semelhante ao sábado (cf., p. ex., Lv 27,32) –, de penitência, de jejum, de oferta de particulares sacrifícios e de expiação pelo santuário, pelos sacerdotes e pelo povo. O texto de Lv 16 dá dele um ritual particularizado. Nele, através de um texto redacionalmente composto, é possível notar substancialmente, além de outros, dois grandes diferentes atos de culto a serem celebrados naquele dia. Em primeiro lugar, *a*) com a oferta de vários sacrifícios, é preciso recordar o ingresso do sumo sacerdote (a única vez do ano) para além do véu do templo que fecha o "Santo dos Santos", a cela mais interna do santuário, em que era conservada a arca da aliança, como sinal da presença de YHWH. No interior do Santo dos Santos, o sumo sacerdote deveria oficiar uma série de complexos rituais de sacrifícios, especialmente expiatórios, seja pelos pecados próprios e dos sacerdotes, seja por aqueles do povo, mediante também um rito de aspersão com sangue de um bezerro e de um bode (chamado "bode para YHWH") previamente imolados. Em segunda instância, *b*) ele providenciaria colocar "diante de YHWH" um segundo bode (chamado "bode para Azazél") sobre cuja cabeça teria também imposto as mãos, carregando-o assim, simbolicamente, de todas as culpas, voluntárias ou não, cometidas pelos israelitas no decorrer do ano. A seguir, um encarregado deveria conduzi-lo ao deserto, onde encontraria a morte. Com a saída do bode do acampamento dos israelitas, seriam afastadas as suas culpas. O nome "Azazél" deveria provavelmente fazer referência ao nome de um ser sobrenatural, talvez o de um demônio que, a seguir, no judaísmo extrabíblico, teria sido identificado com um dos anjos rebeldes.

Existem bons motivos para considerar esta festa de origem muito recente, considerado também o fato que dela não se encontra menção alguma nos textos históricos ou proféticos anteriores ao exílio.

Excursus
As festas de Purím e de Chanukkáh

Para ser completo, embora não tenham referência direta a textos do Pentateuco, é preciso mencionar brevemente outras duas festas do calendário litúrgico hebraico. A festa de "Purím", celebrada a 14-15 do mês de *'Adár* (antigamente, *Ghib'ól*, ou seja, fevereiro-março), nasce como memória daquela que é apresentada como a primeira, fracassada, perseguição antissemita da história (cf. o Livro de Ester). Esta festa, de caráter sobretudo profano, hoje é caracterizada por um contexto de alegria, tornando-se, de fato, uma espécie de Carnaval judaico.

Ao contrário, a festa de "Channukkáh" tira suas origens de 1Mc 4,36-59 (cf. tb. 2Mc 10,1-8), o relato da reconquista e da reconsagração (dedicação), por parte judaica, do templo profanado em 168 a.C. por Antíoco IV Epífanes, mediante a oferta de sacrifícios a Júpiter Olimpo. Ela caiu, em recordação daquele evento, no dia 25 do mês de *Casleu* (novembro-dezembro) e é mencionada também em Jo 10,22. Ela é chamada também "festa das luzes" por motivo de se acenderem lâmpadas diante de cada casa em recordação da recolocação no templo de seu candelabro (cf. 1Mc 4,50).

O sábado

O sétimo dia da semana – o sábado (*shabbát*, em hebraico) – em Israel é o dia dedicado à festa e à suspensão do trabalho ferial[295]. Com efeito, a Escritura associa o substantivo ao verbo *shabát*, que evoca o "cessar", o "suspender" alguma atividade (cf. Gn 2,2-3, texto de origem sacerdotal). A origem desta instituição, hoje, é tudo, menos segura: muitas foram as teorias propostas a seu respeito. Talvez, mas a coisa continua incerta, por trás do termo hebraico poderia esconder-se um termo acádico – *shapáttu* – que indica o dia da metade do mês lunar (o 15º dia), o do plenilúnio[296], considerado na Mesopotâmia (em cuja região, não esqueçamos, Israel havia passado os anos de seu exílio, entrando assim longamente em contato com sua cultura e suas tradições) um dia festivo e propício.

295. Recorde-se que em Israel, como p. ex. na Mesopotâmia, o dia iniciava com o aparecimento das primeiras estrelas da noite do dia precedente. Provém exatamente dessa particular concepção a motivação do refrão no primeiro relato da criação (Gn 1,1–2,3): "E fez-se tarde e veio a manhã".

296. O que no máximo se pode dizer, embora não seja de per si coisa obrigatória, é que em textos como 2Rs 4,23; Is 1,13; 66,23; Os 2,13; Am 8,5, o sábado e o novilúnio são postos em paralelo. Deve-se recordar, porém, que, na cultura mesopotâmica, dentro do mês, o sétimo dia e seus múltiplos eram considerados infelizes.

Em Israel, a particularidade assumida pelo dia festivo semanal não consiste tanto na periodicidade cíclica de seu aparecimento e nem em relação à suspensão do trabalho. Com efeito, tudo isso pode muito bem ser encontrado em comum com outros povos e culturas. Em Israel, este dia é santificado, sobretudo, por sua íntima relação com Deus. De fato, ele é recebido como o dia consagrado a YHWH, considerado como uma espécie de dízimo sobre o tempo a ser oferecido em sua honra, assim como os primogênitos dos animais e as primícias da colheita eram considerados um dízimo a ser-lhe oferecido sobre o trabalho dos outros dias[297]. Realmente, a observância desse dia é considerada precisamente como uma cláusula dos diferentes pactos de aliança estipulados entre YHWH e seu povo: ela aparece no decálogo (Ex 20,8-11; Dt 5,12-15), no código da aliança (Ex 23,12; 34,21), na lei de santidade (Lv 19,3.30; 23,3; 26,2), como também em alguns códigos assim chamados "sacerdotais" (Ex 31,12-17; 35,1-3; Nm 28,9-10). Todavia, não é mencionada no código deuteronômico (Dt 12–26), talvez porque ele considerou exclusivamente as festividades para as quais devia-se ir ao santuário único de Jerusalém a fim de celebrá-las.

É muito desejável manter que nas épocas exílicas, depois da destruição do templo de Jerusalém por parte do exército babilônico (cf., p. ex., 2Rs 25,8-10.13-17; 2Cr 36,17-19), desde que se tornou impossível poder celebrar as outras festividades ligadas à existência do santuário, a importância da instituição sagrada do sábado e dos preceitos conexos à sua observância deveriam crescer sempre mais[298]. Chegou-se até a deixar-se matar e massacrar pelos inimigos, antes de se defender e, assim, infringir a obrigação do absoluto repouso sabático (cf., p. ex. 1Mc 2,29-38; 2Mc 6,11; 15,1-3). É em consequência também dessa acentuação, às vezes não pouco enfatizada, da obrigação do mandamento sabático que se chega a compreender o valor por ele assumido no NT e as oposições a seu respeito entre Jesus e o judaísmo da época.

---

297. Cf. DE VAUX. *Le istituzioni*, p. 463.

298. Cf., p. ex., Ex 16,29; 35,3; Ne 10,32; 13,15-17; Is 58,13; Jr 17,19-27.

Excursus

O ano sabático e o ano jubilar

É conveniente recordar que a observância do sábado deu origem em Israel também à criação de outros dois tipos de instituições, na verdade, ideologicamente mais ligadas à economia e à distribuição dos bens do que ao culto e à liturgia. Com efeito, em Israel, após a possibilidade de alienação dos bens e das propriedades familiares por parte de pessoas necessitadas de fazê-lo, como também a existência do empréstimo a juros, não eram raros os casos de pauperismo e de particular indigência. Para procurar remediar essas situações, a legislação codificou duas particulares instituições: o "ano sabático" e o "ano jubilar".

A Escritura prevê que um escravo israelita não poderia ser mantido junto a seu patrão por mais de seis anos. A menos que ele preferisse continuar a serviço junto a seu patrão, no sétimo ano deveria ser posto em liberdade (Ex 21,2-6). Também os campos, as vinhas e os olivais deveriam repousar a cada sete anos: os frutos que tivessem produzido espontaneamente teriam sido deixados aos pobres do país (Ex 23,10-11; Lc 25,1-7; 25,18-22; Ne 10,32b). Dt 15,1-18 (cf. tb. Dt 31,10-11), por outro lado, ocupa-se da especial "remissão" (*sh^e^miththâh*), ou perdão, que no sétimo ano teria sido posta em ação a favor daqueles que tinham contraído dívidas com alguém: tudo deveria ser anulado e zerado. Estes ciclos de sete anos – isso é muito evidente – inspiram-se na semana, da qual o sétimo dia – o sábado – como se viu, deveria ser particularmente respeitado no seu caráter de festividade (cf. Lv 26,34.35.43). Este era, pois, o sentido do ano sabático. De qualquer modo, é preciso esperar a época helenista (333-30 a.C.) para se ter um testemunho que esta lei, ao menos no que respeita ao repouso de terrenos no sétimo ano, fosse aparentemente aplicada (1Mc 6,49.53)[299]. Todavia, não se deve esquecer que o texto de 1 Macabeus se apresenta com frequência fortemente embebido de fervor e de apologética nacional e religiosa, que não consentem poder julgá-lo uma fonte sempre objetiva.

No entanto, quanto ao ano jubilar, a ser celebrado no fim de "sete semanas de anos" (ou seja, a cada cinquenta anos), tematizado especialmente em Lv 25,8-55; 27,16-25 e Nm 36,4, a questão de sua observância continua algo ainda mais nebuloso e incerto. Naquele ano, em Israel cada um deveria retomar a posse dos próprios bens, que por algum motivo tivera de vender, empenhar ou alienar – uma espécie de alforria geral – enquanto a terra, exatamente como no caso do ano sabático, deveria permanecer em repouso, sem ser cultivada. Também os devedores insolventes deviam ser libertados da dívida contraída, assim como os escravos deveriam voltar à liberdade. Só a posse da terra se deixa entender em sentido precário, desde que, diz-se, o único verdadeiro proprietário é YHWH. Neste sentido, o povo deveria considerar-se apenas como um usufrutuário. É

299. O texto de 2Cr 36,21 entende o exílio de Israel na Babilônia até como uma espécie de compensação ou de contrapasso pelos anos sabáticos não celebrados.

por isso, portanto, que é proibida a venda perene e perpétua da terra, sem possibilidade de resgate, sendo YHWH seu autêntico e único possuidor (Lv 25,23-24). Quanto ao nome, "jubileu" (*yobél*), em hebraico lembra o nome do chifre do carneiro (*yobél*) que, diz-se, deveria ressoar para sancionar sua indicação. Todavia, mais ainda do que o ano sabático, é preciso afirmar que o ano jubilar parece sobretudo propor um *ideal* de justiça e de igualdade social que, segundo as fontes em nosso poder, não deve nunca ter sido realizado[300].

Algumas considerações ulteriores

Com o passar do tempo, é muito provável que, durante o período persa, para os judeus que viviam *fora* dos limites de Jerusalém e da província da Judeia (o assim chamado "judaísmo da diáspora"), o templo daquela cidade se tornasse uma espécie de símbolo de unidade em referência ao culto de YHWH. Aliás, é a própria oração de Salomão por ocasião da dedicação do (primeiro) templo (1Rs 8,44-51) – um texto que apresenta muitos laços com Dt 12, ou seja, com o texto principal da unicidade do lugar de culto em Jerusalém – a exortar os adoradores de YHWH que viviam *fora* da terra a dirigir suas orações para Jerusalém e seu santuário[301]. Aliás, a ênfase deuteronomística sobre o estudo e sobre a recitação da Lei de Moisés talvez deveria continuar a ser compreendida sobre o mesmo quadro do judaísmo da diáspora. Nesse sentido, a recomendação do Deuteronômio de escrever alguns mandamentos sobre os umbrais das portas de cada casa (Dt 6,6.9) poderia encontrar justificação precisamente no mesmo contexto da diáspora: isto é, a Lei e sua meditação começaram a se tornar uma espécie de *substituição* do culto sacrificial, só possível no único santuário de Jerusalém. Assim, cada casa, especialmente aquelas fora da província da Judeia e, portanto, distantes

300. Considere-se também que, tomando os textos ao pé da letra, sendo o 49º ano um ano a ser considerado sabático (enquanto múltiplo de sete) e sendo o 50º um ano jubilar, na prática deveriam ser festejados dois anos *consecutivos* de anistia e de alforria geral; o que não é facilmente crível.

301. Na realidade, como considera um número sempre crescente de especialistas, a narração de 1Rs 6–7 parece referir-se não tanto a um templo de tradição salomônica que remonta ao século X a.C. (do qual, entre outros, nem a arqueologia nem outro gênero de fontes extrabíblicas jamais deram demonstração de existência) quanto a um templo que poderia ser colocado os últimos tempos do reino de Judá, por volta da segunda metade do século VII a.C., em anos um tanto próximos ao exílio babilônico (cf. tb. as semelhanças entre a descrição de 1Rs 7,15-16 (que se referem ao "primeiro" templo) e aquela em 2Rs 25,17 e Jr 52,21 (que se referem ao "segundo" templo).

do templo e de seus cultos, para efeito da oração pessoal e familiar deveria potencialmente substituir o distante e dificilmente alcançável santuário.

Apesar de muitos textos de origem sacerdotal e pós-sacerdotal insistirem bastante sobre o templo e sobre o culto a ser celebrado nele, de qualquer forma, pode-se encontrar algumas práticas cultuais que, ao menos aparentemente, pareceriam ter sido celebradas em outros lugares. Referimo-nos particularmente à prática da circuncisão (Gn 17) e à celebração da principal festa do calendário litúrgico de Israel, a páscoa (Ex 12)[302]. Elas, ao menos sem sua descrição e articulação, aparecem totalmente separadas de uma *obrigação* de celebração no interior dos átrios do santuário de Jerusalém (cf., ao contrário, em referência à páscoa, o texto de Dt 16,2.5-6). Talvez a ostentação dessa imprecisão sobre o lugar da celebração destes dois capitais ritos do judaísmo poderia ser justificado para favorecer os membros do povo de Israel que, estando em diáspora, não habitam dentro dos limites da província persa da Judeia e que, portanto, viviam longe do templo de Jerusalém. Com efeito, por alguns escritos extrabíblicos chegamos ao conhecimento da prática de celebração dos ritos da páscoa (em particular, o rito dos ázimos) também em colônias judaicas bem distantes de Jerusalém, como a de Elefantina, no alto Egito, na última década do século V a.C. Circuncisão e páscoa, pois – ou seja, a essência litúrgica do judaísmo –, pareceriam ter sido tranquilamente celebradas também em lugares diferentes do único templo de Jerusalém, como, aliás, o próprio preceito do sábado.

302. Cf. p. **266-270**.

Instituições familiares

Como viviam os israelitas no tempo em que são contextualizados os relatos do Pentateuco? Como era organizada sua família? Quais eram os parâmetros cultuais dentro dos quais se desenvolviam os principais eventos de sua existência? Depois daquilo que dissemos a propósito das relações entre narrações e historiografia[303], aparecem certamente evidentes duas realidades: *a*) nem tudo o que é narrado corresponde à objetividade dos fatos da história real; *b*) as situações e os ambientes descritos pelas narrações são pesadamente influenciados pelas épocas, com frequência recentes (exílicas e pós-exílicas), em que elas, embora decididamente dirigidas para trás no tempo (histórias das origens do mundo; épocas patriarcais; êxodo do Egito; ingresso na terra de Canaã) foram escritas. Todavia, é possível tentar uma espécie de pequena e bastante selecionada resenha de instituições familiares, assim como podem ser deduzidas principalmente dos textos do Pentateuco. O restrito ponto de vista em torno ao qual serão apresentadas é aquele inerente ao *ciclo vital* do indivíduo, especialmente, o nascimento, o matrimônio e o fim da vida.

Pode-se claramente afirmar que o clã familiar, muitas vezes revelado no interior de pequenas vilas ou de modestas localidades, seja a instituição principal ao redor da qual era fundamentada a sociedade no Israel bíblico. Já que a economia de subsistência exigia recursos humanos sempre mais crescentes, o pequeno núcleo familiar iniciou logo a ligar-se também a outros núcleos, chegando assim a formar unidades mais amplas – a assim chamada "família estendida" ou, em termos bíblicos, a "casa do pai" (*bet 'ab*) – até incluir e reunir no interior da mesma família até três e mais gerações de vidas (avós, pais, filhos – casados ou não – e, eventualmente, netos). No seio dessa fa-

303. Cf. p. 234-253.

mília estendida deviam incluir-se também os escravos e os servos (cf., p. ex., Gn 15,2-3). Em Israel, uma pessoa era habitualmente identificada a partir da própria linha de descendência *paterna*, conseguindo ir para traz até por muitas gerações (cf., p. ex., 1Sm 9,1).

O nascimento

Biblicamente falando, poder-se-ia dizer que a finalidade principal da atividade sexual do homem objetivava a procriação, através da qual a descendência teria ativamente participado, herdando-a e preservando-a, na vida econômica da família[304]. É por isso que a procriação é considerada pedra angular de muitas promessas e bênçãos (cf., p. ex., entre as numerosas, Gn 1,28; 9,1.7; 12,2). Não é por acaso que Israel, como em geral todo o Oriente Próximo antigo, considerava a esterilidade uma maldição, chegando até a compará-la, embora por certo dentro de uma linguagem figurada, com a morte (cf., p. ex., Gn 30,1). O nascimento de um filho era celebrado[305] através da imposição de um nome considerado para ele de particular significado (muitas vezes recorrendo a nome em assonância, na linguagem hebraica, com verbos que exprimiam ações conexas a particulares circunstâncias ligadas ao seu vir à luz). Esta ação é descrita como uma tarefa própria tanto da autoridade paterna[306] como, mais ainda, materna[307]. Outro ato de fundamental importância, já que fisicamente sancionava a pertença ao povo de Israel, era a circuncisão (cf. Gn 17), que acontecia no oitavo dia após o nascimento (cf., p. ex., Gn 17,12; 21,4; Lv 12,3; cf. tb. Lc 1,59; 2,21; Fl 3,5). Diz-se que esse ato era praticado com facas de pedra bem afiadas (cf. Ex 4,25; Js 5,2-3).

---

304. Com isso, certamente, a Escritura não exclui nem fecha a realidade do simples desejo e apetite sexuais. Pense-se, nesse sentido, na literalidade do Cântico dos Cânticos. Todavia, observe-se também a exclamação de Sara, mulher de Abraão, em Gn 18,12. Aliás, não se deve esquecer nem a presença de comportamentos sexuais inapropriados no seio de Israel, muitas vezes codificados como "abominações"; pense, p. ex., no adultério, no incesto, no estupro, na homossexualidade e na bestialidade, assim como são sancionados na legislação de Israel (cf., p. ex., Lv 18,1-30; 20,8-27). O Pentateuco menciona também a prática da prostituição (cf., p. ex., Gn 38; Lv 19,29; 21,7.9.14; Dt 23,18).

305. Ex 1,15-21 testemunha também a existência de "parteiras" para a assistência ao parto. Todavia, parece que essa tarefa era entregue também aos deveres de simples servas ou amas (cf. Gn 35,17).

306. Cf. Gn 5,3.29; 21,3; 25,26; 29,34; 38,3; 41,51.52; Ex 2,22.

307. Cf. Gn 4,25; 19,37.38; 29,32.33.35; 30,6.8.11.13.18.20.21.24; 35,18; 38,4.5.

O matrimônio

Sempre visando à economia familiar, a garantia, a preservação e o amadurecimento do patrimônio da família, ou, em geral, do *clã*, era uma preocupação que, em boa parte, era sustentada pela instituição do matrimônio, assim como pela formulação de certas leis incumbidas de regulamentar o direito de herança por parte da prole que seria gerada pela união dos dois contraentes. Nesse sentido, de Dt 21,15-17 deduz-se claramente que o direito hereditário era privilégio único dos filhos homens[308], dos quais só o primogênito podia beneficiar-se de parte dupla do patrimônio paterno em relação aos outros irmãos[309]. As mulheres podiam herdar somente em determinadas circunstâncias. Por exemplo, elas podiam gozar de algum direito no caso de não existirem, entre os irmãos, descendentes homens (cf., p. ex., o caso de Labão, com suas duas filhas, Lia e Raquel: Gn 31,14-16). Todavia, o caso exemplar dessa particular situação – que constitui um verdadeiro e próprio caso de jurisprudência em Israel – é, sem dúvida, constituído pelas filhas de Salfaad, narrado em Nm 26,33; 27,1-11; 36,1-12 (cf. tb. Js 17,3-6; 1Cr 7,15). Já que a família de Salfaad não tinha filhos homens (ou seja, herdeiros), as cinco filhas puderam gozar de uma particular dispensa a fim de poder herdar o patrimônio paterno. Todavia, elas foram explicitamente vinculadas à renúncia de contrair matrimônio com membros pertencentes a tribos diferentes da sua. Isso se fez precisamente para evitar que se dispersassem os bens ligados ao próprio *clã* familiar de pertença.

Portanto, como se disse, o matrimônio era sobretudo visto como uma instituição particularmente privilegiada para o cuidado e a preservação do patrimônio familiar. Que ele fosse um instrumento socioeconômico, como também, em certos casos, político, é, aliás, bem ilustrado pelos assim chamados "matrimônios combinados", em particular entre famílias importantes e influentes, a fim de garantir e consolidar a durabilidade e a força do próprio poder. Habitualmente, no Israel dos tempos patriarcais os matrimônios

---

308. A propósito, recordemos a preocupação de Abraão, que, sem filhos, não via outra possibilidade senão a de nomear seu herdeiro universal um doméstico seu (Gn 15,2-3). Cf. tb. Gn 21,10; 25,5-6.

309. Também a história sobre a bênção dada ao segundogênito Jacó, e não ao primogênito Esaú (Gn 27), ou aquela dada do segundogênito Efraim, e não ao primogênito Manassés (Gn 48), vão no mesmo sentido, calando a mesma preocupação (a de privilegiar o primogênito sobre os outros irmãos) expressa na lei de Dt 21,15-17 (cf. tb. Lc 15,11-32).

combinados aconteciam dentro do mesmo clã, especialmente entre primos (matrimônios "endogâmicos"; cf. Gn 24; 28,1-9). Por causa da expectativa de vida bastante breve, além do risco de esterilidade, era também prática comum contrair matrimônio com mais mulheres[310]. Em caso de esterilidade, a legítima mulher podia dar ao marido uma espécie de mulher "substituta", cuja prole teria sido computada como própria. A propósito, pense-se na serva da estéril Sara, mulher de Abraão, ou naquela da estéril Raquel, mulher de Jacó, dadas em seu lugar, aos respectivos maridos de suas patroas (Gn 16,1-4a; 30,1-8; cf. de qualquer forma, também 30,9-13). Aliás, no caso de um marido morto sem ter deixado uma descendência masculina, era contemplada pela legislação de Israel o caso do "matrimônio de levirato", pelo qual um parente do falecido podia unir-se à viúva para dar-lhe uma espécie de descendência póstuma[311].

A Escritura não menciona uma particular idade para as mulheres poderem contrair matrimônio. Aliás, a indicada para os homens é antes vaga. Segundo Gn 25,20, Isaac estipulou seu matrimônio com Rebeca na idade de quarenta anos, assim como seu filho Esaú (Gn 26,34). Ao invés, diz-se que José tinha trinta anos quando tomou Asenet por mulher (Gn 41,45-46). Todavia, embora tudo isso não constitua absolutamente uma regra, suas idades parecem um tanto avançadas, se for considerado, naquelas remotas épocas, um limite de vida antes baixo, além dos cômputos anormais e, portanto, inverossímeis dos anos de suas vidas.

Para a celebração do contrato matrimonial, daquilo que é possível reconstruir pelos dados bíblicos, a esposa era obrigada a receber uma espécie de dote (*shilluchím*) da parte de seu pai (cf., p. ex., Gn 29,24.29; cf. tb. 1Rs 9,16), enquanto o esposo (ou diretamente ou por parte de um intermediário) devia oferecer dons tanto à esposa (o assim chamado *mattán*: Gn 24,22.47.53; 34,12) quanto ao pai dela (o assim chamado *mohár*: Gn 34,12; Ex 22,15; cf. tb. 1Sm 18,25). Além dos dons de cortesia em que, certamente, o amor entre os dois contraentes simplesmente não podia ser excluído (cf., p. ex., Gn 29,17-20), o procedimento prévio para o matrimônio, como é bastante evidente, assumia um pouco a função de uma espécie de contrato econômico. Este, talvez, seja também o motivo pelo qual o divórcio devia ser

310. Cf., p. ex., Gn 4,19; 28,9; 29,23.26-28; 36,2-3.

311. Cf., p. ex., Gn 38,6-11 e Dt 25,5-10. Cf. tb. Rt 4,1-13.

sancionado oficialmente através da redação de um documento escrito (*séfer keritút*, uma espécie de "libelo de repúdio": Dt 24,1-4; cf. tb. Is 50,1; Jr 3,8) a ser dado à (ex-) mulher, com o qual era codificada e sancionada a ruptura do contrato matrimonial. A sociedade israelita reconhecia também a celebração de segundos matrimônios, em caso de divórcio ou de viuvez. Todavia, uma mulher casada pela primeira vez devia estar em estado de virgindade: a pena prevista, com a prévia demonstração do contrário, era a capital (cf., p. ex., Dt 22,13-21). Também as relações sexuais consentâneas pré ou extramatrimoniais eram consideradas proibidas e punidas com a morte (cf., p. ex., Dt 22,22-24). No caso de uma violência sofrida, porém, seria posto à morte somente o estuprador (cf., p. ex., Dt 22,25-27; cf., porém, o caso de Dt 22,28-29).

Como é óbvio julgar, nem todos os matrimônios seguiam as normas codificadas. Por exemplo, alguns eram celebrados precisamente após uma violência, como, talvez, aquele entre Dina, filha de Jacó, e Siquém, filho de Hemor, o heveu (Gn 34; cf. precisamente o já mencionado caso de Dt 22,28-29). Alguns outros, enfim, sendo celebrados entre contraentes de diversos povos, religiões e culturas, assemelhavam-se à categoria daqueles "mistos" (matrimônios "exogâmicos"; cf., p. ex., aqueles de Esaú em Gn 26,34; 36,2-3, ou o de José em Gn 41,45; cf. tb. o próprio matrimônio entre Siquém e Dina, apenas mencionado).

O fim da vida

A morte, inevitável (Gn 2,19), é o fim físico e espiritual do indivíduo. Morrer velhos e cheios de dias era considerado uma bênção em Israel: a justa recompensa de uma vida justa (cf., p. ex., Gn 25,7-9; 35,29; cf. tb. 1Cr 23,1; Jó 42,17). Todos os falecidos, para Israel, residem no *Sh^{e}'ól*, o reino dos mortos, o *Hades* dos antigos gregos. Em geral era representado como uma espécie de profunda "fossa" (cf., p. ex., Is 14,15), uma espécie de abismo localizado nas profundezas da terra (cf., p. ex., Ez 31,15). Parece estar provido de "cancelas" (cf. p. ex., Is 38,10), uma provável herança da visão mesopotâmica e egípcia do além. Aqueles que para ele desciam não podiam mais subir: através de vaticínio (necromancia) podiam ser consultados (cf. 1Sm 28,3-25), embora tal prática em Israel tenha recebido fortes proibições (Lv 19,31; Dt 18,11; cf. tb. Dt 26,14 e 1Sm 28,3). A região não era considerada um lugar de punição, ainda que os que ali habitam sejam considerados como distantes e tirados da presença do Deus vivo (cf. Dt 5,26; Sl 6,6; 88,6). Poder-se-ia dizer que o *Sh*[e]*ól* era considerado estreitamente conexo com o túmulo, a ponto de os mortos parecerem habitar ao mesmo tempo os dois lugares (Sl 49,15).

Os mortos, talvez por causa do clima bastante quente, eram sepultados quanto antes, habitualmente antes do pôr do sol: uma prática estendida também aos criminosos e aos inimigos (cf., p. ex., Dt 21,22-23; Js 10,26-27). A prática da cremação era consentida, porém, não em casos ordinários (cf. 1Sm 31,12).

Segundo as tradições bíblicas, as pessoas falecidas por várias causas enquanto, com suas caravanas, estavam em trânsito de uma localidade para outra, eram sepultadas ao longo da estrada que estavam percorrendo, como aconteceu com Raquel, mulher de Jacó (Gn 35,19-20; 48,7; 1Sm 10,2) com Miriam, irmã de Moisés (Nm 20,1), com Aarão, irmão de Moisés (Nm 33,39; Dt 10,6) e com o próprio Moisés (Dt 34,6). Se no lugar em que sobreviera a morte houvesse uma árvore – uma espécie de delimitação tumular natural – o falecido era sepultado nas suas proximidades, como aconteceu, por exemplo, com Débora, a ama de Rebeca (Gn 35,8), como também a Saul e seus filhos (1Sm 31,12-13). Com evidente exceção de Raquel, as tradições de origem sacerdotal indicam uma particular gruta – a assim chamada "gruta de Macpela" – inicialmente adquirida por Abraão para a sepultura da mulher Sara, como lugar de inumação dos patriarcas e de suas mulheres (cf. Gn 23, 25.9; 49,29-32; 50,13). No caso de José, porém, como também de Josué e de Eleazar, o sacerdote, o lugar apropriado para seu sepultamento foi encontrado no interior dos territórios de sua propriedade (Js 24,29-30.32.33). Possuir túmulo nos próprios territórios, afinal, permitia também aos próprios herdeiros perpetuar no tempo a legitimidade e a legalidade daquela posse. A prática do embalsamamento não era usada em Israel. Ela é recordada somente a propósito de Jacó e de José, visto que eles faleceram na terra do Egito, onde, ao contrário, a prática era fortemente atestada, particularmente para personagens de exclusiva importância e respeito (Gn 50,2.26).

V

AS TEOLOGIAS, A TEOLOGIA

G. Galvagno

Cada sinfonia soma os sons individuais dos diferentes instrumentos da orquestra. Se uma leitura minimamente atenta dos primeiros cinco livros da Escritura impede de falar do Pentateuco em termos de harmonia, todavia é possível encontrar nele a presença de sons diferentes e de temas globalmente articulados.

No momento em que vamos deter-nos sobre temas teológicos da primeira parte do cânon veterotestamentário, primeiramente prestamos atenção às diversas teologias que se encontram no Pentateuco, para depois considerar a teologia que aparece globalmente na seção e seu diferente significado no cânon hebraico e no cânon cristão.

As instâncias das principais tradições teológicas do Pentateuco

O caráter composto, estratificado, do Pentateuco permite reconhecer, com as inevitáveis incertezas, os diferentes tons que o permeiam, o estruturam e o enriquecem: tradições isoladas mais ou menos antigas, ciclos ou seções mais consistentes, releituras globais de grande fôlego. Não se trata só de um fato literário, ligado aos diversos materiais narrativos e legislativos que concorrem para o conjunto: com efeito, esses materiais veiculam instâncias ideológicas e teológicas que acabam por entrelaçar-se de várias maneiras no caleidoscópio da *Toráh*.

Detemo-nos a considerar as principais tradições teológicas subentendidas no Pentateuco, no fim das contas em linha com a hipótese diacrônica privilegiada precedentemente[312]. Portanto, tomamos em consideração principalmente a teologia da tradição sacerdotal (P) e aquela da tradição deuteronomística, acenando também para algumas instâncias teológicas de posteriores intervenções pós-sacerdotais e pós-deuteronomísticas. Dessas perspectivas teológicas recuperamos o quadro de conjunto, remetendo para o momento seguinte o tratado de alguns temas transversais e importantes no conjunto do Pentateuco. Mas omitimos os aspectos ideológicos e/ou teológicos das tradições mais antigas, cujo horizonte é em geral mais limitado[313].

312. Remetemos para o que foi considerado às p. **161-167; 179-182**. Evidentemente, outras hipóteses diacrônicas sobre a origem do Pentateuco levam a demonstrar a teologia de outras presumidas fontes ou de outros presumidos redatores. No seio da hipótese documentária, p. ex., uma obra clássica é representada em VON RAD, G. *Teologia dell'Antico Testamento* – I: Teologia delle tradizioni storiche d'Israele. 1972. Bréscia: Paideia [orig. alemão, 1957; 4. ed., 1962] [Biblioteca teológica, 6], que trata da teologia das diversas fontes (J, E, D, P).

313. Assim, p. ex., o relato de Gn 28,10-22* não tem outro interesse ideológico senão o de fornecer a etiologia cultual do santuário de Betel, enquanto Ex 19* delineia a sacralidade do Sinai e seu destaque como sede de uma importante teofania reservada a Israel.

A teologia da tradição sacerdotal

A elaboração da teologia sacerdotal aconteceu numa das estruturações significativas da vicissitude do Israel bíblico[314]. Uma série de desafios de destaque somam-se na fase final do exílio na Babilônia, quando o advento do poder aquemênida deixa entrever a possibilidade de um retorno para a terra de Judá e de uma refundação do povo de Israel. Precisamente essa refundação exige um adequado acerto da identidade da nação.

A tradição P exprime a releitura, nova e unitária, de precedentes tradições esparsas da fé de Israel: uma releitura – este é o dado de destaque – que amadurece a partir da fé monoteísta acertada naqueles decênios[315] e do confronto direto com os mitos da área mesopotâmica e que responde à exigência de colocar a identidade de Israel no mais amplo horizonte dos povos e do universo. Se YHWH é, absolutamente, o único Deus, o que significa sua aliança com Israel? E qual é o papel de Israel no consenso das nações? O que significa, em relação à novidade da perspectiva monoteísta, uma série de tradicionais dimensões da vida do povo? (O templo, a lei, costumes de vários tipos...) Sobre o que deve fundar-se o renascimento de Israel?

O alcance dessas interrogações explica a amplitude do horizonte que a teologia sacerdotal confere à precedente autocompreensão da fé e da identidade de Israel e, portanto, a marca decisiva que sua elaboração deixa em herança ao Pentateuco. Embora na relativa autonomia de seu relato[316], a tradição P tende a sistematizar e teologizar as mais antigas tradições da fé de Israel com as quais se mede, elaborando uma compreensão narrativa unitária da vicissitude constitutiva de Israel, que soma indissociavelmente valores

---

314. Para esse tratado da teologia sacerdotal remete-se para a ampla síntese que se encontra em SKA. *Introduzione*, p. 173-179. • NIHAN, C. & RÖMER, T.C. "Il dibattito attuale sulla formazione del Pentateuco". In: RÖMER; MACCHI & NIHAB (eds.). *Guida di lettura all'Antico Testamento*, p. 82-91.

315. Sobre a origem relativamente tardia (a partir do exílio) da configuração estritamente monoteísta da fé de Israel em YHWH, cf., entre outros, KEEL, O. & UEHLINGER, C. *Göttinnen, Götter und Gottessymbole* – Neue Erkenntnisse zur Religionsgeschichte Kanaans und Israels aufgrund bislang unerschlossener ikonographiscer Quellen. Friburgo im Breisgau/Basel/Viena, 1992, p. 444-452 [Quaestiones Disputatae, 134]. • LEMAIRE, A. *Naissance du monothéisme* – Point de vue d'un historien. Paris: Bayard, 2003, p. 129-134.

316. Sobre a natureza e a consistência literária da narração P, remetemos para as avaliações de SKA. "De la relative indépendance de l'écrit sacerdotal".

míticos e valores históricos[317]. Tradições e figuras originariamente distintas e autônomas (Jacó, o êxodo, Abraão...) são articuladas por via genealógica e/ou narrativa e postas a serviço de uma perspectiva teológica unitária.

O implante teológico do relato sacerdotal

A fundamental instância teológica da tradição sacerdotal joga-se na tentativa de dar a razão da identidade e das instituições fundamentais da fé de Israel ancorando-as no horizonte da história universal. Este implante teológico encontra confronto na própria arquitetura do relato P que, através de seus materiais próprios e através da estruturação de materiais mais antigos mediante o recurso a características fórmulas literárias[318], oferece uma precisa leitura da colocação de Israel sobre a cena da criação querida por Deus: a história de Israel é assim inserida na história do mundo.

Com efeito, o escrito sacerdotal[319] pode subdividir-se em duas grandes partes de amplitude desigual: a história das origens do universo (Gn 1–11) e a história do povo de Israel (de Gn 12 em diante). Estes dois quadros literários podem por sua vez ser subdivididos em quadros ulteriores: a história do mundo antes (Gn 1–5) e depois (c. 9–11) do dilúvio (c. 6–9) por um lado, e a história dos patriarcas (c. 12–50) e do povo como tal (de Ex 1 em diante), por outro.

Traços teológicos da identidade de Israel

No interior dessa arquitetura, uma série de elementos afirma o destaque de Israel aos olhos de YHWH, criador do universo.

Como é expresso em Ex 6,2-8, Israel é beneficiário e guarda da *revelação do nome divino*. De fato, segundo a teologia sacerdotal, Deus ter-se-ia

---

317. Cf. NIHAN, C. "L'écrit sacerdotal entre mythe et histoire". In: BROOKE, G.J. & RÖMER, T.C. (eds.). *Ancient and Modern Scriptural Historiography* – L'historiographie biblique, ancienne et modern. Lovaina: Leuven University Press, 2007, p. 151-190 [Bibliotheca Ephemeridum Theologicarum Lovaniensium, 207].

318. Pensemos nas fórmulas de *toledót* em Gênesis, já consideradas às p. **27s.**, e em algumas "fórmulas de itinerário" em Êxodo e Números (p. ex., Ex 15,22.27; 16,1; Nm 10,11-12; 20,1.22)

319. Se a individuação do fim do relato P representa uma *quaestio disputata*, a individuação do material sacerdotal nos primeiros dois livros bíblicos representa, no fim das contas, uma opinião condividida. Para uma indicação do principal material P presente no Pentateuco, remetemos, a título de exemplo, para aquela apresentada em GARCIA LOPEZ. *Il Pentateuco*, p. 277.

revelado à humanidade em três diferentes períodos da história do homem, cada um caracterizado por uma particular denominação divina. Sua primeira revelação, pelo escrito P, aconteceu na época da criação, no tempo da história das origens do mundo e de seus habitantes: o nome com o qual se deu a conhecer à humanidade nesse período é *'elohím* (cf., p. ex., Gn 1,1). Depois, revelou-se no tempo dos patriarcas com o nome de *'el shaddáy* (17,1; 35,11)[320]. Enfim, manifestou-se a Moisés com o nome de YHWH (Ex 6,3). Esta progressiva revelação do nome divino, além de marcar as diversas épocas da história da salvação, evidencia ulteriormente a familiaridade nas relações entre Deus e Israel (como, aliás, está bem expresso em Ex 6,7).

No Pentateuco, esta familiaridade assume as conotações da *aliança*: a tradição sacerdotal atribui exatamente a esta realidade um destaque particular na vida do universo, no qual se inseriu a particular eleição de Israel[321]. Duas são as alianças estabelecidas por Deus com os homens: na história das origens, o relato sacerdotal descreve a celebração de uma aliança entre Deus e a humanidade através de Noé (Gn 9,8-17), enquanto que na parte dedicada à história do povo de Israel refere-se à aliança com Abraão, fundador do povo (17,1-27). A aliança com a humanidade representa o fundamento da posterior estabilidade do universo: se o dilúvio representou o aniquilamento da criação por causa do pecado da humanidade, esta aliança sanciona o compromisso da parte divina de não renovar a destruição, aceitando que o universo criado não corresponde plenamente ao desígnio originário. A aliança com Abraão, centrada sobre o povo que nele terá origem, afirma indiretamente o destaque que Israel virá a assumir no horizonte global da criação: ser a evidência perceptível da confiabilidade de Deus em relação aos homens. Para reforçar esta compreensão unitária e subsequente das duas alianças concorrem tanto a definição reservada a ambas ("aliança eterna", *b^e^rít 'olám*; cf. Gn 9,16 e 17,7.13.19) como o fato de ambas serem acompanhadas de um sinal (a primeira pelo sinal do arco-íris, a segunda por aquele da circuncisão; cf. respectivamente 9,8-17 e 17,1-27).

---

320. Habitualmente traduzido por "Deus onipotente", ainda que, provavelmente, seu significado mais autêntico, em virtude de algumas influências da língua acádica, deveria ser o de "Deus da montanha".

321. Aqui limitamo-nos a considerar o destaque da categoria de "aliança" no implante global da história sacerdotal, enquanto que em relação à conotação específica dela na tradição P em relação a outras tradições teológicas remetemos para as p. **308-310**.

Os "lugares teológicos" da presença de Deus na criação

O mesmo, particular destaque de Israel no universo é afirmado pela tradição P ao delinear os termos da presença divina no universo. Recordada do trauma experimentado por Israel em 589, por ocasião da destruição do único templo de YHWH por obra dos babilônicos, a teologia P evita ligar a presença de Deus no mundo à sacralidade de um lugar particular. YHWH está presente na história de seu povo, está lá onde Israel se encontra.

Esta convicção aflora no modo pelo qual o relato sacerdotal coloca em cena o tema da *glória divina* (*kabód*). Essa presença divina, destinada a acompanhar Israel nas diversas etapas de suas peregrinações pelo deserto e – no Sinai – a tomar posse do santuário móvel expressamente preparado (Ex 40,34), entra em cena pela primeira vez por ocasião da passagem pelo mar (Ex 14), isto é, no momento do nascimento de Israel como povo livre. A presença divina no mundo está, pois, estreitamente unida à realidade de Israel.

Esta convicção da teologia sacerdotal aflora de maneira ainda mais evidente no significado que *o santuário* assume no conjunto da arquitetura narrativa P. Com efeito, o caráter móvel do santuário, predisposto para ser desmontado e remontado em cada etapa da peregrinação de Israel entre o Sinai e a terra de Canaã, não responde só ao contexto narrativo do Pentateuco, que impede de falar de um templo verdadeiro e próprio: antes, pela teologia P, a sacralidade do santuário não depende tanto do lugar em que está colocado, mas do fato de representar o núcleo da identidade de Israel, morada da presença divina no universo e na história.

Essa compreensão da identidade de Israel e do santuário aflora ainda mais pelo confronto do implante narrativo e teológico do relato P com alguns mitos de criação do Oriente Próximo antigo[322]. Nesses mitos, no fim de sua obra, o deus criador costumava mandar construir para si uma suntuosa morada, um palácio, como sinal e condição de seu senhorio sobre o mundo criado. Ora, o relato sacerdotal de Gn 1 não se conclui com a edificação de um espaço sagrado destinado a guardar a presença divina no mundo, mas com a delimitação de um tempo sacro, o sétimo dia, o sábado, dia do repou-

322. A referência é, em particular, ao *Enuma elish*, cuja trama é sintetizada às p. 247-250. Sobre o que segue, remetemos, entre outros, a WEINFELD, M. "Sabbath, Temple, and the Enthronement of the Lord – The Problem of the Stiz in Leben of Gen 1,1–2,3". In: CAQUOT, A. & DELCOR, M. (eds.). *Mélanges bibliques et orientaux en l'honneur de M. Henri Cazelles*. Vluyn: Neukirchener Verlag/Neukirchen, 1981, p. 501-512 [Alter Orient und Altes Testament, 212].

so de Deus de sua obra criadora (Gn 2,1-3). Quem representa a morada de YHWH na criação será, antes, o povo de Israel, escolhido por Deus desde seu fundador Abraão e durante as épocas em que se implantou, de seu nascer para a liberdade e de seu caminhar para a terra prometida. Para a teologia P, Israel é, pois, a morada de YHWH na história.

Dessa identidade única, o santuário representa, por assim dizer, o núcleo incandescente e consente o exercício do culto, isto é, dos sinais rituais da relação que liga reciprocamente YHWH e Israel. Nessa perspectiva teológica, compreende-se o significado que adquire para o relato sacerdotal a permanência do povo no Sinai, no decorrer de seu itinerário rumo à terra prometida. Diferentemente das tradições mais antigas, o Sinai não representa o lugar da aliança entre Deus e seu povo (já estabelecida com Abraão), mas o lugar da edificação do santuário (a assim chamada "tenda da reunião", morada divina em meio ao seu povo e lugar da manifestação de YHWH a Moisés) e da inauguração do culto (cf. Ex 25–31*; 35–40*; e Lv 9). O santuário é inaugurado precisamente em Ex 40,34, quando a glória de Deus toma posse dele.

Israel no consenso das nações

No implante teológico sacerdotal, a identidade de Israel é posta em ordem não só quanto à relação única com YHWH e no seio do cosmos, mas também em relação às demais nações e nos termos de seu desenvolvimento.

Assim, a chamada "tabela dos povos" (Gn 10*) e as "fórmulas de *toledót*" no conjunto do Gênesis concorrem para especificar *a colocação de Israel* em relação ao conjunto das nações e, com o necessário cuidado, em relação aos povos da região: em particular, as histórias patriarcais veem a delimitação genealógica entre a estirpe de Israel e os ramos colaterais dos quais proveem as populações limítrofes. As coordenadas, por assim dizer, geográficas e genealógicas do povo concorrem para delinear sua função significativa quanto ao senhorio divino em relação de toda a humanidade.

Ulteriores conexões da vicissitude de Israel com a história das origens

Depois, no relato sacerdotal estão os termos em que *o incremento numérico* da estirpe patriarcal é prometido por Deus aos patriarcas e em que se indica sua progressiva realização para ligar mais uma vez a vicissitude de Israel ao programa delineado por Deus na história das origens. Com efeito, a ordem de multiplicar-se grandemente dada por Deus na origem a Adão

(Gn 1,28) e a seguir reiterada a Noé, depois do dilúvio (9,1.7), encontra um eco nas posteriores bênçãos dadas por Deus aos patriarcas (17,2.6.16; 35,11). A prova evidente do cumprimento tanto da promessa de Deus quanto da execução por parte do homem da ordem divina (cuja realização incipiente já está marcada em Gn 47,27 e Ex 1,7) será a multidão de Israel, várias vezes reafirmada através dos anormais cômputos numéricos referidos nos recenseamentos do povo em Números.

O que vai se delineando dá a entender, até claramente, para a teologia P o destaque dos inícios da história (Gn 1–11) em relação à seguinte vicissitude de Israel. Ao lado dos grandes temas teológicos considerados (a aliança, o significado, a consistência e a colocação do povo em relação às nações, o santuário), que veem a vicissitude de Israel recordar ou completar algumas dimensões significativas da história sacerdotal das origens, também alguns traços temáticos ou estilísticos menores reforçam a perspectiva global.

Assim, *as águas* que, durante o dilúvio, submergem a humanidade violenta e má (Gn 6–9) são recordadas por aquelas que arrastam o faraó e os egípcios em seu cego fechamento ao Deus de Israel (Ex 14). Em ambos os casos, Deus se manifesta como absoluto soberano não só da história, mas também da própria criação: em particular, só YHWH é senhor das águas e dos abismos, como já o manifestou por ocasião da criação (cf. Gn 1,6-10). Ao longo desse eixo temático, afirma-se que o poder usado por Deus na primeira criação e naquela após o dilúvio é o mesmo que utilizou para salvar Israel: o Deus criador do universo coincide com o Deus libertador de Israel.

E mais, o mesmo previdente desvelo que Deus reserva à sua criatura manifesta-se tanto em fornecer o alimento à humanidade apenas criada (Gn 1,29) como em saciar Israel nas suas peregrinações pelo deserto (Ex 16,15). Também o preceito do *sábado*, com a anexa observância do repouso, é associado por Ex 16,23.29 ao repouso que o próprio Deus se dera após os seis dias de trabalho durante os quais dera vida à sua criação (Gn 2,1-3). Sempre nessa linha, colocam-se as alusões textuais entre Gn 2,1-3 e o fim de Ex 40 (mais precisamente entre Ex 40,33b e Gn 2,2a e entre Ex 39,43b e Gn 2,3a): a realização do santuário leva a cumprimento o sentido da criação divina, já simbolizada pela realidade do sétimo dia.

O menor interesse pelo fim da vicissitude do povo

Também por estas simples recordações é possível notar quão importante seja, para o escrito sacerdotal, a constante volta às origens: globalmente, trata-se de dar à renovada compreensão da identidade de Israel um fundamento consistente que se enraíze na própria realidade da criação divina. Esta exigência explica, ao menos em parte, por que a tradição sacerdotal dedica uma atenção decididamente menor à delineação da meta última do surgimento de Israel e de sua caminhada: um fato que explica a incerteza dos estudiosos na individuação da finalidade do escrito P. Com efeito, não está em jogo somente a delimitação final desse relato, mas também a compreensão de sua finalidade: que meta propõe a tradição sacerdotal à caminhada de Israel?

Em relação a hipóteses que limitam o fim do relato P à edificação do santuário (Ex 40) ou à inauguração do culto (Lv 9)[323], é oportuno tomar em consideração o fato que uma série de textos significativos P (Gn 17,8; 35,12; Ex 6,2-8) promete a Israel a posse da terra, habitada pelos patriarcas só a título provisório, como estrangeiros (*gherím*). Ao mesmo tempo, é preciso reconhecer que o relato sacerdotal não conhece a efetiva tomada de posse da terra, a caminhada de Israel permanece incompleta[324]. Como explicar este fato? Para a tradição sacerdotal, a posse da terra é ou não é parte da identidade de Israel?

Sobre este ponto, a teologia sacerdotal exprime uma convicção tradicional somando-a com o realismo histórico imposto pelo contexto histórico contemporâneo. Certamente, a posse da terra de Canaã é parte da identidade e do destino do povo de Israel, mas ela não pode representar um absoluto para a sua sorte. Tanto o quadro político representado pelo Império Aquemênida (que não deixava entrever aos israelitas margens plausíveis de recuperação da soberania política sobre a própria terra) quanto as resistências em relação ao programa ideológico e teológico elaborado pela tradição P por parte daqueles que na terra não haviam experimentado o exílio explicam por que o escrito P atenue aquilo que deveria representar o natural fim do itinerário de Israel: assim, a posse da terra é parte da identidade de Israel prevista por YHWH, mas permanece para além do vir.

Em extrema síntese: a tradição sacerdotal tira no fundamento das origens a força para viver o presente da identidade de Israel na história e a esperança de construir-se um futuro melhor.

---

323. Para uma resenha das hipóteses a respeito, cf. p. **162s.**

324. Convergimos sobre a posição daqueles que reconhecem o fim do escrito P em Nm 27. Para maiores argumentações, cf. SKA. *Introduzione*, p. 167-170. • GARCIA LÓPEZ. *Il Pentateuco*, p. 276-277.

A teologia da tradição deuteronomística

Embora não tenha tido um papel determinante na elaboração unitária do Pentateuco, a tradição deuteronomística teve um papel significativo na organização da fé do Israel bíblico (Deuteronômio representa sua primeira grande síntese teológica) e constitui um dos cumes teológicos do Antigo Testamento. Precedente, ao menos nos seus inícios, à teologia sacerdotal, a tradição deuteronomística conheceu desenvolvimentos posteriores, que impedem de considerar sua teologia um dado monolítico. O Livro do Deuteronômio contém as linhas de fundo dessa teologia nos seus diferentes desenvolvimentos e – ao menos segundo a hipótese de Noth, que nas suas linhas de fundo continua a conhecer um difuso consenso[325] – foi inicialmente destinado a oferecer as chaves teológicas de compreensão da posterior "história deuteronomística"; só num segundo momento ele foi desincorporado dessa história e colocado como fechamento do Pentateuco. Esse processo literário explica, ao mesmo tempo, a influência muito circunscrita da teologia deuteronomística sobre os quatro livros precedentes e a não comprometida densidade teológica do livro.

O que vamos delinear, geralmente, não entende dar a razão dos desenvolvimentos diacrônicos dessa tradição teológica, mas recuperar as principais linhas de fundo de uma teologia que marcou épocas e filões da fé do Israel bíblico e em relação à qual a teologia sacerdotal se coloca, conforme os casos, em termos alternativos ou complementares[326].

O destaque da categoria de aliança

A categoria de *aliança* (de per si, categoria de ordem política e jurídica) é utilizada pela teologia deuteronomista para configurar as relações entre YHWH e seu povo. A reciprocidade implicada na fórmula "YHWH é o Deus de Israel, Israel é o povo de YHWH" expressa bem que não é possível compreender a identidade de Deus sem considerar a relação com seu povo e que

325. Cf. p. **146s**. Entre as hipóteses concernentes à assim chamada "história deuteronomística", sua teologia e seus desenvolvimentos (e seus antecedentes históricos), cf. a proposta de RÖMER. *Dal Deuteronomio ai livri dei Re*. Para uma síntese de hipóteses diferentes, cf. p. **174-177**.

326. Para ulteriores aprofundamentos sobre a teologia deuteronômica, remetemos, entre outros, para as sínteses de BRAULIK, G. "Il libro del Deuteronomio". In: ZENGER (ed.). *Introduzione all'Antico Testamento*, p. 225-232. • GARCIA LÓPEZ. *Il Pentateuco*, p. 237-239. • PAGANINI. *Deuteronomio*, p. 467-486.

não é possível compreender a identidade de Israel sem ter presente o laço com seu Deus.

Por um lado, a aliança é o lugar do compromisso de Deus, o contexto em que YHWH revela a si mesmo mediante o empenho que assume em relação à sorte de Israel. Por outro, a aliança marca toda a existência de Israel, implicado na obediência a normas e preceitos indicados por Deus.

A reciprocidade dos dois *parceiros* nesta relação de aliança é conotada pela tradição deuteronômica em termos de amor: um amor que significa fidelidade aos termos estabelecidos tanto da parte divina (para YHWH fidelidade significa empenho de proteção para Israel) quanto da parte do povo (para Israel fidelidade significa recusa a qualquer forma de idolatria e obediência às injunções divinas)[327]. Os opostos, possíveis êxitos das bênçãos e das maldições divinas (cf., p. ex., o c. 28), significam a responsabilidade que a aliança confia a Israel em ordem a seu futuro.

A própria configuração do pacto de aliança[328] explica a contínua passagem no Deuteronômio da memória do passado para a exortação sobre o futuro: precisamente porque recordam-se de como YHWH se revelou em sua história passada (em particular, no êxodo), os israelitas são exortados a permanecer-lhe fiéis para continuar a beneficiar-se de seus dons.

A este modo de entender a aliança (que teremos a possibilidade de detalhar mais; cf. abaixo) estão entrelaçadas outras convicções caras à teologia deuteronomística.

YHWH, único Deus de Israel

Quanto *à identidade de YHWH*, no Deuteronômio entrevê-se o percurso que levou a fé de Israel a amadurecer a tomada de consciência monoteísta. Para a tradição deuteronomística, YHWH é o único Deus de Israel. Afirmações como as de Dt 6,4-5 e 10,12.17 (para citar apenas algumas passagens) não vão além de uma perspectiva monolátrica e de uma indicação de tipo nacional: embora conscientes da existência de múltiplas divindades, os israelitas são obrigados a adorar somente a YHWH, seu Deus, e a rejeitar o culto aos outros deuses, que devem ser deixados à veneração de suas respec-

327. Particularmente eloquentes sobre essa relação de amor são, p. ex., Dt 6,4-9; 10,12-13; 11,1; 26,17-19; 30,20.

328. Pensemos, a título puramente exemplificativo, num texto como Dt 29–30. Sobre a estrutura literária dos tratados de aliança remetemos para as p. **229-233**.

tivas nações. A unicidade de YHWH não representa, na originária teologia deuteronomística, um fato – por assim dizer – metafísico, mas uma opção de ordem cultual: YHWH é o único Deus para Israel, Israel deve dirigir-se exclusivamente a Ele.

Compreende-se que, a partir de tal pressuposto, a seguir foi possível passar – da época exílica, como já se assinalou – para o monoteísmo: não mais YHWH como único Deus de Israel, mas YHWH como único Deus do universo. É a perspectiva testemunhada por Dt 4,32-40, desenvolvimento tardio da teologia deuteronômica[329].

Um único lugar de culto

Correlacionada com a veneração do único YHWH existe outra convicção forte da teologia deuteronomística: *a unicidade do lugar de culto*. O único Deus de Israel deve ser venerado somente no lugar em que pôs a morada de seu nome (cf., em particular, Dt 12,2-12). Se no Deuteronômio o lugar nunca é explicitado, por razões de plausibilidade narrativa (Israel está ainda no deserto, fora da terra), é óbvia a referência ao futuro templo de Jerusalém.

A exigência de ater-se a um único lugar de culto é uma medida necessária para salvaguardar a referência exclusiva a YHWH: a experiência histórica ensinava a Israel que a multiplicação de santuários locais, mais ou menos concorrentes entre si, trazia consigo o risco de derivações idolátricas, particularmente adversas à sensibilidade deuteronomística.

Ao mesmo tempo, a convicção segundo a qual "YHWH escolheu o lugar para nele fixar a sede de seu nome" (Dt 12,5.11) consente tanto evitar uma representação excessivamente material da presença divina quanto delinear de maneira adequada a instância do culto.

Com efeito, afirmar que o templo não guarda simplesmente a presença visível de YHWH, mas somente o seu *nome*, consente salvaguardar a transcendência divina em relação a concepções excessivamente simplistas do lugar sagrado. O templo guarda o nome divino, isto é – por assim dizer –, seu lado revelado, manifestado a Israel e a ele oferecido para o culto. Verossimilmente, esta teologia do nome afirmou-se paralelamente à imposição, em

329. Sobre a relação entre Deuteronômio e fé monoteísta remetemos para BRAULIK, G. "Das Deuteronomium und die Geburt des Monotheismus". In: BRAULIK, G. (ed.). *Studien zur Theologie des Deuteronomiums*. Stuttgart: Katholisches Bibelwerk, 1988, p. 257-300 [Stuttgarter Biblische Aufsatzbhände, 2].

Israel, de um culto "anicônico" de YHWH, de um culto sem representação de imagens: a presença de YHWH não foi ligada a alguma representação "artística" colocada no interior do santuário, o templo foi antes vivido como o único lugar em que era possível a invocação do nome divino ali presente.

A sacralidade do lugar estabelecido por Deus como morada de seu nome torna santa também a terra que o abriga. Ao mesmo tempo, falar do único templo como lugar escolhido por Deus para a morada de seu nome consente, ao menos tendencialmente, tanto limitar eventuais pretensões humanas de determinar com o culto a atitude divina em próprio favor quanto interpretar essa realidade como obediência ao que é determinado por YHWH: não é por acaso que a tradição deuteronomística, embora tomando-o na devida consideração, não ponha particular ênfase sobre o culto.

A eleição divina como fundamento

Fundamento da aliança e motivo da exclusividade da referência a YHWH exigida a Israel é a eleição do povo por parte divina. De modo gratuito, sem uma particular motivação que vá além de sua benevolência, não obstante a consistência mínima de Israel em relação às nações da terra (antes, precisamente por causa desta), YHWH escolheu Israel como sua "particular propriedade" (*s*ᵉ*gulláh*): Dt 7 (em particular os v. 6-15) traça de maneira emblemática os termos dessa predileção divina. Israel pode perder a eleição divina, mas não foi ele que a mereceu e que a obteve.

Se antes o conceito de eleição fora reservado a Davi e à sua dinastia[330], a tradição deuteronômica estende a eleição a todo o povo: o êxodo representa precisamente o momento da eleição divina de Israel (cf., p. ex., 11,2-7).

Radicais instâncias anti-idolátricas

A relação exclusiva de Israel com YHWH não é ainda lida pela teologia deuteronomística em função das nações[331], mas antes como motivo de distinção em relação a elas. Antes, o próprio texto de Dt 7, que lê a eleição do povo por parte divina em termos de amor gratuito, nos v. 1-5 e 16-26 manifesta em relação às nações estrangeiras uma dureza e uma violência que, precisa-

330. Cf., entre outros, textos como 1Sm 10,24 e 2Sm 6,21.

331. Não aparecem, nos textos provenientes dessa tradição, afirmações análogas àquelas – mais tardias – que podem ser encontradas, p. ex., em Gn 12,3; 22,18; 26,4; 28,14 e em Is 60.

mente porque dirigidas diretamente à vontade de Deus, são particularmente inaceitáveis para o leitor moderno. No momento do ingresso na terra, Israel deverá proceder ao extermínio (*chérem*), ao massacre ritual das nações com as quais se encontrará: nada e ninguém deverá sobreviver, pessoas e animais deverão ser passados a fio de espada e os bens queimados.

Para evitar equívocos é preciso perceber onde está a efetiva instância da teologia deuteronomística. Aqui não se exprime a regulamentação das relações de Israel com todas as nações em termos de conflitualidade radical e permanente, mas a exigência de salvaguardar o povo de derivações idolátricas, comuns entre as populações cananeias limítrofes (estas são as populações visadas: são emblemáticas a respeito das distinções presentes em Dt 20,10-18, nas normas para a guerra). No momento da conquista iminente, a Israel é pedido que seja, sem hesitações, instrumento da condenação divina em relação às nações idólatras.

Por outro lado, é preciso ter presente que tais enunciados não representarão um efetivo programa histórico[332]: no momento da elaboração destas páginas, por exemplo, as populações elencadas em Dt 7,2 – os clássicos inimigos de Israel – há tempo já haviam desaparecido da cena da história. Trata-se, antes, de uma modalidade simbólica (certamente problemática para a sensibilidade moderna) com a qual se pede a Israel determinação absoluta para não incorrer na idolatria, *o* pecado por antonomásia segundo a teologia deuteronomística.

A observância da lei

Sempre dentro da lógica da aliança, a atenção da tradição deuteronômica ao tema da *lei* conduz a fé de Israel à focalização de um de seus traços constitutivos. Não se trata mais de considerar de modo genérico leis e preceitos que regulam a vida do povo, mas de reconhecer *a* lei – embora na sua articulada declinação – como fato unitário, confiado à obediência de Israel como resposta à eleição divina. Na obediência a cada preceito, para os israelitas está em jogo o reconhecimento da referência constitutiva a YHWH. Não se trata de uma simples observância formal, exterior: os israelitas são convidados a interiorizar as leis de Deus e a conformar a elas toda a sua existência (emblemático, nesse sentido, Dt 6,6-9).

---

332. Nesse sentido, já está consolidada a inconsistência histórica do relato da conquista em Josué. Cf. p. **245-249**.

A concreta observância da lei dada por YHWH expressa a dignidade reconhecida em Israel e consente a união da dimensão ética e da dimensão cultual-religiosa na vida do povo. Fixa-se aqui um dos traços destinados a se tornar típico do hebraísmo na sua história: a observância da lei como elemento característico da própria autocompreensão e da própria referência a YHWH.

Na perspectiva do Deuteronômio, a observância da lei está estreitamente ligada à permanência na terra doada por Deus: a lei entrará em vigor no momento do ingresso na terra (portanto, é consequência do dom) e, ao mesmo tempo, será condição da permanência de Israel nela.

A solidariedade entre israelitas

Um ulterior traço identitário deixado em herança pela tradição deuteronomística à autoconsciência de Israel é a forte coesão no seio do povo, o forte *sentido de fraternidade e de solidariedade*. Estando todos os israelitas colocados no quadro da aliança e sujeitos à observância da lei, todos conservam uma dignidade que os iguala e que deve ser salvaguardada. Esta forte consciência da unidade de fundo do povo, mais forte do que qualquer tipo de divergência interna, reflete-se bem no fato de todo o povo ser parceiro da aliança e não apenas um de seus soberanos (como em análogos textos religiosos de aliança do Oriente Próximo antigo).

Essa consciência da unidade do povo explica, por um lado, a insistência da parênese deuteronômica em tutelar suas faixas mais fracas (os órfãos, as viúvas, os estrangeiros – Dt 14,29; 16,9-15 – e, mais em geral, os necessitados – 15,7-11) e em evitar atitudes vexatórias no seio de Israel, que possam minar o fundamental sentido de recíproca fraternidade (vão nessa direção, p. ex., as proibições de usura; cf. 23,20-21).

Ao mesmo tempo, a consciência da comum submissão a YHWH e à sua lei impede, na visão institucional da teologia deuteronômica, que se supervalorize qualquer autoridade no seio do povo. Assim, na delineação das figuras institucionais (Dt 16,18–18,22), ninguém (nem o rei, a quem é exigida sobriedade no exercício do poder) é considerado um ser semidivino, superior à lei, mas todas as figuras (reis, sacerdotes, juízes, profetas) são funcionais na observância da lei, fiadores de sua eficácia e vinculados a ela em pé de igualdade ao restante do povo.

Com estes princípios de ordem político-institucional e com as medidas em vista da solidariedade interisraelita, a teologia deuteronômica tende a conter – ao menos ideologicamente – as divergências sociais com suas consequências negativas.

A teologia de alguns acréscimos pós-sacerdotais

Quer depois da elaboração do escrito sacerdotal, quer em concomitância com a colocação do Deuteronômio no conjunto do Pentateuco (ou depois dela), continuou no interior da fé de Israel o aprofundamento das próprias convicções e a releitura das próprias tradições fundantes, que foram integradas com diferentes materiais de variado alcance teológico e/ou ideológico e de variada extensão literária (de poucos versículos a consistentes seções).

Não é possível oferecer uma delimitação do material pós-sacerdotal presente no Pentateuco (cuja individuação representa uma das frentes da pesquisa exegética atual sobre a seção), nem dar a razão das múltiplas instâncias ideológicas subentendidas a esta plural atividade redacional. Mesmo no destaque de cada uma das expressões, esta atividade redacional tardia não concorreu para focalizar sínteses teológicas de amplo fôlego, comparáveis à deuteronomística ou à sacerdotal.

Limitamo-nos a apresentar quatro exemplos significativos do material tardio, pós-sacerdotal, com as relativas instâncias teológicas: a formulação pós-sacerdotal das promessas divinas aos patriarcas, a versão do decálogo presente em Ex 20,1-17, a lei da santidade (Lv 17–26) e a página final do Pentateuco (Dt 34).

A reformulação das promessas divinas aos patriarcas

Dentro de Gn 12–50, *as promessas divinas aos patriarcas* conferem à sorte do clã israelita uma perspectiva em condições de abrir-lhe as seguintes vicissitudes do povo. Com exceção da promessa do filho de Abraão, esse elemento dinâmico é configurado pela primeira vez pela tradição sacerdotal que – como se viu – tende a fixar o horizonte de cumprimento das promessas (da descendência e da terra) num plano histórico verificável, em seus sucessos mais ou menos felizes[333].

---

333. Aliás, a mero título de anotação, precisamente através de sua típica articulação genealógica e através da característica formulação das promessas divinas, a tradição sacerdotal operou

Posteriores formulações das promessas divinas (Gn 12,1-4a; 13,14-17; 22,15-18; 26,2-5; 28,13-15; 46,1-5a), por um lado, tendem a aumentar seu número (acrescentando, por vezes, a promessa de tornar-se motivo de bênção para todas as nações da terra ou a do acompanhamento no itinerário em curso) e, por outro lado, a colocar o horizonte de seu cumprimento num plano, por assim dizer, meta-histórico, tendente ao infinito e não verificável no plano das efetivas realizações históricas.

Esta formulação tardia visa colocar o caminho de Israel ao abrigo das ilusões da história, oferecendo-lhe um horizonte sempre ulterior em relação a qualquer realização histórica e a qualquer adversidade: um horizonte em condições de representar uma meta nunca definitivamente alcançada no caminho do povo no tempo[334].

O decálogo reduplicado e revisto

No Pentateuco existem duas formulações do decálogo: Ex 20,1-17 e Dt 5,6-21. Hoje, a pesquisa exegética tende a considerar que a versão de Ex 20,1-17 seja tardia e posterior em relação àquela de Dt 5[335]. Desde que o Deuteronômio foi posto como conclusão do Pentateuco, a inserção de Ex 20,1-17 repôs as duas instâncias, uma de tipo literário e uma de tipo ideológico.

Por um lado, tratava-se de fazer espaço a uma expressão particularmente eficaz da vontade divina também no contexto da estipulação da aliança no Sinai: uma compreensível exigência de harmonização com o paralelo contexto do Deuteronômio. Por outro lado, nessa reduplicação aparece uma significativa diferença (a principal entre as duas versões do decálogo) a respeito da motivação da observância do sábado. Enquanto Dt 5,12-15 motiva a injunção de observar o sábado com a memória do êxodo (o sábado torna-se sinal da liberdade a seu tempo recebida, que Israel é chamado a guardar na

---

a conexão de duas figuras originariamente distintas – Abraão e Jacó – transformando-as em expoentes do mesmo clã familiar, antecessor do povo de Israel.

334. Para um confronto entre a formulação P e a pós-P das promessas divinas e para a individuação de seus antecedentes históricos e ideológicos, remetemos para GALVAGNO, G. *Sulle vestigia di Giacobbe*, p. 255-310.

335. Para um confronto entre as duas versões do decálogo e os argumentos em favor dessa articulação diacrônica, cf. HOSSFELD, F.-L. *Der Dekalog* – Seine späten Fassungen, die originale Komposition und seine Vorstufen. Friburgo/Göttingen: Universitätsverlag/Vadenkoeck & Ruprecht, 1982 [Orbis biblicus et orientalis, 45].

história), em Ex 20,8-11, o mesmo mandamento é motivado – em referência a Gn 2,1-3 – com a teologia da criação: o sábado não é somente memória de fatos acontecidos na história, mas é parte da criação divina e Israel é chamado a observá-lo. No fundo, é possível intuir a passagem da perspectiva monolátrica para aquela monoteísta.

A lei de santidade

A *lei de santidade* (Lv 17–26) representa o mais recente dos códigos legislativos do Pentateuco: em diálogo (corretivo ou integrativo) com os dois códigos mais antigos, a lei de santidade reflete as instâncias e a sensibilidade do Israel pós-exílico, cuja identidade e cuja vida quotidiana estão sempre mais estreitamente ligadas à dimensão religiosa (mais precisamente, ao templo, ao culto e à hegemonia sacerdotal)[336].

Nestes capítulos, a teologia que aflora está centrada na salvaguarda da santidade de Israel, resultante da santidade de YHWH seu Deus. A santidade do povo é entendida, primeiramente, como separação dos outros povos e nestes termos é lida a experiência fundante do êxodo. Esta santidade deve ser guardada através da adequada celebração do culto, da observância das leis de pureza e das outras ordens divinas. Compreende-se facilmente por que, nesta perspectiva teológica, as categorias de "pecado" e de "expiação" recebem consideração particular: em relação a uma tão forte preocupação pela guarda da santidade e diante da consciência de facilmente poder comprometê-la com o pecado, é preciso focalizar formas adequadas para poder voltar ritualmente a participar da santidade de Deus.

O final

A página conclusiva do Deuteronômio e de todo o Pentateuco (Dt 34) narra *a morte de Moisés*, cuja estatura teológica é delineada. A página é reconhecida como pós-deuteronomística e pós-sacerdotal, e remonta ao momento em que o Deuteronômio foi incorporado ao Pentateuco[337].

---

336. Sobre esta configuração histórico-literária do código de santidade, remetemos para a apresentação de NIHAN & RÖMER."Il dibattito attuale sulla formazione del Pentateuco", p. 89-91. Aliás, é preciso reconhecer que o crescente peso das normas cultuais típicas do Israel pós-exílico está na origem de muitos textos – da seção sinaítica e não só – um tempo reconduzidos para a tradição sacerdotal e hoje considerados posteriores a ela.

337. Sobre o destaque teológico desse texto, cf. DOHMEN, C. & OEMING, M. *Biblischer Kanon, warum und wozu?* Friburgo im Breisgau/Basel/Viena: Herder, 1992, p. 54-68 [Quaestiones Disputatae, 137].

Por um lado, a passagem traça o destaque único da figura de Moisés na história de Israel e, portanto, sanciona a superioridade de tudo o que provém de sua figura para a fé e a identidade de Israel. Sua relação única com Deus torna fundamental a revelação que através dele chegou aos israelitas, seu papel no êxodo – evento fundante da identidade do povo – e nas seguintes peregrinações pelo deserto torna insuperável sua estatura em relação a qualquer outra figura da história israelita.

Por outro lado, a morte de Moisés no Monte Nebo, do outro lado do Jordão, fora da terra prometida por YHWH, sanciona o caráter incompleto de todo o Pentateuco. O grande *líder* morre sem ter levado a termo a tarefa sobre a qual sua existência é jogada, o Pentateuco fecha-se sem poder sancionar a acontecida realização de significativas promessas divinas: a posse da terra, a consistência incomensurável do povo e seu ser paradigma de bênção para todas as nações, a promessa de reis (diante de tais coisas não realizadas, não é difícil perceber traços históricos específicos do Israel pós-exílico).

Exatamente este caráter incompleto do Pentateuco é portador de significativas implicações teológicas e representa um dado ineludível no momento em que se trata de evidenciar alguns temas importantes dos primeiros cinco livros bíblicos e o significado global da primeira seção do cânon bíblico.

Temas teológicos importantes no Pentateuco

Os primeiros cinco livros do cânon bíblico, a *Toráh*, delineiam os traços constitutivos da fé e da identidade de Israel. Olhando para todo o arco narrativo incluído entre Gn 1 e Dt 34 é possível concluir que, enquanto se encontra nas margens do Jordão, na iminência de ingressar na terra, Israel já tenha recebido os elementos irrenunciáveis de sua identidade, o que lhe consente viver e enfrentar a história.

A colocação no universo

Os relatos da criação exprimem a convicção de que Deus é princípio e fundamento do universo e traçam as dimensões fundamentais do cosmos e da história e, neles, o destaque central do homem. O fato de YHWH ser o Criador e o Deus de Israel põe em correlação a realidade da criação e a eleição de Israel. Se Israel condivide com o restante da humanidade o dom da criação e da dignidade reconhecida ao homem por Deus (Gn 1,26-28), o fato de ter sido escolhido como propriedade particular por parte de Deus confere-lhe uma estatura ulterior em relação ao restante das nações. Por isso, o Pentateuco preocupa-se em delimitar a identidade de Israel tanto em relação aos povos limítrofes (as articulações genealógicas das histórias patriarcais respondem precisamente a esta exigência) quanto, em geral, em relação às nações (e, a respeito disso, a categoria de "santificação/separação" joga um destaque significativo a partir da experiência do êxodo). Às margens do Jordão, no fim de seu itinerário pelo deserto, Israel está consciente de não ser um povo como os outros: é o povo escolhido por YHWH. Conforme os momentos e as sensibilidades, esta forte autoconsciência será vivida a seguir como motivo de responsabilidade ou de estranhamento em relação às nações.

A aliança

Exatamente como está expresso na definição cruzada dos dois contraentes (YHWH é o Deus de Israel, Israel é o povo de YHWH), a aliança é a realidade que conserva vital a experiência que os dois *parceiros* fizeram um com o outro e o amor que os liga. Com efeito, para dizê-lo sinteticamente, a aliança é memorial de um agir que abre a outro agir[338]. Por um lado, o pacto consente a Israel guardar a consciência do primado de Deus, a memória daquilo que YHWH operou nos inícios e no curso de sua história, e esta memória é essencial para não perder a si mesmo. Por outro lado, o próprio fato da aliança confere a Israel a dignidade de interlocutor divino e reconhece à sua liberdade a capacidade de adesão a esta relação fundamental: nesse sentido, a memória dos *mirabilia Dei* fundamenta e exige que o povo se ponha em jogo na observância do que é exigido por YHWH, na lógica da aliança a iniciativa divina exige adequada resposta por parte do interlocutor humano (e, portanto, à narração histórica é acrescentada a linguagem prescritiva).

O Pentateuco inclui três diferentes concepções de aliança, três diferentes individuações das bases adequadas sobre as quais fundamentar a relação entre YHWH e Israel[339]. É significativo tomá-las no seu desenvolvimento diacrônico, reconhecendo em filigrana a exigência crente (não só israelita) de interpretar de maneira adequada a relação com Deus.

A teologia deuteronomística – a primeira a valorizar a categoria na sua síntese de fé – concebe a aliança entre YHWH e Israel em termos *bilaterais* e *condicionados*. Embora consciente da assimetria entre as partes, nessa concepção os contraentes estipulam o pacto no mesmo título e comprometendo-se à observância das condições estabelecidas: na medida em que Israel é fiel aos mandamentos exigidos, YHWH é fiel à história de seu povo, Israel é obrigado a observar seus mandamentos. A aliança acaba no momento em que um dos contraentes (no caso, Israel) não respeitar os termos aos quais se vinculou.

Esta maneira de entender a aliança é análoga às categorias da sabedoria bíblica tradicional (segundo a qual Deus premia os justos e pune os ímpios)

---

338. A expressão é uma variação de EPIS, M. "Il rilievo sistemático del primato della Scritura". In: DI PILATO, V. & VERGOTTINI, M. (eds.). *Teologia dalla Scrittura* – Attestazione e interpretazioni. Milão: Glossa, 2011, p. 59 [Forum ATI 9].

339. Para essa apresentação das concepções de aliança presentes no Pentateuco, remetemos para SKA. *Introduzione*, p. 215-217.

e exprime o modo mais elementar de articular as relações homem-Deus, em suma, segundo a lógica de uma troca comercial. Trata-se, aliás, de um filão no qual podem encontrar colocação expressões religiosas importantes em todas as épocas da história: quem se comporta bem merece o prêmio de Deus, quem se comporta mal merece seu castigo; se Deus não protege os justos, não é confiável; e semelhantes.

Esta concepção da aliança (subentendida, em grau diverso, em toda a história deuteronomística) entrou radicalmente em crise por ocasião da destruição do templo e de Jerusalém por obra dos babilônicos e da sucessiva deportação para o exílio, ambas interpretadas como castigo divino pelo pecado do povo. Fazendo o balanço dessa experiência e de precedentes crises da sua história, Israel deu-se conta da insustentabilidade desse modo de entender e de viver a aliança com YHWH: com efeito, enquanto Deus está em condições de garantir fidelidade à aliança, o povo (por causa de sua fragilidade) está constantemente exposto ao risco do pecado, da desobediência às ordens divinas e não tem condições de garantir fidelidade.

Esta tomada de consciência leva a teologia sacerdotal a reler a aliança em termos *unilaterais* e *incondicionados*: o laço entre YHWH e Israel subsiste em virtude da unilateral assunção de responsabilidade por parte de Deus, que não põe condições à contraparte humana. Trata-se de uma impostação que tira proveito da experiência religiosa precedente de Israel, que salvaguarda o primado de Deus e põe em termos marcadamente assimétricos a participação da contraparte humana, correndo o máximo risco de sua desresponsabilização.

Textos como Gn 15,7-18 (de per si não sacerdotal, mas testemunha do mesmo modo de entender a aliança) e Gn 17 exprimem adequadamente esta perspectiva. Em particular, a teologia sacerdotal põe a aliança com Abraão e sua descendência expressa em Gn 17 em linha com a aliança a seu tempo estipulada por Deus com Noé em favor de toda a humanidade: ambas são unilaterais e incondicionadas.

Para um reequilíbrio do modo de entender e viver a relação entre Deus e seu povo concorre a terceira concepção de aliança presente no Pentateuco, que pode levar, em época pós-exílica, à teologia do código de santidade. Esta perspectiva, embora salvaguardando o fundamental primado da iniciativa divina no pacto, recupera o destaque da atitude humana e, sobretudo, focaliza alguns *gestos penitenciais eficazes* (pense-se, em particular, no dia anual das expiações; cf. Lv 16) graças aos quais Israel pode periodicamente reconciliar-se com Deus em forma ritual, pondo assim remédio às suas transgressões da aliança.

Prescindindo das diversas acentuações e sensibilidades consideradas (as diversas concepções, de fato, em época pós-exílica deram vida – por assim dizer – a uma espécie de "pluralismo coexistente" de vistas), a aliança permaneceu realidade decisiva para a autoconsciência de Israel: como eleito no êxodo, Israel foi chamado a uma relação única com YHWH, solenemente expressa na aliança estabelecida. Também a aliança concorre para salvaguardar a memória e a dignidade do povo eleito.

A lei

Tanto a lei proveniente diretamente da boca de YHWH (as duas formulações do decálogo) quanto aquela que veio a Israel através da mediação de Moisés (todo o restante da legislação presente no Pentateuco) são reconhecidas como dom de Deus para a vida do povo (cf. Dt 5,29; 6,20-24). Trata-se de um dom que exprime o destaque reconhecido a Israel: o povo é reconhecido à altura das exigências de YHWH, em condição de responder à sua vontade.

Ao mesmo tempo, a lei dada a Israel é salvaguarda de sua liberdade. O dado pode parecer paradoxal. Precisamente o povo que vê no êxodo – isto é, na libertação da escravidão do Egito – o evento de sua fundação parece acabar submetido num curto espaço de tempo, no Sinai, a uma nova forma de servidão: em que sentido a lei é salvaguarda da liberdade de Israel e não uma nova forma de escravidão imposta por YHWH? A lei não é uma chantagem da parte divina, nem uma nova sujeição do povo por parte de um novo déspota, por cima, celeste. Precisamente porque expressa e motivada a partir do evento do êxodo – emblemático, a respeito, o *incipit* do decálogo, "Eu sou o Senhor teu Deus, que te libertou do Egito, lugar de escravidão"; cf. Ex 20,2 e Dt 5,6 – a lei divina é expressão da própria vontade amorosa de YHWH em relação a seu povo.

O próprio fato de YHWH reconhecer Israel como seu interlocutor privilegiado e estar interessado em sua resposta no quadro de uma relação e nos termos de observância de sua lei, significa que a própria libertação operada no êxodo não representa – por assim dizer – uma salvação imposta, mas uma salvação que suscita e alimenta a liberdade (e, portanto, a dignidade) do interlocutor humano. Precisamente esta compreensão sintética da lei explica por que sua observância é desde sempre parte da identidade de Israel. As derivações legalistas, por vezes imersas de modo exasperado na história do povo ou em algumas correntes suas, não podem obscurecer a lógica do amor subentendida no dom da lei por parte divina[340].

Aliás, o Pentateuco testemunha que esta alta concepção do significado da lei não engessou seus conteúdos. Os três códigos legislativos presentes na primeira seção do cânon testemunham que, sob a categoria de "lei", foram conservados materiais provenientes de épocas diferentes e que respondem a visões teológicas e contextos sociais algo diferentes, também a preço de inevitáveis incongruências[341]. A montante, portanto, existe a convicção de que a lei dada por Deus não subtrai Israel da tarefa de sua diferente declinação nas diversas épocas da história: a observância da lei não exaure a tarefa de Israel em relação a esta instância, mas o compromete a um discernimento sempre ulterior da vontade de Deus no variar das circunstâncias históricas e sociais, salvas as convicções de fundo. Não por acaso, segundo Dt 16–18 as diferentes figuras institucionais de Israel não são submetidas à lei, mas são funcionais à sua interpretação e aplicação.

O culto

Os sacrifícios e suas tipologias, o uso de materiais, a compilação de manuais a serviço dos sacerdotes para a realização correta dos ritos e as práticas cultuais fixas e ocasionais presentes no Pentateuco foram, sem dúvida, o fruto de uma evolução histórica[342]. A pluralidade das formas rituais previstas (sobretudo na longa seção sinaítica) exprime a centralidade do culto na relação entre YHWH e seu povo e, indiretamente, na vida social de Israel.

O holocausto, a oblação e o sacrifício de comunhão representam as formas originárias e mais comuns do culto israelita e refletem praxes rituais habituais no contexto cultural do Oriente Próximo antigo (e não só). Numerosas convicções de fé estão por baixo desses tipos de ritual sacrificial e

340. Para um tratado mais aprofundado do tema da lei remetemos para CRÜSEMANN, F. *La torá*.

341. Para uma apresentação em via de regra dos três códigos legislativos do Pentateuco e para uma exemplificação das incongruências normativas entre elas, cf. SKA. *Introduzione*, p. 53-65, 213-215.

342. Para a apresentação das formas de culto israelita, remetemos para as p. 258-263.

neles encontram expressão. Em alguns gestos exprime-se a consciência da criação como dom de Deus: a oferta das primícias, por exemplo, exprime reconhecimento ao Deus criador como fonte de bênção e de vida. O culto, em geral, é percebido no seu significado de tributo e de homenagem, de religiosa submissão: trata-se do contexto em que Israel como povo e cada israelita é chamado a oferecer a Deus o melhor de si, para significar a genuinidade de uma relação em que tudo se recebe da bênção divina e em que tudo se submete a ela. Em particular, depois, nos sacrifícios de comunhão, a ideia da convivibilidade exprime de modo particularmente eficaz a familiaridade de Israel com YHWH.

A relação do homem com a divindade, porém, é exposta ao risco de consequências nefastas pelo fato de as duas partes não estarem no mesmo plano. O sentimento de inferioridade com o qual o homem se põe diante de Deus obrigou-o a elaborar particulares formas rituais para anular qualquer possível elemento perturbador. O homem antigo, consciente de poder causar ofensa à divindade de muitos modos, encontrou no sistema sacrificial a forma mais adaptada para restabelecer uma eventual ruptura. Qualquer sacrifício, mesmo que em modo embrionário em relação aos específicos, inclui em si mesmo um caráter expiatório. Desse ponto de vista, o sistema cultual de Israel não faz exceção.

Antes, em época pós-exílica, o sacrifício expiatório e o de reparação tornam-se para o povo de Israel as formas específicas de purificação, expiação e reconciliação. Esse dado evidencia o destaque crescente reconhecido ao tema da santidade de Deus, ao qual deve corresponder um estado de pureza por parte de Israel. A intensidade dessa tomada de consciência foi a causa para criar no culto um rito que pudesse neutralizar as graves consequências da impureza. Ao aprofundamento teológico da santidade de Deus corresponde a consciência viva da miséria humana, mas à dificuldade humana de comportar-se com coerência vem ao encontro o socorro de YHWH: com especiais rituais sacrificiais são oferecidas a Israel a possibilidade e a certeza do perdão em ocasiões e tempos estabelecidos. Tudo isso explica por que em época pós-exílica o sacrifício expiatório tornou-se sempre mais importante em Israel e o sangue da vítima, reservado a Deus, é usado pelo sacerdote só para realizar purificação e expiação segundo as prescrições reveladas no Monte Sinai, para evitar qualquer suspeita de magia.

A eliminação da impureza e do pecado torna-se assim um elemento primário de culto, no qual não só é prevista, através de rituais específicos, a reintegração do impuro e do culpado na sociedade, mas também a purificação do templo, para que a santidade de Deus lá possa residir. O sacrifício expiatório descreve um rito que não tem como objetivo aplacar a ira da divindade ofendida, mas antes reintegrar Israel e todo israelita na relação com Deus, através da passagem do estado de impureza e de pecado para o de pureza e de graça.

As solenidades anuais, que mediam ciclicamente os momentos religiosos da vida de Israel, foram o lugar privilegiado da atividade cultual. Durante os tempos sacros do ano, Israel manifestava seu reconhecimento ao Senhor pelos frutos da terra e, através do holocausto, da oblação e dos sacrifícios de comunhão reafirmava o senhorio divino sobre tudo, aceitava o dom da familiaridade com Deus e prometia restabelecer a paz e a comunhão entre os membros do povo. Em algumas perícopes narrativas (cf., p. ex., 1Rs 8,65-66) o sentido de alegria é perceptível não só por causa da comemoração religiosa, mas também pelas inumeráveis vítimas sacrificadas e pelo subsequente lauto banquete do qual todos participavam.

Posteriormente, na consciência religiosa de Israel, a santidade de Deus tornou-se a unidade de medida de cada atitude. Consequentemente, cresceu a necessidade de garantir, além da purificação do templo e do altar, também a pureza física e moral das pessoas e do povo e tornaram-se relevantes os sacrifícios purificatórios e expiatórios, enquanto foi diminuindo (quase até o desaparecimento) o destaque dos sacrifícios de comunhão.

As promessas

Não se promete aquilo que é óbvio ou adquirido, soaria pleonástico ou retórico. A observação, facilmente realçável na vida quotidiana, permite perceber por que determinados conteúdos foram elevados a objeto das promessas dirigidas por Deus aos fundadores de Israel[343]. Com efeito, como Deus não teria prometido a Abrão uma descendência e, *in primis*, o nascimento de um filho se Sarai não tivesse sido estéril, assim não teria prometido ao futuro Israel um incomensurável crescimento, o caráter paradigmático para

---

343. A referência e, entre outros, Gn 12,1-4a.7; 13,14-17; 17,1-8; 22,15-18; 26,2-5; 28,13-15; 35,11-12; 46,1-5a.

o resto das nações em termos de bênção e a posse da terra se tais realidades tivessem sido um dado adquirido e certo para a vida do povo[344]. Ao contrário, quando a tradição sacerdotal e as redações pós-sacerdotais elaboram suas formulações das promessas divinas, o que era anunciado estava bem longe de fazer parte da identidade de Israel: o povo era uma realidade totalmente insignificante no cenário da história; sua própria consistência era modesta, em primeiro lugar porque fragmentado entre exilados, permanecidos na terra e membros de várias diásporas incipientes e, depois, porque sob o risco de aniquilação por parte de outras populações hostis; depois, a posse efetiva da terra era um fato há muito comprometido e a hegemonia persa imperante não concedia espaços para qualquer exercício de soberania sobre a terra dos pais. Aliás, a época persa não foi a única, na história de Israel, a ver o povo em tais condições.

Este quadro de precariedade ou de tribulação permite perceber o destaque que as promessas divinas chegaram a assumir na fé e na autoconsciência de Israel: elas chegaram a representar o horizonte, a meta de uma caminhada para a qual a história do povo estava endereçada. As promessas divinas chegaram a fornecer um futuro a Israel, o horizonte de sua esperança: qualquer adversidade, qualquer derrota ou revés não teriam representado a última palavra de sua história, um desesperador beco sem saída, o povo estava desde sempre destinado por YHWH a metas mais altas.

Embora no cânon não faltem concepções de outro cunho[345], o tema das promessas divinas contribui não pouco para tornar prevalente, no mundo bíblico, a compreensão linear do tempo e da história: a história parte com a criação e é endereçada para uma meta, para uma realização. Se o modo pelo qual estamos habituados a considerar a escatologia (como fato meta-histórico e pessoal) for objeto de gradual focalização a partir das fases tardias da revelação veterotestamentária, as promessas divinas abrem – por assim dizer – para uma espécie de escatologia intra-histórica dirigida ao povo no seu conjunto.

---

344. Essas observações desenvolvem uma intuição já presente em HOFTIJZER, J. *Die Verheissungen an die drei Erzväter.* Leipzig: Brill, 1956, 99. Para um exame detalhado das promessas patriarcais, remetemos para WESTERMANN, C. *The Promises to the Fathers* – Studies on the Patriarchal Narratives. Filadélfia: Fortress, 1980 [orig. alemão, 1976].

345. Pense-se na concepção da história como eterno retorno presente na reflexão de Ecl 1,4-11.

Diante da permanente abertura à ulterioridade oferecida por YHWH com suas promessas, é interessante perceber os conteúdos que catalisaram a espera e a identidade de Israel: a questão de uma adequada descendência; a questão do próprio significado em relação ao restante da história; a questão da terra.

A questão da descendência era vital no mundo antigo. Na ausência de uma perspectiva de vida para além da morte, a própria descendência era o modo ordinário de sobreviver até o fim, transmitindo o próprio nome. E isso importava não só às pessoas individualmente, mas também aos clãs e às nações. Em relação ao risco de um aniquilamento da própria particularidade, o horizonte de uma descendência incomensurável afirma que Israel jamais desaparecerá: é Deus a prometer que as adversidades da história não levarão vantagem sobre a existência do povo, destinado a crescer até o inverossímil.

Aliás, YHWH não se limita a garantir a sobrevivência ou o crescimento numérico do povo, mas confere-lhe um significado em referência à bênção de todos os povos. A eleição de Israel por parte de Deus, de fato, não limita o povo ao âmbito – por assim dizer – privado, nem o condena à marginalidade, mas é funcional para a vida de todos os povos da terra. A bênção reservada por YHWH a Israel é destinada a tornar-se critério de referência para o recíproco abençoar-se das nações da terra: todos os povos desejarão reciprocamente poder viver a bênção, a plenitude de vida, recebida por Israel. Esta promessa torna a função de Israel coextensiva ao desenvolvimento da história, obrigando o povo de Deus a ler sua relação com YHWH também em função da vida de todos.

Depois, as promessas divinas insistem sobre a futura posse da terra por parte de Israel. Trata-se de uma terra determinada do ponto de vista geográfico[346], da terra dos pais, aquela em que os patriarcas moraram de forma provisória, como estrangeiros, da terra que lhes foi indicada por Deus como meta de suas peregrinações[347] e para a qual foi conduzida a caminhada do povo a partir do êxodo: esta terra é destinada a se tornar "para sempre"

346. Cf. o que foi indicado na nota 58.

347. Sobre o significado dos itinerários patriarcais precisamente em função da relação de Israel com a terra, remetemos a SKA, J.-L. "Le genealogie della Genesi e le risposte alle sfide della storia". In: TERMINI, C. (ed.). *L'elezione di Israele*: origini bibliche, funzione e ambiguità di una categoria teologica – Atti del XIII Convegno di Studi Veterotestamentari. (Foligno, 8-10/09/2003). Bolonha: EDB, 2005, p. 105-111 [Ricerche Storico Bibliche, 1].

(assim, p. ex., Gn 13,15) propriedade de Israel. As vicissitudes de sua história, a cobiçada e frustrada autonomia política (i. é, a aspiração ao exercício de uma efetiva soberania sobre ela) explicam por que o Pentateuco se encontre com frequência a traçar em termos idealizados as características da terra prometida: trata-se do oposto do Egito e do deserto, de uma terra fértil além de toda medida desejável, de uma terra "onde correm leite e mel"[348].

Nisso, Israel exprime a exigência comum a todos os povos de ter uma terra na qual reconhecer-se em casa, à qual ligar estavelmente a própria identidade, na qual viver a observância da lei recebida de Deus. Prometendo-lhe a terra, Deus reconhece a legitimidade da instância, ao mesmo tempo o caráter de promessa reservado a este conteúdo testemunha que a posse definitiva da terra permanece um êxito sempre para além do futuro.

O fato de as promessas divinas permanecerem irrealizadas no seio do Pentateuco não testemunha a inconfiabilidade de YHWH, mas seu ser além de qualquer realização histórica, inevitavelmente parcial.

Conclusão: Israel em seus traços constitutivos

O fato de a seção fundamental para a identidade de Israel – precisamente o Pentateuco – ter-se detido além do Jordão, sem a conclusão lógica da quarentenária marcha de Israel pelo deserto, deixa entrever uma determinada concepção do povo eleito e, sobretudo, permite compreender como Israel tenha conseguido guardar na história a sua identidade, lançando-a de modo quase exclusivo sobre coordenadas de ordem religiosa.

No conjunto do Pentateuco, Israel é o povo de Deus porque recebeu de YHWH uma série de dons decisivos, que o tornam tal e lhe permitem viver desta identidade: o destaque específico no universo criado por Deus; a predileção, a eleição celeste, realidade permanente que se manifestou no êxodo; a aliança; a lei; o culto; algumas instituições de referência (os sacerdotes, os anciãos, os juízes); as promessas (da terra, de um crescimento incomensurável, de ser paradigma de bênção para as nações)[349]. Estes dons consentem que Israel seja tal, porque o enraízam na memória do fundamento, permi-

---

348. Cf. Ex 3,8; Lv 20,24; Nm 13,27; e esp. Dt 6,10-11; 8,6-18; 26,1-10.

349. É interessante confrontar esse elenco dos dons recebidos por Israel com aquilo que afirma Paulo em Rm 9,4: "Eles são israelitas, deles são a adoção filial, a glória, as alianças, a legislação, o culto e as promessas".

tem-lhe viver no presente a responsabilidade de sua eleição e o abrem ao futuro cumprimento das promessas divinas, oferecendo-lhe uma direção e uma esperança para sua caminhada no tempo. Mesmo se privado pela história de alguns desses dons (pense-se, em particular, no culto e no sacerdócio), Israel pôde atravessar os séculos (e continua a fazê-lo) graças a estes traços constitutivos de sua identidade.

Ao mesmo tempo, olhando para o conjunto do Pentateuco e considerando os traços essenciais que ele deixa em herança a Israel, é interessante notar que, neste ponto da vicissitude do povo, faltam dimensões que serão significativas em algumas épocas de sua história e em alguns filões de sua teologia: a posse da terra e, relacionada a ela, a monarquia (i. é, uma configuração adequada do exercício da soberania sobre um território). Com efeito, no fim do Pentateuco, a posse da terra, mesmo vista como iminente, ainda não se tornou realidade, o Jordão ainda deve ser ultrapassado. E por mais notável que tenha sido a liderança de Moisés, sua figura nunca tem uma conotação em termos de rei. A monarquia, especialmente no Deuteronômio, é tomada em consideração e de algum modo configurada, mas em vista do ingresso na terra, não como elemento necessário ao itinerário de Israel.

A ausência destes dois elementos dos traços constitutivos da identidade de Israel é facilmente compreensível no quadro da época que viu a conclusão do Pentateuco. O fim da época persa, de fato, não via a presença de todos os israelitas na terra (a realidade da diáspora estava se tornando cada vez mais significativa) e, para os que residiam na terra, não era possível falar de verdadeira e própria posse, considerando que continuava a sujeição em relação ao Império Aquemênida. A terra, portanto, era parte da identidade de Israel enquanto laço histórico e promessa de posse futura, não enquanto propriedade adquirida. Muito menos era verossímil ligar a identidade do povo a um fundamento de tipo político: não existiam possibilidades de uma restauração da monarquia e o povo – mesmo conservando o desejo à autonomia política – estava, de fato, experimentando que era possível ser Israel também na ausência dela.

Na realidade, o que poderia parecer uma rendição diante das adversidades da história, uma diminuição da estatura e dos termos da identidade do povo, nos séculos seguintes revelou-se uma oportunidade decisiva. Ter reconhecido de modo adequado os termos da própria identidade no momento da fixação da *Toráh* permitirá a Israel atravessar longos séculos de sua história longe da terra e privado da autonomia política, misturado às nações, mas sem confundir-se com elas. Exatamente as fortes conotações de fé de sua identidade, fixadas no Pentateuco, permitiram que Israel não fosse sorvido novamente, no decorrer da história, no inevitável crisol dos povos.

Pentateuco e cânones bíblicos: diferentes compreensões nas tradições crentes

O cânon bíblico não representa um simples fato formal, o simples elenco dos livros considerados inspirados pela tradição hebraica e cristã. No seu resultado final, o cânon reflete o processo que levou uma comunidade crente a reconhecer em determinados textos a revelação da Palavra de Deus e a expressão adequada da própria fé[350]. A pluralidade de livros incluída no cânon bíblico testemunha a convicção que nenhum livro individualmente inclui toda a verdade da revelação, verdade, pois, inevitavelmente plural na sua recepção e transmissão. Além disso, a pluralidade dos livros não é transmitida no cânon pela simples somatória, mas é organizada em diferentes seções: ao lado de motivações de ordem histórica ou literária, a levar à determinação de diversas seções estiveram também razões de ordem teológica.

Conforme os livros reconhecidos ou não como inspirados e conforme as diferentes seções em que são organizados, tem-se de tratar com um certo cânon bíblico e não com outro entre aqueles que as tradições crentes conseguiram pôr em foco. A distinção fundamental entre cânon hebraico e cânon cristão vem do reconhecimento ou não da figura de Jesus Cristo, com a consequente ausência ou presença dos livros do Novo Testamento. Em relação aos livros bíblicos pré-cristãos, a tradição hebraica (seguida, séculos depois, pelas comunidades reformadas) reconhece como inspirados um número menor de livros e os organiza num cânon tripartido (*Toráh*, *N^{e}bi'ím*, *K^{e}tubím*: Lei, Profetas e Escritos). Mesmo dentro de um articulado percurso histórico, a tradição cristã mais antiga (hoje conservada no cânon da Igreja

350. Sobre o processo que levou a pôr em foco o aspecto literário e teológico do cânon, a referência significativa é SANDERS, J.A. *Identité de la Bible* – Torah e Canon. Paris: Cerf, 1975 [Lectio divina, 87] [orig. inglês, 1972]. Cf. tb. DOHMEN & OEMING. *Biblischer Kanon*.

católica e das Igrejas ortodoxas) reconheceu como inspirados um número maior de textos hebraicos pré-cristãos e, segundo uma sensibilidade mais historicizante (assumida pela versão grega dos LXX ou, mais provavelmente, refletida na transmissão dela que chegou a nós), organizou-se num número maior de seções diferentemente articuladas (Pentateuco, livros históricos, sapienciais e proféticos)[351].

Prescindindo a diferente denominação, o Pentateuco é a única seção do cânon bíblico (veterotestamentário) condividida pelas diversas formas de cânon, tanto na sua delimitação quanto pela sua colocação inicial. Aliás, nas diversas tradições crentes, esta referência fixa abre para diferentes compreensões do conjunto do cânon[352].

A compreensão hebraica da *Toráh*

Voltemos ao caráter incompleto do Pentateuco. O final aberto da história nele narrada não é só decisivo, como considerado, por ter posto em ordem a identidade de Israel, mas oferece consideráveis perspectivas para a compreensão do cânon bíblico.

A morte de Moisés no outro lado do Jordão e o fim do Pentateuco antes do ingresso aprazado na terra deixam em herança a Israel e ao leitor uma série de perguntas abertas. O ingresso aconteceu? Fez-se esperar? Deve ainda vir? Israel tomou efetivamente posse da terra? O povo assumiu, no tempo, a estatura de grande nação? Tornou-se, em termos de bênção, referência para todas as nações da terra? A monarquia marcada conheceu realizações adequadas? Como se realizou o desejado ideal de fraternidade social no seio do Israel que seguiu? Diante da inatingibilidade da estatura de Moisés, os líderes posteriores foram dignos herdeiros dele ou comprometeram o que foi adquirido? YHWH ficou fiel a seu povo? A eleição e a aliança superaram as atmosferas da história? Que destino espera Israel? E a série poderia continuar.

---

351. Para uma apresentação histórico-literária dos diversos cânones, remetemos à síntese de ZENGER, E. “La sacra Scrittura degli Ebrei e dei cristiani”. In: ZENGER (ed.). *Introduzione all'Antico Testamento*. Bréscia: Queriniana, 2005, p. 27-45 [orig. alemão: 4. ed., 2004].

352. Para as seguintes considerações, somos devedores das intuições de LOHFINK, N. “Moses Tod, die Tora und di alttestamentliche Sonntagslesung”. In: *Theologie und Philosophie*, 71, 1996, p. 481-490.

Estas questões abertas devem ser percebidas em sua relevância e em seu alcance permanente. Com efeito, apesar de nossa percepção historicizante do cânon bíblico, não basta "virar a página" e entrar no Livro de Josué para que as mencionadas perguntas comecem a encontrar resposta. Mesmo porque, na época em que os livros bíblicos – ao menos aqueles dos quais estamos nos ocupando – conheceram sua fixação, não era possível "virar a página": realmente, os textos não estavam escritos em códices (com as páginas ligadas umas após outras, como se costuma hoje em nossos livros), mas em rolos. E o rolo da *Toráh* acabava e acaba com Dt 34, sem que se possa virar a página. Por isso é preciso perceber a separação existente entre a *Toráh* e os seguintes livros ou as seguintes seções do cânon bíblico, que estavam escritos em outros rolos.

Diante do destaque primário da *Toráh*, a imagem dos diferentes rolos e a originária ausência de uma estruturação rígida do cânon bíblico permite pensar nas seguintes seções do cânon hebraico (ou nos outros livros individualmente) como pesquisa e testemunho de respostas em relação às perguntas que ficaram sem respostas no final aberto da história constitutiva de Israel. E como se a reflexão de Israel, com seus diferentes registros e com suas diferentes sensibilidades teológicas nas várias épocas, se tivesse medido com os desafios não resolvidos postos pela *Toráh* ou tivesse sido interpretada em relação a estas questões fundamentais.

Assim, para limitar-nos somente a alguma sugestão a título de exemplo, uma primeira resposta está contida na obra histórica deuteronomística (Js –2Rs, os *Profetas anteriores* da tradição hebraica), que parece a natural continuação narrativa do Pentateuco. Trata-se de uma resposta de tipo político, que consiste na conquista da terra e na realização da monarquia aprazada. Trata-se, porém, do relatório de uma tentativa que faliu, já que, no fim da história, Israel encontra-se novamente fora da terra, no exílio, e privado de uma configuração política autônoma (i. é, sem monarquia).

De modo análogo, também a pregação profética (recolhida nos *Profetas posteriores* do cânon hebraico) testemunha a instância crítica da Palavra de Deus em relação à sorte do povo nas várias épocas de sua história e mantém vivos tanto o enraizamento na memória fundante de Israel quanto a exigência de ulterioridade em relação a qualquer realização histórica. Seja quando se põe em termos de juízo ou de ameaça, seja quando se põe em termos de consolação, a palavra profética diz sempre que Deus espera outra coisa da parte do povo, que sua (in)observância da lei, suas instituições, suas esperanças não estão à altura daquilo que foi recebido como dom e tarefa na Lei, no curso de sua vicissitude constitutiva. Radicalizando esta linha, os textos apocalíticos (*in primis*, Daniel) afirmam depois que as questões que permaneceram abertas às margens do Jordão poderão receber resposta adequada somente pelo irromper de Deus no plano da história. E de modo análogo e com uma certa variedade de matizes colocam-se as esperanças messiânicas testemunhadas no tardio hebraísmo bíblico.

Também o *Saltério*, com sua estrutura pentapartida[353], põe-se como meditação orante da *Toráh* (cf. a passagem programática de Sl 1,2), enquanto a literatura sapiencial coloca o confronto com os elementos fundantes e com aqueles não resolvidos da *Toráh* no plano da reflexão sobre a consistência e a verdade do humano.

Há séculos, a praxe litúrgica sinagogal do hebraísmo testemunha este modo de entender o cânon bíblico, respondendo às indicações presentes na própria *Toráh*[354]. Assim, a convicção da superioridade da revelação contida nos primeiros cinco livros do Cânon, por causa da relação única de Moisés com YHWH e da ausência de posteriores figuras proféticas de seu nível (cf. Dt 34,10), explica a veneração pelo próprio rolo da Lei, o único a ser guardado no *'arón* (i. é, no armário preciosamente decorado, especialmente destinado, no interior da sinagoga, para a conservação do rolo sagrado). A *Toráh*, aliás, é a única seção a ser lida de maneira continuada de sábado em sábado, em linha com a exigência de leitura pública já atestada em Ex 24,7 e em Dt 31,9-13. Como comentário à passagem proclamada da *Toráh*, a praxe sinagogal vê seguir a leitura de um texto da seção profética, enquanto, nas grandes festividades, à proclamação da *Toráh* é ajuntada a leitura de uma das *meghillót*[355]. Esta praxe testemunha que o cânon hebraico é, por assim dizer, estruturalmente dirigido para trás, para sempre melhor compreender

---

353. O Saltério da Bíblia hebraica subdivide os 150 salmos em cinco livros (3–41; 42–72; 73–89; 90–106; 107–145), precedidos de dois salmos introdutórios (1–2) e concluídos com uma doxologia (146–150).

354. Para uma apresentação da liturgia sinagogal e de seus elementos, remetemos, entre outros, a STEFANI, P. *Introduzione all'ebraismo*. Bréscia: Queriniana, 1995, p. 217-287 [Introduzioni e tratati, 6].

355. Trata-se, mais precisamente, dos livros bíblicos de Cântico dos Cânticos, Rute, Lamentações, Eclesiastes e Ester, lidos respectivamente nas festas de páscoa, das semanas, do 9 de *'av* (comemoração da destruição do templo), das cabanas e de Purím.

e comentar seu núcleo incandescente, representado pela *Toráh*. Esta praxe testemunha a autoconsciência de Israel de ser, na história, povo constitutivamente atestado nas margens do Jordão, em permanente escuta da revelação recebida e à espera do cumprimento das dimensões incompletas de sua identidade.

A compreensão cristã do Pentateuco

O surgimento do cristianismo aconteceu paralelamente à gradual imposição do códice, em relação ao rolo, como meio de difusão dos textos. Esta passagem, indubitavelmente ligada a exigência de comodidade e maneabilidade, leva a uma organização rígida do cânon: enquanto a disposição dos rolos é potencialmente intercambiável, no códice a disposição dos livros e das diversas seções tende a fixar-se. Ao lado desse aspecto técnico, também um importante dado teológico leva à articulação do Antigo Testamento cristão. Pondo a figura de Cristo e a revelação recebida por seu intermédio em continuidade com a precedente revelação a Israel, a comunidade cristã tende a uma compreensão historicizante das Escrituras de Israel, destacando a unidade histórico-salvífica de toda a revelação.

Somando os dois fatores, técnico e teológico, e valorizando uma perspectiva talvez já presente na versão grega dos LXX, chega-se a dividir o cânon veterotestamentário – embora com muitas incertezas e variantes – em Pentateuco, livros históricos, livros sapienciais e livros proféticos. O Pentateuco mantém a mesma posição inicial já assumida no cânon hebraico, os livros históricos (os *Profetas anteriores* da tradição hebraica, seguidos por textos de índole histórico-narrativa) continuam a história salvífica, os livros proféticos (os *Profetas posteriores* da tradição hebraica) põem o fecho às Escrituras antigas.

Precisamente a colocação final da seção profética deixa entrever a diferença fundamental entre o cânon hebraico e o cânon cristão. Enquanto na tradição hebraica a seção profética é entendida como comentário à *Toráh*, na tradição cristã tanto o fluir da narração histórica quanto o destaque dado à seção profética abrem para o cumprimento futuro, representado por Cristo: o Antigo Testamento cristão é estruturalmente dirigido para frente.

Nesse quadro, os primeiros cinco livros bíblicos conservam sua função de início e fundamento da revelação, sendo, porém, redimensionado o absolutismo a eles reservado pela tradição hebraica: a fé cristã reconhece aquilo que de relevante foi dado a Israel e com estes dons põe-se em continuidade, mas a insuperabilidade da figura de Moisés é radicalmente redimensionada diante do vértice reconhecido em Cristo.

Exatamente a centralidade da figura de Jesus leva a tradição cristã a reconsiderar de modo novo os fundamentos da fé de Israel testemunhados nos primeiros cinco livros bíblicos e a ver nele o cumprimento adequado das dimensões que ficaram insolúveis no Pentateuco.

Por um lado, são relidos à luz de Cristo os traços constitutivos da fé e da identidade de Israel, embora com diferentes modelos de interpretação[356].

Assim, para limitar-nos a uma rápida visão incompleta, a realidade da criação é aprofundada como criação em Cristo (Jo 1,3; Cl 1,16-17) e a dignidade do homem é lançada sobre o fato de ser eleito desde sempre nele (Ef 1,4) e chamado à plena conformação a Ele (Rm 8,29-30). A identidade da Igreja, novo Israel, não é mais lançada sobre a lógica da separação e da delimitação, mas é testemunho do reino, sua presença visível e invisível na história (Lc 8,16; 13,20-21), enquanto que sua santidade não é mais questão de estranhamento das nações, mas de incorporação a Cristo (1Cor 12,27; Cl 1,18; 2,19).

A categoria de aliança encontra na figura de Jesus sua realização insuperável, já que em sua pessoa humanidade e divindade estão ligadas para sempre: não se trata só de uma interiorização da aliança (segundo o que já foi previsto a seu tempo em Jr 31,31-34), mas realmente de uma aliança nova, inaudita e eterna (Lc 22,19-20; 1Cor 11,23-25; Hb 7,22; 9,15). Na figura de Jesus, o homem encontra a definitiva possibilidade de acesso a Deus, de uma relação viva com Ele, sem unilateralidade e sem condições dirimentes senão aquela da adesão ao Senhor.

A realidade da lei conhece nos escritos do Novo Testamento avaliações algo diferentes, conforme as diversas sensibilidades teológicas: traço comum é a condenação de um legalismo fim em si mesmo, geralmente identificado

---

356. M. Grilli, p. ex., individua quatro modelos dentro do Novo Testamento e na tradição cristã a seguir, para delinear as relações entre as duas etapas da economia salvífica: o modelo conflitivo, o modelo tipológico-alegórico, o modelo promessa-cumprimento, o modelo histórico-salvífico. Cf. GRILLI, M. *Quale rapporto tra i due Testamenti?* – Riflessione critica sui modelli ermeneutici classici concernenti l'unità delle Scritture. Bolonha: EDB, 2007 [Epifania della Parola, 10]. As releituras dos fundamentos da *Toráh* na tradição cristã, para as quais se há de acenar, levarão a eles diversos modelos.

com a escola farisaica (cf., p. ex., Mc 2,18-28; 7,1-23). Assim, a teologia mateana põe o ensinamento de Jesus em total continuidade com a Lei de Moisés (cf. "enquanto não passar o céu e a terra, não passará um i ou um pontinho da Lei, sem que tudo se cumpra": Mt 5,17-19), no máximo radicalizando algumas instâncias suas (cf. as assim chamadas "antíteses mateanas" em Mt 5,20-48). Ao contrário, a teologia paulina denuncia a radical insuficiência salvífica da observância da Lei, diante do destaque decisivo da fé em Cristo (cf., p. ex., Rm 7,7-25; Gl 2,15-21; Ef 2,15).

Um dos pontos de maior distância entre a teologia do Pentateuco e a neotestamentária é representado pelo culto, que, por causa do próprio tempo da unicidade e da laicidade da figura de Jesus, é um tanto redimensionado. Em particular, a teologia da carta aos hebreus, na medida em que relê a figura de Cristo em termos sacerdotais e reconhece no dom da vida sobre a cruz o autêntico sacrifício agradável a Deus, põe radicalmente em discussão o valor e o significado do sacerdócio e do culto israelitas (cf., em particular, Hb 10,1-18).

Também a respeito das promessas divinas que ficaram sem resposta na conclusão do Pentateuco, a tradição cristã vê em Jesus e na economia salvífica por Ele inaugurada seu pleno cumprimento. Por um lado, o horizonte, universal da missão confiada por Jesus aos apóstolos (Mt 28,18-20), leva a comunidade cristã para fora de qualquer particularismo e tira todo o caráter de exclusão à eleição divina (cf. Ef 2,11-22). Por outro lado, o caráter marcadamente escatológico implicado no anúncio de Jesus permite pôr neste nível o cumprimento das antigas promessas: a Jerusalém celeste descrita em Ap 21–22 prevê o cumprimento do anunciado reino de Deus e da missão da Igreja na história em termos de superabundante plenitude. Nesse sentido, a vicissitude histórica de Jesus não representa o cumprimento da história e das promessas divinas, mas o cumprimento ulterior (ligado à parusia) sai da indeterminação: a história não está a caminho para uma meta indefinida, mas para o cumprimento do evento de Cristo.

A fé cristã, pois, a partir dos escritos do Novo Testamento relê de maneira diferente os traços constitutivos da fé e da identidade de Israel testemunhados pelo Pentateuco. Ao mesmo tempo, ela vê em Cristo também a realização das instâncias que a narração dos primeiros cinco livros bíblicos havia deixado insolúveis. O fim da história do outro lado do Jordão havia deixado irrealizadas a tomada de posse da terra e a configuração política da soberania de Israel. Ora, precisamente as narrações evangélicas, ao relatar os inícios da vida pública de Jesus, referem sua permanência no deserto, a travessia do Jordão, o ingresso na terra e o anúncio do reino de Deus. Jesus realiza, assim, na sua pessoa e na sua história, as dimensões irrealizadas do itinerário fundamental de Israel e a esperança messiânica de seu povo[357].

357. Cf. SKA. *Introduzione*, p. 262.

Bibliografia comentada

Obras de introdução ao Pentateuco

Entre as introduções mais completas e atualizadas disponíveis em língua italiana devem ser assinaladas, sem dúvida, as de J.-L Ska e de J. Blenkinsopp: a de Ska distingue-se pela clareza e pelo rigor no trato dos vários assuntos; a de Blenkinsopp, sempre de alto nível, pressupõe, de quando em quando, um leitor já familiarizado com as matérias tratadas. Os manuais de F. García López e de A. Rofé, junto com a obra aos cuidados de G. Borgonovo, mais ampla e articulada, certamente, devem ser enumerados entre as obras de valor. Entre os trabalhos de cunho mais didático e, em parte, de divulgação, podem ser considerados os de S. Pinto, M. Settembrini e de M. Tábet. O volume de Cortese, que compreende também uma introdução aos seguintes livros históricos, reflete a tradicional impostação da hipótese documentária, enquanto que o de Lepore focaliza sobretudo a atenção sobre o dado arqueológico e, em geral, sobre a história de Israel. As seções dedicadas ao Pentateuco tiradas das introduções editadas por T.C. Römer, J.-D. Macchi, C. Nihan e por E. Zenger podem ser consideradas boas sínteses para uma aproximação inicial e para um medido *status quaestionis*. A síntese de E. Bianchi privilegia, sobretudo, uma aproximação espiritual ao texto dos cinco livros, enquanto que a obra marcada em língua inglesa, para leitores mais peritos, oferece uma panorâmica bastante interessante do Pentateuco a partir da época pós-exílica na qual, na maior parte, foi escrita.

BIANCHI, E. *Introduzione al Pentateuco*. Magnano: Qiqajon, 1987.

BLENKINSOPP, J. *Il Pentateuco* – Introduzione ai primi cinque libri della Bibbia. Bréscia: Queriniana, 1996 [Biblioteca Biblica, 21] [orig. inglês, 1992].

BORGONOVO, G. (ed.). *Torah e storiografie dell'Antigo Testamento*. Leumann: Elledici, 2012 [Logos: Corso de Studi Biblici, 2].

CORTESE, E. *Le tradizioni storiche di Israele*: da Mosé a Esdra. Bolonha: EDB, 1985 [2. ed., 2001] [La Bibbia Nella Storia, 2].

EDELMAN, D.V.; DAVIES, P.; NIHAN, C. & RÖMER, T.C. (eds.). *Opening the Books of Moses* (Bible World). Sheffield-Bristol, CT: Equinox, 2012.

GARCÍA LÓPEZ, F. *Il Pentateuco* – Introduzione alla lettura dei primi cinque libri della Bibbia. Bréscia: Paidea, 2004 [Introduzione allo studio della Bibbia, 3/1] [orig. espanhol, 2003].

LEPORE, L. *Alle origini del Pentateuco* – Lineamenti per una storia della letteratura classica del popolo hebraico. Bornato in Franciacorta: Sardini, 2013 [Bibbia e Oriente – Supplementa 18].

PINTO, S. *Io sono un Dio geloso* – Manuale sul Pentateuco e i libri storici: Introduzione ed esegesi. Roma: Borla, 2010 [Nuove vie dell'esegesi].

ROFÉ, A. *La composizione del Pentateuco* – Un'introduzione. Bolonha: EDB, 1999 [Studi Biblici, 35] = *Introduzione alla lettura della Bibbia hebraica* – Vol. 1: Pentateuco e libri storici. Bréscia: Paideia, 2011, p. 17-136 [Introduzione allo studio della Bibbia, 48] [orig. hebraico/inglês, 1999].

RÖMER, T.C.; MACCHI, J.D. & NIHAN, C. (eds.). *Guida di lettura dell'Antico Testamento*. Bolonha: EDB, 2007, p. 55-225 [orig. francês, 2004].

SETTEMBRINI, M. *Nel Pentateuco* – Introduzione ai primi cinque libri della Bibbia attraverso il commento di pagine scelte. Cinisello Balsamo: San Paolo, 2012 [Parola di Dio – Seconda serie].

SKA, J.-L. *Introduzione alla lettura del Pentateuco*. Bolonha: EDB, 2000 [Collana biblica].

TÁBET, M. *Introduzione al Pentateuco e ai libri storici dell'Antico Testamento*. Roma: Edizioni Università della Santa Croce, 2000 [Sussidi di teologia].

ZENGER, E. (ed.). *Introduzione all'Antico Testamento*. Bréscia: Queriniana, 2005, p. 91-281 [orig. alemão, 1995; 8. ed., 2012].

Monografias sobre o Pentateuco

Os sete volumes de J.-L. Ska, que, na maior parte, contêm artigos escritos em várias épocas e, na origem, em várias línguas, junto com o verbete de dicionário indicado, oferecem gostosas sínteses de exegese e de teologia de várias perícopes ou seções da Escritura, privilegiando de modo particular o Pentateuco. Entre eles, o volume editado pela San Paolo em 2011 destaca-se particularmente, pelo que concerne à ampla seção dedicada ao Pentateuco, por sua leitura aguda e atualizada com as últimas aquisições da exegese, a ponto de ultrapassar em muitos assuntos as outras introduções em cada um dos livros, indicadas no curso desta bibliografia. As obras de J. Abella, J. Briend, F. Rossi de Gasperis & A. Carfagna, G. Vanhoomissen e W. Vogels dirigem-se aos primeiros cinco livros da Bíblia hebraica a partir de um ponto de observação sobretudo teológico e espiritual. Em particular, o trabalho de F. Rossi de Gasperis & A. Carfagna pode ser considerado uma boa introdução à *lectio divina* sobre os textos do Pentateuco. Os ensaios de J. Blenkinsopp e de N. Lohfink, ao contrário, apresentam-se como trabalhos de cunho decididamente exegético, embora sempre animados por um amplo fôlego teológico. Os volumes aos cuidados de B.G. Boschi e de I. Cardellini & E. Manicardi são a publicação das atas de dois congressos temáticos organizados pela Associação Bíblica Italiana, enquanto as duas publicações em língua inglesa constituem duas consideráveis coleções de artigos de importantes estudiosos do Pentateuco e pressupõem um leitor um tanto perito. As obras de R. Reggi e de P. Sacchi são, ao contrário, traduções integrais dos cinco livros da *Toráh*: a contribuição de Reggi oferece uma tradução do texto massorético hebraico diferente daquela da CEI, enquanto aquela aos cuidados de P. Sacchi apresenta uma versão italiana a partir do texto grego dos LXX.

ABELLA, J. (ed.). *Parola-Missione* – 1: Pentateuco; Perché l'uomo viva. Bolonha: EDB, 1998 [Lettura pastorale della Bibbia – Bibbia e Spiritualità].

BLENKINSOPP, J. *Tesori vecchi e nuovi* – Saggi sulla teologia del Pentateuco. Bréscia: Paideia, 2008 [Studi Biblici, 156] [orig. inglês, 2004].

BOSCHI, B.G. (ed.). *Pentateuco come Torah*: storiografia e normatività religiosa nell'Israele antico – Atti del VI convegno di studi veterotestamentari. Bolonha: EDB, 1991 [Richerche Storico Bibliche, 1].

BRIEND, J. *Una lettura del Pentateuco*. Turim: Gribaudi, 1979 [Bibbia oggi] [orig. francês, 1976].

CARDELLINI, I. & MANICARDI, E. (eds.). *Torah e kerygma: dinamiche della tradizione nella Bibbia* – XXXVII Settimana Biblica Nazionale, Roma 9-13 Settembre 2002. Bolonha: EDB, 2005 [Ricerche Storico Bibliche, 1–2].

DOZEMAN, T.B.; SCHMID, K. & SCHWARTZ, B. (eds.). *The Pentateuch* – International Perspectives on Current Research. Tübingen: Mohr Siebeck, 2011 [Forschungen zum Alten Testament, 78].

KNOPPERS, G.N. & LEVINSON, B.M. (eds.). *The Pentateuch as Torah*: New Models for Understanding its Promulgation and Acceptance. Winona Lake, IN: Eisenbrauns, 2007.

LOHFINK, N. *Il Dio della Bibbia e la violenza* – Studi sul Pentateuco. Bréscia: Morcelliana, 1985 [Quaestiones Disputate] [orig. alemão, 1983].

REGGI, R. *Pentateuco* – Traduzione interlineare in italiano. Bolonha: EDB, 2011 [Bibbia e Testi Biblici].

ROSSI DE GASPERIS, F. & CARFAGNA, A. *Prendi il libro e mangia!* – Dalla creazione alla Terra Promessa. Bolonha: EDB, 1997 [Lettura Pastorale della Bibbia – Bibbia e spiritualità, 3].

SACCHI, P. (ed.). *La Bibbia dei Settanta* – Pentateuco. Bréscia: Morcelliana, 2012 [Antico e Nuovo Testamento].

SKA, J.-L. *Il cantiere del Pentateuco* – 1: Problemi di composizione e de interpretazione. Bolonha: EDB, 2013 [Biblica].

______. *Il cantiere del Pentateuco* – 2: Aspetti teologici e litterari. Bolonha: EDB, 2013 [Biblica].

______. *L'Antico Testamento spiegato a chi ne sa poco o niente*. Cinisello Balsamo: San Paolo, 2011.

______. "Torah". In: PENNA, R.; PEREGO, G. & RAVASI, G. (eds.). *Temi teologici della Bibbia*. Cinisello Balsamo: San Paolo, 2010, p. 1.438-1.447 [Dizionari San Paolo].

______. *Una goccia d'inchiostro* – Finestre sul panorama biblico. Bolonha: EDB, 2008 [Collana Biblica].

______. *I volti insoliti di Dio* – Meditazioni bibliche. Bolonha: EDB, 2006 [Collana Biblica].

______. *Il libro sigillato e il libro aperto.* Bolonha: EDB, 2005 [Collana Biblica].

______. *La strada e la casa* – Itinerari biblici. Bolonha: EDB, 2001 [Collana Biblica – I: temi della Bibbia].

VANHOOMISSEN, G. *Cominciando da Mosè* – Dall'Egitto alla Terra Promessa. Bolonha: EDB, 2004 [Collana Biblica] [orig. francês, 2002].

VOGELS, W. *Mosè dai molteplici volti* – Dall'Esodo al Deuteronomio. Roma: Borla, 1999 [Itinerari Biblici] [orig. francês, 1997].

Traduções interlineares ao Gênesis

BERETTA, P. (ed.). *Genesi* – Ebraico, greco, latino, italiano. Cinisello Balsamo: San Paolo, 2006 [Bibbia Ebraica Interlineare, 1].

NERI, U. (ed.). *Genesi* – Versione ufficiale italiana confrontata con ebraico masoretico, greco dei Settanta, siriaco della Peshitta, latino della Vulgata. Bolonha: EDB, 1995 [Biblia AT 1].

REGGI, R. (ed.). *Genesi* – Traduzione interlineare in italiano. Bolonha: EDB, 2007 [Bibbia e Testi Biblici].

Comentários ao Gênesis (integrais e parciais)

Embora há algum tempo anunciada e ainda não disponível em língua italiana, a obra de H. Gunkel deve hoje ser considerada um dos melhores comentários existentes, se bem que dirigido a um leitor não principiante. Considerados o autor e a época de composição, o leitor encontrará uma apreciabilíssima sensibilidade em perceber os matizes da arte narrativa do livro bíblico, junto com o emprego da hipótese documentária clássica. Um que ainda deve ser incluído entre os melhores comentários em circulação, embora em língua inglesa, é o trabalho de G.J. Wenham, em dois volumes, de impostação prevalentemente sincrônico-narrativa. Em língua italiana, embora no seu caráter sintético, os dois volumes de Giuntoli representam o melhor e mais atualizado comentário exegético a todo o primeiro livro bíblico: ágeis, essenciais e atentos ao confronto com a literatura do Oriente Próximo antigo. Uma ótima introdução a Gn 1–11, ou seja, a história das origens do mundo e de seus habitantes, é, sem dúvida, a de J. Blenkinsopp, enquanto que o trabalho de W. Brueggemann deve ser recordado por uma boa aproximação, sobretudo teológica, ao primeiro livro das Escrituras. Uma discreta síntese introdutória pode ser considerada a contribuição de C. Westermann, compêndio de uma bem mais poderosa obra em três volumes, enquanto que o comentário de G. von Rad pode ser considerado um clássico da exegese sobre o Gênesis do século passado, sempre recorrendo à metodologia da hipótese documentária. Os comentários de E. Bianchi, G. Cappelletto, A. Marchadour, G. Ravasi, e A. Wénin, sempre de bom nível, podem, ao contrário, ser utilizados para uma primeira aproximação aos textos do Gênesis, sobretudo de natureza teológica e existencial. De cunho tradicional, com interessantes acentos tanto de ordem exegética quanto teológica, são também as obras de B.G. Boschi, G. Castello, J.A. Soggin e E. Testa. O estudo de A. Catastini oferece uma tradução da história de José, seguida de um comentário ao texto. Por outro lado, a obra cuidada por T. Federici constitui a tradução em língua italiana do antigo e grande comentário judaico a Gênesis, denominado "Genesi Rabba", muito importante, junto com o comentário de Rashi di Troyes, rabino medieval de origem francesa, para familiarizar com a antiga exegese judaica.

BIANCHI, E. *Adamo, dove sei?* – Commento esegetico spirituale ai capitoli 1–11 del libro della Genesi. Magnano: Qiqajon, 1994 [Spiritualità biblica].

BLENKINSOPP, J. *Creazione, de-creazione, nuova creazione* – Introduzione e commento a Genesi 1–11. Bolonha: EDB, 2013 [Epifania della Parola] [orig. inglês, 2011].

BOSCHI, B.G. *Genesi* – Commento esegetico e teologico. Bolonha: Edizioni Studio Domenicano, 2007 [Filosofia e Teologia].

BRUEGGEMANN, W. *Genesi*. Turim: Claudiana, 2002 [Strumenti e Commentari, 9] [orig. inglês, 1982].

CAPPELLETTO, G. *Genesi (Capitoli 12–50)*. Pádua: Messaggero, 2002 [Dabar-Logos-Parola].

______. *Genesi (Capitoli 1–11)*. Pádua: Messaggero, 2000 [Dabar-Logos-Parola].

CASTELLO, G. *Genesi 1–11* – Introduzione e commento alla storia biblica delle origini. Trapani: Il Pozzo de Giacobbe, 2013 [Scripturae].

CATASTINI, A. *Storia de Giuseppe*: Genesi 37–50. Veneza: Marsilio, 1994 [Lo Stilo].

FEDERICI, T. (ed.). *Commento alla Genesi*: Beresit Rabba. Turim: Utet, 1978 [Classici delle religioni – La religione hebraica, 34].

GIUNTOLI, F. *Genesi 1–11* – Introduzione, traduzione, commento. Cinisello Balsamo: San Paolo, 2013 [Nuova versione della Bibbia dai testi antichi, 1.1].

_____. *Genesi 12–50* – Introduzione, traduzione e commento. Cinisello Balsamo: San Paolo, 2013 [Nuova versione della Bibbia dai testi antichi, 1.2].

GUNKEL, H. *Genesis*. Macon, GA: Mercer University Press, 1997 [Mercer Library of Biblical Studies] [orig. alemão, 1901; 3. ed., 1910].

MARCHADOUR, A. *Genesi* – Commento teologico pastorale. Cinisello Balsamo: San Paolo, 2003 [Fame e sete della Parola, 41] [orig. francês, 1999].

RASHI DI TROYES. *Commento alla Genesi*. Introduzione e traduzione di L. Cattani. Casale Monferrato: Marietti, 1985 [Ascolta, Israele 1].

RAVASI, G. *Il libro della Genesi (12–50)*. Roma: Città Nuova, 1993 [Guide spirituali all'Antico Testamento].

_____. *Il libro della Genesi (1–11)*. Roma: Città Nuova, 1991 [Guide spirituali all'Antico Testamento].

SOGGIN, J.A. *Genesi 1–11*. Gênova: Marietti, 1991 [Commentario storico ed esegetico all'Antico e al Nuovo Testamento, 1.1].

TESTA, E. *Genesi: introduzione* – Storia dei patriarchi. Turim/Roma: Marieti, Roma, 1974 [La Sacra Bibbia – AT].

_____. *Genesi* – Introduzione, versione, note. Cinisello Balsamo: San Paolo, 1972 [Nuovissima versione della Bibbia dai testi originali, 1].

_____. *Genesi* – Introduzione: storia primitiva. Turim/Roma: Marietti, 1969 [La Sacra Bibbia – AT].

VON RAD, G. *Genesi* – Traduzione e commento (AT 2–4). Bréscia: Paideia, 1978 [orig. alemão, 1949].

WENHAM, G.J. *Genesis 16–50*. Dallas, TX: Word Books, 1994 [Word Biblical Commentary, 2].

_____. *Genesis 1–15*. Waco, TX: Word Books, 1987 [Word Biblical Commentary, 1].

WÉNIN, A. *Da Adamo ad Abramo o l'errare dell'uomo* – Lettura narrativa e antropologica della Genesi 1: *Gen 1,1–12,4*. Bolonha: EDB, 2008 [Testi e Comenti] [orig. francês, 2007].

______. *Giuseppe o l'invenzione della fratellanza* – Lettura narrativa e antropologica della Genesi 4; Gen 37–50. Bolonha: EDB, 2007 [Testi e Commenti] [orig. francês, 2005].

WESTERMANN, C. *Genesi*. Casale Monferrato: Piemme, 1995 [Theologica] [orig. alemão, 1986].

Introduções e monografias ao Gênesis

Entre os numerosos trabalhos indicados, merecem particular atenção os de L. Alonso-Schökel. J.-L Ska e A. Wénin: cada um segundo as próprias especificidades une alta divulgação e profunda sensibilidade em referência aos textos que comenta. As monografias de G. Galvagno e F. Giuntoli, por seu caráter precipuamente técnico, dirigem-se a um leitor perito e familiarizado com as questões exegéticas ligadas ao Livro do Gênesis. As obras de S. Amsler, F. Castel, M. Cimosa, P. Gibert, A. Minissale, A. Terino constituem introduções de base para uma inicial aproximação aos textos de Gn 1–11, enquanto que as obras de E. van Wolde e, mais ainda, de O. Loretz, sempre sobre a mesma temática, dirigem-se a um leitor com um conhecimento mais avançado. Para uma primeira aproximação às histórias patriarcais, sempre de ágil consulta, indicam-se os trabalhos de D. Arenhoevel, R. Michaud, C. Ostinelli e W.A. Vogels, enquanto que entre as introduções limitadas à história de José recorda-se o ensaio de A. Bonora (Gn 37–50). Entre as obras dirigidas a particulares perícopes do ciclo de Abraão (Gn 12–25), para leitores adiantados, indicam-se as de R. Kilian, N. Lohfink e G. von Rad. O volume cuidado por G. Ibba constitui uma boa ocasião para chegar ao conhecimento da literatura extrabíblica encontrada nas grutas de Qumran (Mar Morto), ligada de várias maneiras aos relatos do Gênesis. O volume de G.L. Prato é uma coleção de artigos de natureza variada que privilegiam aspectos exegéticos ou teológicos. Os volumes aos cuidados de E. Manicardi & L. Mazzinghi e de A. Passaro & A. Pitta são a publicação das atas de dois congressos temáticos organizados pela Associação Bíblica Italiana, enquanto que o volume indicado em língua inglesa *constitui* uma considerável coleção de artigos de importantes estudiosos e pressupõe um leitor um tanto perito. Enfim, menciona-se também o volume de P. De Benedetti, fruto da transcrição de algumas interessantes transmissões radiofônicas.

ALONSO-SCHÖKEL, L. *Dov'è tuo fratello?* – Pagina di fraternità nel livro della Genesi. Bréscia: Paideia, 1987 [Biblioteca di Cultura Religiosa, 50] [orig. espanhol, 1985].

AMSLER, S. *Il segreto delle nostre origini* – La singolare attualità di Genesi 1–11. Turim: Claudiana, 1999 [Piccola Collana Moderna, 81] [orig. francês, 1993].

ARENHOEVEL, D. *Genesi* – Preistoria, memoria dei patriarchi e storia di Giuseppe. Assis: Cittadella, 1987 [Bibbia per Tutti] [orig. alemão, 1985].

BONORA, A. *La storia di Giuseppe: Dio in cerca di fratelli* – Genesi 37–50. Bréscia: Queriniana, 1982, 2004 [Leggere oggi la Bibbia, 1.3].

CASTEL, F. *Dio disse* – I primi undici capitoli della Genesi: Parola di Dio, miti dell'antico Oriente e traduzioni d'Israele. Cinisello Balsamo: San Paolo, 1987 [Fame e sete della Parola, 2] [orig. francês, 1985].

CIMOSA, M. *Genesi 1–11* – Alle origini dell'uomo. Bréscia: Queriniana, 1984, 2008 [Leggere oggi la Bibbia, I.1].

DE BENEDETTI, D. *A sua immagine*: una lettura della Genesi. Bréscia: Morcelliana, 2000 [Uomini e Profeti].

EVANS, C.A.; LOHR, J.N. & PETERSEN, D.L. (eds.). *The Book of Genesis*: Composition, Reception, and Interpretation. Leidem/Boston: Bril, 2012 [Vetus Testamentum Supplements, 152].

GALVAGNO, G. "Creazione". In: PENNA, R.; PEREGO, G. & RAVASI, G. (eds.). *Temi teologici della Bibbia*. Cinisello Balsamo: San Paolo, 2010, 246-254 [Dizionari San Paolo].

______. *Sulle vestigia di Giacobbe* – Le riletture sacerdotali e post-sacerdotali dell'itinerario del patriarca. Roma: Gregorian & Biblical, 2009 [Analecta Biblica, 178].

GIBERT, P. *Bibbia, miti e racconti dell'inizio*. Bréscia: Querianiana, 1993 [Biblioteca Biblica, 11] [orig. francês, 1986].

GIUNTOLI, F. "Genesi". In: PENNA, R.; PEREGO, G. & RAVASI, G. (eds.). *Temi teologici della Bibbia*. Cinisello Balsamo: San Paolo, 2010, p. 515-525 [Dizionari San Paolo].

_____. *L'officina della tradizione* – Studio di alcuni interventi redazionali post-sacerdotali e del loro contesto nel ciclo di Giacobbe (Gn 25,19–50,26). Roma: PIB, 2003 [Analecta Biblica, 154].

IBBA, G. (ed.). *La Biblioteca di Qumran* – Edizione biligue dei manoscritti: 1. Torah – Genesi. Bolonha: EDB, 2013 [orig. francês, 2008].

KILIAN, R. *Il sacrificio di Isacco*. Bréscia: Paideia, 1976 [Studi Biblici, 36] [orig. alemão, 1970].

LOHFINK, N. *La promessa della terra come giuramento* – Studio su Gen. 15. Bréscia: Paideia, 1975 [Studi Biblici, 30] [orig. alemão, 1967].

LORETZ, O. *Creazione e mito* – Uomo e mondo secondo i capitoli iniziali della Genesi. Bréscia: Paideia, 1974, 2011 [Studi Biblici, 28] [orig. alemão, 1968].

MANICARDI, E. & MAZZINGHI, L. (eds.). *Genesi 1–11 e le sue interpretazioni canoniche: un caso di teologia biblica* – XLI Settimana Biblica Nazionale. Roma, 6-10 Settembre 2010. Bolonha: EDB, 2012 [Richerche Storico Bibliche, 1–2].

MARCHADOUR, A. "Adamo ed Eva". In: PENNA, R.; PEREGO, G. & RAVASI, G. (eds.). *Temi teologici della Bibbia*. Cinisello Balsamo: San Paolo, 2010, p. 12-18 [Dizionari San Paolo].

MICHAUD, R. *I patriarchi* – Genesi 12–36. Bréscia: Queriniana, 1979, 1998 [Leggere oggi la Bibbia, I.2] [orig. francês, 1975].

MINISSALE, A. *Alle origini dell'universo e dell'uomo (Genesi 1–11)* – Interrogativi esistenziali dell'uomo. Cinisello Balsamo: San Paolo, 2002 [La Bibbia nelle nostre mani, 36].

OSTINELLI, C. *Alle origini del popolo d'Israele (Genesi 12–50)*. Cinisello Balsamo: San Paolo, 2000 [La Bibbia nelle nostre mani, 31].

PASSARO, A. & PITTA, A. (eds.). *Abramo tra storia e fede* – XLII Settimana Biblica Nazionale. Roma, 10-14 Settembre 2012. Bolonha: EDB [Ricerche Storico Bibliche, 1–2].

PRATO, G.L. *Gli inizi e la storia* – Le origini della civiltà nei testi biblici. Roma: Carocci, 2013 [Frecce, 151].

SKA, J.-L. "Giacobbe/Israele". In: PENNA, R.; PEREGO, G. & RAVASI, G. (eds.). *Temi teologici della Bibbia*. Cinisello Balsamo: San Paolo, 2010, p. 554-559 [Dizionari San Paolo].

_____. *Abramo e i suoi ospiti* – Il patriarca e i credenti nel Dio unico. Bolonha: EDB, 2002 [Collana Biblica].

TERINO, A. *Le origini* – Bibbia e mitologia: confronto fra Genesi e mitologia mesopotâmica. Milão: Gribaudi, 2003.

VAN WOLDE, E. *Racconti dell'inizio* – Genesi 1–11 e altri raconti di creazione. Bréscia: Queriniana, 1999 [Biblioteca Biblica, 24] [orig. holandês, 1995].

VOGELS, W.A. "Abramo". In: PENNA, R.; PEREGO, G. & RAVASI, G. (eds.). *Temi teologici della Bibbia*. Cinisello Balsamo: San Paolo, 2010, p. 3-9 [Dizionari San Paolo].

_____. *Abraham* – L'inizio della fede: Genesi 12,1–25,11. Cinisello Balsamo: San Paolo, 1999 [Fame e sete della Parola] [orig. francês, 1996].

VON RAD, G. *Il sacrificio di Abramo*. Bréscia: Morcelliana, 1977 [orig. alemão, 1971] [Il pellicano rosso – Nuova serie].

WÉNIN, A. *Isacco o la prova di Abramo* – Approccio narrativo a Genesi 22. Assis: Cittadella, 2005 [Orizzonti Biblici] [orig. francês, 1999].

Traduções interlineares ao Êxodo

BERETTA, P. (ed.). *Esodo* – Ebraico, greco, latino, italiano. Cinisello Balsamo: San Paolo, 2000 [Bibbia Ebraica interlineare, 2].

REGGI, R. (ed.). *Esodo* – Traduzione interlineare in italiano. Bolonha: EDB, 2001 [Bibbia e Testi Biblici].

Comentários ao Êxodo (integrais e parciais)

Hoje, o melhor comentário ao Livro do Êxodo, por ser exaustivo e pela compreensão do texto, pode ser considerado o de B.S. Childs. Um clássico comentário especialmente de índole teológica, mas certamente datado como impostação, embora sempre atual pelo trato de alguns temas, é sem dúvida o de G. Auzou. De caráter mais espiritual-existencial são os trabalhos de O. Artus & D. Noël, E. Bianchi, A. Spreafico, enquanto que o ágil comentário (antológico) em dois volumes de A. Nepi caracteriza-se por uma aguda penetração do texto, aberta a considerações tanto de ordem exegética quanto teológica e existencial. Um bom comentário de impostação sobretudo teológica é também o de T.E. Fretheim (cf., em parte, também o trabalho de J. Scharbert), enquanto que os de J. Durham, em inglês, e de M. Noth dirigem-se a um leitor já especializado. A obra de B.G. Boschi constituiu um clássico e ágil recurso em língua italiana nos últimos trinta anos. A obra de Rashid di Troyes, enfim, constitui um importante ponto de referência para o conhecimento da exegese medieval hebraica.

ARTUS, O. & NOËL, D. *Libri della Legge: Esodo, Levitico, Numeri, Deuteronomio* – Comento teológico-pastorale. Cinisello Balsamo: San Paolo, 2003 [Fame e sete della Parola, 42] [orig. francês, 1998].

AUZOU, G. *Dalla servitù al servizio* – Il libro dell'Esodo. Bolonha: EDB, 1976 [Lettura pastorale della Bibbia, 25] [orig. francês, 1961].

BIANCHI, E. *Esodo* – Commento esegetico-spirituale. Magnano: Qiqajon, 1991.

BOSCHI, B.G. *Esodo* – Versione, introduzione, note. Cinisello Balsamo: San Paolo, 1980 [Nuovissima versione della Bibbia dai Testi originali, 2].

CHILDS, B.S. *Il libro dell'Esodo* – Commentario critico-teologico. Casale Monferrato: Piemme, 1995 [Collezione Teologica] [orig. inglês, 1974].

DURHAM, J. *Exodus*. Waco, TX: Word Books, 1987 [Word Biblical Commentary, 3].

FRETHEIM, T.E. *Esodo*. Turim: Claudiana, 2004 [Strumenti – Comentari, 19] [orig. inglês, 1991].

NEPI, A. *Esodo (Capitoli 16–40)*. Pádua: Messaggero, 2004 [Dabar-Logos-Parola].

______. *Esodo (Capitoli 1–15)*. Pádua: Messaggero, 2002 [Dabar-Logos-Parola].

NOTH, M. *Esodo* – Traduzione e commento (AT 5). Bréscia: Paideia, 1977 [orig. alemão, 1959].

RASHI DI TROYES. *Commento all'Esodo*. Org. De S.J. Sierra. Gênova: Marietti, 1988 [Ascolta, Israele, 5].

SCHARBERT, J. *Esodo*. Bréscia: Morcelliana, 2001 [L'Antico Testamento commentato] [orig. alemão, 1989].

SPREAFICO, A. *Il libro dell'Esodo*. Roma: Città Nuova, 1992 [Guide spirituali all'Antico Testamento].

Introduções e monografias ao Êxodo

Entre os vários trabalhos encontráveis em língua italiana, os de L. Alonso-Schökel, G. Barbiero, C. Moro, E. Otto, R. Rendtorff, A. Sacchi e H. Schüngel-Straumann distinguem-se particularmente por unir rigor exegético e penetração teológica. Os de B.G. Boschi, K. Marti, P. Milan, J. Plastaras, G. Ravasi, Y. Saoût, R. Schmid, P. Stancari, sempre de bom nível, privilegiam sobretudo uma atenção ao dado teológico, existencial e espiritual. Deve-se indicar também a publicação que fecha as homilias de Orígenes, uma pedra miliar para o conhecimento do pensamento patrístico alexandrino do século III d.C. Igualmente, a monografia aos cuidados de U. Neri revela-se um importante instrumento para familiarizar-se com a exegese judaica. O anunciado trabalho de L. Lepore pretende, ao contrário, dirigir-se a um leitor competente e já informado nas questões exegéticas.

ALONSO-SCHÖKEL, L. *Salvezza e liberazione*: l'Esodo. Bolonha: EDB, 1996 [Epifania della Parola, 8] [orig. espanhol, 1980].

BARBIERO, G. *Dio di misericordia e de grazia* – La rivelazione del volto di Dio in Esodo 32–34. Casale Monferrato: Portalupi, 2002.

BOSCHI, B.G. *Israele nel deserto* – Esodo, Levitico, Numeri: una storia di liberazione. Cinisello Balsamo: San Paolo, 2000 [La Bibbia nelle nostre mani, 26].

GIUNTOLI, F. "Esodo". In: PENNA, R.; PEREGO, G. & RAVASI, G. (eds.). *Temi teologici della Bibbia*. Cinisello Balsamo: San Paolo, 2010, p. 437-445 [Dizionari San Paolo].

LEPORE, L. *Le astuzie dello scriba* – Studio de una tecnica redazionale tardiva di riscrittura: Exempla in Exodo [no prelo].

MARTI, K. *Alleati di Dio* – Esodo 1–14. Turim: Claudiana, 1998 [Meditazioni Bibliche] [orig. alemão, 1972].

MILAN, P. *Partire di notte*: cammino di libertà con il libro dell'Esodo. Bolonha: EDB, 1993 [Conversazioni Bibliche].

MORO, C. *I sandali di Mosè*. Bréscia: Paideia, 2011 [Studi Biblici, 167].

NERI, U. (ed.). *Il canto del Mare* – Midrash sull'Esodo. Roma: Città Nuova, 1981 [3. ed., 1995] [Tradizione d'Israele, 1].

ORIGENE. *Omelie sull'Esodo*. Trad., intr. e notas de M.I. Danieli. Roma: Città Nuova, 1981 [Collana di Testi Patristici, 27].

OTTO, E. *Mosè* – Storia e leggenda (Sintesi). Bréscia: Queriniana, 2007 [orig. alemão, 2006].

_____. *Mosè* – Egitto e Antico Testamento. Bréscia: Paideia, 2006 [Studi Biblici, 152] [orig. alemão, 2000].

PLASTARAS, J. *Il Dio dell'Esodo* – La teologia dei racconti dell'Esodo. Turim: Marietti, 1977 [Collana Biblica] [orig. inglês, 1966].

RAVASI, G. *Esodo*. Bréscia: Queriniana, 1980, 2007 [Leggere oggi la Bibbia, I.4].

RENDTORFF, R. *La "formula dell'alleanza"*. Bréscia: Paideia, 2001 [Studi Biblici, 128] [orig. alemão, 1995].

RÖMER, T.C. "Decalogo". In: PENNA, R.; PEREGO, G. & RAVASI, G. (eds.). *Temi teologici della Bibbia*. Cinisello Balsamo: San Paolo, 2010, p. 306-312 [Dizionari San Paolo].

SACCHI, A. *Alleanza e Decalogo*: Esodo 19–40. Cinisello Balsamo, 1997 [La Bibbia nelle nostre mani, 3].

SAOÛT, Y. *Il messaggio dell'Esodo*. Roma: Borla, 1989 [Nuovi sentieri di Emmaus] [orig. francês, 1977].

SCHMID, R. *Esodo, Levitico, Numero* – Dio cammina con il suo popolo. Assis: Cittadella, 1987 [Bibbia per tutti] [orig. alemão, 1977].

SCHNABEL, E.J. "Legge/Diritto". In: PENNA, R.; PEREGO, G. & RAVASI, G. (eds.). *Temi teologici della Bibbia*. Cinisello Balsamo: San Paolo, 2010, p. 725-734 [Dizionari San Paolo].

SCHÜNGEL-STRAUMANN, H. *Decalogo e comandamenti di Dio*. Bréscia: Paideia, 1977 [Studi Biblici, 42] [orig. alemão, 1973].

STANCARI, P. *Lettura spirituale dell'Esodo*. Roma: Borla, 1979 [Letture Bibliche].

STEFANI, P. "Mosè". In: PENNA, R.; PEREGO, G. & RAVASI, G. (eds.). *Temi teologici della Bibbia*. Cinisello Balsamo: San Paolo, 2010, p. 887-892 [Dizionari San Paolo].

Traduções interlineares ao Levítico

BERETTA, P. (ed.). *Levitico* – Ebraico, grego, latino, italiano. Cinisello Balsamo: San Paolo, 2003 [Bibbia Hebraica interlineare, 3].

REGGI, R. (ed.). *Levitico* – Traduzione interlineare in italiano. Bolonha: EDB, 2010 [Bibbia e Testi Biblici].

Comentários ao Levítico (integrais e parciais)

Como se pode facilmente notar, abandonando os livros mais conhecidos do Pentateuco (Gênesis, Êxodo e, em parte, Deuteronômio) e dirigindo-se àqueles mais distantes de nossa sensibilidade, sobretudo pela qualidade de seus conteúdos, as introduções, os comentários e as monografias em língua italiana diminuem sensivelmente. Entre os comentários, devem ser seguramente assinalados aqueles de S.E. Balentine, S. Cavalletti, E. Cortese e G. Deiana. O trabalho de M. Noth constitui, sem dúvida, um clássico da exegese do século passado, enquanto que o volume de W. Kornfeld, de natureza mais divulgadora, pode ser consultado para uma primeira aproximação ao livro bíblico. A obra de P.J. Budd, em língua inglesa, representa, sem dúvida, um dos melhores comentários ao Levítico hoje disponíveis.

BALENTINE, S.E. *Levitico*. Turim: Claudiana, 2008 [Strumenti – Commentari 44] [orig. inglês, 2003].

BUDD, P.J. *Leviticus*. Grand Rapids, MI: Eerdmans, 1996 [The New Century Bible Commentary].

CAVALLETTI, S. *Levitico* – Versione, introduzione, note. Cinisello Balsamo: San Paolo, 1976 [Nuovissima versione della Bibbia dai testi antichi, 3].

CORTESE, E. *Levitico*. Turim/Roma: Marietti, 1982 [La Sacra Bibbia].

DEIANA, G. *Levitico* – Nuova versione, introduzione e commento. Milão: Paoline, 2005 [I libri biblici – Primo Testamento, 3].

KORNFELD, W. *Levitico*. Bréscia: Morcelliana, 1998 [L'Antico Testamento commentato] [orig. alemão, 1983].

NOTH, M. *Levitico* – Traduzione e commento (AT 6). Bréscia: Paideia, 1989 [orig. alemão, 1962].

Introduções e monografias ao Levítico

Prescindindo do volume da coleção em língua inglesa, aos cuidados de T.C. Römer, que fecha, sem dúvida, as contribuições dos maiores especialistas contemporâneos (o texto dirige-se a um leitor experiente), as outras obras no momento desfrutáveis em língua italiana representam contribuições que aproximam o Livro do Levítico com uma atenção sobretudo teológica (M. Cimosa, E. Cortese & P. Kaswalder, G. Ravasi) ou espiritual e existencial (P. Stancari).

CIMOSA, M. *Levitico, Numeri*: un popolo libero per il servizio di Dio. Bréscia: Queriniana, 1981 [Leggere oggi la Bibbia, I.5].

CORTESE, E. & KASWALDER, P. *Il fascino del sacro* – Alla riscoperta del libro del Levitico. Cinisello Balsamo: San Paolo, 1996 [Narrare la Bibbia, 3].

RAVASI, G. *Deuteronomio e Levitico* – Il sacro, le leggi, i riti. Bolonha: EDB, 1988 [Conversazioni Bibliche].

RÖMER, T.C. (ed.). *The Books of Leviticus and Numbers*. Lovaina: Peeters, 2008 [Bibliotheca Ephemeridum Theologicarum Lovaniensium, 215].

STANCARI, P. *Per una teologia della vita* – Lettura spirituale del libro del Levitico. Soveria Mannelli: Rubbettino, 2004 [Letture bibliche e altre cose, 13].

ZAPPELLA, M. "Levitico". In: PENNA, R.; PEREGO, G. & RAVASI, G. (eds.). *Temi teologici della Bibbia*. Cinisello Balsamo: San Paolo, 2010, p. 745-752 [Dizionari San Paolo].

Traduções interlineares aos Números

BERETTA, P. (ed.). *Numeri* – Ebraico, greco, latino, italiano. Cinisello Balsamo: San Paolo, 2004 [Bibbia Ebraica interlineare, 4].

REGGI, R. (ed.). *Numeri* – Traduzione interlineare in italiano. Bolonha: EDB, 2010 [Bibbia e Testi Biblici].

Comentários aos Números (integrais e parciais)

Embora no momento consagrado só à primeira parte do livro, o comentário de I. Cardellini apresenta-se como uma ótima contribuição à exegese do Livro dos Números, particularmente dedicado também a uma interessante análise etimológica e lexicográfica dos textos, além de ao estudo do ambiente do Oriente Próximo antigo subjacente. Com ele, podem ser consultados com certo interesse também os volumes de G. Bernini, B.G. Boschi e D.T. Olson. No momento disponível somente em língua inglesa, o trabalho de E.W. Davies pode ser contado entre os comentários de primeira ordem ao texto dos Números. O comentário de Rashid di Troyes, como já aquele a Gênesis e ao Êxodo (e ao Deuteronômio), constitui uma imprescindível contribuição para o conhecimento da exegese judaica medieval ao livro bíblico.

BERNINI, G. *Il libro dei Numeri*. Turim/Roma: Marietti, 1972 [La Sacra Bibbia – AT].

BOSCHI, B.G. *Numeri* – Versione, introduzione, note. Cinisello Balsamo: San Paolo, 1983 [Nuovissima versione della Bibbia dai testi originali, 4].

CARDELLINI, I. *Numeri 1,1–10,10* – Nuova versione, introduzione e commento. Milão: Paoline, 2013 [I libri biblici – Primo Testamento, 4.1].

DAVIES, E.W. *Numbers*. Londres/Grand Rapids, MI: Marshal-Pickering/Eerdmans, 1995 [The New Century Bible Commentary].

OLSON, D.T. *Numeri*. Turim: Claudiana, 2006 [Strumenti e Commentari, 24] [orig. inglês, 1996].

RASHI DI TROYES. *Commento ai Numeri*. Pref. e trad. de L. Cattani. Gênova: Marietti, 2009 [Ascolta, Israele 10].

Introduções e monografias aos Números

Além de volumes já anteriormente indicados porque concernentes também a outros livros do Pentateuco, as monografias de F. Cocco e de M. Douglas revelam-se particularmente importantes para ilustrar a exegese e, em parte, a teologia de algumas passagens do Livro dos Números, dirigindo-se a leitores não principiantes. Como já para o Livro do Êxodo, as homilias sobre o texto de Números de Orígenes são, sem dúvida, um documento importante para o conhecimento do pensamento da escola grega de

Alexandria no século III d.C. Os ensaios de H.K. Mainelli e de P. Stancari representam, porém, contribuições de índole mais divulgadora, de cunho teológico-espiritual e existencial. A monografia editada por C. Frevel; T. Pola & A. Schart, para leitores progredidos, coloca-se entre os estudos mais atualizados sobre o Livro dos Números.

CARDELLINI, I. & SERAFINI, F. "Numeri". In: PENNA, R.; PEREGO, G. & RAVASI, G. (eds.). *Temi teologici della Bibbia*. Cinisello Balsamo: San Paolo, 2010, p. 908-913 [Dizionari San Paolo].

COCCO, F. *Sulla cattedra di Mosè* – La legittimazione del potere nell'Israele post-esilico (Nm 11; 16). Bolonha: EDB, 2007 [Collana Biblica].

DOUGLAS, M. *Nel deserto* – La dottrina della contaminazione nel libro dei Numeri. Bolonha: EDB, 2001 [Studi Religiosi] [orig. inglês, 1993].

FREVEL, C.; POLA, T. & SCHART, A. *Torah and the Book of Numbers*. Tübingen: Mohr Siebeck, 2013 [Forschungen zum Alten Testament, II 62].

MAINELLI, H.K. *Numeri*. Bréscia: Queriniana, 1994 [La Bibbia per tutti, 5] [orig. inglês, 1985].

ORIGENE. *Omelie su Numeri*. Trad., intr. e notas de M.I. Danieli. Roma: Città Nuova, 1988 [Collana di testi patristici, 76].

STANCARI, P. *Nel deserto* – Per una lettura spirituale dei Numeri. Soveria Mannelli: Rubbettino, 2006 [Letture bibliche e altre cose, 16].

Traduções interlineares ao Deuteronômio

BERETTA, P. (ed.). *Deuteronomio* – Ebraico, greco, latino, italiano. Cinisello Balsamo: San Paolo, 2002 [Bibbia Ebraica interlineare, 5].

REGGI, R. (ed.). *Deuteronomio* – Traduzione interlineare in italiano. Bolonha: EDB, 2008 [Bibbia e testi biblici].

Comentários ao Deuteronômio (integrais e parciais)

Entre os comentários de cunho exegético, embora sem deixar aprofundamentos de ordem teológica, devem, sem dúvida, ser considerados os trabalhos de S. Paganini e de G. Papola. Todavia, não podem ser abandonados os trabalhos de P. Bovati, M. Làconi, P.D. Miller e A. Penna; entre estes, o trabalho de P. Bovati distingue-se pela notável penetração teológica do texto do Deuteronômio, embora limitada à primeira parte somente. O comentário de G. von Rad é, com justiça, considerado, como já aquele sobre o Gênesis, um clássico da exegese do século XX, embora, em certos aspectos, já ultrapassado. Mais uma vez, a publicação do comentário de Rashid di Troyes revela-se um imprescindível instrumento para o conhecimento da exegese rabínica medieval. Por outro lado, o comentário de A. Mello deve ser mencionado sobretudo por uma ágil aproximação de natureza espiritual ao texto. O comentário indicado em língua inglesa, para leitores experientes, constitui, aliás, um ótimo instrumento de natureza exegético-teológica para a interpretação do texto.

BOVATI, P. *Il libro del Deuteronomio (1–11)*. Roma: Città Nuova, 1994 [Guide spirituali all'Antico Testamento].

LÀCONI, M. *Deuteronomio* – Versione, introduzione, note. Cinisello Balsamo: San Paolo, 1969 [Nuovissima versione della Bibbia dai testi originali, 5].

MAYES, A.D.H. *Deteronomy*. Grand Rapids, MI: Eerdamans, 1979 [The New Century Bible Commentary].

MELLO, A. *Deuteronomio* – Commento esegetico-spirituale. Magnano: Qiqajon, 1985.

MILLER, P.D. *Deuteronomio*. Turim: Claudiana, 2008 [Strumenti – Commentari 42] [orig. inglês, 1990].

PAGANINI, S. *Deuteronomio* – Nuova versione, introduzione e commento. Milão: Paoline, 2011 [I libri biblici – Primo Testamento, 5].

PAPOLA, G. *Deuteronomio*: introduzione, traduzione e commento. Cinisello Balsamo: San Paolo, 2011 [Nuova versione della Bibbia dai testi antichi, 5].

PENNA, A. *Deuteronomio*. Turim/Roma: Marietti, 1976 [La Sacra Bibbia].

RASHI DI TROYES. *Commento al Deuteronomio*. Intr. e trad. de L. Cattani. Gênova: Marietti, 2006 [Ascolta, Israele 9].

VON RAD, G. *Deuteronomio* – Traduzione e commento (AT 8). Bréscia: Paideia, 1979 [orig. alemão, 1964].

Introduções e monografias ao Deuteronômio

Um texto de interesse certo, útil tanto como introdução ao fenômeno literário do Deuteronômio quanto à história deuteronomística que o segue é, sem dúvida, a monografia de T.C. Römer. Escrito de maneira clara e didaticamente consequente, para algumas de suas partes, porém, pressupõe um leitor que não seja iniciante em questões exegético-bíblicas. Os estudos de G. Braulik e de N. Lohfink são indicados por sua particular agudez de penetração de algumas perícopes do texto e pela rica síntese teológica. O ensaio de S. Loersch, porém, tratando-se de uma síntese bastante técnica do pensamento interpretativo do Livro do Deuteronômio nos últimos dois séculos, é de leitura mais difícil. Os trabalhos de R.E. Clements, R. Clifford e L. Hoppe caracterizam-se, sobretudo, por sua natureza divulgadora e introdutora, adaptada também a leitores sem experiência. O volume editado por S. Barbaglia, enfim, é a publicação das atas de um congresso temático organizado pela Associação Bíblica Italiana, tendo no seu interior artigos de natureza variada e de diferente consistência.

BARBAGLIA, S. (ed.). *Deuteronomismo e sapienza: La riscrittura dell'identità culturale e religiosa di Israele* – Atti del XII convegno di studi veterotestaentari, Napoli 10-12 Settembre 2001. Bolonha: EDB, 2003 [Ricerche Storico Bibliche, 1].

BRAULIK, G. "Deuteronomio". In: PENNA, R.; PEREGO, G. & RAVASI, G. (eds.). *Temi teologici della Bibbia*. Cinisello Balsamo: San Paolo, 2010, p. 333-340 [Dizionari San Paolo].

______. *Deuteronomio*: il testamento di Mosè. Assis: Cittadella, 1987 [Bibbia per tutti] [orig. alemão, 1976].

CLEMENTS, R.E. *Un popolo scelto da Dio* – Guida alla lettura del Deuteronomio, il quinto libro della Bibbia. Turim: Claudiana, 1976 [Piccola Biblioteca Teologica, 11] [orig. inglês, 1968].

CLIFFORD, R. *Deuteronomio con un excursos su Alleanza e Legge*. Bréscia: Queriniana, 1995 [Leggere oggi la Bibbia, 1.6] [orig. inglês, 1982].

HOPPE, H. *Deuteronomio*. Bréscia: Queriniana, 1994 [La Bibbia per tutti, 6] [orig. inglês, 1985].

LOERSCH, S. *Il Deuteronomio e le sue interpretazioni*. Bréscia: Paideia, 1973 [Studi Biblici, 25] [orig. alemão, 1967].

LOHFINK, N. *Ascolta, Israele* – Esegesi di testi del Deuteronomio. Bréscia: Paideia, 1968, 2010 [Studi Biblici, 2] [orig. alemão, 1965].

RÖMER, T.C. *Dal Deuteronomio ai libri dei Re* – Introduzione storica, letteraria e sociologica. Turim: Claudiana, 2007 [Strumenti 36] [orig. inglês, 2005].

O sistema legislativo

A monografia de F. Crüsemann apresenta-se como uma poderosa obra de síntese sobre o universo legislativo contido na *Toráh* e é, certamente, recomendada ao leitor que queira adquirir uma considerável erudição sobre as complexas questões. O estudo de P. Bovati caracteriza-se por ser uma importante e exaustiva contribuição sobre o sistema dos processos legais do Israel bíblico, certamente, dirigido a um leitor de certa preparação. Também o estudo de G. Barbiero, endereçado a perícopes bem precisas, é pensado para um leitor experiente. De cunho particularmente teológico, distinto também por argumentações de amplo fôlego hermenêutico, é o trabalho de B.M. Levison.

BARBIERO, G. *L'asino del nemico* – Rinuncia alla vendetta e amore del nemico nella legislazione dell'Antico Testamento (Ex 23,4-5; Dt 22,1-4; Lv 19,17-18). Roma: PIB, 1991 [Analecta Biblica, 128].

BOVATI, P. *Ristabilire la giustizia* – Procedure, vocabolario, orientamenti. Roma: PIB, 1986 [Analecta Biblica, 110].

CRÜSEMANN, F. *La Torà* – Teologia e storia sociale della legge nell'Antico Testamento. Bréscia: Paideia, 2008 [Introduzione allo studio della Bibbia – Supplementi 36] [orig. alemão, 1992].

LEVINSON, B.M. *Fino alla quarta generazione* – Revisione di leggi e rinnovamento religioso nell'Israele antico (Lectio). Cinisello Balsamo/Roma: San Paolo/GB, 2012 [orig. inglês, 2008].

Por uma panorâmica dos gêneros literários

No momento, não está disponível nenhuma obra em língua italiana sobre os vários gêneros literários, que podem ser reconhecidos nos primeiros cinco livros da Bíblia hebraica. A contribuição de G.W. Coats recolhe vários ensaios de especialistas sobre os principais gêneros literários da prosa bíblica, assim como se deduzem do título. O amplo manual editado por W.W. Klein; C.L.

Blomberg & R.L. Hubbard Jr. porém, dedica uma ampla seção, bem articulada e particularizada, à descrição de um considerável número de gêneros literários típicos das Escrituras hebraicas.

COATS, G.W. (ed.). *Saga Legend Tale Novella Fable* – Narrative Forms in Old Testament Literature. Sheffield: Academic Press, 1985 [Journal for the Study of the Old Testament – Supplements 35].

KLEIN, W.W.; BLOMBERG, C.L. & HUBBARD JR., R.L. (eds.). *Introduction to Biblical Interpretation*. Nashville, TN: Thomas Nelson, 1993 [2. ed., 2004, p. 323-398].

Relações literárias com a civilização do Oriente Próximo antigo

No momento, estão disponíveis em língua italiana, por um lado, as antologias cuidadas por W. Beyerlin e por G. Borgonovo e, por outro, aquela editada por Borla. Graças a elas, o leitor pode facilmente entrar em contato com uma importante série de textos tirados das literaturas do Oriente Próximo antigo através dos amplos florilégios propostos. Em vários casos, porém, as traduções de certos textos antigos, sendo baseadas em edições em língua alemã (W. Beyerlin) e francês (as outras duas), nem sempre são fiéis aos originais segundo as antigas línguas, tratando-se de traduções de traduções. Um instrumento de notável utilidade, em língua inglesa, é aquele em três volumes editado por W.W. Hallo e K.L. Younger: uma coleção verdadeiramente ampla, acompanhada de úteis notas explicativas, de uma poderosa série de textos do Oriente Próximo antigo. O ágil manualzinho de M.D. Coogan, ainda em língua inglesa, revela-se uma ótima síntese introdutória ao patrimônio literário do Oriente Próximo antigo, acompanhada de uma prudente escolha de textos. O trabalho de K.L. Sparks, porém, apresenta-se como um ótimo subsídio bibliográfico comentado, graças ao qual é possível orientar-se no imenso mundo destas antigas literaturas.

BEYERLIN, W. (ed.). *Testi religiosi per lo studio dell'Antico Testamento*. Bréscia: Paideia, 1992 [AT – Supplementi 1] [orig. alemão, 1975; 2. ed., 1985].

BORGONOVO, G. (ed.). *Scritti dell'Antico Vicino Oriente e fonti bibliche*. Roma: Borla, 1988 [Piccola Enciclopedia Biblica, 2] [orig. francês, 1986].

COOGAN, M.D. *A reader of Ancient Near Eastern Texts* – Sources for the Study of the Old Testament. Nova York/Oxford: Oxford University Press, 2013.

HALLO, W.W. & YOUNGER JR., K.L. (eds.). *The Context of Scripture*. 3 vols. Leiden: Brill, 1997; 2000; 2002.

SPARKS, K.L. *Ancient Texts for the Study of the Hebrew Bible* – A Guide to the Background Literature. Peabody, MA: Henrickson, 2005.

VV.AA. *L'Antico Testamento e le culture del tempo*. Roma: Borla, 1990 [Studi e Ricerche Bibliche] [orig. francês, 1979, 1980, 1981, 1982, 1983, 1986].

Relações entre historicidade e narração

O ágil ensaio de J.-L. Ska revela-se um útil instrumento para ajudar a compreender, com agudez e medida, o complexo relacionamento entre narrações bíblicas e historicidade dos fatos por elas narrados. Os trabalhos de I. Finkelstein & N.A. Silberman e de M. Liverani apresentam-se como uma "história de Israel" de todo o respeito, muito distantes de certa apologética típica das mais atualizadas obras do mesmo gênero, muito informados sobre as aquisições arqueológicas mais recentes. Os trabalhos de P.R. Davies, L.L. Grabbe e N.P. Lemche, ainda não traduzidos para a língua italiana, são ensaios de primeiríssimo plano no atual panorama dos estudos sobre a reconstrução da história do "antigo" Israel e suas relações entre esta última e o dado bíblico.

DAVIES, P.R. *Memories of Ancient Israel* – An Introduction to Biblical History: Ancient and Modern. Westminster/Louisville/Londres: John Knox, 2008.

FINKELSTEIN, I. & SILBERMAN, N.A. *Le tracce di Mosè* – La Bibbia tra storia e mito. Roma: Carocci, 2002 [Saggi 14] [orig. inglês, 2001].

GRABBE, L.L. *Ancient Israel* – What Do We Know and How Do We Know It? Londres/Nova York: T&T Clark, 2007.

LEMCHE, N.P. *The Old Testament between Theology and History* – A Critical Survey. Westminster/Louisville/Londres: John Knox, 2008.

LIVERANI, M. *Oltre la Bibbia* – Storia antica de Israele. Bari/Roma: Laterza, 2003 [Biblioteca Storica Laterza].

SKA, J.-L. *La Parola di Dio nei racconti degli uomini*. Assis: Cittadella, 1999 [Orizzonti Biblici].

Instituições de Israel

O amplo estudo de R.G. De Vaux apresenta-se como o clássico por excelência entre os trabalhos dedicados às instituições de Israel. O diálogo com os textos bíblicos é impressionante, como notável é a capacidade de interpretação dos dados. Embora já tenha superado o meio século desde sua publicação no original francês, ele se delineia sempre como imprescindível. A monografia de I. Cardellini é uma obra de primeiro plano para chegar ao conhecimento do complexo sistema cultual sacrificial do Israel bíblico, enquanto que o manual de J.A. Soggin, mais ágil, revela-se um sintético instrumento para uma primeira aproximação aos tempos litúrgicos e às várias festividades religiosas e civis de Israel. Os trabalhos de O. Borowski e de V.H. Matthews, em língua inglesa, são úteis sobretudo para uma possível reconstrução das instituições familiares daquele povo.

BOROWSKI, O. *Daily Life in Biblical Times*. Atlanta, GA: Society of Biblical Literature, 2003 [Society of Biblical Literature – Archaeology and Biblical Studies, 5].

CARDELLINI, I. *I sacrifici dell'antica Alleanza* – Tipologie, Rituali, Celebrazioni. Cinisello Balsamo: San Paolo, 2001 [Studi sulla Bibbia e il suo ambiente, 5].

DE VAUX, R.G. *Le istituzioni dell'Antico Testamento*. Gênova: Marietti, 1964 [orig. francês, 1958, 1960].

MATTHEWS, V.H. *Manners & Customs in the Bible* – An Illustrated Guide to Daily Life in Bible Times. Peabody, MA: Hendrickson, 1988, 2006.

SOGGIN, J.A. *Israele in epoca biblica* – Instituzioni, Feste, Cerimonie, Rituali. Turim: Claudiana, 2000 [Strumenti – Biblica 4].

Índice

Sumário, 7

Apresentação da coleção original italiana – Manuais de introdução à Escritura, 9

Prefácio, 13

I – Introdução geral, 15

(F. Giuntoli)

Denominação e delimitação, 17

Os nomes dos cinco livros da Lei de Moisés, 19

A sequência e a concatenação canônica dos cinco livros, 20

II – Guia à leitura de cada livro, 25

(G. Galvagno)

Gênesis, 27

A estruturação, 27

A história das origens (Gn 1,1–11,26), 28

As histórias patriarcais (Gn 11,27–50,26), 36

O ciclo de Abraão (Gn 11,27–25,18), 37

O ciclo de Jacó (Gn 25,19–37,1), 44

A história de José (Gn 37,2–50,26), 50

Êxodo, 56

A estruturação, 57

A saída do Egito (Ex 1,1–15,21), 58

A marcha do Egito ao Sinai (Ex 15,22–18,27), 68

A aliança no Sinai (Ex 19,1–24,11), 70

A ruptura e o restabelecimento da aliança (Ex 32–34), 75

Instruções sobre a realização do santuário (Ex 24,12–31,18) e sua edificação (Ex 35–40), 77

Levítico, 81

A estruturação e o significado do livro, 82

Os sacrifícios (Lv 1–7), 83

A consagração dos sacerdotes e a inauguração do culto (Lv 8–10), 85

Regras sobre o puro e o impuro (Lv 11–16), 86

A lei de santidade (Lv 17–26), 88

O apêndice final (Lv 27), 90

Números, 91

A estruturação, 92

A preparação da campanha militar (Nm 1,1–10,10), 93

A marcha pelo deserto (Nm 10,11–21,20), 96

O início da conquista (Nm 21,21–36,13), 103

Deuteronômio, 109

A estruturação, 110

O primeiro discurso de Moisés (Dt 1,1–4,43), 110

O segundo discurso de Moisés (Dt 4,44–28,68), 112

O terceiro discurso de Moisés (Dt 28,69–33,52), 123

Bênçãos finais e morte de Moisés (Dt 33–34), 125

III – A composição do Pentateuco, 127

(F. Giuntoli)

Acenos de história da pesquisa sobre o Pentateuco, 129

Os inícios da leitura crítica do Pentateuco, 130

A hipótese da existência de "fontes" literárias, 131

Documentos, fragmentos ou complementos?, 132

A virada hermenêutica de W.M.L. de Wette, 133

Os progressos da "hipótese documentária" (*Urkunden-Hypothese*), 134

J. Wellhausen e a "hipótese documentária" clássica, 137

A degeneração do sistema wellhauseniano, 139

H. Gunkel e a "história das formas" (*Formgeschichte*), 141

A. Alt e o retorno às origens de Israel, 143

G. von Rad e o sonho de uma monarquia iluminada, 144

M. Noth e a "história da transmissão" das tradições (*Überlieferungsgeschichte*), 146

R. Rendtorff: um novo ponto de partida, 148

Rumo ao nascimento de uma nova sensibilidade exegética, 150

Algumas recentes explicações sobre a origem do Pentateuco, 153

O Javista: rumo à abertura de novas fronteiras, 154

H.H. Schmid e o Javista deuteronomisticizado, 155

M. Rose e o Javista posterior ao Deuteronomista, 156

J. Van Seters e o Javista no exílio, 156

P. Weimar, E. Zenger e o Javista redimensionado, 157

O Javista inexistente? Algumas considerações de síntese sobre o atual debate, 158

O desaparecimento do Eloísta, 160

O robustecimento do Sacerdotal, 161

A relação entre os textos sacerdotais e não sacerdotais: algumas especificações, 163

O Pentateuco pré-sacerdotal, 166

A formação do Pentateuco segundo a teoria de E. Blum, 167

P. Frei e a teoria da "autorização imperial persa", 170

J.P. Weinberg e a teoria das comunidades dos cidadãos que gravitavam ao redor do templo, 172

Tetrateuco, Pentateuco ou Hexateuco?, 174

Algumas evidências intrabíblicas para uma datação da forma final do Pentateuco, 178

Para uma tentativa de síntese, 179

Excursus – As características basilares da literatura antiga segundo J.-L. Ska, 182

IV – Aprofundamentos, 187

(F. Giuntoli)

Os principais gêneros literários do Pentateuco, 189

Alguns relatos de "estrutura fechada", 190

A saga, 192

O relato, 195

O conto, 196

A lenda, 197

A etiologia, 198

A fábula, 200

As listas, 200

As leis, 201

Outros gêneros literários, 205

Relações literárias com as civilizações do Oriente Próximo antigo, 208

Israel no quadro das civilizações do Oriente Próximo antigo, 211

Gênesis 1–11 e as literaturas do Oriente Próximo antigo, 213

Gênesis 12–50 e as literaturas do Oriente Próximo antigo, 221

Os outros livros do Pentateuco no quadro das literaturas do Oriente Próximo antigo: os casos de Ex 2,1-10 e de Nm 22,1–24,25, 224

Os textos legislativos do Pentateuco no quadro dos códigos legais do Oriente Próximo antigo, 225

Os textos da aliança do Pentateuco no quadro dos tratados de vassalagem do Oriente Próximo antigo, 229

Hipóteses sobre os efetivos contornos históricos das épocas representadas, 234

O Livro do Gênesis entre "história" e relatos de "histórias", 235

A experiência do êxodo entre "história" e "mito de fundação", 239

A conquista da terra de Canaã entre historiografia e *ficção*, 245

Uma apostila sobre Moisés, 249

O sistema do puro e do impuro e sua relação com a praxe litúrgica, 254

Pureza e ações cultuais, 256

O sistema sacrificial de Israel, 258

Os tempos das celebrações sacrificiais, 264

A organização das festividades, 266

A páscoa e os ázimos, 266

A festa das semanas, 270

A festa das cabanas, 272

A festa do ano-novo, 274

O dia das expiações, 275

Excursus – As festas de Purím e de Chanukkáh, *276*

O sábado, 276

Excursus – O ano sabático e o ano jubilar, 278

Algumas considerações ulteriores, 279

Instituições familiares, 281

O nascimento, 282

O matrimônio, 283

O fim da vida, 285

V – As teologias, a teologia, 287

(G. Galvagno)

As instâncias das principais tradições teológicas do Pentateuco, 289

A teologia da tradição sacerdotal, 290

A teologia da tradição deuteronomística, 297

A teologia de alguns acréscimos pós-sacerdotais, 303

Temas teológicos importantes no Pentateuco, 307

A colocação no universo, 307

A aliança, 308

A lei, 310

O culto, 311

As promessas, 313

Conclusão: Israel em seus traços constitutivos, 316

Pentateuco e cânones bíblicos: diferentes compreensões nas tradições crentes, 319

A compreensão hebraica da *Toráh*, 320

A compreensão cristã do Pentateuco, 323

Bibliografia comentada, 327

Obras de introdução ao Pentateuco, 327

Monografias sobre o Pentateuco, 328

Traduções interlineares ao Gênesis, 331

Comentários ao Gênesis (integrais e parciais), 331

Introduções e monografias ao Gênesis, 334

Traduções interlineares ao Êxodo, 337

Comentários ao Êxodo (integrais e parciais), 337

Introduções e monografias ao Êxodo, 339

Traduções interlineares ao Levítico, 341

Comentários ao Levítico (integrais e parciais), 341
Introduções e monografias ao Levítico, 342
Traduções interlineares aos Números, 342
Comentários aos Números (integrais e parciais), 343
Introduções e monografias aos Números, 343
Traduções interlineares ao Deuteronômio, 344
Comentários ao Deuteronômio (integrais e parciais), 344
Introduções e monografias ao Deuteronômio, 346
O sistema legislativo, 347
Por uma panorâmica dos gêneros literários, 347
Relações literárias com a civilização do Oriente Próximo antigo, 348
Relações entre historicidade e narração, 349
Instituições de Israel, 350

Coleção Introdução aos Estudos Bíblicos

- *Livros Proféticos*
Patrizio Rota Scalabrini
- *Introdução geral às Escrituras*
Michelangelo Priotto
- *Cartas paulinas*
Antonio Pitta
- *Livros Históricos*
Flavio Dalla Vecchia
- *Livros Sapienciais e Poéticos*
Tiziano Lorezin
- *Cartas deuteropaulinas e cartas católicas*
Aldo Martin, Carlo Broccardo e Maurizio Girolami
- *Pentateuco*
Germano Galvagno e Federico Giuntoli
- *Literatura joanina*
Claudio Doglio